Anonymous

Verhandlungen der am 26. und 27. September 1890 Frankfurt a. M.

abgehaltenen Generalversammlung des Vereins für Sozialpolitik über die Reform der

Landgemeindeordnung in Preussen

Anonymous

Verhandlungen der am 26. und 27. September 1890 Frankfurt a. M.
abgehaltenen Generalversammlung des Vereins für Sozialpolitik über die Reform der Landgemeindeordnung in Preussen

ISBN/EAN: 9783743464384

Hergestellt in Europa, USA, Kanada, Australien, Japan

Cover: Foto ©Suzi / pixelio.de

Manufactured and distributed by brebook publishing software (www.brebook.com)

Anonymous

Verhandlungen der am 26. und 27. September 1890 Frankfurt a. M.

Verhandlungen

der

am 26. und 27. September 1890 in Frankfurt a. M.

abgehaltenen Generalversammlung

des

Vereins für Socialpolitik

über

die Reform der Landgemeindeordnung in Preußen

und über

Arbeitseinstellungen und die Fortbildung des Arbeitsvertrags.

––––––––

Auf Grund der stenographischen Niederschrift

herausgegeben vom

Ständigen Ausschuß.

Leipzig,

Verlag von Duncker & Humblot.

1890.

Inhaltsverzeichnis.

Erste Sitzung.
Freitag den 26. September 1890,
vormittags 9 Uhr.

Professor Dr. Schmoller (Berlin): Meine Herren! Im Namen des Ausschusses habe ich die Ehre, die diesjährige Generalversammlung des Vereins für Socialpolitik zu eröffnen.

Ich habe die anwesenden Herren zunächst zu bitten, daß sie sich konstituieren und einen Vorsitzenden wählen.

Zur Geschäftsordnung hat das Wort Herr Geheimrat v. Gneist.

Wirklicher Geheimer Ober-Justizrat Professor Dr. v. Gneist (Berlin): Meine Herren! Ich habe von dem Ausschuß den ehrenvollen Auftrag, Ihnen zu proponieren, daß wir in der früher üblichen Weise durch Acclamation unseren Präsidenten für die Plenarversammlung wählen, und zwar den zeitigen Vorsitzenden unseres Ausschusses, Herrn Prof. Schmoller, auch zum Präsidenten dieser Plenarversammlung kreieren. Sollten Sie damit einverstanden sein, wie ich sicher hoffe, so bitte ich, durch Aufstehen die Wahl zu vollziehen.

(Die Versammlung erhebt sich.)

Ich bitte also Herrn Professor Schmoller, unsere Leitung gütigst zu übernehmen.

Vorsitzender Prof. Dr. Schmoller (Berlin): Meine Herren! Wenn ich dem für mich so ehrenvollen Rufe aus Ihrer Mitte nachkomme und den Vorsitz in der diesjährigen Generalversammlung des Vereins für Socialpolitik übernehme, so geschieht das nicht ohne ernste Bedenken, da ich mir wohl bewußt bin, unsern bisherigen Präsidenten, den zu früh uns entrissenen Geh. Rat Professor Dr. Erwin Nasse, keineswegs ersetzen zu können. Er war durch seine Geistes- und Charaktereigenschaften zu dem Leiter unseres Vereins wie geschaffen. Wir werden ihn nie ganz ersetzen können. Doch ich will den Worten, die zu seinem Gedächtnis in unserm Kreise gesprochen werden sollen, nicht vorgreifen. Professor Knapp hatte es übernommen, zur Einleitung in unsere heutigen Verhandlungen ein Bild seiner Persönlichkeit zu entwerfen; er ist leider durch Krankheit in seiner Familie verhindert, die Rede zu halten, die aber unsern Schriften einverleibt werden wird. Se. Excellenz Hr. v. Roggenbach hat es übernommen, dem Tribut der Dankbarkeit statt seiner hier Ausdruck zu geben. Ich darf daher nur noch den einen Gedanken hier einleitend aussprechen, daß wir bei dem Übergang in eine neue Epoche unseres Vereinslebens doppelt schmerzlich die leitende Hand vermissen, deren sicherer Takt uns bisher geführt hat.

Daß unser Verein mit seiner diesjährigen Generalversammlung gleichsam in eine neue Epoche seines Daseins eintritt, ich möchte sie die dritte seiner Existenz nennen, liegt in den Verhältnissen unserer socialpolitischen Entwickelung überhaupt. Der Tod Kaiser Wilhelms und Kaiser Friedrichs, der Abgang unseres großen Reichskanzlers, der zunächst erreichte Abschluß unserer Hülfskassengesetzgebung und endlich der Ablauf des Socialistengesetzes haben eine neue Situation geschaffen. Die Nation steht vor der großen Frage, ob unsere Socialpolitik auf den bisherigen Wegen verharren, ob sie neue einschlagen werde. Das stellt auch unsern Verein vor neue Aufgaben.

Als wir im Jahre 1872 unsere Vereinsthätigkeit begannen, war unsere Aufgabe eine einfache. Einer Regierung und einer Reichstagsmajorität gegenüber, welche in der Geldflut der Gründerjahre sich nur des ungeheuren Fortschritts der Technik und des Wohlstands freute, die sociale Frage läugnete, jede sociale Reform ablehnte, die große, schon tiefgreifende Bewegung der Arbeiterklasse verkannte, galt es auf das Berechtigte in den Forderungen der Arbeiter hinzuweisen, Stimmung überhaupt für sociale Reformen zu machen. Mit kühnem, jugendlichem Mut stellte unser Verein damals die größten und schwierigsten Fragen auf seine Tagesordnung: wir debattierten über Fabrikgesetzgebung, Arbeitsvertrag, Gewerkvereine, Lehrlingswesen, Schiedsgerichte, Einigungsämter, Hülfskassenwesen, gerechte Besteuerung, Reform der Gewerbeordnung und anderes. Die Verantwortung für das einzelne in unsern Beschlüssen war insofern noch keine so große, als die praktische Ausführung derselben noch in weiter Ferne stand. Wir kamen dann von den Jahren 1877 bis 1880 an dadurch in wesentlich andere Lage, traten damit in die zweite Epoche unseres Daseins, daß ein tiefgreifen-

der Umschwung unserer staatlichen Wirtschafts- und Socialpolitik eintrat,
teilweise unter dem Einflusse unserer Bestrebungen, jedenfalls unter Beifall
und Zustimmung von vielen unserer Mitglieder. · Aber eine Beeinflussung
jener Politik im einzelnen lag außerhalb unserer Vereinsthätigkeit. Die
neue Socialpolitik des Deutschen Reiches war ausschließlich oder überwiegend
vom Fürsten Bismarck bestimmt. Unser Verein hatte mit dieser Wendung
die Aufgabe verloren, die ihm in den ersten Jahren gestellt war. · Wir
wandten unsere ganze Kraft der Schriftenpublikation zu, suchten über eine
Reihe der wichtigsten socialpolitischen Fragen, Vorarbeiten, Gutachten, ge-
sammelte Darstellungen der Thatsachen zu publizieren; wir können heute
stolz sein auf die stattliche Reihe unserer 46 Bände. In unsern Generalversammlungen ließen wir entsprechend der socialpolitischen Lage die großen
principiell wichtigsten Fragen zurücktreten und begnügten uns, socialpolitische
Gegenstände zu besprechen, denen die aktive Regierungspolitik sich zunächst
noch weniger zugewandt hatte, wie die internationale Fabrikgesetzgebung,
den Wucher, die Verschuldung des Bauernstandes und sein Erbrecht, die
innere Kolonisation und derartiges.

Nun ist die Sachlage wieder eine wesentlich andere geworden. Unsere
innere Politik ist nicht mehr so wie bisher von der Allmacht e i n e s großen
führenden Staatsmannes bestimmt. Damit ist den vorhandenen verschiedenen
Strömungen und Richtungen der Interessen, der Parteien und Überzeugungen
ein freieres Spiel der Bethätigung eingeräumt; sie kämpfen jetzt energischer
als je um den Vorrang, um die Herrschaft in der öffentlichen Meinung,
im Parlament, in der Regierung; die Probleme aber, die es zu lösen gilt,
erscheinen trotz allem, was die deutsche Socialpolitik schon geleistet, kaum
leichter, als in den siebenziger Jahren. Freilich stehen wir nicht, wie damals, einer manchesterlichen Regierung gegenüber, die alle Socialreform
ablehnt; alle Parteien und Interessengruppen geben zu, daß noch einiges
zu geschehen habe. Aber über das „Was" und „Wie viel" ist auch heute
gleich erbitterter Streit. Die Resultate unserer großen Hülfskassengesetzgebung
mag man noch so hoch schätzen, wir sehen das e i n e heute doch ganz klar,
daß sie den Kern der socialen Frage, die Ordnung des Arbeitsverhältnisses
nicht berührt. Die Reform unserer Gewerbordnung und der Fabrikgesetzgebung 1878—1883 war ein erheblicher Fortschritt, aber daß sie nicht genügte, gibt jetzt fast jeder zu; über das Maß der weiteren Reform herrscht
ein täglich noch anwachsender Kampf. Der Frage eines Arbeitervereins-
gesetzes ist man bisher scheu aus dem Wege gegangen; die Zunahme der
Arbeitseinstellungen, der Koalitionen, der Verbände hat man dadurch nicht
gehindert. Die verschobenen Probleme der Steuerreform, der Landgemeinde-

reform pochen mit einer größeren Dringlichkeit an unsere Thore. Die lange volkswirtschaftliche Krisis ist vorbei, die Preise haben sich gehoben, wir, haben bereits eine Hausseperiode hinter uns; aber die große Frage der Produktionsregulierung durch Kartelle, Schutzzölle und andere Mittel ist nicht verschwunden; sie hängt aufs engste mit der Regulierung des Arbeits= angebots, mit den Arbeitseinstellungen 2c. zusammen. Wir stehen mit diesen Problemen vor der — ich möchte sagen — ungeheuren Frage, ob die ganze Art der freien Konkurrenz und ein gutes Teil individueller Freiheit, wie sie seit 100 Jahren als die sichersten Postulate der Doktrin und des praktischen Lebens aufgestellt, geglaubt, ins Leben eingeführt wurden, nicht mehr oder weniger verschwinden werden.

Der Ausschuß hat von diesen großen und schwierigen Fragen zwei auf unsere diesmalige Tagesordnung gestellt: die Fortbildung des Ar=beitsvertrages und die Reform der ländlichen Kommunalver=fassung im Osten der preußischen Monarchie; wir haben die Debatten durch fünf Bände publizierter und an die Mitglieder versandter Schriften vorbereitet; der Ausschuß hat allen den Herren seinen verbind=lichen Dank zu sagen, die hiezu mitgewirkt haben. Je bedeutungsvoller diese beiden Gegenstände sind, desto größere Beachtung werden unsere De=batten finden, zumal, wenn wir sie in jenem Geiste ruhiger wissenschaftlicher Objektivität führen, den unsere Traditionen fordern. Wir sind keine Partei= und keine Interessenten=Versammlung. Wir sind Patrioten, Gelehrte, Ge=schäftsleute, Beamte, die sich gegenseitig und durch ihre Debatten andere belehren und aufklären wollen. Wir sind ein wissenschaftlicher Verein, der zugleich eine Wirkung auf die öffentliche Meinung, wie der beste Teil unserer Presse, ausüben will. Wir wollen, wie der Chor der antiken Tragödie die leidenschaftlichen Handlungen der Bühne begleitet, ruhig und leidenschaftslos zur Seite stehend, für das Wahre und Gute, für das Billige und das Gerechte eintreten, und versuchen, diesen höchsten Mächten des Menschenlebens ein größeres Gewicht zu verschaffen. Lassen Sie uns hoffen, daß wir, wie bisher, so auch heute und morgen in diesem Geiste unsere Verhandlungen führen. Unsere Verantwortlichkeit ist heute eine größere, als jemals früher, weil es sich heute nicht mehr, wie in den 70er Jahren, darum handelt, überhaupt nur Stimmung für sociale Reformen zu machen, sondern abzuwägen, welche Schritte im einzelnen möglich, welche die besten und segensreichsten für unser Vaterland sein werden! —

(Lebhafter Beifall.)

Meine Herren, darf ich nun in Bezug auf das Büreau nur das e i n e noch bemerken. Nach unseren Statuten habe ich das Büreau zu bestellen.

Ich bitte Herrn von Roggenbach und Herrn Geheimrat Gierke, als stell-
vertretende Vorsitzende zu fungieren, und als Schriftführer Herrn Verlagsbuchhändler Geibel, Herrn Prof. Sering und Herrn Stadtrat Dr. Barrentrapp.
Ich darf die Herren bitten, nachher hier Platz zu nehmen, und erteile zunächst das Wort Sr. Excellenz Herrn Freiherr v. Roggenbach.

Staatsminister a. D. Freiherr von Roggenbach (Schopfheim):
Meine Herren! Sie werden nicht von mir erwarten, daß ich die ernste
Weiherede, welche Herr Prof. Knapp übernommen hatte hier zu halten,
um der Trauer über den Verlust und der Verehrung des Vereins gegen
unsern langjährigen, unvergeßlichen Präsidenten Ausdruck zu geben, mit
wenigen Worten ersetzen will. Und doch drängt es mich, diese an Sie zu
richten, um der Dankbarkeit des Ausschusses und des ganzen Vereins gegen
die Verdienste unseres hochverehrten entschlafenen Präsidenten Ausdruck zu
geben. Dabei wird aber freilich das Wort des Dichters wahr werden:
„Ein leeres Gefäß — viele Klagen, ein volles Gefäß — wenig Klagen."

Und in der That, wenn das Herz so voll ist von Trauer über den
Verlust, der uns betroffen hat, wo sollte es die Worte finden, um denselben
würdig zu feiern! Unser Verein hat durch den Heimgang unseres verehrteen
Präsidenten einen unersetzlichen Verlust erlitten, der uns ganz überraschend
getroffen hat. Denn Sie erinnern sich, wie der edle hochgesinnte Mann
unter uns stand in seiner vollen Kraft, und er schien den Anspruch zu
haben, noch lange Jahre der Schaffenskraft vor sich zu haben. Nun ist
er dahin! Der Verein wird den Verlust, den er damit erlitten, glaube
ich, nie irgend verschmerzen können. Jeder einzelne von uns aber, der das
Glück und die Gelegenheit hatte, im Ausschuß mit ihm zusammen zu arbeiten, fühlt denselben doppelt. Für die Wissenschaft ist eine Kraft ersten
Ranges zur Neige gegangen; das Vaterland hat an ihm einen edlen patrio-
tischen Sohn verloren, seine Vaterstadt, der er mit Liebe anhing und in
der seine Wiege und seine Bahre gestanden hat, einen arbeitsamen Bürger,
seine Familie ein treues und liebes Oberhaupt, und seine Freunde einen
unersetzlichen Freund.

Erwin Nasse gehört unserem Verein von den ersten Anfängen an. Er
war aufgewachsen und gebildet in einer Zeit, welche den Glauben hatte,
daß das freie Spiel der wirtschaftlichen Kräfte das Gedeihen und das Heil
der Gesellschaft fördern könnte und allein fördern würde. Er hat sich in
seinem Leben bald überzeugt — und zwar hat ihn sein warmes Herz und seine
scharfe Beobachtungsgabe geführt — daß die Resultate nicht die erwarteten
waren, und daß Krankheiten des socialen Körpers vielfach die Folgen dieses

freien Spiels gewesen sind. Er wurde so dem Programm nahe geführt, auf welchem dieser Verein sich gebildet hat. Er hatte die Überzeugung gewonnen, daß es zunächst die Pflicht der Gesellschaft ist, diesen Übeln, wenn irgend möglich, mit eigenen Kräften zu begegnen und helfend einzugreifen, — wenn sie es aber nicht imstande ist, daß dann der Staat einzutreten habe, ordnend, schützend, unter Umständen zwingend. So ist Erwin Nasse Socialpolitiker geworden, weil er ein warmfühlendes Herz hatte und eine über das Maß gehende scharfe Beobachtung der Bedürfnisse und Verhältnisse des praktischen Lebens. Ich füge hinzu, um der Wahrheit gerecht zu werden, daß er ein warmes, christliches Gefühl für seine Nebenmenschen hatte und dieses Element gerade bei ihm mitwirkend war für die Bildung seiner Überzeugungen. Er hat fortan den socialpolitischen Fragen und Aufgaben seine ganze Kraft gewidmet.

Es kann hier nicht meine Aufgabe sein, im einzelnen Ihnen das Bild seiner Verdienste vorzuführen. Sie sind selbst Zeuge davon gewesen; Sie selbst haben ihn gesehen in seiner schlichten Einfachheit, Sie haben ihn gesehen in seiner maßvollen Ruhe, in seiner Liebenswürdigkeit, mit der er allen entgegenkam, gleichgültig, welche Ansichten sie vertreten, ob die Ansichten auch von den seinigen weit abwichen. Sie waren Zeuge der unendlichen Unparteilichkeit, mit der er es verstanden hat, die Debatten des Vereins zu leiten, auch unter Umständen, wo die Leidenschaften eine lebhafte Aufregung hervorgerufen haben. Sie haben endlich oft mit Bewunderung seiner Zusammenfassung der Resultate und Ergebnisse unserer Verhandlungen gelauscht.

Es kann auch nicht Zweck meiner wenigen Erinnerungsworte sein, die Bedeutung, die Nasse in der Wissenschaft hatte, hervorzuheben. Das muß an anderen Orten geschehen. Auch der Anteil, den er an dem politischen Leben als Berichterstatter im Abgeordnetenhause nahm und durch seine lebhafte Thätigkeit im bürgerlichen Leben kann hier nur berührt werden. Dagegen ist es eine Dankespflicht gegen unseren verehrten Entschlafenen, hervorzuheben, mit welcher unendlichen Gewissenhaftigkeit er sich den Arbeiten unseres Vereins auch außerhalb dieser Versammlungen widmete. Es ist für den Vorsitzenden des Vereins eine nicht leichte, eine oft sehr mühevolle und mitunter unerfreuliche Aufgabe, die Arbeiten, die Ihnen dann in den Gutachtenbänden vorliegen, zu sammeln und zu fördern. Geheimrat Nasse hat mit einer Unverdrossenheit, zu der er nur die Kraft in seinem hochgesteigerten Pflichtgefühl finden konnte, dieser Aufgabe sich hingegeben, und der Verein ist in dieser Hinsicht ihm einen bleibenden Dank schuldig.

Nun haben wir auch diese Unterstützung verloren und wir vertrauen, daß es unserem jetzigen Präsidenten gelingen wird, diesem Vorbilde nach=zustreben, wie denn das Vorbild unseres verehrten Präsidenten immer als Leuchte dienen kann und dem Verein als Leuchte dienen soll. In unserer Mitte wird das Andenken an Geheimrat Nasse nie erlöschen, und wir werden ihm immer eine dankbare Verehrung bewahren. Geheimrat Nasse hat nie einen Feind gehabt, und er hat nie einen Freund verloren: das gibt sein Bild. Lassen Sie mich mit den Worten eines anderen Dichters schließen: „Alles in allem, er war ein ganzer Mann".

(Lebhafter Beifall.)

Vorsitzender: Ich darf die Versammlung bitten, sich zum ehrenden Angedenken an den Verewigten zu erheben.

(Die Versammlung erhebt sich.)

Ein Wort zur Erinnerung an Erwin Nasse *)

von Georg Friedrich Knapp.

Das erste Geschäft unserer Versammlung pflegt die Wahl eines Vorsitzenden zu sein. Wie diese Wahl heute ausgefallen wäre, wenn alles
noch so stände wie früher, ist nicht zweifelhaft; wir hätten jedenfalls wieder
den Mann zu diesem Ehrenamte berufen, der dasselbe seit vielen Jahren
mit größter Ausdauer und vollendetem Geschick verwaltet hat, unseren
sozusagen geborenen Vorsitzenden, den Geheimen Rat Erwin Nasse. Aber
— er weilt nicht mehr unter uns; er, das Bild männlicher Kraft und
Gesundheit, ist uns am 4. Januar 1890 völlig unerwartet entrissen worden.
Kaum 60 Jahre war er alt, als er der Influenza zum Opfer fiel. Heute
sind wir zum erstenmal seit diesem Ereignis wieder versammelt, und haben
die Pflicht, dem Schmerz über den erlittenen Verlust hier Ausdruck zu
verleihen. —

Was Nasse als Abgeordneter im preußischen Landtage und was er
als akademischer Lehrer in Bonn geleistet hat, soll hier nicht genauer
betrachtet werden. Wohl aber wage ich es, einen Blick auf seine gelehrte
Thätigkeit zu werfen, denn wir würden ihn, der durchaus ein Gelehrter
war, auch als Menschen gar nicht verstehen, wenn wir über die Hauptseite
seines Wesens ganz hinweggingen.

Nach kurzer Thätigkeit in Basel und in Rostock wurde Nasse im
Jahr 1860 als Professor nach Bonn berufen und hat da 30 Jahre lang
gewirkt. Damals, im Jahre 1860, waren die bekanntesten Nationalökonomen Deutschlands wohl folgende zwei: K. H. Rau in Heidelberg

---

*) Der Verfasser dieses Nachrufs war zu seinem großen Bedauern verhindert,
in der Generalversammlung am 26. Sept. 1890 zu erscheinen; der mündliche Vortrag
mußte daher unterbleiben; doch hat der Ausschuß freundlichst die Veröffentlichung
bewilligt. G. F. K.

und W. Roscher in Leipzig. Rau hatte seine umfassenden Lehrbücher im trocknen Stile wohlgeordneter Kenntnisse geschrieben; er war der letzte Vertreter einer achtbaren, aber im Veralten begriffenen Richtung, die wir den süddeutschen Beamtenliberalismus nennen könnten. Roscher behielt die Form des breitangelegten Lehrbuches bei, aber er überraschte die Leserwelt durch eine ganz ungewohnte Beleuchtung der Dinge, indem Alles im Flusse der Geschichte dargestellt wurde. Eine eigentlich socialpolitische Richtung gab es damals, vor dem Auftreten Lassalles, noch nicht. Das Wirken eines einflußreichen Redakteurs von Zeitschriften war noch nicht erfunden. Auch das Holtzendorffische Zeitalter der Sammelwerke war noch nicht angebrochen, in welchem nicht mehr die Bücher selbst, sondern nur noch die einzelnen Abschnitte derselben einen Verfasser haben.

Unser Gelehrter hat weder Lehrbücher geschrieben noch Zeitschriften oder Sammelwerke herausgegeben. Die vielen Schriften, die wir von ihm besitzen, sind alle von kleinerem oder mittlerem Umfang und lassen sich alle unter die Stilform der Abhandlung einreihen. In der Wahl dieser Stilform hat er Ähnlichkeit mit Georg Hanssen, der auch nur schwerwiegende Abhandlungen schreibt.

Die wissenschaftliche Abhandlung — möchte sie immer gepflegt und geachtet bleiben, denn auf ihr beruht recht eigentlich die Wissenschaft! Woher soll das Lehrbuch seinen Stoff nehmen, wenn nicht aus der Abhandlung! Sie hat zwei mächtige Nebenbuhler: den deutschen Aufsatz, fürs Bedürfnis des Tages geschrieben, in Wochenblättern veröffentlicht, der dies oder jenes mehr oder minder „betont" und schließlich doch Alles beim Alten läßt; und, höher im Rang, die Rede großen Stils, die uns mächtig erregt, Gefühl und Phantasie in Wallung bringt, aber doch mehr auf das Handeln der Hörer als auf ihre Erkenntnis wirken will und wirken soll. Beide nebenbuhlerische Kunstformen, Aufsatz und Rede, werden in weiten Kreisen genossen und gewürdigt; aber die Abhandlung, die dritte und die bescheidenste in diesem Bunde, ist schlimm daran; sie spricht zum Verstand — und wer da auf ausgebreitete Wirkung hofft, der hat noch keine Abhandlung geschrieben.

Wie ein warmer Wind, der von Süden her über die Alpen stürzt und über Nacht auf weiten Flächen die Schneedecke schmelzt, so wirkt die gewaltige Rede. Aber das Wetter schlägt um und ein einziger Tag genügt, so ist die Straße über den St. Gotthard wieder tief verschneit und bleibt es, bis das Wunder des Föhns sich erneuert.

Dagegen sieht man an der Felswand bei Göschenen einen runden schwarzen Fleck, den Eingang einer künstlichen Höhle; im Hintergrunde derselben arbeitet, von außen unbemerkt, eine Stoßmaschine, welche stählerne Meisel ins Gestein treibt; der Schutt, den die Pulversprengungen liefern, wird mühsam nach hinten abgeräumt — und nach einigen Jahren emsiger heimlicher Arbeit öffnet der langersehnte Durchschlag eine Straße nach dem sonnigen Italien, die nicht mehr verweht werden kann und so fest steht wie der Fels durch den sie führt.

Die langsame Bohrarbeit der Wissenschaft kommt nirgends anders als in der Abhandlung zum Vorschein.

Undankbarer Reisender, der Du bei der Fahrt durch den Tunnel schläfst! Undankbarer Leser von Lehrbüchern, der Du zwar nicht gerade schläfst, — denkst Du immer in Deiner Behaglichkeit an die Forscherarbeit, die einem solchen Werke vorangegangen sein muß?

Nasse gehörte zu denen, die Abhandlungen zu schreiben verstanden. Das hat er durch unzählige Proben erwiesen. Man ist erstaunt über die Fülle der Gegenstände über die er geschrieben hat*): Geldwesen und Bankwesen, englische und preußische Steuerpolitik, das englische Parlament, das preußische Beamtentum, die deutsche Handelspolitik, das Armenwesen — kurz es gibt kaum ein Gebiet, zu dem er nicht wertvolle Beiträge geliefert hätte.

Am meisten beachtet sind die Abhandlungen über Geld und Bankwesen. Schritt für Schritt hat Nasse die großen Umwälzungen in Deutschland begleitet, stets voraussagend was jetzt kommen müsse — und stets hat er dabei das Richtige getroffen. Merkwürdig ist, daß er die herrschende Stellung der preußischen Bank, wie sie heute ist, bereits im Jahre 1856 voraussah, also zu einer Zeit, ehe Preußen politisch eine herrschende Stellung besaß, und ferner zu einer Zeit, in der man uns für unbeschränkte Errichtung von Zettelbanken zu begeistern suchte.

In diesen Schriften erscheint Nasse als volkswirtschaftlicher Politiker: er prüft die Lage der Dinge und erteilt Ratschläge für die Zukunft.

Anders steht es mit der Schrift über die mittelalterliche Feldgemein-

---

*) Ein Verzeichnis der Schriften findet sich in den Jahrbüchern für Nationalökonomie und Statistik, Neue Folge, Bd. XX, Jena 1890, von K. L. veröffentlicht.

schaft in England. Hier ist Nasse schlechthin Historiker, er fragt nur wie
es früher gewesen und warum es anders geworden sei. Diese Schrift ist
wenig verbreitet und nicht ganz leicht zu verstehen: sie hat aber sowohl
in Deutschland als in England die höchste Anerkennung bei allen Agrar-
forschern gefunden. In ihr zeigt sich Nasses Eigentümlichkeit am stärksten:
aus Schriftstellern und aus Parlamentsschriften sind versteckte, spärliche
Thatsachen gesammelt; lateinische und angelsächsische Urkunden werden mit
Scharfsinn ausgelegt; mit nüchterner Wahrheitsliebe wird nachgewiesen,
daß auch in England früher Bauerndörfer die Regel waren, daß die Äcker
im Gemenge lagen und daß man Dreifelderwirtschaft trieb — lauter Dinge,
die es dort längst nicht mehr gibt, sowenig wie in Mecklenburg oder in
Neuvorpommern. Auch dies ist bezeichnend: die Schrift liest sich schwer,
obgleich sie wohlgeordnet ist; es ist jedes stilistische Hülfsmittel, abgesehen
von der Ordnung, wie mit Vorbedacht verschmäht; und der Verfasser hat
eine gewisse Scheu vor kühner Zusammenfassung. Daß auch der Historiker
ein Künstler ist und daß er mit wenigen Strichen ein Bild entwerfen darf,
welches vielleicht unvollständig im Einzelnen, aber im Ganzen künstlerisch
wahr ist, davon wollte Nasse nicht gern etwas hören, und so tragen seine
vortrefflichen Untersuchungen meist den Charakter der gelehrten Vorarbeit.

Ich habe ihm einmal bei einer Flasche Wein gesagt, wie unerhört
lehrreich die agrarische Schrift über England sei; wie viel mehr darin
stehe als der Titel verrät; daß sie trotzdem einen Heißhunger nach Mehr
erwecke und daß er allein in England und Deutschland berufen sei, die
Geschichte der englischen Landwirtschaft nach der technischen und nach der
socialpolitischen Seite zu schreiben. Da zog sich der also Angeredete immer
mehr in sich selbst zurück, sah vor sich auf den Tisch und brachte nur
mühsam die Frage heraus: „Glauben Sie wirklich? Meinen Sie, daß das
möglich wäre?" Man hatte das Gefühl, als lebte er in geistiger Ab-
geschiedenheit; als wäre der tiefe Ernst seiner Natur und sein ehrlicher
Sinn für die Erhaltung des Bestehenden doch zugleich eine Fessel für die
volle Entfaltung seiner Kraft; und als hätte ihm im früheren Mannes-
alter ein teilnehmender anspornender Freund gefehlt, der ihm den fröhlichen
Wagemut der Schriftstellerei hätte in die Seele flößen können.

In dieser Seele war eine Grundempfindung, die alles Übrige weit
überwucherte und beherrschte: es lag in seiner Natur, den fortbauenden und
erhaltenden Kräften im öffentlichen Leben seinen thatkräftigen Beistand zu

leihen. Vieles davon, vielleicht das meiste, war ihm angeboren; aber doch
dürfte sein Lehrer, der ernste und feierliche Dahlmann, auch einiges zur
Verstärkung dieser Anschauungen beigetragen haben; jedenfalls ist Nasses
Verehrung für Dahlmann ebenso begreiflich, wie seine Vorliebe für den
strengen Gelehrten und gesinnungstreuen Politiker Niebuhr: der Zug des
Herzens richtet sich oft auf das geistig nah Verwandte, und wenn er zu
jenen Männern als zu seinen Meistern aufblickte, so dürfen wir wohl sagen,
daß er auch von ihrem Stamme war.

So erklärt sich auch Nasses ausgeprägte Neigung zum englischen Volk,
dessen Thatkraft und Ernst und dessen aristokratische Gesellschaftsordnung
ihn anzog. Dort fand er die Leute, die ohne staatliche Besoldung freiwillig den Dienst für ihr Land übernehmen und immer nach ihrer
Pflicht, dann erst nach ihrem Rechte fragen. Unser kleiner Adel leistet
ja in Ämtern und Diensten viel, aber er lebt auch davon; und unser
großer, unser hoher Adel, der keine Besoldung braucht — wie ehrenvoll,
aber auch wie auffallend ist es, wenn wir ihn dem Staate dienen sehen,
dem er im Großen und Ganzen entfremdet ist. Das ist doch in England
ganz anders!

Freilich hätte Nasse es nie bis zur blinden Nachahmung getrieben,
denn eine zweite große Neigung trug er in sich: die zum preußischen
Staat. Nicht etwa diesen Staat in einen parlamentarischen verwandelt
zu sehen, war sein Wunsch, sondern diesen Königsstaat aristokratisch, wie
er das Wort verstand, regiert zu sehen, das hätte ihn mit Genugthuung
erfüllt. Daß er sich als Preuße fühlte, war nicht etwa Überlegung und
Entschluß, sondern es geschah mit ursprünglichster Selbstverständlichkeit;
gesprochen hat er nie davon, aber man sah: für diesen Staat hätte er
alles geleistet und alles hingegeben. —

Männer von solcher Art sind immer religiös gewesen und so war es
auch Nasse, der sogar in kirchlichen Verwaltungssachen gern ein Nebenamt
übernahm. Vielleicht trieb ihn gerade auch in die Socialpolitik hinein vor
allem ein religiöses Empfinden. Wenn zahlreiche Klassen von Menschen
in gedrückter Lage, kaum fähig sich zu ernähren, aller höheren Lebensgüter
unteilhaftig sind, da regt sich bei Nasse vor allem der Christ: da muß er
auch die Hand angelegt haben, das gebietet ihm seine Art von Stolz —
und so ist er in unsern Verein gekommen. Und was war er nun für
uns, für die Mitglieder des Vereins, für den Verein selber?

Hier in unserer Mitte war es unmöglich ihn zu übersehen, auch wenn er nicht auf dem Präsidentenstuhle saß: seine hohe, hagere Gestalt von etwas hartem Zuschnitt ragte um eines Hauptes Länge über Alle hervor.

Er erregte durch sein bloßes Auftreten Achtung, ohne das Vertrauen zu verscheuchen. Für jede Anrede zugänglich, zu jeder Auskunft bereit, bewegte er sich unter uns mit anspruchsloser Vornehmheit. Es konnte gar niemanden einfallen, ihn vertraulich zu behandeln. Nie hat jemand sich über ihn beklagt, denn er trat keinem zu nah; er kam aber auch keinem näher — und ein leises Gefühl davon beherrschte Alle, die ihn umgaben.

Er beherrschte sich vollkommen, auch damals als die Versammlung in vielköpfiger Zerstreutheit, den Schluß der Debatte annahm, während er, der Vorsitzende, noch auf der Rednerliste vorgemerkt war. Wir hatten den Sachkenner, unseren Präsidenten, zum Schweigen verurteilt! Er wurde bleich und zog sich in eine Ecke des Saals zurück; seine Hand spielte haftig mit der Uhrkette. Als einige Herren begütigend und besänftigend auf ihn einredeten, antwortete er nichts: er bestieg nach einigen Minuten seinen Sessel wieder und verkündete ruhig und fest den Schluß der Debatte. Keiner aus der Menge ahnte was in ihm vorgegangen war.

Das parlamentarische Auftreten war ihm zur zweiten Natur geworden. Wie seine Gestalt, so unterstützte ihn seine markige Stimme und die kräftige Betonung seiner vorsichtig erwogenen Sätze mit der entschieden norddeutschen Aussprache. Er hatte, obgleich in Bonn geboren, nicht die Spur vom Rheinländer an sich: wie unser frühverstorbener Freund Adolf Held der höchste Ausdruck des beweglich süddeutschen Wesens war, so stellte Nasse die reinste Spielart des westlichen Niederdeutschen, des Westfalen dar. In der anmuthigen Landschaft des Siebengebirgs stand er fremd, wie mitten im zarten Buchenwald ein Eichbaum, stark und einsam, der seine knorrigen Äste wagrecht ausstreckt.

Die Stimmung der Versammlung unsres Vereins ergriff ihn nicht, er blieb über ihr, wie der Leiter es soll. Mitunter war unser Saal etwas spärlich besucht und eine gewisse Öde lagerte sich über die dünn besetzten Stühle. Eine empfindsamere Natur, als er, wäre leicht in Mitleidenschaft gezogen worden und hätte mit ängstlicher Bescheidenheit die Versammlung eröffnet. So war es bei Nasse nicht: als wenn er Tausende vor sich gehabt hätte, rief er fest und laut zur Wahl eines Vorsitzenden auf, und

die Kraft seines Wortes erfüllte uns alle mit dem Gefühl, als wenn wir
uns verzehnfacht hätten.

Nur wenige Besucher solcher Versammlungen, worin fünf Stunden ohne
Unterbrechung verhandelt wird, wissen, was sie ihrem Vorsitzenden zu=
muthen. Schon die aufmerksame Verfolgung aller Reden ist keine Kleinig=
keit; dann die vielen persönlichen Wünsche und Anliegen, die taktvolle
Beseitigung von Zwischenfällen, die Leitung des Redewirbels in feste Bahn.
Hat man sich, nach Schluß, zu Tische begeben, so soll noch gute Laune
für einen Trinkspruch übrig sein, und nach Tisch, wenn die andern sich
zerstreuen, kommt die stundenlange Sitzung des Ausschusses mit wichtigen
Geschäften. Man reist nach Hause zurück und nun beginnt der Brief=
wechsel wegen der künftigen Schriften des Vereins: auf 10 Anfragen
kommt eine Zusage, auf 5 Zusagen kommt ein wirkliches leibhaftiges
Manuscript — und nun muß in aller Hast der Druck besorgt werden,
damit kurz vor Thorschluß ein neuer Band der Schriften des Vereins
für Socialpolitik franco in die Hände der Mitglieder gelange.

Dies alles so nebenher betreiben, während man Abgeordneter und
Professor und Gelehrter ist, das kann nicht jeder — aber unser Vor=
sitzender hat es meisterhaft verstanden; und er machte gar kein Ge=
räusch davon.

Haben wir ihm eigentlich für solche Hingebung warm genug gedankt?
Viele von uns haben es gar nicht so gewußt, und jetzt erst, wo wir ihn
nicht mehr haben, wo wir ihn überall vermissen, wo wir uns verwaist
vorkommen, tritt uns dies so klar vor Augen, und jeder von uns wünscht
heute, ihm damals noch die Hand gedrückt zu haben.

Nun ist er dahin. Seine Angehörigen, seine Berufsgenossen haben
ihn längst in Bonn begraben — und wir haben ihm nicht das letzte
Geleit gegeben.

Aber vergessen haben wir ihn nicht; der treue Geschäftsleiter unseres
Vereins lebt in unserem Angedenken fort und damit wir hievon ein
deutlich sichtbares Zeichen geben, fordere ich Sie auf: Erheben Sie sich
zu Ehren Nasses von Ihren Sitzen!

Vorsitzender: Meine Herren! Wir gehen nun zu unseren Geschäften über und ich gebe zunächst dem Herrn Schriftführer Geibel das
Wort zu geschäftlichen Mitteilungen.

Schriftführer Verlagsbuchhändler Geibel (Leipzig): Meine Herren!
Diejenigen von Ihnen, die noch nicht Mitglieder der Vereins sind, es aber
zu werden wünschen und an den Verhandlungen des heutigen und morgigen
Tages teilnehmen wollen, bitte ich, sich am Büreau bei unserm Schatzmeister Herrn Stadtrat Ludwig-Wolf zu melden und dort die Mitglieds-
karte in Empfang zu nehmen. Diejenigen Herren, welche als Gäste unserer
Versammlung beiwohnen wollen, bitte ich, sich später im Laufe der nächsten
Stunden unserm Herrn Vorsitzenden bekannt zu geben. Sämtliche Herren
aber werden ersucht, gleichfalls im Laufe der nächsten Stunden sich in die
Präsenzliste einzutragen, die den früheren Gepflogenheiten gemäß gedruckt
werden und zur Verteilung gelangen soll.

Ferner kommt ein kleines Verzeichnis von Druckfehlern zur Verteilung,
welche leider im 45. Bande der Schriften des Vereins für Socialpolitik
sich eingeschlichen haben, da der Verfasser der Einleitung während der Druck-
legung derselben nicht erreichbar war. Diejenigen Herren, die dieses Druck-
fehlerverzeichnis zu haben wünschen, bitte ich, dasselbe auf dem Büreau in
Empfang zu nehmen.

Dort liegt auch eine kleine Anzahl von Exemplaren einer Schrift:
„Wie nährt sich der Arbeiter?" welche uns in diesen Tagen zugegangen sind
und welche den Interessenten zu Diensten stehen.

Um 12 Uhr wird eine kurze Frühstückspause stattfinden; das Frühstück
kann hier in einem Zimmer eingenommen werden.

Um 5 Uhr wird im Frankfurter Hof ein gemeinschaftliches Mittagessen
stattfinden; ich bitte die Herren, die daran teilzunehmen wünschen, sich

entweder auch im Büreau zu melden, oder ſich in eine der Liſten, welche herumgehen, einzutragen. Es wird um $11^1/_2$ Uhr die Anzahl der Gedecke beſtellt werden müſſen.

Wo wir am Abend heute nach dem Eſſen uns treffen wollen, wird im Laufe des Tages noch kundgegeben werden.

Es macht ſich ſodann die Wahl eines Teils des Ausſchuſſes nötig. Es ſcheiden ſtatutenmäßig 8 Herren außer unſerem verſtorbenen verehrten Vorſitzenden Herrn Geheimrat Naſſe aus. Es ſind dies die Herren:

Dr. Brentano, Bueck, Dr. Cohn, Dr. Conrad, Geibel, Dr. von Gneiſt, † Dr. Naſſe, Freiherr von Roggenbach, Dr. Schönberg.

Vorſitzender: Herr Geheimrat Thiel hat zur Geſchäftsordnung das Wort.

Geheimer Ober-Regierungsrat Dr. Thiel (Berlin): Meine Herren! Ich glaube, es liegt in unſer aller Intereſſe, unſere reich beſetzte Tagesordnung nicht dadurch noch zu komplizieren, daß wir eine langwierige Liſtenwahl eintreten laſſen. Ich glaube, daß es Ihrer Abſicht auch entſprechen wird, wenn wir beſchließen, die Wahl durch Acclamation zu vollziehen. Es handelt ſich ja wohl in der Hauptſache, wie ich annehmen darf, um die Wiederwahl derjenigen Mitglieder, die nach dem Turnus ausſcheiden, die ſich aber bisher ſo trefflich im Ausſchuß bewährt haben und die wir gewiß alle wieder an der Spitze des Vereins ſehen wollen. Ich würde Ihnen deshalb vorſchlagen, die genannten Herren und an Stelle unſeres verewigten Präſidenten Dr. Naſſe Herrn Geheimrat Gierke per Acclamation als Mitglieder des Ausſchuſſes zu wählen, bezw. wiederzuwählen.

Vorſitzender: Darf ich fragen, ob ſich hiergegen Widerſpruch erhebt?

(Pauſe.)

Da das nicht der Fall iſt, ſo darf ich annehmen, daß der Vorſchlag acceptiert iſt.

Damit wäre dieſe Frage erledigt, und wir treten in den erſten Gegenſtand unſerer Tagesordnung ein:

Die Reform der Landgemeindeordnung.

Ich erteile zunächſt dem erſten Referenten, Herrn Sombart, das Wort.

Referat

von

Rittergutsbesitzer Sombart (Ermsleben)

über

die Reform der Landgemeindeordnung in Preußen.

Berichterstatter Rittergutsbesitzer Sombart (Berlin): Meine Herren! Da mir gestern von unserm Vorstande zu erkennen gegeben ist, daß es wünschenswert sei, dasjenige, was ich zu sagen habe, auf einen möglichst kurzen Zeitraum zu bemessen, damit desto mehr Zeit für eine lebendige Debatte gewonnen würde, so enthalte ich mich jeder einleitenden Worte und ersuche Sie, mir sofort in das Manöverterrain — das ist ja ein bekannter Ausdruck seit einigen Wochen — zu folgen, auf dem die Landgemeinordnung, bisher allerdings nur durch Feder und Wort, seit 80 Jahren manövriert, ja sogar Krieg geführt hat, leider aber bis jetzt noch nicht zum Abschluß gekommen ist. Und deshalb gestatten Sie mir, daß ich gleich in die Materie eintrete, und daß ich Ihnen zunächst in kurzen Umrissen, da namentlich manche der Herren hier sind, die jene Gegend des preußischen Staates wenig oder gar nicht kennen, das Gebiet, um das es sich handelt, vor die Augen führe.

Es handelt sich also um eine Landgemeindeordnung für die 7 östlichen Provinzen des preußischen Staates; das sind bekanntlich Ost- und Westpreußen, Posen, Schlesien, Pommern, Brandenburg und Sachsen, — ein Areal von 4121 geographischen Quadratmeilen, die genau ⅔ des gesamten preußischen Staatsgebiets umfassen, die aber, mit Ausnahme der Stadt Berlin, nur eine Bevölkerung von 15½ Millionen zählen, während das ganze Staatsgebiet 28½ Millionen hat, und, wenn Sie die Stadt Berlin ausnehmen, allein auf die noch übrig bleibenden 2000 Quadratmeilen eine

Bevölkerungszahl von 13 Millionen, also eine mindestens doppelt so dichte, entfällt.

Wenn wir uns nun ganz im allgemeinen zunächst einmal Land und Leute ansehen, so gehört, wie Ihnen ja allen bekannt ist, das eben bezeichnete Gebiet zur norddeutschen Tiefebene, also zu demjenigen Landstrich, welcher mit Ausnahme der Gebirge — des Riesengebirges und des Harzes — dem Flachlande angehört, welches die jüngste Formation ist, die nach der Eiszeit bekanntlich durch die Unzahl Findlingsblöcke des hohen Nordens und durch einen Boden gebildet wird, der im großen und ganzen Meeresgrund, also Geschiebemergel mit höheren oder niederen Sandbecken, Thon, dadurch gemischt mit Sand, alle möglichen Nüancen des Lehmes enthält, und der, wie gesagt, die jüngste und sogenannte Diluvial- und Alluvial-Formation bildet — geologisch und agronomisch gedacht. Daß in diesem Landstrich, der im Volksmund noch heute sehr oft Sumpf und Heide genannt wird, die Einwanderung erst in späterer Zeit gegenüber den mittleren und süddeutschen Gebieten erfolgt ist und die Bevölkerung da mit Wolf, Bär und Ur zu kämpfen gehabt hat, das liegt ja auf der Hand. Aber leider wissen wir von dieser prähistorischen Bevölkerung eigentlich so gut wie gar nichts, und nur die Gräber- und Urnenfunde zeigen den Männern der Wissenschaft den Weg, wie sie vielleicht auf diesen und jenen Schluß kommen könnten, um zu sagen, daß vor jener Zeit, also vor 2000 Jahren, derartige Menschen daselbst gelebt haben, die wir Ureinwohner nennen wollen.

Wenn ich das Wort „Urne" erwähne, so kann ich zufälligerweise einen Beitrag zu meiner Auffassung dafür liefern, daß jene Ureinwohner schon in geschlossenen Dörfern zusammengewohnt haben, daß sie also das Jagdhandwerk, den Nomadenstand verlassen und auch schon Ackerbau getrieben haben. Denn wie die ganze norddeutsche Tiefebene, so enthält auch der Gutsbezirk Stesow, über dessen Kolonisation ich Ihnen vor 4 Jahren hier einen Vortrag hielt, eine Unmasse von Findlingsblöcken, die mehr oder weniger schon vom Acker entfernt, dann aber bei ca. einem Fuß Tiefe in unendlicher Masse vorhanden sind. Ich war genötigt, im Winter 1886/87 für die Fundamentierung der dort zu errichtenden Wohn- und Wirtschaftsgebäude über 1000 Kubikmeter derartige Findlingsblöcke roden zu lassen. Bei dieser Gelegenheit stießen wir auf dem höchstgelegenen Teile der Feldmark auf Urnen, und zwar auf eine so große Anzahl, daß ich dem Vorstande des Museums für Völkerkunde in Berlin davon Mitteilung machte, daß eine Deputation von dort nach Stesow kam, und diese Herren ein Areal von ca. 4 Hektaren für ein sogenanntes Totenfeld erklärten, in wel-

chem mehr als 200 Urnen aus der prähistorischen Zeit, also vor mehr als
2000 Jahren, beigesetzt waren. Es findet sich nicht weit von dieser Stelle
ein Feldschlag, der noch jetzt die Dorfstelle genannt wird. Wenn ich das
zusammenhalte, so muß das der Friedhof jener Leute gewesen sein. Außer
den Asche- und Knochenbestandteilen finden sich vielfach Bronzeteile, Spangen,
Ringe und Nadeln vor; und wer nach Berlin kommt und das Museum
für Völkerkunde besucht, der wird in einem Schrank der Provinz Brandenburg 10 dieser Urnen vorfinden.

Ich habe damit nur darthun wollen, daß auch zu jener Zeit, was
wir ja auch aus den römischen und griechischen Schriftstellern wissen, die
nach der Bernsteinküste gefahren sind, schon tief in die Flußmündungen
hinein ein Tauschhandel getrieben worden ist; denn ich nehme an, daß
diese Ringe und Spangen, die ich erwähnte, nur dadurch in den Besitz
dieser Leute gekommen sind.

Wenn ich nun 500 Jahre weiter gehe — ich muß ja im Fluge diese
Sache durchmachen,

(Heiterkeit)

dann bekommen wir auch noch sehr wenig historisches Licht. Es beginnt
die Zeit der Völkerwanderung, wo also, Gott weiß auf welchem Wege, von
Osten her die slawischen Stämme in den verschiedensten Arten als Sar-
maten, als Lusitier, als Obotriten, namentlich aber als Wenden in jenen
Teil sich eindrängten, überhaupt in das ganze Gebiet, von dem ich rede,
und sogar über die Elbe hinaus in die Altmark u. s. w. Ob nun dieser
Stamm die Ureinwohner gänzlich verdrängt hat, ob sie fortgezogen waren
und in späteren Jahrhunderten eine Vermischung herbeigeführt ist, — genug,
man kann sagen, das ganze Land mit wenig Ausnahmen ist germanisiert,
allerdings zuerst in unfruchtbarer Weise durch 400jährigen Krieg von Karl
dem Großen bis gegen die Mitte des 12. Jahrhunderts, dann aber auf
friedlichem Wege, worüber wir uns ja auch schon unterhalten haben bei
der Frage über die innere Kolonisation, eben durch Kolonisation, und zwar
durch den Bischof von Bremen zu Anfang des 12. Jahrhunderts, dann
durch Albrecht den Bären, den Markgrafen von der Mark, von der Mitte
des 12. Jahrhunderts an, dann im 13. Jahrhundert, als die Herzöge von
Pommern die Erfolge sahen, die in die Mark durch Heranziehung von
Germanen aus den Überschwemmungsgebieten, aus den Hungersnotgebieten
des Rheins und der Niederlande einzogen, und endlich im 14. Jahrhundert
durch die Piasten Schlesiens, wo Unternehmer aus allen Teilen Deutschlands, aus Thüringen u. s. w. die Kolonisation, die Christifizierung und
die Germanisierung vollzogen, so daß nun neben dem deutschen Osten, der

2*

von 1206 oder 1226 ab die Germanisierung und Christifizierung Preußens
in die Hand nahm, eine vollständige Verdeutschung mit wenigen Ausnahmen herbeigeführt ist. Diese Ausnahmen befinden sich teilweise noch in
Ostpreußen, wo wir Litthauer und Masuren vorfinden, sowie in denjenigen
Landesteilen, die schon früher zu Preußen gehört haben — ich darf also
nicht an das Polen von 1815 erinnern — also in Oberschlesien, in der
Lausitz, wo noch Wenden ihre Nationalität bewahren und sogar alle vier
Wochen in Berlin Kirche haben. Sonst haben wir im großen und ganzen
nur mit Deutschen zu thun, und ich kann nun von der Völkerwanderung
an mit einem Fluge 1000 Jahre wieder durchwandern, um an Ihren
Augen vorüberzuführen, wie aus dem freien Mann, der die Waffen trug,
im 15. Jahrhundert, nachdem bereits 1375 die Jurisdiktion auf die Güter
übergegangen war, schließlich nur ein Höriger, ja sogar in manchen Gegenden ein Leibeigener wurde, und daß der früher dem Ritterdienst obgelegene
Edelmann, der nur etwa 6 Hufen in der Feldmark als Streuhufen besaß,
genötigt war, statt des Ritterhandwerks eine andere Art Krieg zu führen,
das Schwert mit dem Pfluge zu vertauschen, seinen Besitz auf Kosten des
Bauernstandes zu vergrößern und alle diejenigen Hoheitsrechte, die eigentlich dem Staate gebühren, — ich habe eben die Jurisdiktion genannt,
dann das Polizeiwesen, die Einziehung der Sporteln, das Patronatsrecht
u. s. w. u. s. w. — sich aneignete und alle Steuern und Lasten auf das
Landvolk abwälzte. Bloß im Jahre 1865 ist das Armenwesen geteilt, so
daß von da an auch der Gutsbesitzer seine Armen zu verpflegen hatte; im
übrigen aber, wie ja das mit dem Frohndienst zusammenhing, hatte das
Landvolk alles das zu thun, was wir bis zu Anfang dieses Jahrhunderts
in allen Geschichtsbüchern lesen können, und was kodifiziert ist im 2. Teile
des 7. Titels des preußischen allgemeinen Landrechts, welches also gleichsam
die friederizianische Gesetzgebung enthält, und welches im Jahre 1794 Recht
für Preußen wurde.

Wenn nun nicht durch das Unglück von Jena und den Tilsiter Frieden
das alte preußische Königreich, die Schöpfung Friedrichs des Großen, vollständig zusammengebrochen wäre, so würden wir vielleicht noch lange in
jenen Zuständen fortgelebt haben. Aber, meine Herren, es waren Männer
in die Verwaltung und Regierung eingetreten von hohem politischem Sinn,
welche kein Opfer scheuten, um das Vaterland wieder zu dem zu machen,
was es sein sollte, welche es in den Stand setzen wollten, das fremde Joch
abzuschütteln. Es wurden deshalb unter dem Staatsminister Freiherrn
v. Stein Gesetze erlassen, namentlich 1807 am 9. Oktober das Edikt, wonach Jedermann auf dem Lande ein Gewerbe treiben, Jedermann ein abliges

Gut kaufen konnte, wenn er es zu bezahlen wußte, wonach jeder Edelmann ein Gewerbe in der Stadt treiben konnte, ohne dadurch in seiner Ehre geschädigt zu werden; mit einem Wort, es wurden Zustände entwickelt, die namentlich darin gipfelten, daß die Erbunterthänigkeit und der Frohndienst — abgesehen von der Entschädigung — mit dem Martinitage 1810 für das ganze preußische Staatsgebiet aufhörten, und daß es von jener Zeit an nur freie Leute gab. Leider mußte der Minister v. Stein Ende November 1808 bereits den Staatsdienst verlassen — Ihnen sind ja die Gründe allen bekannt —; aber noch kurz vor seinem Abgang setzte er sich ein Monument, infolge dessen die Städte eine freie, selbständige Verwaltung erhielten: ich meine die Städteordnung vom 19. November 1808. Es war sein ernster Wille, dem Lande gleichfalls eine Landgemeindeordnung so bald als möglich zu geben, und zwar sollten zunächst die Attribute des Staates, die Jurisdiktion und Polizeiverwaltung, an diesen zurückfallen. Ich will gleich einschalten, daß bis zum 1. April 1849 die Jurisdiktion bei den Gütern blieb, und daß die Polizeiverwaltung derselben erst mit dem 1. Januar 1874 aufgehört hat.

Wie gesagt, der Geist Steins lebt aber noch in der Verwaltung fort, und das erfahren wir durch den 43. Band unserer Vereinsschriften, für den ich persönlich, da unser Herr Vorsitzender im allgemeinen den Herren Berichterstattern gedankt hat, Herrn Dr. Keil, dem Verfasser dieses 43. Bandes, der inzwischen zum Staatsanwalt in Bochum befördert ist, meinen ganz besonderen Dank abstatte; denn durch ihn habe ich — andere Herren mögen ja früher davon Kenntnis gehabt haben — erst Einblick bekommen in die in der Regel unter Band und Siegel liegenden Akten der einzelnen Ministerien. Mit Bereitwilligkeit hat unser Minister Herrfurth dem Herrn Berichterstatter die sämtlichen unsern Gegenstand betreffenden Akten seines Ministeriums zur Verfügung gestellt. Und da entrollt sich denn vor uns ein Bild, wie wir es bereits in dem Knappschen Werke über die Bauernbefreiung gesehen haben, der sein Material bekanntlich aus den Archiven geschöpft hat, sowohl in dem Text des Keilschen Werkes, als auch in den Anlagen, eine Sammlung von Gesetzentwürfen, die in jener Zeit und darüber hinaus fabriziert, natürlich immer in den Papierkorb gewandert sind, die aber Zeugnis dafür ablegen, wie seit dem Jahre 1808 das Verlangen nach einer Landgemeindeordnung in den östlichen Provinzen nie eingeschlafen, oft zum Schlafen gebracht, aber immer wieder lebendig erwacht ist und namentlich heute, wo wir die Hoffnung haben, demnächst durch den preußischen Landtag eine Vorlage nach dieser Richtung hin zu bekommen. Meine Herren! Aus diesen Akten möchte ich Ihnen einige kurze Notizen

vorführen, vorausgesetzt, daß Sie nicht alle bereits die vier Bände, die
Ihnen in der kürzesten Zeit zugegangen und zwar speciell Bd. 43 mit
seinen Anlagen gelesen haben.

Ich sagte Ihnen, daß am 19. November 1808 die Städteordnung
erlassen worden ist, und bereits fünf Tage später, unter dem 24. November,
reichte der Staatsminister von Schrötter seinem damaligen Vorgesetzten —
ich weiß nicht, ob es schon Fürst Hardenberg war — einen Entwurf für
eine Landgemeindeordnung ein. Er enthält im großen und ganzen bereits
das, was wir anstreben; er hatte allerdings nicht die Inkommunalisierung
der Güter in die Landgemeindeordnung aufgenommen. Das war zu jener
Zeit unmöglich; denn wir hatten noch nicht das Landeskulturedikt von
1811. Aber, meine Herren, wir sehen aus diesem Entwurf, daß schon
damals das Bestreben vorhanden war, dem Lande eine selbständige Verfassung zu geben; und wenn wir seit 80 Jahren eine Landgemeindeordnung
gehabt hätten, meine Herren, und wir vergleichen die Fortschritte, die die
Städte an der Hand ihrer Städteordnung vom Jahre 1808, von 1830
und 1853 gemacht haben, wie würde es um 100 Prozent besser um die
Intelligenz unseres Landvolks stehen, und wie würde das Land besser ge-
wappnet sein, wirtschaftlich und social, denjenigen gegenüber zu treten, mit
welchen es jetzt zu kämpfen hat!

Meine Herren! Wie gesagt, es war die Zeit noch nicht gekommen, der
Apfel war noch nicht reif, kein Stein war mehr vorhanden, und es wurden
nun in den folgenden Jahren verschiedene Entwürfe ausgearbeitet, namentlich vom Staatsrat Borsche im Jahre 1810, der ähnlich war dem des
Ministers v. Schrötter, der aber eigentlich noch eine Stufe herunterging.
Er wollte nämlich sämtliche Güter, die über 600 Morgen Fläche hätten
und 50 Einwohner zählten, als selbständige — ich will den Ausdruck
„Gutsbezirke" gebrauchen — in die Landgemeindeordnung einfügen und sie
n e b e n die Bauerngemeinden stellen. Damals erschienen aber auch zwei
andere Entwürfe, im Jahre 1809 und im Jahre 1815, von dem Staatsrat Köhler, die nach meiner Auffassung schon zu jener Zeit das getroffen
haben, was ich für meine Person anstrebe. Er wollte nämlich, daß die
Gutsbezirke in die Landgemeinden aufgehen, daß eine gemeinschaftliche kleine
Gemeinde bestehe, und daß neben dieser Gemeinde größere Landgemeinden,
nach dem Entwurf von 1809 von 60 Feuerstellen mit 300 Einwohnern, nach
dem Entwurf von 1815 von 200 Feuerstellen mit 1000 Einwohnern, gebildet
würden, daß dann eine Repräsentativverfassung für diese größeren Bezirke eingeführt werden sollte, daß also etwa jedes Dorf oder jedes Gut einen Vertreter, einen
Landverordneten, analog dem Stadtverordneten, wähle, daß dann eine derartige

Versammlung, die wir also Landverordnete, im Gegensatz zu den Stadtverordneten nennen, ihren Vorsitzenden wählen sollte, und daß ein von den Teil-
nehmern der Gemeinde gewählter, aber staatlich bestätigter Oberschulze als
Ehrenamt dieser Körperschaft vorstehen sollte. Herr v. Friesen, ebenfalls
Staatsrat — ich weiß nicht, ob auch Minister — bekämpfte diese Entwürfe,
und es hatte auch weiter gar keinen Erfolg, als daß auch sie alle zusammen
in den Akten verschwanden, und daß ich keine Kenntnis davon haben würde,
wenn ich nicht das Werk des Herrn Staatsanwalt Keil gelesen hätte.

Während dieser ganzen Periode lebte noch Hardenberg, und er hatte
in der That den dringenden Wunsch, dem Lande eine Landgemeindeordnung
zu geben. Es wurde deshalb im Jahre 1820 auf seine Anordnung eine
Immediatkommission eingesetzt, der die Aufgabe zu teil wurde, einen geeigneten Entwurf für den ganzen Umfang des damaligen neuen Staatsgebiets
zu entwerfen, der aber gleichsam schon wieder einen Schritt rückwärts machte,
indem er das selbständige Gut neben der Landgemeinde bestehen lassen
wollte, so daß, als Hardenberg nun im Jahre 1822 starb, diese ganze
Angelegenheit auf eine geraume Zeit vertagt wurde.

Mit dem Jahre 1823 trat der damalige romantische Kronprinz, später
König Friedrich Wilhelm IV., gemeinschaftlich mit seinem Vater, vielleicht
infolge der Vorgänge des Jahres 1819 durch Burschenschaft u. s. w., was
ich ja hier nicht weiter erwähnen will, und die Karlsbader Beschlüsse, auf
die Seite der konservativen Partei, d. h. auf diejenige Seite, welche von
der Landgemeindeordnung nichts wissen wollte, sondern nach dem Wunsch
des Kronprinzen in einer ständischen Gliederung des Kreises und der Provinz das Heil für das Vaterland suchte. Es entstanden also im Laufe der
20er Jahre die verschiedenen Kreis- und Provinzialordnungen; und wenn
Sie einen Blick in dieselben werfen, so werden Sie finden, daß vollständig
das ständische Wesen hier wieder zur vollen Geltung kam. Beispielsweise
hatte jedes Rittergut eine Stimme auf dem Kreistage, jede Stadt ebenfalls
eine, während jeder Kreis überhaupt nur 3 bäuerliche Deputierte für den
Kreistag zu wählen hatte gegenüber etwa 40 oder 50 Rittern und Bürger-
meistern. Ähnlich war die Zusammensetzung auf dem Provinziallandtage,
wo nur ⅙ von Landgemeindemitgliedern vertreten wurde.

Es fand sich nun aber in den auf diese Weise zusammengesetzten
Provinzialversammlungen dennoch ein Geist, an den man vielleicht nicht
gedacht hatte. Nämlich gerade von dieser Körperschaft aus ging nun durch
die ganze Zeit vom Ende der 20er bis durch die 30er und 40er Jahre
bald von diesem, bald von jenem Provinziallandtag das Verlangen nach
einer Landgemeindeordnung; es wurde von den zeitigen Ministern des Innern

den Oberpräsidenten der Auftrag erteilt, Landgemeindeordnungen für die
einzelnen Provinzen zu entwerfen. Es wurden außerdem Landgemeindeordnungen für den ganzen Staat entworfen, und es wurde offen, von dem
schlesischen Landtag z. B. im Jahre 1841, ausgesprochen, daß unter diesen
Verhältnissen, wo das Rittergut gänzlich seinen Charakter verloren, wo das
patriarchalische Verhältnis aufgehört hätte, wo das Rittergut nur eine
Handelsware, ein Spekulationsobjekt geworden wäre, das, wie bekannt, in
30 Jahren je zweimal seinen Besitzer im Durchschnitt der ganzen Monarchie
gewechselt hat, es nicht mehr an der Zeit wäre, die bis dahin bestandenen
Zustände noch länger aufrecht zu erhalten. Es wurde damals regierungs-
seitig bald einlenkend, bald mit Energie behauptet, daß absolut für eine
Landgemeindeordnung kein Bedürfnis vorhanden wäre, und die Sache zog
sich hin bis zum Jahre 1848, ohne daß irgend eine Vorlage, abgesehen
von den legalisierten Landgemeindeordnungen für Rheinland und Westfalen,
welche in der Mitte der 40er Jahre erschienen, und wo andere Verhältnisse
vorherrschten, in der Sache eingebracht worden wäre. Ja im Gegenteil,
auf dem linken Ufer der Elbe war durch die französische Fremdherrschaft,
die bis dahin ja reichte, der Eintritt der Rittergüter in den Kommunalverband einfach dekretiert, und man wußte 25 Jahre nichts weiter, als daß
das und das Gut zu der und der Bauerschaft gehörte. Ich bin selbst der
Sohn eines Rittergutsbesitzers in der Provinz Westfalen, und daß mein
Vater Gemeindevorsteher war, das fand ich so in der Ordnung — ich mußte
oft die Leute bestellen zu diesem oder jenem Zweck —, daß ich es gar nicht
anders kannte; und daß die Lasten gemeinsam getragen wurden, die Wege
gemeinsam gebessert, — man wußte es nicht anders. Wie gesagt, im Jahre
1833 aber unter dem 31. März erschien ein Gesetz, wonach mit einem Male
die sämtlichen Rittergüter links der Elbe aus den Gemeindeverbänden wieder
ausscheiden konnten, und, was eigentlich noch schlimmer war, von da ab
die Güter nur zu denjenigen Lasten beizutragen hätten, von denen sie Vorteil
genössen. Nun denken Sie sich mal, meine Herren, diesen Zustand in einer
Provinz wie Sachsen, wo in der Regel nicht wie im Osten die Gutsbezirke
eine Anzahl von Tagelöhnern auf ihren Höfen wohnen haben, sondern wo
in den benachbarten oder inneliegenden Dörfern die Arbeiter wohnen, wo
also, wenn der Mann abgenutzt ist und invalid geworden, er der Landgemeinde zur Last fällt, während der Gutsbesitzer seine Kräfte benutzt hat;
daß die Wege, die der Gutsbesitzer zerfahren hat, ich will einmal sagen,
mit seinen Rüben- und Kohlenwagen u. s. w., von der Stadt- oder Landgemeinde unterhalten und ausgebessert werden müssen, die also weiter nichts
als den Schaden davon haben. Auf diese Weise entstand ein Zustand, daß

beispielsweise in dem Orte Ermsleben, wo ich ein Menschenalter gewohnt habe, die Domäne und zwei Rittergüter mit dem Minimalbetrag, die Domäne mit 60 Thalern und die Rittergüter mit einigen 20 Thalern, zur Kommunalsteuerkasse beitragen mußten, während die Gemeinde selbst 50% der Grund- und Klassensteuer — sie zahlt über 1 500 Thaler Grundsteuer — einzuzahlen hatte. Meine Herren, dieser himmelschreiende Mißstand wurde natürlich dadurch, daß ich in die Gemeindeverwaltung eintrat, dahin geändert, daß der Besitzer der Domäne, welche zu 1 200 Thaler Grund-steuer eingeschätzt war, auf meine Veranlassung in den Kommunalverband freiwillig eintrat und statt 60 nun bis auf den heutigen Tag 600 Thaler Kommunalsteuer einzahlt, und nach demselben Verhältnis die Rittergüter, so daß während der ganzen Periode von 18 Jahren, wo ich Stadtver-ordnetenvorsteher war, der Domänenpächter mein Stellvertreter, der eine Rittergutsbesitzer Schriftführer, die beste Harmonie in dem Orte herrschte, während von 1833 bis 1848, wo ich hinkam, nur Prozeß auf Prozeß sich folgte über diesen Austritt der Güter aus dem Kommunalverbande. Nun sehen sie sich mal andere Orte der Provinz Sachsen an, wo innerhalb des-selben Bezirks — ich nenne das Dorf Auleben im Kreise Sangerhausen — 7 selbständige Rittergüter bestehen, deren Häuser in der Front der Bauern-höfe liegen, ferner das Dorf Wolkramshausen im Kreise Nordhausen, wo 5 Rittergüter innerhalb der Feldmark und des Dorfes liegen, aber dessen ungeachtet außerhalb des Kommunalverbandes stehen. Meine Herren, daß solche Zustände unhaltbar sind, das wird Ihnen auch einleuchten.

Nun möchte ich noch einen Punkt nachholen, den ich inzwischen über-gangen habe, der aber eine wichtige Rolle bei der neuen Landgemeinde-ordnung spielt. Ich erwähnte vorhin, daß das Preußische Landrecht vom Jahre 1794 eine kodifizierte Landgemeindeordnung in sich aufgenommen hatte. Zu jener Zeit bestanden noch Realgemeinden; das Hutungsrecht war noch nicht abgelöst, die Separationen waren noch nicht ausgeführt, die Guts- und Bauernäcker lagen also vollständig im Gemenge, und es hatte der Schulze gewisse Funktionen in Bezug auf das Dreifeldersystem, auf das Beginnen der Einsaat, der Ernte u. s. w., er hatte über die Gemeindeweide auf Acker und Anger sowie im Walde zu befinden, die dann später geteilt wurde; die Interessenten, nämlich die kleinen Leute, hatten außerdem das Recht, Reisig und Leseholz zu sammeln, Gras aus dem Walde zu holen, Laub zu scharren und so für ihre Ziege Futter und Lager zu bekommen. Diese Sachen alle sowie andere Rechte, die noch durch die Gemeinden ausgeübt wurden — beispielsweise das Halten des Bullen, was so wichtig ist, daß sogar in dem letzten Landtage für die Rheinprovinz ein Gesetz nach dieser

Richtung hin auf den Antrag des Abgeordneten Landrats von Knebel erlassen ist —, das Halten des Ebers, die Sorge für andere Angelegenheiten, so daß in der That die damaligen Landgemeinden auf dem realen und wirtschaftlichen Gebiet nur Verpflichtungen hatten — alles dieses ist mit den sonst von mir so hoch gehaltenen Agrargesetzen verloren gegangen. Durch die Ablösungsordnungen, durch die Gemeinheitsteilungsordnung, sagt Knapp, sind die kleinen Leute zu Bettlern und die Bauern zu Gutsbesitzern geworden. Es liegt etwas darin, und unter allen Umständen muß ich sagen, daß die kleinen Leute verloren haben. Denn wenn sie einen Fetzen Land, der vielleicht ¼ Morgen beträgt, für alle diese Gerechtsame, die sie hatten in der Feldmark, bekommen haben, so ist das kein Äquivalent für einen Mann, der sich in der Weise zu ernähren sucht, daß er durch Viehhaltung, durch Kleinvieh u. s. w. für seine Familie sorgt. Also nach dieser Richtung hin möchte auch ich wünschen, daß durch die neue Landgemeindeordnung ein Mehreres für die wirtschaftlichen Verhältnisse geschehe als bisher, wo durch die Separationen und Ablösungen alle diese Sachen individualisiert sind, wo die Hirtenhäuser verkauft sind, wo Jeder einen Bullen hält oder keinen, wo die Viehzucht unter allen Umständen darunter eminent leidet, was ja in neuerer Zeit eingesehen wird, da vom Landwirtschaftsministerium nach dieser Richtung hin Abhülfe geschaffen wird. Also ich möchte meinen, daß für die Realgemeinden auf dem Lande allerdings auch wieder mehr geschehe, als es bis jetzt der Fall ist, was vielleicht ja in der Gesetzgebung Ausdruck finden könnte.

Neben dieser Realgemeinde hat natürlich dann die Landgemeinde die kommunalen Angelegenheiten in erster Linie zu regeln und nach meiner Auffassung, wenn zunächst vom Stimmrecht die Rede ist, dadurch, daß jeder Grundbesitzer nach dem Verhältnis des Umfangs — und nicht wie jetzt analog der preußischen Landtagswahl durch öffentliches Abgeben der Stimme zu Protokoll nach drei Steuerklassen — wählt, daß den ländlichen Verhältnissen entsprechend ein Wahlsystem eingeführt würde, wo, wie gesagt, der Grundbesitz in erster Linie, der ja schon zu zahlen hat und der nach meiner Meinung auch zu raten hat, vor allem Berücksichtigung fände, daß aber nicht minder auch den Inquilinen und Einwohnern, ja sogar unter Umständen den Forensen ein gewisses Stimmrecht eingeräumt würde. Aber ich möchte — das spreche ich hier offen aus — angesichts der Erscheinungen, die auf anderen Gebieten an uns herangetreten sind, nicht vor dem 30. Jahre einem solchen Inquilinen ein Stimmrecht geben und ihn zu Wahlen und dgl. berechtigen. Ich möchte dann nicht die Landgemeinde in corpore verhandeln sehen; denn, meine Herren, eine Landgemeindeversammlung von

30, 40, 50 Mitgliedern und noch mehr ist nicht fähig, einen Gegenstand parlamentarisch — wenn ich den Ausdruck gebrauchen darf — zu verhandeln. Ich bin für das sogenannte Repräsentativsystem. Und das hat ja auch schon Ausdruck gefunden.

Und nun gehe ich auf die historische Entwicklung des Jahres 1848 zurück, übergehe die beiden in den Papierkorb gearbeiteten Vorlagen vom 10. und 13. August seitens der Abgeordneten resp. seitens der Regierung, wo die Güter nach beiden Entwürfen in die Gemeinden inkommunalifiert werden sollten, und wende mich mit wenigen Worten zu der Landgemeinde-ordnung vom 11. März 1850, nach welcher, wie Ihnen ja Allen bekannt ist, die Güter mit den Gemeinden zusammen eine einheitliche Gemeinde bildeten, wo Samtgemeinden gebildet werden konnten, wo aber das Stimm-recht auch in ähnlicher Weise, wie es die Staatsverfassung damals hatte, geregelt wurde, und wovon ich durchaus kein Freund bin. In den Städten ist das ja ganz etwas anderes; aber daß auf dem Lande ein Arbeitsmann zu Protokoll offen seine Stimme abgeben soll, während sein Brotherr als Beisitzer fungiert, — meine Herren, ich habe das zu oft mit durchgemacht; das ist ein widernatürlicher Zustand. Ich würde bei Weitem das preußische Wahlsystem einem anderen, das ich nicht weiter nennen will, vorziehen, wenn mit verdeckten Stimmzetteln, womöglich in Couverts, abgestimmt würde; dann würde die Wahrheit zutage treten. Also es müßte hier wiederum ein geheimes Stimmrecht eingeführt werden und nicht, wie es auch die Städteordnung von 1853 hat, analog dem preußischen Wahlsystem. Es müßten dann Repräsentanten gewählt werden, also Gemeindeverordnete. Meine Herren, wenn jemand ein Amt hat und hat eine gewisse Verant-wortung, dann verwaltet er es mit viel mehr Eifer, mit viel mehr Pflicht-treue, als wenn er so in einem großen Haufen mitschreit oder übertönt wird. Also auch nach dieser Richtung hin würde ich wünschen, daß das Stimm-recht einmal mit der Repräsentativeinrichtung nach der anderen Seite ein-geführt würde. Der Schulze, der früher, und zwar bis zum Jahre 1873, vom Gutsherrn ernannt wurde, wird, wie Ihnen ja bekannt ist, jetzt von der Gemeinde gewählt; er müßte natürlich auch nach dem neuen Wahlsystem gewählt werden, und was die Bestätigung anlangt, so hätte ich nichts dagegen zu erinnern, daß für die einzelnen Gemeinden die dem Landrat zuständе.

Nun aber denke ich mir, wenn ich hierdurch gleichsam die Aufgaben der Realgemeinde und der eigenen Kommune, also der kleinen einzelnen autonomen Landgemeinde, fixiert habe, daß ich doch einen größeren Verband von Landgemeinden, inklusive natürlich der Gutsbezirke, mir konstruieren

könnte, in welchem Polizei- und Kommunalverwaltung in e i n e Hand gelegt
würde, so daß die mir nie sympathisch gewesenen Amtsbezirke, welche nach
der Kreisordnung vom 13. Dezember 1872 ins Leben gerufen wurden,
abgerundet, die jetzigen Amtsvorsteher — mit einem Wort will ich sagen:
abgesetzt, und Beamte g e w ä h l t würden, welche gleichzeitig die kommunalen
Angelegenheiten, also wie die Bürgermeister in den kleinen Städten, in Verbindung mit dem Polizeiwesen verwalteten.

Meine Herren, wenn ich mir einen Amtsbezirk von 3 — 5 000 Seelen
konstruiere, eine Vertretung von etwa 10 — 15 Gemeindeverordneten, einen
Vorsitzenden, natürlich selbst gewählt, und an Stelle des Bürgermeisters
oder des Schulzen der Einzelgemeinde einen ebenfalls von der Versammlung
zu wählenden Amtsvorsteher, dem bereits im Jahre 1862 der Staatsminister Graf von Schwerin den Titel „Amtshauptmann" beilegte, so leuchtet
ein, meine Herren, daß eine solche Korporation, namentlich — und das ist
der dritte Punkt, den ich berühren möchte — in s o c i a l p o l i t i s c h e r
Hinsicht, viel mehr wirken könnte als eine kleine einzelne Landgemeinde.
Meine Herren, Seine Majestät unser allergnädigster König und Herr hat
auf dem Ständefest in Schlesien am 13. September so innig und warm
die Worte ausgesprochen, daß er Alles, was in seinen Kräften, thun würde,
um den socialen Frieden wiederherzustellen und den immer näher auf uns
eindringenden umwälzenden Elementen entgegenzutreten, daß aber, wenn er,
seine Regierung und deren Organe allein ständen, es außer ihrer Macht
läge, hier Wandel zu schaffen; es müßten also die Staatsbürger, namentlich
aber die berufenen, mit Hand anlegen und den socialen Frieden herbeizuführen suchen. Meine Herren, hierzu erachte ich nun vor Allem den Eintritt
der Gutsbezirke in den kommunalen Verband für ein Bedürfnis unter allen
Umständen. Denn jetzt haben wir nur die Kluft immer mehr erweitert
zwischen diesen beiden Körperschaften; und diese Kluft gerade zu überbrücken
durch die Intelligenz auf der einen Seite, praktischen Sinn andererseits, durch
ein gemeinsames Zusammenwirken in einer größeren Korporation, — meine
Herren da ist viel mehr zu erreichen, als bis jetzt für diese Sache geschehen
ist. Ich könnte Ihnen eine Rede citieren, die unlängst, am 24. April, der
Pastor Dr. Borchard aus Ummendorf auf einer Synodalversammlung in
Eilsleben gehalten hat — sie ist abgedruckt in unserm Arbeiterfreund;
Kollege Gneist wird sie wahrscheinlich schon gelesen haben, vielleicht auch
andere Herren. Meine Herren, der schildert mit so wahren Worten die
Kluft, die zwischen dem Arbeiter und dem Arbeitgeber im Laufe der Jahre
immer größer geworden ist, und von der ich ja, solange ich in der Praxis
lebte, den gegenwärtigen Verhältnissen gegenüber ein offenes Zeugnis ab-

legen kann. Nehmen Sie einmal an, wenn man von patriarchalischen Zuständen spricht, dann steckt doch der Dienstbote seine Beine unter des Herrn
Tisch, d. h. er bekommt Kost und Lohn. Was geschieht jetzt? Die Leute
kriegen bares Geld, trinken morgens Branntwein, gehen gleichsam nüchtern
an die Arbeit, mittags kriegen sie nichts ordentliches zu essen, und am Abend
werden sie Socialdemokraten.

(Sehr richtig!)

Liebknecht und Bebel, Liebknecht am 3. September, Bebel in den letzten
Tagen des August, haben in großen Volksversammlungen zu Berlin es
offen ausgesprochen, die Stadt- und Industriebezirke haben wir jetzt in der
Tasche, jetzt wollen wir mal unsere Propaganda auf dem Lande versuchen.
Am 6. September hat der Kongreß der Gewerkvereine in Liverpool den-
selben Beschluß gefaßt, mit aller Macht jetzt das Landvolk zu organisieren.
Also, meine Herren, die Gefahr ist im Anzuge; und sollten wir nicht alles
thun, namentlich auf kommunalem Gebiete, wo es jetzt Zeit ist, auch einen
Damm aufzuwerfen und wieder Zustände zu schaffen, die dem früheren
patriarchalischen Zustand wenn nicht gleich, aber doch wieder ähnlich würden?
Meine Herren, ich habe mit meinen schwachen Kräften hier vor 4 Jahren
von der inneren Kolonisation gesprochen, und der verehrte Herr Vorsitzende
hat damals mit mir den Antrag auf Errichtung von Rentengütern gestellt
und zu meiner Freude ist ja — wenn auch nicht ganz nach meinem Ge-
schmack — bereits ein Gesetz in der letzten Tagung des Abgeordnetenhauses
nach dieser Richtung hin verabschiedet worden. Meine Herren, wenn wir
Rentenbanken bekommen, durch die der kleine Mann dann in den Besitz
eines Eigentums gesetzt werden kann, dann erinnere ich an die Worte, die
vor 4 Jahren der Pastor v. Bodelschwingh an dieser Stelle sprach: ein
Häuschen ist sehr schön für den kleinen Mann, gebt ihr ihm aber noch
einen Lappen Land dazu, dann wird er kein Socialdemokrat. Meine Herren,
ich sage Ihnen weiter: die 2 Millionen besitzlosen Tagelöhner auf den
Gütern, die wir jetzt nach der Statistik des Herrn Ministers Herrfurth
haben, seßhaft zu machen und noch so viele Einlieger und Inquilinen in
den Dörfern, das sollte die Aufgabe des Amtsbezirks sein, danach sollte
gestrebt werden; Sie sollten, wie gesagt, auf dem Lande — und das ist
immer mein Standpunkt gewesen — nach jeder Richtung hin es möglich
machen, die Arbeiter mit einem kleinen Grundstück zu dotieren. Aber ich
muß zu meinem Bedauern es aussprechen, daß ich in den letzten Landtagsverhandlungen, sei es im Herrenhause, sei es im Abgeordnetenhause, wenig
Neigung nach dieser Richtung gefunden habe. Die Gutsbesitzer haben wohl
die Absicht, irgend ein Stück Land an der Grenze zu derartigen Kolonien

herzugeben; aber diese Tagelöhner, die in den Gutshäusern wohnen, was früher Bauernhöfe zum großen Teil waren, in nächster Nähe des Guts seßhaft zu machen, dazu haben sie, soweit ich beobachten konnte, keine Neigung, alle mit ganz geringen Ausnahmen — ich nenne allerdings mit Freude den alten Kleist-Retzow; der Mann hat ein warmes Herz und der würde es thun; aber viele andere, von denen ich's gehofft habe, glaube ich, die werden es nicht thun. Und das ist nach meiner Meinung doch eins der bedeutendsten Mittel, um, wie gesagt, den socialen Frieden auf dem Lande zu erhalten und durch die Gemeindeordnung namentlich in größerem Umfange das zu erreichen, was wir anzustreben haben.

Nun frage ich den Herrn Präsidenten, ob ich noch über die Steuerfrage sprechen soll, oder ob meine Zeit abgelaufen ist.

Vorsitzender: Sie haben zu einer Stunde noch 5 Minuten.

Berichterstatter Sombart: Da Sie mir gesagt haben, ich sollte nur $^3/_4$ Stunden sprechen, will ich hiermit meinen Vortrag schließen.

(Lebhafter Beifall.)

Vorsitzender: Indem ich dem Herrn Referenten im Namen des Vereins den besten Dank ausspreche, bitte ich den zweiten Herrn Referenten, Oberpräsidenten v. Ernsthausen, das Wort zu ergreifen.

Korreferat

von

Oberpräsident von Ernsthausen (Berlin)

über

die Reform der Landgemeindeordnung in Preußen.

Berichterstatter Oberpräsident v. Ernsthausen (Berlin): Meine Herren! Nach dem historischen Überblick den Ihnen der Herr Referent gegeben hat, kann ich ohne weitere Einleitung mich sofort zur Sache wenden. Ich' schicke dabei voraus, daß ich in manchen Punkten mit meinem Herrn Vorredner einverstanden bin, aber nicht in allen; das Nähere wird ja der Verlauf meines Vortrags ergeben.

Unsere Landgemeinden waren ursprünglich wirtschaftliche Genossenschaften zum Anbau des Landes. Ihr Zweck war demnach ein privat-wirtschaft-licher, aber es konnte nicht fehlen, daß sie als wohlumgrenzte Abteilungen des Staates sehr bald, wenn nicht gleichzeitig mit ihrer Gründung auch einen öffentlichen Charakter annahmen. Im Laufe der Zeiten ist dann die private Bedeutung der Landgemeinden mehr und mehr in den Hintergrund getreten, während die politische weitaus das Übergewicht erlangt hat. In einer Anzahl von Fällen hat diese Entwickelung zu einer vollständigen Trennung der sogenannten Realgemeinde von der politischen Gemeinde geführt; in andern hat jene sich dieser untergeordnet, sie ist in der politischen Gemeinde aufgegangen, jedoch nicht ohne den ursprünglich Berechtigten gewisse wirtschaftliche Vorrechte zu wahren; in andern Fällen endlich ist mit dem Grundeigentum der Gemeinde fast jede Spur einer privat-wirtschaftlichen Gemeinschaft geschwunden. Gleichwohl ist die Gemeinde überall eine wirt-schaftliche Genossenschaft geblieben; nur daß die gemeinschaftliche Wirtschaft sich hauptsächlich auf öffentliche Leistungen erstreckt und beschränkt, seien es solche, welche von dem Begriffe der Gemeinde untrennbar sind, oder solche,

welche der Staat ihr auferlegt hat. Wie sehr indeß das Hineintragen des
ursprünglichen Gemeindezweckes in die Gegenwart die Gestaltung und das
Leben unserer Landgemeinden beeinflußt, dafür erlaube ich mir Ihnen ein
Beispiel in einem Gemeindetypus vorzuführen, in welchem sich die uralten
Eigentümlichkeiten der deutschen Landgemeinde bis zum heutigen Tage am
reinsten erhalten haben, und welches zugleich eine Art Kompromiß zwischen
der als selbständige Körperschaft verschwundenen Realgemeinde und der politischen Gemeinde, andrerseits aber auch einen entschiedenen Gegensatz zu den
Landgemeinden der östlichen Provinzen zur Anschauung bringt. Ich meine
die Dorfgemeinden auf dem Hunsrück in der preußischen Rheinprovinz.

Die Dörfer auf dem Hunsrück liegen gewöhnlich nahe zusammen-
gebaut an oder nahe bei einem Bache. Das Thal auf- und abwärts bildet
den stark parzellierten Wiesengrund. An den meist sanften Bergabhängen
und auf der Hochebene liegt das Ackerland, noch jetzt vielfach in drei Felder
eingeteilt. An das Ackerland schließen sich gewöhnlich größere Flächen
unkultivierten sogenannten Ödlandes, welches Gemeindeeigentum ist und zur
Weide benutzt wird. Auf dem Rücken der Berge endlich und an steileren
Thalhängen liegt der Gemeindewald. Das Ackerland befindet sich zum
größten Teile, jedoch nicht ganz, im Privatbesitz der Einwohner. Ein Teil
desselben besteht in aufgebautem Gemeindeödland. In dem Maße nämlich,
wie die wirtschaftliche Kraft der Gemeinden zunahm, haben sie nach und
nach einzelne Teile des Gemeindeödlandes urbar gemacht. Dies geschah in
der Art, daß das zur Kultivierung bestimmte Land, nachdem es in soviele
Teile geteilt worden war, als nutzungsberechtigte Gemeindeglieder vorhanden
waren, unter die letzteren auf eine bestimmte Zeit, gewöhnlich auf 12 Jahre,
verlost wurde. Nach Ablauf derselben trat eine neue Verlosung ein. Wie
allmählich die Ausdehnung des Ackerbaues auf Kosten der Weide vor sich
gegangen ist ergibt sich aus dem Umstande, daß in manchen Gemeinden
jeder Berechtigte 10—15 und noch mehr kleine Ackerstücke von der Gemeinde
in Nutzung hat. Die Sitte, das Ackerland wiederkehrend unter die Gemeindeglieder zu verlosen, ist, wie wir aus Tacitus wissen, uralt. Sie hat
sich demnach, auch seitdem der ursprüngliche Acker Privateigentum geworden
ist, bezüglich einzelner Teile des Gemeindelandes auf dem Hunsrück bis
heute erhalten. Aber auch der ursprüngliche Acker ist nicht in das volle
Privateigentum getreten; die Brach- und Stoppelweide blieb der Gemeinschaft vorbehalten. Dieses Weiderecht ist also älter als das Privateigentum,
es ist gewißermaßen ein Überbleibsel und ein zeugender Beweis der früheren
Gemeinschaft. Nach § 5 der Gemeinheitsteilungsordnung vom 19. Mai
1851 kann dasselbe übrigens durch Gemeindebeschluß abgeschafft werden,

und es ist dies in vielen Gemeinden auch geschehen, teils als Folge, teils als Ursache der eingetretenen landwirtschaftlichen Verbesserungen.

Fassen wir das Gesagte zusammen, so stehen auf dem Hunsrück der ursprüngliche Acker nebst Gärten und Wiesen im Privateigentum, der Gemeindewald, das Ödland, die neu angebauten Gemeindeäcker und die Brach- und Stoppelweide, soweit letztere noch existiert, im Gemeindeeigentum. Der hohe Wert dieses Gemeindeeigentums, dessen Anteile selbst unteilbar und untrennbar mit der Feuerstelle verbunden sind, ist eine Hauptquelle des auf dem Hunsrück bestehenden mittleren Wohlstandes. Der Bauer findet in der Teilnahme am Gemeindevermögen den Stützpunkt seiner wirtschaftlichen Existenz, die auch nicht erschüttert wird durch das System der gleichen Erbteilung. Nach der allgemeinen Sitte auf dem Hunsrück geht beim Ableben eines Bauern oder noch häufiger schon bei Lebzeiten desselben der Grundbesitz in gleichen Teilen an die Kinder über, wobei übrigens Haus und Hof zu einer mäßigen Taxe berechnet werden. Die Kinder, welche nicht im Dorfe bleiben, bringen ihr Los in Parzellen zur Versteigerung, wodurch der Bauer stets Gelegenheit findet und auch benutzt, seine Ackerwirtschaft zu vergrößern. Diese Einrichtung spornt ihn zu Fleiß und Sparsamkeit an und hat viel zur Erhaltung eines kräftigen Bauernstandes beigetragen — ein Beweis, daß es unter so günstigen Umständen auch ohne gebundene Erbfolge und ohne Höferolle geht.

Die Nutzung des Gemeindevermögens steht nicht jedem Einwohner sondern nur den Berechtigten zu. Ursprünglich waren alle Einwohner berechtigt, der geringe Wert und zugleich der große Vorrat von Holz und Weide ließen es unbedenklich erscheinen, auch spätere Anzügler zu demselben Rechte zuzulassen. Als aber die Zahl der Familien zunahm, der Holzvorrat geringer, der Wert der Nutzung relativ bedeutender wurde, da schien es geraten, die Zahl der Berechtigten nicht weiter zu vermehren. So gibt es jetzt in jeder Gemeinde Berechtigte und Unberechtigte, von welchen aber die ersteren bei weitem in der Mehrzahl sind. Auf dem Hunsrück und in der Eifel ist die Nutzungsberechtigung an den Besitz einer Feuerstelle, auf dem Westerwalde ist sie an den Besitz eines Hauses geknüpft. Sie muß außerdem durch Erbschaft oder Einkauf erworben sein. Im einzelnen wird das Gemeindeeigentum auf dem Hunsrück folgendermaßen genutzt. Das in dem Gemeindewald zum Einschlag kommende Brennholz wird unter die Berechtigten gleichmäßig verteilt, das Bauholz dagegen, soweit es nicht zu Gemeindebauten erforderlich ist, zum Besten der Gemeindekasse verkauft; das Ödland wird ausnahmsweise nicht von den Berechtigten allein, sondern von allen Gemeindegliedern mit soviel Rindvieh betrieben als sie halten können; es ist dies eine Konzession an die Nichtberechtigten. Die aufgebauten Gemeindeäcker werden, wie schon bemerkt, von den Berechtigten zu gleichen Teilen benutzt. Für jede einzelne Nutzungsart zahlen die Teilnehmer eine mäßige Taxe, welche in der Regel hinreicht, die gewöhnlichen Gemeindebedürfnisse zu bestreiten. Man sieht, daß die Vereinnahmung der Nutzungstaxen und des Erlöses des Bauholzes durch die Gemeindekasse das Eigentum der politischen Gemeinde an dem Gemeindevermögen zum Ausdrucke bringt, während die ausschließliche Zulassung der Berechtigten zu den Nutzungen als eine Nachwirkung der alten Markgenossenschaft erscheint.

Vergleichen Sie nun mit diesem Bilde der Hunsrücker Dorfgemeinden, welches sich übrigens auf dem Westerwalde und in der Eifel mit geringen Änderungen wiederfindet, die Landgemeinden der östlichen Provinzen, insbesondere rechts der Elbe, welche uns heute vornehmlich beschäftigen, so finden Sie durchgreifende Gegensätze. Hier im Westen ist die Gemeinde so alt oder wenn man will, sogar älter als der Staat, im Osten ist sie ein spätes Erzeugnis des Staates; hier ist sie eine wenn auch politisch umgeformte Fortsetzung der alten Markgenossenschaft mit gemeinem Wald, gemeiner Weide und zum Theil auch gemeinem Acker, dort ist durch Regulierungen, Gemeinheitsteilungen und Separationen mit dem nutzbaren Gemeindegrundvermögen, soweit solches vorhanden war, fast jede Spur der Gemeinschaft verloren gegangen; hier findet der Bauer seinen festen Rückhalt an seinem Gemeinderecht, dort ist er ganz auf sich selbst gestellt. Daß so fundamentale Verschiedenheiten ganz ohne Einfluß auf die Gemeindeverfassung bleiben müßten, wird zwar Niemand behaupten wollen; doch dürfen wir dieser Erwägung keinen zu großen Einfluß einräumen. Es ist, offen gesagt, ein Fehler unserer Gemeindegesetzgebung im Osten, daß sie in der Berücksichtigung lokaler Eigentümlichkeiten gradezu schwelgt. Darauf baut sich ein System von Observanzen und statutarischen Bestimmungen, welche schließlich die Willkür ohne Not an die Stelle der Einheit setzt. Auch in der Rheinprovinz und in Westfalen befinden sich Gemeinden in großer Zahl, denen das privatwirtschaftliche Element ebenso vollständig abhanden gekommen ist, wie den Gemeinden des Ostens, und dennoch befinden sie sich unter der Herrschaft der beiden dortigen Landgemeindeordnungen, eben so wohl wie die Gemeinden des Hunsrücks, der Eifel und des Westerwaldes. Zu bedenken ist doch immer, daß die Gemeindeordnung in der Hauptsache nur eine formelle Bedeutung hat. Sie soll das Gefäß sein, welches fähig ist, die materiellen Rechtsverhältnisse des den Gemeinden überwiesenen Stoffes, also besonders des Armen-, Schul- und Wegewesens in sich aufzunehmen, nicht aber soll sie dieses materielle Recht selbst schaffen. Darum ist auch für die

östlichen Provinzen eine — natürlich nicht sklavische — Anlehnung an be
bereits bestehenden Landgemeinden, soweit sie sich bewährt haben, nicht von
der Hand zu weisen.

Wenn wir von einer Landgemeindeordnung der 7 östlichen Provinzen
reden, so denken wir dabei vornehmlich an vier Gesetzesquellen, nämlich:

1. das Allgemeine Landrecht im zweiten Teil, Titel 7, Abschnitt 2,
überschrieben „von Dorfgemeinden",

2. das Gesetz vom 14. April 1856 betr. die Landgemeindeverfassungen
in den sechs (jetzt sieben) östlichen Provinzen der preußischen Monarchie, mit
den durch das Zuständigkeitsgesetz bedingten Änderungen,

3. die Kreisordnung vom 13. Dec. 1872, insbesondere in dem Abschnitte von dem Gemeindevorsteher- und Schöffenamte, sowie von der Orts-
verwaltung der selbständigen Gutsbezirke und in dem Abschnitte von den
Amtsbezirken und dem Amte der Amtsvorsteher, endlich

4. das sogenannte Notkommunalsteuergesetz vom 2. April 1887.

Von diesen Gesetzen enthält das Landrecht nur subsidiäres Recht und
gilt demnach nur insoweit, als nicht die bestehende Ortsverfassung entgegensteht. Die letztere aber gründet sich teils auf Urkunden, als Urbarien,
Stiftungsbriefe, Privilegien u. dgl., teils und hauptsächlich auf die Observanz.
Die übrigen drei Gesetze enthalten allerdings principales Recht; jedoch verweist das Gesetz vom 14. April 1856 bezüglich zweier der wichtigsten
Materien, nämlich des Stimmrechts und der Abgabenverteilung wiederum
auf die bestehende Ortsverfassung, das heißt in den meisten Fällen auf die
Observanz, zu deren Abänderung im Falle des Bedürfnisses sie übrigens
die Möglichkeit gewährt.

Mögen nun auch die erwähnten Gesetze zur Fortführung der Gemeindeverwaltung auf dem Lande in der bisherigen Weise notdürftig genügen, so
reichen sie doch nicht aus, um die Entfaltung eines regeren Gemeindelebens,
wie es den gesteigerten Anforderungen der Zeit entspricht, zuzulassen. Das
Landrecht und das Gesetz von 1856 sind in manchen Punkten veraltet,
gewähren nicht die genügenden Mittel zu einer oft nötigen Umgestaltung
der Gemeindeeinheiten, tragen der veränderten Zusammensetzung der ländlichen Bevölkerung nicht die gebührende Rechnung und sind durch ihre
Hervorhebung der oft dunkeln und zweifelhaften Observanz die Ursache einer
unnötigen und verwirrenden Vielgestaltigkeit, unter welcher die Gerechtigkeit
bezüglich der Verteilung der Stimmrechte und der Abgaben Not leidet.
Darum ist denn auch der Ruf nach einer Reform der Landgemeindeordnung
ein weit verbreiteter. Diejenigen aber, welche in diesen Ruf einstimmen,

find, wie ich glaube, darüber einig, daß die Reform sich nach zwei Richtungen hin bewegen muß. Es handelt sich darum,

zunächst leistungsfähige Verbände oder Bezirke zu bilden, das heißt solche, welche im Stande sind, diejenigen Anforderungen, welche entweder aus dem Begriffe einer Landgemeinde von selbst hervorgehen, oder vom Staate an dieselbe gestellt werden, zu erfüllen,

dann aber, diesen Verbänden eine Verfassung zu geben, welche es ihnen ermöglicht, bei gerechter Verteilung der öffentlichen Lasten und unter thätiger Mitwirkung ihrer Mitglieder ihre Hülfsquellen zu entwickeln, um die Erfüllung jener Anforderungen sicher zu stellen.

I. Bildung leistungsfähiger Verbände.

Der erste dieser beiden Zwecke kann, theoretisch betrachtet, auf verschiedenen Wegen erreicht werden. Der radikalste und anscheinend einfachste wäre dieser, daß man die Landgemeinden und selbständigen Gutsbezirke ihres kommunalen Charakters gänzlich entkleidete und zu neuen Gemeinden von angemessener Größe vereinigte. Unstreitig würde hierdurch diejenige Verstärkung der Leistungsfähigkeit erreicht werden, welche durch Vergrößerung der bisherigen Verbände überhaupt erreicht werden kann; auch würde man sich mit den bisherigen Landgemeinden und selbständigen Gutsbezirken nicht weiter zu befassen haben. Gleichwohl kann einer so radikalen Maßregel nicht das Wort geredet werden. Ganz abgesehen davon, daß für manche öffentliche Aufgaben Bezirke von geringerem Umfange unentbehrlich sind, würde man durch Vernichtung jener, zum Teil uralten, mit juristischer Persönlichkeit ausgestatteten Einheiten zahlreiche Rechte und tief gewurzelte Gefühle verletzen, und in den Landgemeinden das denn doch immer noch bestehende Gemeindeleben völlig zerstören, ohne sicher zu sein, daß sich ein genügender Ersatz für dasselbe fände. Das Ganze wäre demnach ein sehr gewagtes Experiment, welches in keiner Weise empfohlen werden kann.

Man wird somit die Lösung auf einem anderen Wege, ohne Vernichtung der bisherigen kommunalen Einheiten suchen müssen. Zu dem Ende ist zunächst der Bestand der Landgemeinden und selbständigen Gutsbezirke einer Revision zu unterwerfen, wobei zu kleine und zu schwache Gebilde aufgelöst und mit anderen verschmolzen werden müssen. Daran schließt sich dann die weitere Frage, ob zur Erhöhung der Leistungsfähigkeit und zur besseren Ausgleichung der Lasten durch Zusammenfassung von Gütern und Landgemeinden — wohlverstanden unter Aufrechthaltung ihrer Individualität — größere Zwischenverbände zwischen Gemeinde und Kreis zu bilden seien, und zwar entweder als Samtgemeinden für die gemeinsame Verwaltung des größeren Teils der gemeindlichen Aufgaben, oder als Zweckverbände für einzelne wichtigere Gemeindezwecke, z. B. den Wegebau, das Armen- oder Schulwesen. Die Beantwortung dieser Fragen wird durch den vorhandenen Dualismus der Gemeindeeinheiten — auf der einen Seite stehen Landgemeinden, auf der andern die ihnen in Bezug auf öffentliche Pflichten gleichgestellten Gutsbezirke — zwar einigermaßen erschwert, aber keineswegs in dem Maße, wie dies gewöhnlich angenommen wird. Auch kann ich die Meinung derjenigen nicht teilen, welche die selbständigen Gutsbezirke als eine Anomalie betrachten und sie am liebsten in ihrer öffentlich-rechtlichen Eigenschaft ganz aus der Welt schaffen möchten.

Die Zahl der selbständigen Gutsbezirke in unserem Staate ist eine sehr bedeutende. Neben 37 319 Landgemeinden bestehen 16 403 solcher Gutsbezirke, also auf 100 Landgemeinden 44. Das Verhältnis ist jedoch in den einzelnen Landesteilen ein sehr verschiedenes: von Osten nach Westen nimmt die Zahl der Gutsbezirke ab. In den 7 östlichen Provinzen, also von der Ostgrenze bis einschließlich Sachsen gibt es 24 509 Landgemeinden und 15 416 Gutsbezirke, demnach fallen auf 100 Landgemeinden 63 Gutsbezirke. In den neu erworbenen mittleren Provinzen Schleswig-Holstein, Hannover und Hessen-Nassau ist die Zahl der letzteren schon weit geringer, es bestehen neben 8 502 Landgemeinden nur 960 Gutsbezirke, also auf 100 Landgemeinden nur 12. In den westlichen Provinzen Westfalen und Rheinland nebst Hohenzollern endlich gibt es bei 4 758 Landgemeinden nur 27, oder auf 100 Landgemeinden nur 0,6 selbständige Gutsbezirke. Man sieht schon aus den mitgeteilten Zahlen, daß die selbständigen Gutsbezirke in unseren östlichen Provinzen, neben den allerdings zahlreicheren Landgemeinden, eine hohe politische Bedeutung haben, welche aber noch gesteigert wird durch die intensive Bewirtschaftung derselben, durch den Bildungsstand der Besitzer, aus welchen die meisten Amtsvorsteher hervorgehen, und durch den bedeutenden Einfluß, den diese Besitzer in den Provinziallandtagen, den Kreistagen und den Kreisausschüssen und sonst im öffentlichen Leben ausüben.

Wenn es nun der Hauptzweck der Gemeinden ist, die ihnen überwiesenen öffentlichen Aufgaben zu erfüllen, so läßt sich nicht verkennen, daß die selbständigen Gutsbezirke hierzu mindestens ebensogut imstande sind, als die Landgemeinden. Ich setze dabei voraus, daß diese Gutsbezirke den normalen Erfordernissen entsprechen, d. h. daß sie eine genügende Größe und Leistungsfähigkeit haben und sich in der Hand eines Besitzers befinden. Man braucht übrigens das letztgedachte Erfordernis nicht allzu buchstäblich zu nehmen: das Vorhandensein einer Kirche und Pfarrei mit ihren Dotationen und der

Abverkauf vereinzelter kleiner Trennſtücke beeinträchtigt nicht die Brauchbarkeit
eines Gutsbezirks als Trägers öffentlicher Rechte und Pflichten. Wenn alſo
jene Erforderniſſe zutreffen — und dies iſt in der überwiegenden Mehrzahl
der Fall — ſo liegt in der Ausübung der obrigkeitlichen Gewalt durch den
Beſitzer, der übrigens als Gutsvorſteher der Beſtätigung des Landrats bedarf,
ebenſowenig eine Ungerechtigkeit oder Beläſtigung der Bewohner, als andrerſeits
die Leiſtung der öffentlichen Pflichten durch das Nichtvorhandenſein eines
Gemeindeverbandes gefährdet wird. Im Gegenteil bietet in letzterer Beziehung der leiſtungsfähige Gutsbezirk eine beſonders gute Garantie, und
gewährt der Verwaltung, gegenüber der oft ſchwerfälligen Geſchäftserledigung
in den Landgemeinden eine weſentliche Erleichterung. Es liegt demnach keine
Notwendigkeit vor, die Inſtitution der ſelbſtändigen Gutsbezirke abzuſchaffen
und man wird wohlthun, dergleichen Verſuche umſomehr zu unterlaſſen, als
die Umwandlung derſelben in Gemeinden nur Scheingebilde hervorrufen würde.

Dieſe Auffaſſung ändert ſich aber, wenn bei einem Gutsbezirke die
Einheit des Beſitzes durch ſtarke Abverkäufe, Anlage von Kolonien und dergl.
verloren gegangen iſt. Iſt in dieſem Falle das verbleibende Reſtgut in
ſeiner Leiſtungsfähigkeit zu ſehr geſchwächt, ſo bleibt nur übrig, den Gutsbezirk aufzulöſen, ihn in eine Gemeinde zu verwandeln, oder mit benachbarten Gemeinden zu verſchmelzen. Iſt dagegen eine hinreichende Leiſtungsfähigkeit geblieben, ſo wird es ſich in manchen Fällen empfehlen, den
Gutsbezirk in ſeinem bisherigen Umfange noch beizubehalten. Es würde
z. B. oft voreilig ſein, eine vorhandene, wenn auch zahlreiche Arbeiterkolonie
zu einer Gemeinde zu erklären, wenn die Leiſtungsfähigkeit derſelben nicht
zweifellos iſt. Eine ſolche Gemeinde würde für die Erhaltung ihrer Armen
auf den Landarmenfonds und in vielen anderen Fällen auf die Unterſtützung
des Staates oder anderer Verbände angewieſen ſein. Andrerſeits würde die
Vereinigung der Kolonie mit einer benachbarten Gemeinde oft auf unüberwindliche Schwierigkeiten ſtoßen. Die Erwägung übrigens, daß in einem
Gutsbezirke, welcher nicht im ausſchließlichen Eigentume des Gutsbeſitzers
ſteht, die Armenlaſt für denſelben ungebührlich drückend werden kann, hat
zu der Vorſchrift des § 8 des preußiſchen Geſetzes über den Unterſtützungs-
wohnſitz geführt, nach welcher die übrigen Grundbeſitzer und Einwohner des
Bezirkes zur Aufbringung der Koſten der Armenpflege im ſtatutariſchen
Wege mit herangezogen werden können, wofür ihnen aber auch eine ent-
ſprechende Beteiligung an der Verwaltung der Armenpflege eingeräumt
werden muß. Es nimmt dann für dieſen Zweig der Verwaltung der Gutsbezirk gewiſſermaßen die Geſtalt einer Gemeinde an, und es ſcheint kein
Bedenken obzuwalten, daß eine gleiche geſetzliche Einrichtung auch für andere

Verwaltungszweige getroffen werde, wenn sie sich als nöthig erweisen sollte. Zuzugeben ist, daß dergleichen Übergangs- oder Mittelzustände an sich unerwünscht sind und mancherlei Schwierigkeiten hervorrufen können. Allein die Verwaltungspraxis muß den Veränderungen der Besitzverhältnisse folgen und sich mit Auskunftsmitteln begnügen, wo eine radikale Änderung verfrüht sein würde. Meine Ansicht ist also die, daß die selbständigen Gutsbezirke als vollberechtigte Elemente unserer ländlichen öffentlichen Einrichtungen anerkannt werden müssen.

Das schließt jedoch nicht aus, daß solchen Gutsbezirken, welche an sich zu klein und zu wenig leistungsfähig sind, um ihre Aufgabe als Mitträger der öffentlichen Gewalt und der öffentlichen Lasten zu erfüllen, ebenso wie den in gleicher Lage befindlichen Landgemeinden das Recht der gesonderten Existenz als gemeindlicher Einheit abgesprochen werden muß. Wir wissen aus den Landtagsverhandlungen, daß es in den 7 östlichen Provinzen 700 Gutsbezirke gibt, welche weniger als 75 ha und etwa 1200, welche weniger als 100 ha umfassen. Andererseits gibt es daselbst 1600 Landgemeinden mit weniger als 50, und 4800 mit weniger als 100 Einwohnern. Die größere Zahl dieser Gebilde wird ihres öffentlich rechtlichen Charakters entkleidet und mit benachbarten Gemeinden verschmolzen werden müssen. Auch für diejenigen Gutsbezirke verdient die Verschmelzung mit benachbarten Landgemeinden in Betracht gezogen zu werden, welche mit diesen derartig im Gemenge liegen, daß eine zweckmäßige Begrenzung nicht vorhanden ist.

Die Vereinigung verschiedener kommunaler Einheiten auch beim Widerspruche einzelner Beteiligten durchzuführen, reicht aber die bestehende Gesetzgebung nicht aus. Zwar können auf Grund des § 189, Teil II, Titel 6 des Allgem. Landrechts selbständige Gutsbezirke, welche durch Abverkäufe oder Zersplitterung faktisch den Charakter einer selbständigen kommunalen Einheit verloren haben, während ihnen rechtlich dieser Charakter noch beiwohnt, durch eine Allerhöchste Ordre aufgelöst werden. Die einzelnen Grundstücke des bisherigen Gutsbezirks werden hierdurch kommunalfrei und können auf Grund des § 1 des Gesetzes vom 14. April 1856 auch ohne Zustimmung der Beteiligten durch Beschluß des Kreisausschusses mit anderen Gemeinden oder Gutsbezirken vereinigt oder auch mit Allerhöchster Genehmigung zu einer besonderen Landgemeinde verbunden werden. Für einen Teil der in Rede stehenden Fälle ist demnach die gesetzliche Grundlage vorhanden, nicht aber für die weit zahlreicheren Fälle, in welchen es sich um die Vereinigung von Landgemeinden oder selbständigen Gutsbezirken (wohlverstanden solcher, deren Auflösung nicht infolge eingetretener Zerstückelung ohne weiteres möglich ist) mit andern Landgemeinden oder Gutsbezirken

handelt. Nach § 1 des erwähnten Gesetzes kann die Vereinigung eines
ländlichen Gemeindebezirks oder eines selbständigen Gutsbezirks mit einem
anderen Bezirke nur unter Zustimmung der beteiligten Gemeinden und des
beteiligten Gutsbesitzers nach Anhörung des Kreistages (jetzt des Kreisausschusses) mit königlicher Genehmigung erfolgen. Hier wird also die Zustimmung der Beteiligten gefordert, die aber in vielen Fällen nicht zu erreichen ist. Soll demnach die Maßregel überhaupt durchgeführt werden, so
muß an die Stelle der Zustimmung der Beteiligten das öffentliche Interesse
treten. Die Vereinigung leistungsschwacher Gemeinde- und Gutsbezirke muß
auch im Falle des Widerspruchs eines Beteiligten, wenn das öffentliche
Interesse sie fordert, möglich gemacht werden. Hier muß also die Reform
zunächst einsetzen.

Wenn durch die in Rede stehende Maßregel nicht nur eine große Anzahl leistungsschwacher Gebilde aus der Welt geschafft, sondern auch vielen
anderen Gemeinden eine sehr erwünschte Kräftigung zu teil wird, so bleibt
gleichwohl immer noch die Frage bestehen, ob damit dem Bedürfnisse nach
leistungsfähigen Gebilden Genüge geleistet ist. Der Begriff eines leistungsfähigen Verbandes wird aber nicht durch das Vorhandensein absolut ge-
gebener Merkmale, sondern wesentlich durch die Beantwortung der Frage
bestimmt, welche Leistungen denn eben von dem Verbande gefordert werden.
Es gibt eine Anzahl öffentlicher Aufgaben, insbesondere auf dem Gebiete
des Wege-, des Schul- und des Armenwesens, bei welchen Staat und Gemeinde gleichermaßen interessiert sind, deren Lösung aber vorzugsweise in
der Thätigkeit der örtlichen Verbände gesucht werden muß. In solchen
Fällen hat es der Staat nicht immer verschmäht, die Kosten dieser Verwaltungszweige ganz oder größtenteils auf die Gemeinde abzuwälzen. Dies
führt nicht bloß bei ärmeren Gemeinden zu großen Härten und Ungleich-
heiten, deren Beseitigung den Staat nun doch wieder nötigt, den Gemeinden
entweder direkt oder durch Heranziehung höherer Verbände, der Kreise und
Provinzen, zu Hülfe zu kommen, wobei es ohne eine gewisse Willkür nicht
abgehen kann. Das Bestreben, die Gemeinden möglichst auf eigne Füße
zu stellen und von dem leidigen Subventionswesen unabhängig zu machen,
führt nun von selbst auf die Frage, ob es sich nicht empfehle, zwischen den
Kreisen und Gemeinden stehende, aus mehreren Gemeinden (unter welchen ich
hier die selbständigen Gutsbezirke stets mit begreife) zusammengesetzte
Zwischenverbände zu bilden, welche dann in der Hauptsache
die Träger der hier in Betracht gezogenen Gemeindelasten sein
würden. Die Erörterung dieser Frage ist mit großer Lebhaftigkeit geführt
worden, wobei Bekämpfung und Verteidigung sich im Cirkel bewegten.

Während beispielsweise von der einen Seite der Erlaß einer Gemeindeordnung und insbesondere die Bildung solcher Zwischenverbände für undis-
kutierbar erklärt wurde, so lange nicht durch ein Unterrichtsgesetz und eine
Wegeordnung der Umfang der gemeindlichen Leistungen festgestellt sei, wurde
von der anderen Seite im Gegensatze hierzu behauptet, daß dem Erlasse
dieser letzteren Gesetze die Reform der Landgemeindeordnung vorhergehen
müsse. Auf diese Weise ist denn das eine wie das andere bisher unterblieben. Und doch ist die Frage einfacher, als es scheint. Man mag nämlich zwischen Kreis und Gemeinde Zwischenverbände herstellen oder auch
nicht, in keinem Falle wird das Subventionswesen oder die nicht immer
durch feste Normen zu umgrenzende finanzielle Mitwirkung des Staates
und anderer höherer Verbände an der Lösung einer Anzahl von gemeindlichen Aufgaben entbehrlich werden. Bezüglich des Volksschulwesens ist alle
Welt hierüber einig; der Staat hat in den letzten Jahren einen großen
Teil der Ausgaben für dasselbe auf sich genommen, und wird auf diesem Wege
unzweifelhaft noch weiter gehen. Zum Bau der Vicinalwege wirken Provinzen
und Kreise in erheblicher Weise freiwillig mit. Auf dem Gebiete des Armenwesens haben Provinzen und Kreis der Gemeinde einen großen Teil ihrer Lasten
ebenso freiwillig abgenommen. So wird es auch in Zukunft bleiben, so lange
der Widerstand, welchen die Natur der Nutzung des Bodens entgegensetzt,
und damit auch der Wohlstand der ländlichen Bevölkerung in den einzelnen
Landesteilen so außerordentliche Verschiedenheiten aufweist, wie dies in
unserem Staate der Fall ist. Die Zwischenverbände sind demnach nicht
das Universalmittel, welches aller Not ein Ende macht: wohl mögen sie die
Lasten auf weitere Bezirke verteilen, und damit relativ erleichtern, auch mögen
sie mancherlei Verbesserungen in der Verwaltung den Weg bahnen, aber die
Gemeinde gänzlich auf eigene Füße zu stellen vermögen sie nicht. Es handelt sich somit nur darum, ob die Erleichterungen und Verbesserungen,
welche die Einführung von Zwischenverbänden bewirkt, so erheblich sind,
daß sie die Nachteile, welche man von ihnen befürchtet, mehr als aufwiegen.
Diese Frage läßt sich aber sehr wohl, wenn auch mit einigem Vorbehalt,
bezüglich der künftigen Gestaltung der Schul-, Armen- und Wegegesetzgebung
schon jetzt beantworten.

Unter den verschiedenen Formen von Zwischenverbänden, welche in
Betracht kommen können, ist die der Samtgemeinde die umfassendste
und allgemeinste. Es ist zunächst notwendig, sich über den Begriff der
Samtgemeinde zu verständigen. Sie ist nicht etwa die Verschmelzung
mehrerer Gemeinden zu einer neuen Gemeinde, wobei die ersteren aufhören
zu existieren, sondern sie ist die Verbindung mehrerer Gemeinden zu einer

neuen gleichartigen Bildung, wobei jene als Einheiten bestehen bleiben, aber einen erheblichen Teil ihrer Aufgaben an den höheren Verband abtreten.

In Rheinland und Westphalen bestehen — wenn auch nicht voll entwickelte — Samtgemeinden unter dem Namen von Landbürgermeistereien und Ämtern. Die Einzelgemeinde ist dort wie überall sowohl Verwaltungsbezirk als wirtschaftliche Korporation, die Samtgemeinde ist in der Hauptsache Verwaltungsbezirk und nur nebenbei auch Korporation, nämlich nach gesetzlicher Vorschrift in Ansehung solcher Angelegenheiten, welche für alle den Verband bildende Einzelgemeinden ein gemeinschaftliches Interesse haben. Hierzu gehören im Wesentlichen nur die Anstellung der Beamten des Verbandes und die Aufbringung der Dienstunkosten. Doch können auch andere Angelegenheiten zur Sache des Kommunalverbands erklärt werden, und es ist von diesem Rechte mehrfach, jedoch nicht in großer Ausdehnung, Gebrauch gemacht worden. Man hat wohl hier und da die Errichtung von Baumschulen, von Krankenhäusern, den Bau wichtigerer Wege, Maßregeln bei Notständen 2c. auf die Samtgemeinde übernommen. Als Regel kann aber gelten, daß die Einzelgemeinden fast im vollen Umfange ihres Wirkungskreises erhalten worden sind, und daß nur eine gemeinschaftliche Behörde hinzugetreten ist, welche ihre Geschäfte leitet. Daß diese Einrichtung auch ohne Begründung einer neuen wirtschaftlichen Gemeinschaft gewisse Vorteile hat, ist nicht zu verkennen. Es kann dabei ein geordnetes Etats- und Rechnungswesen bestehen, was ohne die geschulte Kraft des Bürgermeisters oder Amtmanns sehr erschwert wäre. Auch finden sich dabei die zahlreichen Geschäfte der Staatsverwaltung, insbesondere bezüglich des Militär- und Steuerwesens, sowie der Statistik und der socialpolitischen Gesetzgebung in der Hand des Bürgermeisters oder Amtmannes vereinigt, welcher für deren vorschrifts- und gesetzmäßige Erledigung eine weit größere Sicherheit bietet, als die einzelnen Gemeindevorsteher. Die Schattenseiten dieser Einrichtung sind allerdings eine ziemlich bedeutende Ausgabe, und die Förderung eines Systems, welches auch in der geringen Zahl von Fällen, in welchen es gelingt Ehrenbürgermeister zu finden, von der Selbstverwaltung weit entfernt ist und durch die Aufsaugung der Geschäfte der Einzelgemeinde in dem Centralbüreau der Samtgemeinde dem Gemeindeleben der ersteren einen größeren Teil seines Stoffes entzieht. Gleichwohl scheint dies System in den beiden westlichen Provinzen, bei der größeren Wohlhabenheit der Bevölkerung, welche die Aufbringung der Kosten erleichtert und bei den geschäftlichen Vorteilen, die es bietet, Aussicht auf dauernden Bestand zu haben.

Wenn nun von der Einführung der Samtgemeinde in den östlichen Provinzen die Rede ist, so hat man dabei nicht bloß die Bildung eines neuen Verwaltungsbezirkes, sondern zugleich und hauptsächlich diejenige einer neuen wirtschaftlichen Korporation im Auge. Es sollen Verbände geschaffen werden, in welchen namentlich die wirtschaftlichen Aufgaben der Einzelgemeinden eine Zusammenfassung und eine ausgiebigere Lösung finden können.

Vergegenwärtigen wir uns nun zunächst die Verwaltungsbezirke und öffentlichen Korporationen, welche im preußischen Staate und insbesondere in den östlichen Provinzen desselben im Verhältnisse der Über- und Unterordnung schon jetzt bestehen. Wir haben als Verwaltungsbezirke die Gemeinde, den Kreis, den Regierungsbezirk und die Provinz. Von diesen sind die Gemeinde, der Kreis und die Provinz zugleich wirtschaftliche Korporationen. Diesen Verbänden tritt als Zweckverband für die Verwaltung der örtlichen Polizei der Amtsverband noch hinzu. Vergleichen wir diesen Zustand mit demjenigen der wichtigsten anderen Kulturstaaten, so zeigt sich, daß wir, vom Amtsbezirke ganz abgesehen, sowohl einen Verwaltungsbezirk als eine wirtschaftliche Korporation mehr haben, als jene. Kommt nun noch die Stadtgemeinde in beiden Eigenschaften hinzu, so könnte hierdurch leicht ein Zustand entstehen, den man als eine Überwucherung der Verwaltungsorganisationen bezeichnen möchte, und bei dem die Leistung nicht im richtigen Verhältnisse zu der durch den komplizierten Apparat erzeugten Reibung stehen würde. Zwar würden auch hier die Vorteile für den Betrieb der Gemeinde- und der Staatsgeschäfte, wie sie sich in den beiden westlichen Provinzen zeigen, nicht ausbleiben. Allein es stehen solchen Vorteilen erhebliche Nachteile gegenüber, welche von der allgemeinen Einführung von Samtgemeinden abschrecken dürften. Zunächst kommen die Kosten der Unterhaltung der Beamten und ihrer Büreaus in Betracht, welche bei der im Osten herrschenden minderen Wohlhabenheit hart auf der Bevölkerung lasten würden. Mehr noch fällt ins Gewicht der Einbruch in das Gebiet der Selbstverwaltung, welche die fast unvermeidliche Folge der Einführung der Samtgemeinde sein würde. Wenn es in den östlichen Provinzen ziemlich allgemein gelungen ist, für die Stellen der Amtsvorsteher Personen zu finden, welche zur Verwaltung dieser Stellen geeignet und bereit sind, so ist dies dem Umstand zuzuschreiben, daß die Amtsbezirke verhältnismäßig klein sind, und demnach an die Kräfte und die Zeit der Amtsvorsteher nicht zu hohe Ansprüche machen. In der Provinz Westpreußen gibt es z. B. 630 Amtsbezirke, demnach in jedem Kreise durchschnittlich etwa 25, und auf jeden Amtsvorsteher entfallen durchschnittlich etwa 1700 Seelen. Die Samtgemeinden dagegen würden, um ihrem Zwecke zu entsprechen, weit größer sein müssen; ich nehme die Durchschnittszahl derselben für jeden Kreis auf etwa 10 an. Es würde nun nicht möglich sein, die Amtsbezirke gesondert neben den Samtgemeinden bestehen zu lassen; eine ungerechtfertigte

Verschwendung von Geld und Kräften und eine bedenkliche Vermehrung
administrativer Reibungen würde die Folge sein. Vielmehr müßten Samtgemeinde und Amtsbezirk vollkommen zusammenfallen. Hierdurch würde
aber für den künftigen Amtsvorsteher, der alsdann zugleich Vorsteher der
Samtgemeinde ist, in dem bedeutend erweiterten Bezirke eine so große Vermehrung der Geschäftslast erwachsen, daß sich wohl nur wenige Personen
finden würden, welche geneigt und im stande sind, eine solche Stelle als
Ehrenamt zu übernehmen; und es ist dies umsomehr zu erwarten, als das
Büreau der Samtgemeinde nicht mit dem Wohnsitz des Vorstehers wechseln
darf, sondern einen festen, den Einwohnern leicht zugänglichen Sitz haben
muß. Die gleiche Folge ist in der Rheinprovinz bereits eingetreten. Es
gibt in den Regierungsbezirken Trier und Coblenz zur Zeit nur 2 oder
3 Landbürgermeister im Ehrenamte. Man hat demnach von der Einführung
der Samtgemeinde in den östlichen Provinzen eine fast allgemeine Anstellung
besoldeter Beamten zu erwarten, womit ein vollständiger Riß in das eben
erst eingebürgerte System der Selbstverwaltung vollzogen würde. Es kommt
nun noch hinzu, daß die Samtgemeinde in dem größten Teile der östlichen
Provinzen äußerst unpopulär ist; sie würde dem entschiedenen Widerspruche
nicht nur der Gutsbesitzer, sondern auch der Bauern begegnen. Die Kluft,
welche zwischen diesen beiden wichtigsten Teilen der ländlichen Bevölkerung
leider noch besteht, zu überbrücken, muß freilich das Streben unserer inneren
Politik sein: allein es wäre voreilig, dies mit Einrichtungen zu versuchen,
welche von beiden Teilen mit Widerwillen betrachtet werden, und bei denen
die Findung der grundlegenden Bestimmungen z. B. über die Verteilung
der Stimmrechte und der Abgaben besondere Schwierigkeiten bietet. Im
übrigen ist aber auch zu bedenken, daß die höhere Einheit für Landgemeinden und Güter schon anderswo gesunder ist, nämlich im Kreise; hier haben
beide ihre befriedigend geregelte Vertretung, hier wirken sie zusammen mit
den kleinen Städten für gemeinschaftliche Zwecke. Von Alters her hat in
den östlichen Provinzen im Gegensatze zum Westen der Schwerpunkt der
Verwaltung im Kreise beruht, nicht in der Landgemeinde, und seit der Einführung der Selbstverwaltungsgesetze hat sich dies Verhältnis nur noch gesteigert. Die Freudigkeit, mit welcher seitdem die Kreise ihre Aufgabe erfaßt
haben in der Weise, daß sie sogar die Thätigkeit der Gemeinde mehr und
mehr an sich ziehen, beweist, daß der Kreis die entwicklungsfähigste unserer
Einrichtungen ist. Der Wert der Landgemeinde als eines Hauptpfeilers
der öffentlichen Ordnung, ja als eines Mittels zur Volkserziehung soll damit in keiner Weise herabgesetzt werden, aber wir können nicht verkennen,
daß sie in ihrer Bedeutung dem Kreise nachsteht.

Muß demnach, wie ich annehme, auf die obligatorische Einführung der Samtgemeinde als eines gleichartigen Gliedes zwischen Gemeinde und Kreis verzichtet werden, so fragt es sich, ob nicht durch sogenannte Zweck= verbände deren Verwaltung minder kostspielig sein und nicht aus dem Rahmen der Selbstverwaltung herausfallen würde, dem Bedürfnisse einer intensiveren Gemeindeverwaltung in Verbindung mit einer gerechteren Ver= teilung der Lasten Genüge geleistet werden kann. Aus der in unseren Schriften abgedruckten Rede des Ministers des Innern vom 25. Februar d. J. werden Sie ersehen haben, daß auf diesem Gebiete durch freiwillige Ver= einbarung von Gemeinde und Gutsbezirken bereits namhafte Erfolge erzielt worden sind. Dem Bedürfnisse scheint aber dadurch nicht genügt. Wir sind daher der Prüfung der Einführung obligatorischer Zweckverbände nicht überhoben.

Als ein solcher Verband und zwar für die Verwaltung der Ortspolizei ist der Amtsbezirk zu betrachten. Er ist es jedoch nur in unvollkom= mener Weise. Denn die Gemeinschaft der den Amtsbezirk bildenden Ge= meindeeinheiten erstreckt sich nur auf die Person des Amtsvorstehers und auf die Aufbringung derjenigen übrigens großenteils durch Staatszuschüsse gedeckten Kosten, welche aus der Thätigkeit des Verwaltungsorganismus entstehen, während die eigentlichen Polizeikosten den einzelnen Gemeinden verblieben sind. Allerdings steckt im Amtsbezirke insofern der Keim einer Samtgemeinde, als die zu einer solchen gehörenden Gemeinden und Güter befugt sind, durch übereinstimmenden Beschluß einzelne Kommunalangelegen= heiten dem Amtsbezirke zu überweisen. Allein die Übereinstimmung ist schwer zu erzielen, jene Bestimmung hat daher nur eine sporadische An= wendung gefunden.

Ein anderer sehr wichtiger Verwaltungszweig, bezüglich dessen die Ein= richtung von Zweckverbänden in Frage kommen kann, ist das Armen= wesen. Indem der Staat die Unterstützung Bedürftiger zu einer öffent= lichen Pflicht erklärte, hat er dieselbe beim Vorhandensein eines sog. Unter= stützungswohnsitzes auf die Ortsarmenverbände, d. h. in der Regel die Gemeinde, im andern Falle auf die Landarmenverbände (in der Regel die Provinzen, ausnahmsweise auch Regierungsbezirke und Kreise) abgewälzt. Eine Verteilung der Unterstützungspflicht zwischen Orts= und Landarmen= verbänden nach sachlichen Gesichtspunkten hat — wenigstens als gesetzliche Anordnung — nicht stattgefunden. Doch hat die Gesetzgebung wenigstens die Anregung zu einer solchen Verteilung dadurch gegeben, daß sie die Landarmenverbände für befugt erklärt, die Kosten der öffentlichen Armen= pflege, welche die Fürsorge für Geisteskranke, Idioten, Taubstumme, Sieche

und Blinde verurjacht, unmittelbar zu übernehmen. Bemerkt zu werden
verdient, daß die Fürsorge für unterstützungspflichtige Waisenkinder (enfants
assistés) hier nicht erwähnt wird, welche in Elsaß-Lothringen nach über-
kommenem französischen Rechte eine Hauptaufgabe der Bezirksverwaltung
bildet. Wenngleich die Landarmenverbände der erwähnten Anregung eine
erfreuliche Folge gegeben haben, verbleibt doch immer noch der Hauptteil
der Armenlast den Ortsarmenverbänden.

Man hat früher wohl angenommen, daß es zweckmäßig sei, recht kleine
Ortsarmenverbände zu bilden. Man glaubte, daß die Armenverwaltung
in kleinen Verbänden mit besonderer Sparsamkeit geführt werden könne,
weil es dort leicht sei, die Verhältnisse der Armen zu übersehen, sie in
ihrer Lebensführung und der Verwendung der ihnen gewährten Unterstützun-
gen zu überwachen und weil man Geldunterstützungen meist vermeiden,
vielmehr mit Naturalleistungen auskommen könne. Wenn dies auch in
einem gewissen Grade zutrifft, so steht doch auf der anderen Seite die Erwägung, daß in kleinen Verbänden die geschlossene Armenpflege nicht möglich, vielmehr in dieser Beziehung doch ein Anschluß an größere Verbände
unentbehrlich ist, daß es ferner oft schwer fällt, in kleinen Verbänden Personen zu finden, welche sich der Armenpflege mit Lust und Liebe und mit
Sachverständnis widmen, vornehmlich aber, daß die Verteilung der Armenlast bei einem System kleiner Verbände oft sehr drückend und selbst ungerecht
wird, indem es vom Zufall abhängt, ob einer vielleicht leistungsschwachen
Gemeinde die Sorge für eine oder mehrere verarmte Familien zufällt,
während andere Gemeinden von ähnlichen Lasten gänzlich frei bleiben. Die
Gesetzgebung hat demnach die aus mehreren Gemeinden und Gütern zusammengesetzten Ortsarmenverbände, wo solche schon bestanden, nicht nur
bestehen lassen, sondern auch die Bildung weiterer ähnlicher Verbände angeregt, ohne indeß bis zur zwangsweisen Bildung solcher Verbände vor-
zuschreiten. Auch ist dieser Anregung namentlich in den Provinzen Sachsen
und Schlesien eine ziemlich ausgedehnte Folge gegeben worden. Im allgemeinen ist aber vorherrschend die Gemeinde die Trägerin der Armenlast
geblieben.

Die Notwendigkeit größere, aus Gütern und Landgemeinden bestehende
Armenverbände zu schaffen, hat sich mir mit besonderer Kraft während des
ostpreußischen Notstandes in den Jahren 1867 und 68 aufgedrängt. Im
Sommer 1867 stellten langandauernde Regengüsse eine vollständige Fehl-
ernte in Aussicht, wie solche auch in traurigster Weise eintrat. Die Sorge
sowohl um die besitzenden Klassen, als insbesondere um eine zahlreiche
Arbeiterbevölkerung, der es an Nahrungsmitteln, wie an Arbeit fehlen

würde, führte zu vielfachen Besprechungen und Erörterungen. Wenn man
die Gutsbesitzer fragte, wie sie die nächste Zukunft ansähen, so pflegten sie
zu antworten: „Wir werden in unserer Wirtschaft selbstredend bedeutend
zusetzen müssen, die Bauern werden ebenfalls leiden und sich nach ihrer
Gewohnheit aufs äußerste einschränken, unsere Instleute (d. h. die in festem
Kontrakte stehenden ländlichen Tagelöhner) müssen und werden wir durchbringen; wie es aber mit den Losleuten gehen wird, das wissen wir nicht."
In der Provinz Preußen war damals der Stand der sog. losen Leute,
d. h. derjenigen Tagelöhner, welche ihre Arbeitskraft nicht mittelst fester
Kontrakte auf längere Zeit verdungen hatten, infolge der Eisenbahn- und
Straßenbauten außerordentlich zahlreich geworden. Bei den Gutsbesitzern
fanden sie aber kein Unterkommen, weil diese die Aufnahme von Familien,
deren sie nicht ununterbrochen bedurften, wegen der ihnen drohenden Gefahr
der Armenunterstützung vermieden. Die Bauerngemeinden wären dieser Gefahr zwar ebenfalls gerne aus dem Wege gegangen, allein der einzelne
Bauer konnte der Versuchung, eine Stube gegen gute Entschädigung zu
vermieten mit der Aussicht, vielleicht in der Ernte einen Arbeiter zur Hand
zu haben, nicht widerstehen. So kam es, daß eine große Menge loser
Leute ausschließlich in den Landgemeinden und kleinen Städten wohnten,
deren Ernährung beim Mangel jeder Arbeitsgelegenheit vollständig unmöglich gewesen sein würde. Es blieb dem Staate nichts übrig, als
durch namhafte Opfer für ausreichende Arbeitsgelegenheit zu sorgen. Damals
trat es recht vor Augen, daß diese Verteilung der Bevölkerung eine ungesunde war. Wären die Armenverbände größer und aus einer Zahl von
Gütern und Landgemeinden zusammengesetzt, so — dachte ich — würden
die Gutsbesitzer keinen Grund haben, den losen Leuten die Aufnahme auf
ihren Besitzungen zu versagen, es würde im Gegenteil in ihrem Interesse
liegen, solche Leute bei sich anzusiedeln, um sie, im Falle der Not, als
Arbeiter in der Nähe zu haben. Die Sorge für diese Leute bei eintretenden Notständen, wie dem von 1867 auf 68, würde sich hierdurch verteilen;
auch würden die mit einigem Besitze ausgestatteten Arbeiter sich in schwierigen Lagen leichter durchhelfen. Diese Ansichten fanden damals einigen
Beifall, sie haben aber zunächst keine weiteren Folgen gehabt. Gegenwärtig
drängen sie sich nun mit Rücksicht auf die Bestrebungen bezüglich der
Rentengüter von neuem auf.

Der Entwurf eines Rentengütergesetzes will durch Erleichterung der
Ansiedelungen auf die Vermehrung des bäuerlichen Besitzes einerseits, und
auf die Schaffung eines mit kleinem Landbesitze ausgestatteten Standes ländlicher Arbeiter andererseits hinwirken. Der letztere interessiert uns hier be-

sonders. So lange ein großer Grundbesitz mit eigener Wirtschaft besteht, bedarf er zahlreicher ländlicher Arbeiter, von welchen ein Teil das ganze Jahr durch beschäftigt werden kann, ein anderer aber regelmäßig zur Erntezeit oder zu anderen größeren landwirtschaftlichen Arbeiten notwendig wird. Bekannt sind die Klagen über den Mangel an Arbeitern in unseren östlichen Provinzen, wo die überseeische Auswanderung dem Lande fortdauernd eine große Anzahl kräftiger Arme entzieht, zugleich aber der Drang nach den westlichen Industriebezirken die Bevölkerung lichtet. Diesen an sich begründeten Klagen läßt sich nur abhelfen durch die Schaffung eines seßhaften Arbeiterstandes, der durch einen wenn auch kleinen Besitz eine wirkliche Heimat gewinnt, während er ohne einen solchen wie der Vogel auf dem Dache lebt, eines Arbeiterstandes, dem dieser Besitz die Grundlage seiner wirtschaftlichen Existenz gewährt, indeß die sichere Arbeitsgelegenheit in der Nähe ihm den Unterhalt einer Familie ermöglicht. Das Rentengütergesetz soll die Ansiedlung solcher Familien erleichtern, indem die Notwendigkeit, zum Ankauf des Landbesitzes Kapital aufzuwenden, wegfällt, letzteres demnach nur zum Aufbau des Hauses und zur Einrichtung der kleinen Wirtschaft erforderlich ist. Wenn hierdurch der Andrang Ansiedlungslustiger hoffentlich vermehrt wird, so ist es doch andererseits auch erforderlich, dem Gutsbesitzer über die Bedenken, welche nicht ohne Grund der Gestattung von Ansiedlungen auf seinem Grund und Boden entgegenstehen, hinwegzuhelfen. Diese Bedenken beruhen eben in der Besorgnis, daß ihm die angesiedelte Familie im Falle eintretender Unterstützungsbedürftigkeit zur Last fallen würde. Solange die Gutsbezirke je einen Ortsarmenverband bilden, ist eine solche Besorgnis vollkommen gerechtfertigt. Werden dagegen eine größere Zahl von Gemeinden und Gutsbezirken zu einem Armenverbande vereinigt, so kann es dem einzelnen Besitzer in Bezug auf den Fall der Unterstützungsbedürftigkeit gleich sein, ob eine Arbeiterfamilie auf seinem Grund und Boden angesiedelt ist, oder ob sie in einem benachbarten zu demselben Armenverbande gehörenden Bauerndorfe wohnt. Ich nehme demnach an, daß durch die Bildung größerer Armenverbände die Verwirklichung des Rentengütergesetzes, und namentlich die Seßhaftmachung ländlicher Arbeiterfamilien beträchtlich erleichtert wird, glaube sogar, daß eine solche Einrichtung zu diesem Zwecke unbedingt erforderlich ist, wie sie aus den von mir bereits angeführten Gründen auch die gerechtere Verteilung der Armenlast befördern wird. Es kann die Frage aufgeworfen werden, ob nicht die Amtsbezirke gleichzeitig zu Armenverbänden gemacht werden könnten. Allein sie sind hierzu zu klein. Ich rechne auf jeden Kreis durchschnittlich nicht mehr als 10 Armenverbände.

Nächst dem Armenwesen pflegt der Wegebau als ein für Zweckverbände besonders geeigneter Verwaltungszweig betrachtet zu werden. Ich halte es für unnötig, auf die zahlreichen örtlichen Verschiedenheiten der Wegegesetzgebung hier näher einzugehen. Es genügt zu sagen, daß im allgemeinen die Last des Wegebaues den Gemeinden obliegt, während größere Verbände, insbesondere die Provinzen und Kreise, den Bau und die Unterhaltung von Kunststraßen freiwillig übernommen haben. Den Gemeinden verbleibt hiernach der Bau und die Unterhaltung der Vicinalwege und zwar jeder einzelnen innerhalb ihrer Gemarkung. Bei den gesteigerten Anforderungen, welche die Industrie und namentlich auch die landwirtschaftliche Industrie an die Beschaffenheit der öffentlichen Wege stellen muß, wird diese Last immer drückender; sie ist aber auch ungerecht verteilt, weil das Interesse, welches eine Landgemeinde an dem Zustande eines Weges nimmt, keineswegs mit den Kosten des Baues und der Unterhaltung desselben innerhalb ihrer Gemarkung im Verhältnis steht; es kann eine Gemeinde auf eine lange Strecke von einem Wege durchschnitten werden, welcher fast ausschließlich ihren Nachbargemeinden oder großen Industrien zugute kommt. In einem großen Teile der östlichen Provinzen muß man sich zur Zeit noch des Gedankens entschlagen, alle oder auch nur die wichtigeren Vicinalwege in ihrer ganzen Länge befestigen zu wollen. Die großen Entfernungen, die geringe Dichtigkeit und Leistungsfähigkeit der Bevölkerung und die teueren Materialienpreise bieten unübersteigliche Hindernisse. Man begnügt sich daher damit, einzelne schwierige Stellen zu befestigen, Dorfstraßen zu pflastern, zu große Steigungen zu beseitigen, Brücken zu bauen und dergl. Durch Zuschüsse, welche zu diesen Zwecken von den Kreisen und Provinzen gegeben wurden, ist es auf diese Weise gelungen, den schlimmen Zustand der öffentlichen Wegsamkeit einigermaßen zu verbessern. Aber es bleibt noch viel zu thun, weit mehr als die Gemeinden mit eignen Kräften leisten können. Um den Gemeinden zu Hülfe zu kommen hat man zur Zeit folgende vier Mittel, nämlich: 1. die erwähnten Zuschüsse der höheren Verbände, 2. die Heranziehung von Fabriken und anderen Unternehmungen, durch deren Betrieb ein Weg erheblich abgenützt wird, zu Vorausleistungen, auf deutsch Präcipualleistungen genannt, eine Einrichtung, welche vorerst nur in einigen wenigen Provinzen gesetzlich eingeführt worden ist, 3. die durch § 53 der Kreisordnung den zu einem Amtsbezirke gehörigen Gemeinden und Gutsbezirken erteilte Befugnis, einzelne Kommunalangelegenheiten, also auch z. B. den Wegebau im Ganzen oder teilweise dem Amtsbezirke zu überweisen und 4. die freiwillige Vereinigung benachbarter Gemeinden und Gutsbezirke zu Wegeverbänden. Von letztgedachten beiden Auskunftsmitteln ist mehrfach, besonders in den Provinzen

Sachſen und Schleſien, in den übrigen Provinzen jedoch wenig oder gar
kein Gebrauch gemacht worden. Um die auf der Hand liegenden Härten
der bisherigen Geſetzgebung zu mildern, hat man in mehreren der uns vor-
gelegten Gutachten den Vorſchlag gemacht, größere Wegeverbände zwangs-
weiſe zu bilden. Dieſelben könnten entweder mit dem Kreiſe oder mit dem
Amtsbezirke zuſammenfallen, oder lediglich nach Zweckmäßigkeitsgründen
aus benachbarten Gemeinden und Gutsbezirken zuſammengeſetzt werden. Es
iſt nicht zu verkennen, daß in größeren Bezirken die Bedenken bezüglich der
Gerechtigkeit der Verteilung der Wegelaſt ſich mindern und daß in nicht
ganz armen Gegenden durch eine planmäßige Verwendung der vorhandenen
Mittel die Leiſtungen ſich ſteigern können. Allein ganz verſchwinden jene
Bedenken doch nicht; auch möchte ich die Gemeinden nicht von der unmittelbaren Beteiligung am Wegebau loslöſen, an dem ſie ein ſo nahes Intereſſe
haben und den ſie oft ſehr billig durch Naturalleiſtungen fördern können.

Ich neige mich daher zu einem anderen Syſteme, nämlich zu demjenigen,
welches wir in Elſaß-Lothringen von den Franzoſen überkommen haben. Der
Zuſtand der Vicinalwege in Frankreich iſt bekanntlich ein vortrefflicher, und
wenn dies auch vorzugsweiſe der Gunſt der natürlichen Verhältniſſe zu verdanken iſt, ſo hat doch auch die Geſetzgebung ihren vollen Anteil daran.
In Frankreich beſteht ſeit dem 21. Mai 1836 ein Geſetz über die Vicinalwege, deſſen wichtigſte Beſtimmung die folgende iſt:

„Die Vicinalwege ſind zu Laſten der Gemeinden. Wenn ein Vicinal-
weg mehrere Gemeinden intereſſiert, ſo ſoll der Präfekt, nach Anhörung
der Municipalräte diejenigen Gemeinden bezeichnen, welche zum Bau und
zur Unterhaltung desſelben beizutragen haben, und das Verhältnis ihrer
Beitragspflicht feſtſetzen.“

Durch dieſe, meines Erachtens nachahmungswerte Anordnung wird die
Ungerechtigkeit der Verteilung der Wegelaſt auf die Gemeinden im Princip
beſeitigt, und wenn ſie in der praktiſchen Durchführung vorkommen ſollte,
ſo haben wir ja das Verwaltungsſtreitverfahren, um die nötige Abhülfe
herbeizuführen.

Nach demſelben Geſetze können beſonders wichtige, im Übrigen nach der
gleichen Vorſchrift zu behandelnde Vicinalwege zu chemins vicinaux de
grande communication d. h. zu Landſtraßen erklärt werden, in welchem
Falle ſie einen gewiſſen Anſpruch auf Departementalunterſtützung haben,
welche indeſſen unter beſonderen Umſtänden auch den übrigen Vicinalwegen
nicht vorenthalten wird. Die Praxis hat bei uns einen ähnlichen Weg
eingeſchlagen, indem ſowohl die Kreiſe als die Provinzen erhebliche Summen
zur Unterſtützung des Gemeindewegebaues verausgaben.

Eines weitern Eingehens auf diese Materie, die ja principaliter in die Wegegesetzgebung gehört, enthalte ich mich. Es hat mir genügt zu zeigen, daß für den Wegebau besondere Zweckverbände entbehrlich sind. Will man aber solche Verbände, so läßt man sie am besten mit den nach meinem Vorschlage zu errichtenden größeren Armenverbänden zusammenfallen. Das Subventionswesen allerdings können wir beim Wegebau am allerwenigsten entbehren. Es ist von einer gewissen Willkür nicht zu trennen, und erfordert daher Takt und politische Reife bei allen Beteiligten.

Endlich kann auch das Schulwesen für größere Zweckverbände in Betracht kommen. Nach dem allgemeinen Landrecht liegt die Errichtung und Unterhaltung der Volksschulen den eingeschulten Einwohnern ob. Nach Art. 25 der Verfassungsurkunde (die aber durch Art. 112 suspendiert ist) ist dagegen die Gemeinde die Verpflichtete. Dies gilt schon nach der Schulordnung vom 11. Dec. 1845 in den Provinzen Ost- und Westpreußen; doch ist das Princip nicht völlig durchgeführt, da in den Gutsbezirken auf die Hausväterbeiträge zurückgegriffen wird. Es ist hier nicht der Ort, näher auf die künftige Gestaltung der Schulgesetzgebung einzugehen; doch darf wohl die Ansicht ausgesprochen werden, daß die von manchen Seiten gewünschte Übertragung der Schule auf höhere Verbände, den Kreis, die Provinz, oder gar den Staat nicht empfehlenswert erscheint. Denn wenn auch nächst der Familie die Gemeinde keineswegs ausschließlich an der Schule interessiert ist, vielmehr das Interesse des Staates, der ja auch den Unterricht für obligatorisch erklärt hat, ein mindestens gleich hohes ist, so kann doch der hohe Wert des Anschlusses der Schule an eine örtliche Korporation, welcher die dauernde Fürsorge für dieselbe obliegt, und deren Mitglieder dabei ein auch für sie selbst nutzbares Feld der Thätigkeit finden können, nicht hoch genug geschätzt werden. Zumal in Städten erweist sich die Fürsorge der Gemeinde als sehr nützlich, und wenn solches in Landgemeinden, wenigstens für die Vergangenheit nur in beschränkterem Maße zutreffen mag, so wird man doch darum weder den jetzigen Zustand in den Städten aufgeben noch eine Zwiespältigkeit des Systems in Stadt und Land einführen wollen. Es ist daher zu wünschen, daß die Schulunterhaltung der Gemeinde anheimfällt, wie es die Verfassungsurkunde will, wobei allerdings vorausgesetzt wird, daß der Staat denjenigen Beitrag zu den Kosten leistet, der seinem eignen hohen Interesse zur Sache entspricht. In dieser Beziehung sind, wie bereits bemerkt, in den letzten Jahren verheißungsvolle Anfänge gemacht, und es steht wohl noch Weiteres in Aussicht. Mit Rücksicht hierauf spreche ich mich gegen die Errichtung von Zweckverbänden für das Schulwesen aus, halte vielmehr die Einzelgemeinde für den geeignetsten Verband, dem die Sorge

4*

für die Volksſchule anvertraut werden kann. Sie muß es eben leiden, daß
wichtige Zweige ihres bisherigen Thätigkeitsbereichs von höheren Verbänden
aufgeſaugt werden; aber die Schule ſoll man ihr laſſen oder zurückgeben
als das wertvollſte Kleinod, das ſie überhaupt beſitzt und beſitzen kann.
Allerdings gibt es Schulen, die mehreren Gemeinden gemeinſam dienen.
Für ſolche Fälle muß ein gemeinſamer Schulvorſtand gebildet werden, der
die Vermittlung unter den beteiligten Gemeinden übernimmt. In einfacheren
Fällen, wo es ſich nur um wenige Kinder handelt, welche eine fremde Schule
beſuchen, genügt das Inſtitut des gaſtweiſen Beſuches.

Hiernach faſſe ich meine Anſichten über die Bildung von Zwiſchen-
verbänden zwiſchen Gemeinde und Kreis wie folgt zuſammen. Die zwangs-
weiſe Errichtung von Samtgemeinden iſt zu unterlaſſen. Dagegen ſind größere
Zweckverbände für die Verwaltung des Armenweſens notwendig. Die Bildung
größerer Wegebauverbände iſt entbehrlich; vorzuziehen iſt die Einführung
des in Elſaß-Lothringen beſtehenden Syſtems, wonach die Gemeinden im
Verhältniſſe ihres Intereſſes zum Bau und zur Unterhaltung der Vicinalwege beizutragen haben; es wird dabei vorausgeſetzt, daß die Verbände
höherer Ordnung, also die Kreiſe und Provinzen, fortfahren werden, da wo
es nötig iſt, Beihülfen zu gewähren. Die Volksſchule iſt in der Voraus-
ſetzung, daß der Staat ſich nach dem Maße ſeines Intereſſes an den Koſten
beteiligt, auch bedürftigen Gemeinden weitergehende Beihülfen gewährt, der
Pflege der Gemeinde zu überlaſſen; größere Verbände für das Volksſchul-
weſen ſind nicht erforderlich.

Dies Alles ſoll aber nicht dagegen ſprechen, daß es benachbarten Gemeinden und Gütern geſtattet ſein ſoll, ſich im ſtatutariſchen Wege zur
gemeinſchaftlichen Verwaltung kommunaler Angelegenheiten freiwillig zu ver-
binden. Im Gegenteil ſind ſolche Vereinbarungen mit Freude zu begrüßen,
da ſie nur aus einem von den Beteiligten anerkannten Bedürfniſſe hervorgehen können.

II. Innere Verfaſſung der Landgemeinden.

Indem ich nun zu der wichtigen Frage der inneren Verfaſſung der
Landgemeinden übergehe, verzichte ich darauf den geſamten Inhalt einer
künftigen Landgemeindeordnung zur Beſprechung zu bringen, da viele der
in Betracht kommenden Fragen teils ein nur geringeres Intereſſe bieten,
teils auch nicht ſtreitig ſind. Ich beſchränke mich vielmehr auf wenige
beſonders wichtige Punkte, nämlich die Gemeindemitgliedſchaft, das Stimmrecht, die Gemeindevertretung, die Verteilung der Abgaben und die Erweiterung
des Gemeindezweckes.

Nach dem Allgemeinen Landrechte machen die Besitzer der in einem Dorfe oder dessen Feldmark gelegenen bäuerlichen Grundstücke zusammen die Dorfgemeinde aus, und weiter heißt es: „nur die angesessenen Wirte nehmen als Mitglieder der Gemeinden an den Beratschlagungen derselben Teil." Nach der Rechtsprechung genügt als Merkmal der Angesessenheit der Besitz eines Wohnhauses — immer jedoch, soweit die Ortsverfassung nicht ein anderes bestimmt. Das Allgemeine Landrecht wurzelt demnach noch in der Idee der alten Markgenossenschaft; nachdem aber diese zerstört und in den Charakter der politischen Gemeinde umgewandelt ist, kann dieser Standpunkt umsoweniger aufrecht erhalten werden, als die Bevölkerung der Landgemeinden sich inzwischen mit zahlreichen Mitgliedern anderer Berufszweige vermischt hat, welche wegen ihrer Leistungsfähigkeit und wegen des Nutzens, den sie von den Gemeindeeinrichtungen ziehen, unmöglich von den Gemeindelasten befreit bleiben können und demzufolge auch an den entsprechenden Rechten teilnehmen müssen. Man wird demnach allen Einwohnern die Gemeindemitgliedschaft zusprechen müssen, wie solches bereits in den Landgemeindeordnungen der beiden westlichen Provinzen geschehen ist. Ich übergehe hierbei die Fragen, ob und unter welchen Voraussetzungen oder Einschränkungen auch Ausländer und Forense zur Gemeindemitgliedschaft zuzulassen sind. Es mag an der Aufstellung des Hauptgrundsatzes genügen.

Die Gemeindemitgliedschaft ist die Vorbedingung des Stimmrechts. Aber nicht jedes Mitglied kann zur Ausübung desselben zugelassen werden, es muß zunächst noch die Selbständigkeit und ein bestimmtes Alter gefordert werden. Außerdem ist ein Census nicht zu entbehren. An Stelle des bisherigen Census, welcher in dem Besitze eines Wohnhauses bestand, muß aber infolge der Änderung des Grundprincips ein anderer gesetzt werden. Die Landgemeindeordnungen von Rheinland und Westfalen haben die übereinstimmende Vorschrift, daß die stimmberechtigten Gemeindeglieder entweder in der Gemeinde mit einem Wohnhause angesessen sein und von ihren daselbst gelegenen Grundbesitzungen einen Grund- und Gebäudesteuerbetrag von mindestens 6 Mark bezahlen, oder ihren Wohnsitz im Gemeindebezirke haben und außerdem entweder zur Einkommensteuer oder mit einem Jahresbetrage von mindestens 6 Mark zur Klassensteuer veranlagt sein müssen. Eine ähnliche Bestimmung empfiehlt sich auch für die östlichen Provinzen.

Das Stimmrecht wird in zwiefacher Weise ausgeübt, entweder direkt oder indirekt, ersteres in denjenigen Gemeinden, in welchen die Gemeindeversammlung aus allen stimmberechtigten Mitgliedern besteht, letzteres in

denjenigen Gemeinden, welche eine gewählte Gemeindevertretung besitzen.
In den östlichen Provinzen ist das erstere die Regel. Das Gesetz vom
14. April 1856 (§ 8) gestattet zwar die Einführung einer gewählten Gemeindevertretung im statutarischen Wege, wenn die Gemeinde darauf
anträgt; doch ist von dieser Befugnis nur von einer Minderzahl
von Gemeinden Gebrauch gemacht worden. Es scheint indessen nicht angemessen, bei dieser Lage der Gesetzgebung, welche die Einführung un-
motivierter Verschiedenheiten in der Verfassung der einzelnen Gemeinden zur
Folge hat, stehen zu bleiben; vielmehr wird man von der Erkenntnis ausgehen müssen, daß zwar Gemeinden mit einer nur mäßigen Zahl von Mitgliedern einer gewählten Vertretung nicht bedürfen, daß aber in größeren
Gemeinden eine solche nicht entbehrt werden kann. Denn für die ordnungs-
mäßige Erledigung zahlreicher laufender Geschäfte sind größere schwer zu
leitende Versammlungen nicht geeignet, während die Verhandlung in kleineren
Versammlungen eine gründlichere Beratung ermöglicht, auch das Gefühl
der Verantwortlichkeit schärft. Demnach haben denn auch die rheinische und
die westfälische Gemeindeordnung für Landgemeinden mit mehr als 18 Stimmberechtigten die Wahl einer Gemeindevertretung vorgeschrieben. Für die
östlichen Provinzen könnte diese Zahl wohl auf 24 erhöht werden. Größere
Gemeinden sollten aber ausnahmslos eine gewählte Vertretung erhalten.

Die Regelung des Stimmrechts gestaltet sich verschieden in den beiden
Gemeindekategorien. In den Gemeinden mit gewählten Vertretungen ist es aus naheliegenden Gründen nicht möglich, jedem Stimmberechtigten ein gleiches Stimmrecht beizulegen. Vielmehr ist eine Abstufung
des letzteren nach dem Besitze unumgänglich. Nach dem Gesetze vom 14. April
1856 (§ 8) geschieht dieselbe im Wege des Statuts, wobei das letztere über
die Gesamtzahl der Gemeindeverordneten, die Wahlperiode, die etwaige
Klasseneinteilung der Wähler, die hierbei aus jeder Klasse zu wählende Zahl
von Gemeindeverordneten und die Wahlordnung Bestimmung zu treffen
hatte. Dieser weitläufige und keine einheitliche Behandlung verbürgende
Weg muß verlassen und an Stelle des Statuts eine allgemeine feste, der
unmittelbaren Anwendung fähige Regel gesetzt werden. Wenn ich nun unter
den verschiedenen Möglichkeiten Rundschau halte, so empfiehlt sich mir —
im Widerspruch mit der Ansicht des Herrn Mitreferenten — keine mehr als
die Einführung des allbekannten Dreiklassensystems auch für die Wahlen der
Landgemeindevertretungen in den östlichen Provinzen. Dasselbe wird dem
Principe einer Abstufung des Stimmrechts nach dem Besitze zwar nicht in
vollkommener, aber in genügender Weise gerecht und hat den Vorzug der

Bestimmtheit, welche jede Willkür in der Anwendung ausschließt. Es hat sich namentlich auch in der Rheinprovinz, wo es durch eine den größeren Besitz berücksichtigende Bestimmung korrigiert worden ist, wohl bewährt. In der Rheinprovinz gehören nämlich außer den gewählten Gemeindeverordneten auch diejenigen mit einem Wohnhause in der Gemeinde angesessenen stimmberechtigten Mitglieder zur Gemeindevertretung, — es sind sogenannte geborne Gemeinderäte — welche von ihrem daselbst gelegenen Grundbesitze mindestens 150 Mark Grundsteuer entrichten. Ähnliche Korrekturen des Dreiklassensystems dürften sich auch für die östlichen Provinzen empfehlen. Eine andere Bestimmung der Rheinischen Landgemeindeordnung verlangt, daß mindestens die Hälfte aller Gemeindeverordneten aus Grundbesitzern bestehen muß. Auch diese Bestimmung, welche der Bedeutung des Grundbesitzes in der Landgemeinde die gebührende Rechnung trägt, ist nachahmungswert.

In den Gemeinden ohne gewählte Vertretung, welche zur Zeit im Osten die überwiegende Mehrheit bilden, wird nach § 3 des Gesetzes vom 14. April 1856 die Teilnahme am Stimmrecht und die Art der Ausübung desselben durch die Ortsverfassung geregelt. Ist aber die Ortsverfassung dunkel, zweifelhaft oder unzweckmäßig, so kann sie durch einen Gemeindebeschluß mit Genehmigung des Kreisausschusses und, wenn ein solcher Beschluß nicht zustande kommt, durch einseitige Verfügung des Kreisausschusses geändert werden. Fälle der letzteren Art sind häufig, geben aber fast ebenso oft Anlaß zu erbitterten Beschwerden. Der Bauer sieht in einer solchen Octroyierung sehr leicht ein willkürliches Verfahren, gegen welches er sich auflehnt, während er sich einer festen gesetzlichen Vorschrift willig fügen würde. Es erscheint demnach als ein dringendes Bedürfnis, auch für die Regelung des Stimmrechts in den Gemeinden ohne gewählte Vertretung feste, der unmittelbaren Anwendung fähige Vorschriften zu erlassen. Man hat hierbei die Wahl, entweder jedem Stimmberechtigten das gleiche Stimmrecht einzuräumen, wie solches in der Rheinprovinz gesetzlich ist, oder nach der in den östlichen Provinzen bestehenden Praxis, die Zahl der den einzelnen Stimmberechtigten zuzubilligenden Stimmen nach dem Besitze, beziehungsweise nach den Steuern unter Bevorzugung der Grundsteuer abzustufen, wobei die geringst Besteuerten auch zu Kollektivstimmen vereinigt werden können. Will man, was wohl das Zweckmäßigere ist, sich dieser Praxis anschließen, so wird es nicht schwer sein, auf das Verhältnis, in welchem der Besitz des Einzelnen zu demjenigen aller Gemeindeglieder steht, feste Regeln über die Abstufung der Stimmrechte zu begründen, ohne daß es statutarischer Festsetzungen bedarf.

Für die Verteilung der Gemeindeabgaben ist in den öst-
lichen Provinzen zunächst die Ortsverfassung maßgebend. Separationsrecesse
und Abgabenverteilungspläne bei Grundstücksparzellierungen bilden bezüglich
der Verteilung der Gemeindeabgaben einen Teil derselben. Wenn aber die
Ortsverfassung dunkel, zweifelhaft und nicht mehr passend ist, so ist ganz
wie beim Stimmrechte eine Ergänzung oder Abänderung derselben durch
einen von dem Kreisausschusse zu bestätigenden Gemeindebeschluß herbeizuführen. Kommt ein solcher Beschluß nicht zu Stande, so ist der Kreis-
ausschuß auch hier befugt die erforderliche Anordnung zu treffen, und zwar
soll dieselbe mit Berücksichtigung der in der Gemeinde stattfindenden Abstufungen des Grundbesitzes und des Klassenverhältnisses geschehen, und die
den einzelnen Gemeindemitgliedern oder den Klassen derselben aufzuerlegenden
Anteile an den Lasten in ein angemessenes Verhältnis zu den Rechten und
Vorteilen treten, welche dieselben in dem Gemeindeverbande genießen. Es
soll also Stimmrecht und Abgabenlast möglichst parallel neben einander
hergehen. So gerecht diese Bestimmungen des Gesetzes vom 14. April 1856
auch lauten, so sprechen doch gegen das hier angeordnete Verfahren einer
Octroyierung in jedem einzelnen streitigen Falle dieselben Bedenken, welche
bezüglich der Verteilung des Stimmrechts ausgesprochen worden sind. Auch
hier führt die dem Kreisausschusse erteilte Vollmacht zu einer großen in
den Verhältnissen nicht begründeten Verschiedenartigkeit der Entscheidungen
und zu unaufhörlichen Beschwerden. Es ist dringend nötig, daß unbeschadet
einer den Gemeinden in angemessenen Schranken zu verstattenden Autonomie,
für die Verteilung der Abgaben feste und klare Regeln aufgestellt werden.
Denn es ist nicht zuzugeben, daß die Landgemeinden innerlich so verschieden
sind, daß sie einer in jeder Einzelheit individuell angepaßten Steuerverfassung
bedürften. Vielmehr wird ein fester Rahmen für alle gefunden werden
können, innerhalb dessen sich dann die einzelne Gemeinde frei bewegen mag.
Die Landgemeindeordnungen der beiden westlichen Provinzen haben einen
solchen Rahmen aufgestellt. Die Gemeindesteuern können daselbst in Zu-
schlägen zu den direkten Staatssteuern, oder in besondern direkten oder
indirekten Steuern bestehen. Zuschläge, welche einen größern Prozentsatz
übersteigen, oder nach ungleichem Satze auf die Steuern verteilt werden sollen,
bedürfen der Genehmigung des Kreisausschusses. Auch die besonderen direkten
oder indirekten Gemeindesteuern bedürfen, wenn sie neu eingeführt, erhöht
oder in ihren Grundsätzen verändert werden sollen, der Genehmigung des
Kreisausschusses, und diese bedarf der Zustimmung des Ministeriums des
Innern und der Finanzen.

Diese Bestimmungen gewähren den Gemeinden einen hinreichend großen Spielraum für die Berücksichtigung jeder individuellen Eigenart. Namentlich gestattet das Recht, die direkten Steuern mit verschiedenen Prozentsätzen zu belegen, die Heranziehung der verschiedenen Klassen der Bevölkerung in der ihrer Leistungsfähigkeit und ihrem Interesse entsprechenden Höhe, und es bedarf demnach nicht eines Zurückgehens auf die Klassenverhältnisse und Abstufungen der Grundbesitzer und deren künstlicher Ausdehnung auf die übrigen Gemeindeglieder. Insbesondere haben jene Bestimmungen den Vorzug, daß sie den vielumstrittenen Fragen der Besteuerungstheorie, ob die Steuern und namentlich die Gemeindesteuern nach der Leistungsfähigkeit oder nach dem Interesse umzulegen seien, und welche Steuerarten sich vorzugsweise für die Gemeinde und anderseits für den Staat eignen, nicht präjudizieren, indem sie elastisch genug sind, den Fortschritten der Wissenschaft auf diesem Gebiete sich anschmiegen zu können.

Ich würde demnach vorschlagen, die betr. Bestimmungen der westlichen Landgemeindeordnungen, mit Rücksicht auf die an denselben gemachten Erfahrungen, einer Revision zu unterwerfen und dann mutatis mutandis auf die östlichen Provinzen zu übernehmen.

Zum Schlusse noch einige wenige Worte über die von manchen gewünschte Erweiterung des Gemeindezweckes. Indem man den Mangel eines wirklichen Gemeindelebens als Folge der Auflösung der wirtschaftlichen Gemeinschaft beklagt, will man durch genossenschaftliche Bildungen (Meliorations-, Kredit-, Konsumvereine und dergl.) dem Gemeindeleben einen neuen Inhalt geben. Die Organe der Gemeinde sollen zugleich die Vorstände der Genossenschaften sein. An eine obligatorische Einführung solcher Einrichtungen ist nicht zu denken. Will man aber das den Landgemeinden zu verleihende Recht zum Erlasse von Statuten nach dieser Richtung hin ausdehnen, so möge man seine Erwartungen nicht zu hoch stellen. Die Gemeindebehörden sind schon durch die Anforderungen, welche die Staatsverwaltung an sie stellt, in einem Maße beansprucht, daß es nicht möglich ist, sie mit weiteren Geschäften zu belasten. Auch kann jemand durch seine Stellung, seinen Charakter und seinen Einfluß sehr geeignet zum Gemeindevorsteher sein, ohne die für die Leitung von Genossenschaften erforderliche Rührigkeit und Sachkenntnis zu besitzen. Ohne Förderung werden darum jene Zwecke doch nicht bleiben, sie finden, wie die Erfahrung zeigt, in landwirtschaftlichen, gewerblichen und andern Vereinen eine sorgsame Pflege und die geeignetsten Leiter. Es ist unmöglich, jene umfangreiche und mannigfache öffentliche und Vereinsthätigkeit mit der Verwaltung der kleineren politischen

Verbände zu verquicken; ſolches würde nur zu beiderſeitigem Nachteile aus-
ſchlagen. Auch hier gilt der Grundſatz der Teilung der Arbeit.

Hiermit ſchließe ich meine Erörterungen zur Reform der Landgemeindeordnung. Sie werden vielleicht manchen zu nüchtern, zu wenig ideal und
reformatoriſch erſcheinen. Aber dieſe mögen bedenken, daß wir nicht einen
Aufbau des Staates auf dem Grunde der Gemeinde, ſondern nur die Einordnung der Gemeinde in einen beſtehenden feſten Rahmen beabſichtigen
und beabſichtigen können. Dieſer Rahmen iſt die Selbſtverwaltungsgeſetzgebung des preußiſchen Staates. Mag dieſelbe auch fühlbare Mängel haben,
— und dieſe leugne ich durchaus nicht — ſo gehört ſie doch zu den folgen-
und ſegensreichſten Einrichtungen unſeres Staates und muß in ihren weſent-
lichſten Beſtandteilen als ein unantaſtbares Beſitztum betrachtet werden.
Wenn man von den größeren geſetzgeberiſchen Errungenſchaften Preußens
ſpricht, z. B. von der Bauernbefreiung und Grundentlaſtung, von der Städteordnung von 1808, ja von der Einführung der allgemeinen Militärpflicht,
der größeſten von allen, dann darf man getroſt die Selbſtverwaltungsgeſetzgebung der beiden letzten Jahrzehnte daneben ſtellen. Sie hat die ſchlummern-
den Kräfte geweckt, und die Provinzen und Kreiſe erſt befähigt, auf den
mancherlei Gebieten der öffentlichen Wohlfahrt Großes zu ſchaffen. Freilich
hat ſie unterlaſſen, die Landgemeinde zu organiſieren, und ſie mußte ſich dies
verſagen, wollte ſie das Erreichbare ſicher ſtellen. Man hat dies allerdings
getadelt, indem man meinte, vor dem Dache müſſe das Fundament gelegt
werden. Aber wenn dies für ein Haus paßt, bei dem man weiß, was
Fundament und was Dach iſt, ſo paßt es darum nicht für den Staat, bei
dem dieſe Begriffe keine gemeingültige Bedeutung haben. Ein Gleichnis
auf einem verwandten Gebiete wird dies klar legen. Im civiliſierten Europa
gab es erſt Chauſſeen, dann wurden Eiſenbahnen und zuletzt Telegraphen
angelegt. Im Weſten Amerikas iſt der Telegraph das erſte, dann folgen
Eiſenbahnen und zuletzt die Chauſſeen. So waren im Weſten unſeres Staates
die Gemeinden bei der Anſiedlung der Horde das erſte und erſt der Zuſammenſchluß der Gemeinden ergab den Staat; im Oſten war der Staat der erſte,
der dann die Gemeinden ſchuf. Gleichſam in Fortſetzung dieſer Entwicklung
und im Anſchluß an die bisherigen Zuſtände in den öſtlichen Provinzen,
legt die Selbſtverwaltungsgeſetzgebung den Schwerpunkt der öffentlichen Verwaltung — von großen Städten abgeſehen — nicht iu die Gemeinde, ſondern
in den Kreis, in welchem, wie ich ſchon bemerkt habe, Landgemeinden,
größerer Grundbeſitz und kleine Städte ihren nächſten Zuſammenſchluß finden.
In dieſer Gemeinſchaft den Landgemeinden ihren Platz zu ſichern, ihr die
Möglichkeit zu geben ihre öffentlichen Pflichten zu erfüllen, und ihre Rechte

wahrzunehmen, darum handelt es sich. Dabei scheue man sich nicht, die Anwendung des an sich löblichen Grundsatzes der Berücksichtigung lokaler Eigentümlichkeiten, welchem die bisherige Gesetzgebung mit ihren Statuten und Observanzen zum Übermaße huldigt, auf das richtige Maß zurückzuführen. Weitgehende Neubildungen aber, welche den Klassenhaß wachrufen und die Reform wahrscheinlich vereiteln würden, halte man ferne. Wird dies beachtet, dann ist die Aufgabe, wenngleich sie die Bewältigung eines massenhaften Stoffes erfordert, doch im Ganzen einfach. Hoffen wir daß sie bald gelöst werde und somit das segensreiche Werk unserer Selbstverwaltungsgesetzgebung den notwendigen Abschluß erhalte.

(Lebhafter Beifall.)

Vorsitzender: Meine Herren! Ich glaube in Ihrer aller Sinne zu handeln, wenn ich den Dank des Vereins dem Herrn v. Ernsthausen ausspreche für den ausgezeichneten und lichtvollen Vortrag, in welchem er uns die Frage vorgeführt hat.

Wir haben in den beiden Referenten, ich möchte sagen, in gemäßigter Weise die zwei möglichen Pole der Reform nun vor uns liegen, und ich hoffe, daß eine lebendige Debatte sich daran anschließen wird. Ich glaube aber, wir würden richtig handeln, wenn wir jetzt — es ist ³/₄ auf 12 — unsere gewöhnliche Pause eintreten lassen.

(Zustimmung.)

Die Mitglieder des Ausschusses bitte ich, einen Moment in unserm Bureau zusammenzutreten zu einer ganz kleinen Sitzung; wir müssen eine Kooptation vornehmen.

(Pause von 11 Uhr 45 Min. — 12 Uhr 25 Min.)

Vorsitzender: Bevor wir in der Debatte fortfahren, erteile ich zu einer geschäftlichen Bemerkung Herrn Dr. Kamp das Wort.

Dr. **Kamp** (Frankfurt a. M.): Hochverehrte Anwesende! Im Namen des hiesigen Vereins für Haushaltungsschulen erlaube ich mir folgende Bitte an Sie. Wir haben seit Ostern vorigen Jahres hier eine Abend-Haushaltungsschule eingerichtet für lohnarbeitende Mädchen, die des Tages über in Geschäften, Fabriken u. s. w. thätig sind, und die wir versuchen ohne Unterbrechung ihrer Lohnarbeit in den Abendstunden hauswirtschaftlich anzulernen. Diese Schule von über 50—60 Mitgliedern ist vom Armenpflegerkongreß an den drei letzten Abenden besucht worden, und die Herren haben mir alle gesagt, daß ihnen die Schule gut gefallen und daß eine persönliche Einsichtnahme viel belehrender sei, als was sie schriftlich darüber gelesen hätten. Es würde mir zur hohen Freude gereichen, wenn auch aus diesem Kreise Herren oder Damen sich einfinden wollten, und dazu bietet sich heute Abend zwischen 7 und 9 Uhr die beste Gelegenheit. Wir müssen morgen den Sommerkursus schließen, aber heute Abend ist der Unterricht noch ganz vollständig. Er besteht in Handarbeit, in Kochen, in Bügeln, in Hausputz u. s. w. Das Lokal ist leicht zu behalten, es klingt allerdings etwas gefährlich: es ist „Höllengasse Nr. 13".

(Heiterkeit.)

Vorsitzender: Ich bemerke Herrn Dr. Kamp, daß wir um 5 Uhr essen und um 8 Uhr Ausschußsitzung haben; dadurch sind natürlich viele der Herren nicht in der Lage, der freundlichen Einladung zu folgen.

In der Debatte über die Landgemeindeordnung erteile ich zunächst Herrn Wisser das Wort.

Reichstagsabgeordneter Wisser (Windischholzhausen): Meine Herren! Wenn ich als einfacher bäuerlicher Grundbesitzer in Ihrer Mitte erscheine, um zu sprechen über ein Thema, welches in unserem Vaterlande heute alle Patrioten beschäftigt, so zwingt mich dazu eine ernste Pflicht.

Ich bin seit Jahren bestrebt, überall in den bäuerlichen Bezirken das Bestreben zu fördern, die kommunale Gleichberechtigung der bäuerlichen Berufsschicht mit allen übrigen Staatsbürgern anzustreben. Ich bin heute durch Ihren Herrn Referenten in den Verein eingeführt unter der Bezeichnung „ein Schlimmer", und habe daher doppelte Veranlassung, zur heutigen Tagesordnung zu sprechen und darzulegen, inwieweit mein Standpunkt von ihren Auffassungen abweicht. Ich freue mich daher umsomehr, bestätigen zu können, daß die Bestrebungen, die hier vertreten werden, im großen und ganzen zusammenfallen mit den Zielen, welche wir im Allgemeinen deutschen Bauernverein selbständig seit einer ganzen Reihe von Jahren bereits angestrebt haben.

Sie gestatten, daß ich für die Richtigkeit meiner Behauptung kurz auf eine Petition zurückgreife, welche von diesem Verein schon im Jahre 1884 aufgestellt und mit vielen tausenden von Unterschriften aus allen Provinzen des Vaterlandes versehen wurde, und Ihnen die Hauptpunkte derselben vortrage.

Aus den dort aufgestellten Forderungen werden Sie ersehen, welche Grundsätze wir für notwendig erachten, um die kommunale Gleichberechtigung der deutschen Bauern in den noch zurückstehenden Provinzen herbeigeführt zu sehen.

Sie werden finden, daß die Abweichungen, in welchen wir uns zu den Ansichten beider Referenten befinden, viel gemäßigter sind, als die Abweichungen, in welchen die beiden Herren Referenten sich einander gegenüber stehen.

Um diese unsere Forderungen haben sich intelligente und unabhängige Bauern aus allen Teilen des Vaterlandes vereinigt und dieselben haben überall die Zustimmung der bäuerlichen Bevölkerung gefunden, denen dieselben in zahlreichen öffentlichen Versammlungen bekannt geworden sind. Diese unsere Forderungen haben wir in einer Petition zusammengefaßt, welche dem unvergeßlichen Kaiser Friedrich vorgelegt werden sollte.

Die Überreichung wurde durch den frühen Tod dieses erlauchten Herrschers vereitelt. Wir fordern durch dieses unser Programm folgendes als wichtigste Punkte:

1. Erhaltung und Entwickelung der bestehenden Gemeinden zu leistungsfähigen Gemeindeverbänden, Verleihung der Befugnisse der Selbstverwaltung an die Gemeinden und genaue Begrenzung der Befugnisse der Aufsichtsbehörden, sowie die Verlegung der niederen Polizei in diese Gemeinden.

2. Soweit es die lokalen Verhältnisse gestatten, Aufhebung der Gutsbezirke und Einfügung derselben in die Gemeinde- und Schulverbände unter gleichzeitiger Aufhebung der Bevorrechtigungen, welche bis jetzt den Großgrundbesitzern betreffs ihrer Beitragspflicht zu Kirchen-, Schul-, Armen- und Wegebaulasten aufrecht erhalten werden, sowie Beseitigung des jetzt vielfach von den Großgrundbesitzern in Anspruch genommenen Auenrechts.

3. Beseitigung der Amtsvorsteher und ähnlicher Einrichtungen überall da, wo solches angänglich ist, event. Wahl der Amtsvorsteher durch die Bezirkseingesessenen. Genaue Feststellung der Kriterien, unter welchen die Nichtbestätigung aller kommunalen Wahlen von Aufsichtswegen erfolgen kann.

4. Regelung des Stimmrechts zur Zusammensetzung der Kreisvertretung unter Aufhebung der Bevorrechtigungen des Großgrundbesitzes.

5. Beseitigung des Vorsitzes der Landräte, Amtshauptleute, Bezirksvorsteher ꝛc. in der Kreis- und Bezirksversammlung resp. Ausschußversammlung, entsprechend der Einrichtung, welche bereits durch die preußische Provinzialversammlung in der Stellung des Oberpräsidenten zur Kommunalverwaltung geschaffen ist und welche auch in den Städten besteht.

Die Punkte 4 und 5, die wir noch angeschlossen haben, beziehen sich auf den Zusammenhang der Gemeinden und ihrer Verhältnisse mit dem

Kreise. Da nun besonders durch den Herrn Korreferenten von Ernsthausen der Begriff Kreis als kommunaler Landgemeindeverband für die in Aussicht genommenen Reformen in Anspruch genommen wurde, so halte ich es für vollständig gerechtfertigt, auch auf die Punkte einzugehen.

Meine Herren! Die beiden Herren Referenten haben hauptsächlich die materiellen Fragen betont, welche darauf hinbringen, daß unbedingt eine Abänderung der bestehenden Landgemeindeverhältnisse für die östlichen Provinzen Preußens vollzogen werden müsse. Es ist aber unterlassen worden, eine andere Seite dieser Reformfrage hervorzuheben, eine Seite, welche ich für gleich wichtig und für noch viel wichtiger erachten muß, nämlich die ethische Seite. Für die bäuerliche Bevölkerung in den östlichen Provinzen besteht ein ausdrückliches Recht, die kommunale Gleichstellung mit den übrigen Staatsbürgern zu fordern, und die Pflicht des Staates, dieses Recht endlich zu gewähren; denn die Bauern jener zurückstehenden Provinzen haben hinsichtlich der für das Vaterland darzubringenden Opfer und Leistungen mit den übrigen Staatsbürgern jederzeit Schulter an Schulter gestanden und ihr Blut floß auf allen Schlachtfeldern, auf welchen die Heere des Vaterlandes ihre Siege erfochten, in eben so reicher Weise wie das Blut der anderen Schichten.

Es ist daher berechtigt, daß die für die Bauern noch bestehenden kommunalen Zurücksetzungen endlich beseitigt werden. Durch die Geschichte, welche hauptsächlich auch in Ihren Vereinschriften erläutert wird, geht deutlich hervor, daß das Emporkommen der Gutsbezirke, des Großgrundbesitzes nur abgeleitet werden kann aus einer Periode unseres Vaterlandes, welche nicht die beste war, die Kraft der Fürsten war gebrochen und die Bauern waren schutzlos und der Willkür des Feudaltums überlassen.

Auf den einzelnen Territorien entwickelten sich nun die Zustände, deren Überreste wir heute noch vorfinden und an deren Beseitigung man seit 1808 vergeblich arbeitete. Die Verhältnisse und Ursachen, welche damals zur Bildung der Gutsbezirke hinführten, sind ja längst dahin; unsere Wehrordnung stellt an jeden einzelnen Bürger und Bauer die Verpflichtung, der Fahne des Königs zu folgen, für die gemeinsamen Interessen des Königs und des Vaterlandes einzutreten mit der höchsten Steuer, die der Staatsbürger darbringen kann, mit der Blutsteuer; meine Herren! auf diesem Gebiete steht der deutsche Bauer in den östlichen Provinzen jedem anderen Bürger des Staates gleichberechtigt gegenüber. Überall, wo die Trompeten der Hohenzollern gerufen haben, sind die Bauern die ersten gewesen, die ihr Gut und Blut dem Vaterlande dargebracht haben, und ohne die Leistungen

hätte man nimmermehr die Siege erringen können, welche zur heutigen
Entwickelungsstellung Deutschlands hinführten.

Schon dieser Standpunkt verlangt also, daß diese kommunal zu-
rückgesetzte Klasse der Staatsbürger endlich den andern voll und gleichberechtigt gegenübergestellt wird. Ja, meine Herren, der Großgrundbesitzer, der
Adlige, sie haben durchaus keine Ursache, ein anderes kommunales Recht
zu verlangen, als der Bauer, und es ist ein Unrecht, den Volksgenossen in
eine minderberechtigte kommunale Stellung zurückzudrängen, der in der Feld-
schlacht Schulter an Schulter mit ihm stand; es besteht kein Recht, zu
verlangen, daß die für die Bauern der östlichen Provinzen bestehende zurück-
gesetzte kommunale Stellung auf ewige Zeiten fortdauern soll.

Es ist also nicht nur ein Recht der Bauern, die endliche Wahrnehmung
ihrer wichtigen Interessen zu fordern, ein Recht, welches bereits allen übrigen
Bürgern gewährt ist, sondern es ist eine Pflicht der Gerechtigkeit, daß der
Staat endlich Verhältnisse errichtet, welche diese kommunale Zurücksetzung
der deutschen Bauern endgültig aufheben und beseitigen, damit sich aus den
Schichten der Landbevölkerung das deutsche Bürgertum in breiteren, dich-
teren Massen entwickeln kann, als dieses bis jetzt der Fall sein konnte.

Die Ausführungen der beiden Herren Referenten haben bewiesen, daß
über die Hauptfragen kaum große Meinungsverschiedenheiten bestehen.

Wenn auch die ethische Seite dieser Frage von beiden Herren nicht
hervorgehoben worden ist, so glaube ich doch, daß auch in Betreff dieses
Punktes zwischen uns eine Differenz nicht besteht. Unser Zeitalter will
keine zurückgesetzten Volksschichten und wir sehen, wie die Fürsorge des
Staates selbst dem besitzlosen Arbeiter überall gleiche Rechte einräumt und
demselben seinen mächtigen Schutz zur Verfügung stellt. Dem Arbeiter wird
also ein Schutz und eine Fürsorge entgegengebracht, eine solche Beachtung
und Wahrnehmung seiner wirklichen Interessen wird der bäuerlichen Bevölkerung noch vorenthalten.

Aber wenn man dieses auf der einen Seite will, dann darf man es
auch auf der anderen nicht unterlassen, und ich glaube, daß die beiden
Herren Referenten vollständig mit mir dahin übereinstimmen, daß man endlich dem deutschen Bauer in den östlichen Provinzen durch Gewährung der
kommunalen Gleichstellung volle Gerechtigkeit widerfahren lassen muß.

Jenen alten Bevorrechtungen des Großgrundbesitzes, wie sich dieselben
durch die Zeit gebildet haben, heute noch eine übergroße Bedeutung beizulegen, würde zu falschen Maßregeln hinführen; die Zeiten der Kolonisation
durch den deutschen Ritterorden im Osten und andere Einrichtungen ähnlicher Art sind vorüber, überall bethätigen sich die Bauern in der Aus-

übung ihrer Bürgerpflichten allen andern gleich, und die Unterscheidungen, die früher zwischen den deutschen Bauern und slavischen Lassiten bestanden haben, sind in keiner Weise mehr aufrecht zu halten; gegenüber den gleichen Lasten und Pflichten, welche zu erfüllen sind, besteht also die unabweisbare Pflicht, diesen bis jetzt zurückgesetzten Staatsbürgern vollständig gerecht zu werden.

Was nun die Einrichtung der Gemeinden selber anbelangt, so stehe ich mit meinen Vorschlägen inmitten der Differenzen, die zwischen den beiden Herren Referenten hervorgetreten sind.

Aus der Verlesung der Punkte, welche wir Bauern aus allen Provinzen Deutschlands zusammengesetzt und festgesetzt haben, geht aber hervor, daß diese Differenzen gerade auf dieser unserer Grundlage auszugleichen sind. Diese unsere Forderungen sind sachgemäß und mit Überlegung, sowie unter einem bestimmten Verzicht auf weitergehende und berechtigte Ansprüche vereinbart worden und dürfen wir daher wohl auf Beachtung Anspruch erheben. Diese unsere Forderungen wollen eine zeitgemäße und gründliche Gemeindereform unter Aufrechterhaltung der historischen Zustände da, wo dieselben sich als befähigt erweisen, die kommunalen Anforderungen, welche der Staat stellen muß, zu erfüllen.

Wir sind nicht dagegen, daß zur Kräftigung der Leistungsfähigkeit der Landgemeinden, Samtgemeinden gebildet werden. Wir meinen also nicht, daß in allen einzelnen Fällen obligatorisch vorgegangen werden sollte, sondern wir wollen, daß überall Verhältnissen Rechnung getragen wird, welchen eine natürliche Kraft und aus solcher eine wirkliche Existenzberechtigung innewohnt.

Wir stellen uns auch die Bildung der Samtgemeinden nicht so vor daß durch dieselbe sofort alle Sonderrechte der Urgemeinde aufgezehrt werden, denn gerade in den kleinen Urgemeinden und Gutsbezirken bestehen ja oft Berechtigungen für deren Interessenten, welche nicht ohne weiteres auf die Samtgemeinden übertragen werden können. Aber in diesen Urverbänden, welche für die Erfüllung größerer kommunaler Aufgaben nicht ausreichen, macht sich bei der Verwaltung nicht immer jene Objektivität geltend, die notwendig ist, um ein gesundes Gemeindeleben zu führen. Ich sehe ab von der Verneinung der Frage, ob diese Gemeinden die nötige Kraft haben, ein selbständiges Gemeindeleben zu führen, denn ebenso wie den Gutbezirken, die nicht eine geeignete ausreichende räumliche Ausdehnung besitzen, die Eigenschaft fehlt, ein wirkliches Gutsbezirksleben entwickeln zu können, ebenso fehlt diese Eigenschaft den kleinen Gemeinden. Aber man kann, wenn man solche Gemeinden und Gutsbezirke zur Samtgemeinde zusammenlegt, die berechtigten Eigentümlichkeiten derselben berücksichtigen, ohne so weit zu gehen, daß diese bestimmte Eigentümlichkeiten, wie aus der Meinung der Herren Referenten hervorging, der Entscheidung jeder einzelnen Gemeinde für sich überlassen bleiben. Vielmehr können diese Sondereigentümlichkeiten recht gut der Verwaltung der Samtgemeinde unterworfen werden, die Samtgemeinden werden diese Dinge objektiv behandeln und das Interesse der einzelnen besser schützen, als dieses in den kleinen Gemeindeverbänden geschehen kann.

Die allmähliche Verschmelzung aller dieser Dinge muß der Entwickelung der Samtgemeinde überlassen bleiben, bis dieselbe ein Gemeindeinteresse wachgerufen und entwickelt hat, welches reger und lebendiger für das Gemeindeleben eintritt, als dieses jetzt der Fall sein kann.

Also ich nehme den Standpunkt an, daß ich der Gesamtgemeinde nicht als Gegner gegenüberstehe. Ich bestreite auch die Befürchtung des Herrn Korreferenten, daß der Bauer selbst diesen Samtgemeinden nicht willig genug entgegenkommen und für die Aufgaben derselben genügendes Verständnis nicht bethätigen wird.

Die bäuerliche Bevölkerung wird falsch beurteilt, dieselbe ist intelligent genug, um die Vorteile der Zusammenlegung größerer Bezirke einzusehen, und ich glaube die Animosität gegen die Samtgemeinde wird mehr aus den Reihen der Großgrundbesitzer hervorgehen und man wird von dort aus den Bauer und dessen Meinung nur vorzuschieben suchen.

In der bäuerlichen Bevölkerung hat man längst erkannt, daß die Heranziehung der Gutsbezirke in die Gemeindeverbände fast durchgängig möglich sein wird und daß die Eingemeindung derselben nur eine Frage der Zeit sein kann. Wenn früher bei der Rückwärtsbildung der vaterländischen Verhältnisse der Gutsbezirk entstehen konnte, so muß es auch als möglich anzusehen sein, daß bei der nunmehr allmählich eintretenden Gesundung der Entwickelung des Vaterlandes die Bedeutung der Landgemeinde immer mehr zur Geltung gelangen wird, denn nur aus der Landgemeinde können alle die Kräfte der Landbevölkerung zusammengefaßt werden, die notwendig sind, um dem Staat die noch fehlende breite und gesunde Grundlage zu schaffen. Meine Herren, es ist dieses, wie bereits erwähnt, doppelt notwendig in der gegenwärtigen Zeitperiode, wo das zersetzende Treiben der Socialdemokratie sich immer weiter geltend macht.

Schaffe man solche Verbände, kräftige man die Verhältnisse auf dem Lande durch Zusammenlegung der Gemeinden und Gutsbezirke, damit der intelligente Bauer in der Samtgemeinde mit dem intelligenten Großgrundbesitzer zusammengehe, und es wird vieles besser werden.

Durch den Herrn Korreferenten wurde betont, daß die Bildungsunterschiede zwischen der bäuerlichen Bevölkerung und dem Großgrundbesitzer doch ziemlich bedeutend seien und daß schon von diesem Standpunkt aus eine Berechtigung anerkannt werden müsse, den Gutsbezirk zu erhalten. Ich meine doch aber, gerade das Umgekehrte ist der Fall. Jetzt steht der Großgrundbesitzer mit seiner besseren Bildung, die vielleicht doch überschätzt wird und in ihrer Allgemeinheit nicht angenommen werden kann (Heiterkeit), allein! wenn er aber in den Gemeindevorstand der Samtgemeinde eintritt, dann wird bald eine innige Verschmelzung der Bildung, welche er bringt und derjenigen, welche bereits vorhanden ist, eintreten, es wird dadurch ein kräftigeres Zusammenwirken entstehen und wir werden eine Festung schaffen, die vollständig sturmfest ist gegen das Eindringen der Socialdemokratie; da, wo die Forderungen der Arbeiter berechtigt sind — wir folgen dem Beispiel unseres erlauchten Kaisers — da geben wir ihnen ja gern nach; aber wo diese Berechtigung fehlt, da treten wir denselben sodann geschlossen entgegen.

Durch die zeitgemäße Fortentwickelung der bäuerlichen Verhältnisse, durch die Mobilisierung des Bauernstandes, durch bessere Bildung, durch tausend Dinge, deren Kräftigung nur aus einem geordneten Gemeindeleben fließen kann, wird es möglich sein, diese Gefahren zu beschränken und einzudämmen und vollständig zu besiegen, welche die Gesellschaft heute bedrohen. Der Herr Referent hat einen kleinen Abrutsch auf das Rentengut gemacht; meine Auffassung stimmt in dieser Frage mit jener des Herrn Referenten überein, bevor dessen Standpunkt durch die Mehrheit des Abgeordnetenhauses niedergestimmt werde.

Der Herr Referent fügt sich nun der Mehrheit; ich halte aber den alten Standpunkt auch nach der Niederstimmung im Abgeordnetenhause aufrecht. Die Richtigkeit und Berechtigung der Rentengutschaffung vermag ich nur in der Weise anzuerkennen, daß dasselbe durch die Tilgung der Zeitrente allmählich als freies Eigentum an den Erwerber übergeht. Diese Entwickelung wird aber verhindert durch die Klausel, nach welcher die Rente eines solchen Gutes nur ablösbar wird, wenn beide Teile, der Käufer und der Verkäufer, zustimmen.

Herr Sombart hat den besseren Teil im Abgeordnetenhause vertreten; er ist niedergestimmt worden, er findet sich aber doch mit dem Gesetze ab, er hofft von der Zukunft, was die Gegenwart versagt.

Meine Herren! Auf diesen Standpunkt kann ich nicht mit, denn ich meine, deutsche Männer, gleichviel weß Standes, haben ein Anrecht auf freies Besitztum.

5*

Gerade die Verhältnisse des Grundbesitzes betrachte ich als den wich= tigsten Teil derjenigen Frage, welche wir die sociale nennen. Die Heilung des socialen Notstandes wird aber nicht so sehr abhängig sein von der Not= wendigkeit der Bildung des Rentengutes, sondern vielmehr von der Notwendig= keit, daß allmählich der Großgrundbesitz zurückgeführt wird auf seine eigene Kraft; wenn derselbe im wirtschaftlichen Leben seine eigene Kraft ebenso einwerfen muß, wie der Bauer hierzu gezwungen ist, dann wird der Zeitpunkt bald heran= treten, wo Räume zur Ansiedelung massenhaft zur Verfügung stehen werden und es ist dann nicht erforderlich, Räume zu schaffen durch Gesetze, welche den Zeitverhältnissen nicht entsprechen und mit dem uralten germanischen Volksrecht nichts zu schaffen haben.

Man fabelt heute viel von altem deutschen Rechte, wenn man die Freiheit des Grundbesitzes dem Volke zu verkümmern sucht. Das älteste Recht auf den Grundbesitz war das Recht der Gemeinden; herausgebildet hat sich ein anderes Recht erst durch rohe Gewalt, und auf diesem Boden sind all= mählich Gebilde entstanden, welche die versagende eigene Kraft des Be= sitzers unterstützen, durch Ausnahmegesetzgebung, wie wir diese haben in der Einrichtung der Fideikommisse aller Art. Wenn wir dazu kommen werden, den nötigen Raum schaffen zu müssen, um die Arbeitermassen aus der Zu=. sammenhäufung in den Arbeitercentren zu befreien, dann werden wir die Einrichtungen der überlebten Feudalzeit aufheben müssen, dann werden wir jedem einzelnen Mann, gleichviel welchen Standes, die Verpflichtung auferlegen, in den Ringkampf des Lebens einzutreten mit seiner eigenen Kraft für Erhaltung und Sicherung seines eigenen Besitzes. Meine Herren, ich bin fest überzeugt, daß ein großer Teil der Großgrundbesitzer vollauf bereit steht, einzutreten für die Erhaltung ihres Besitztums mit voller Selbstkraft; aber es gibt in deren Reihen eine Anzahl Herren, welche die aus der Feudalzeit herübergekommenen Sonderrechte, diese wirtschaftlichen Krücken für wirtschaftliche Schwächlinge nicht aufgeben wollen, und gerade diese hindern die sociale Gesundung der Verhältnisse unseres Vaterlandes. Ich stehe aber auch nicht auf dem Standpunkt, daß ich mit diesen historischen Bildungen sofort tabula rasa machen will, sondern ich erwarte, daß sich allmählich eine bessere Erkenntnis entwickelt. Ich glaube, diese bessere Er= kenntnis wird sich allmählich aus besseren kommunalen Verhältnissen heraus= entwickeln, in welchen sich der tüchtige Großgrundbesitzer mit einem kräftigen Bauernstand zusammensetzt. Tritt dieses ein, dann werden Großgrundbesitzer und Bauer zusammen das Beste finden für ihre Gemeinde und für ihr eigenes Besitztum und ganz andere Verhältnisse werden sich herausbilden, als dieselben heute bestehen, wo sich beide nicht in den rechten Verhältnissen gegenüber stehen und jeder sein eigenes Interesse verfolgt. Auf den Höfen des Thüringer Waldes wurde ein Gemeindevorsteher von einem bekannten agrarischen Agitator gefragt: wie sind denn eigentlich die Grenzen zwischen dem bäuerlichen Grundbesitz und dem Großgrundbesitz? Da antwortete ihm der einfache schlichte Bauer, ein Freund von mir: Die Grenze liegt da, wo sich die Gemarkung der Gutsbezirke mit ihren Vorrechten von dem Gemeindebezirke scheidet. Meine Herren, dieser Umstand wird hier tief gefühlt im Bauernstande, und schwerere Gegensätze sind hier vorhanden, als mancher annimmt. Dagegen aber werden die, die berufen sind, an der Gesetzgebung mit zu arbeiten, einen großen Segen stiften, wenn sie dazu beitragen, die Zahl der Gutsbezirke zu vermindern, um auf Grundlage der Samtgemeinde ein kräftiges Gemeindeleben zu entwickeln. Meine Herren, die gebundene Marschroute, welche ich verfolge, veranlaßt mich, die Grundsätze des Herrn Korreferenten von Ernsthausen in vielen Beziehungen als richtig anzuerkennen. Wir dürfen nicht überall tabula rasa machen und solche Samtgemeinden bilden, wo eine unnatürliche Zusammenfassung Zwitterstellungen erzeugen würde; es existieren Gutsbezirke, die recht gut kommunale Pflichten erfüllen können. Freilich müssen diese Gutsbezirke, wenn sie ihre Selbständigkeit fortführen wollen, auch die Verpflichtung übernehmen, ihre Armen- und Wegelasten sowie die Aufgaben des Schulwesens und andere Lasten, die sich durch diese Selbständigkeit ergeben, selber zu übernehmen; es werden dann auch Formen gefunden werden müssen, unter welchen die Abteilung von Armen-, Schul- und Kirchenlasten auf die Nachbargemeinden verhindert wird.

Diese Formen werden sich bei gutem Willen sehr leicht finden lassen und man wird dann anderseits auch dazu gelangen müssen, Gutsbezirke, welchen die Fähigkeit der Selbständigkeit hinsichtlich Einführung kommunaler Zwecke fehlt, in die Samtgemeinden einzuschließen, wenn man eine wirkliche Landgemeinde schaffen will auf einer gesunden Basis, wie diese uns durch die bestehenden Verhältnisse vorgezeichnet ist.

Ich habe nun aber die Befürchtung, daß die Größenbegriffe, die der Herr Referent und Korreferent hinsichtlich der Samtgemeinde aufgestellt haben, zu hoch gegriffen sind; wenn man, wie der Herr Referent annimmt, den Umfang der Samtgemeinde auf 3—5000 Seelen, und sogar, wie der Korreferent meint, auf 10000 Seelen annehmen will, dann glaube ich, daß sich in einem solchen Rahmen niemals ein wirkliches Gemeindeleben entwickeln kann.

Ein kräftiges Zusammenwirken der Bevölkerung überhaupt ist nur denkbar, wenn man die Gemeinde räumlich nicht über die Grenze ausdehnt,

innerhalb welcher sich die Menschen gegenseitig kennen und natürliche Beziehungen zu einander und zu ihren Verhältnissen haben; dehnt man diese Grenzen weiter
aus, so schafft man unnatürliche, durch welche dann allerdings die Möglichkeit der Selbstverwaltung aufgehoben wird, weil infolge der Geschäftsüberbür-
dung die Notwendigkeit, geschulte Kräfte einzustellen, künstlich geschaffen würde.

Der zu große Umfang der Samtgemeinde würde aber dann auch noch
eine große Verteuerung der Verwaltung herbeiführen müssen, denn der geschulte Bürgermeister oder Gemeindevorsteher muß teurer bezahlt werden.
Ich bitte übrigens von allen hochtrabenden Titeln, wie Amtshauptmann
u. s. w. abzusehen, welche man etwa nur schaffen würde, um eine Bereitwilligkeit der Großgrundbesitzer zur Übernahme solcher Ämter zu erzeugen,
ich meine, der deutsche Mann, der ein lebendiges, reges Interesse für die
gesunde Entwickelung der Verhältnisse des Vaterlandes hegt, wird sich an
den Namen des Amtes nicht stoßen und gern bereit sein, dessen Lasten zu
tragen. Ich habe neulich mit einem Großgrundbesitzer über dieses Thema
gesprochen, welcher lange Jahre ein solches staatliches Amt verwaltete; derselbe erklärte: ich würde mich freuen, Gemeindevorstand zu sein. Das ist in
der That ein echtes Wort eines echten, würdigen Edelmannes. Der Bauer wird
dann gerne zurücktreten und einem solchen Edelmann die wichtige Stellung
des Vorstehers der Samtgemeinde gern übertragen. Meine Herren, wenn
wir solche Gemeinden schaffen — dann wird auch die Zusammensetzung des
Kreistages eine andere werden. Der Herr Korreferent sucht ja die beste
Art der Zusammenfassung der ländlichen Gemeindeverhältnisse im Kreise.

Man wird zugeben müssen, daß der Zustand auf dem heutigen Kreistage fast noch ebenso vorsündflutlich ist, wie ihn der Herr Referent aus
der ständischen Vergangenheit schildert. Der frühere Zustand auf den Kreistagen und Provinziallandtagen ist mir eines Tages durch den verstorbenen
Oberbürgermeister Hasselbach in Magdeburg recht drastisch geschildert worden.
Er erzählte mir: „wenn ich an die Zeit denke, wo die Bauern als Vertreter
ihres Standes die Interessen desselben auf den städtischen Provinziallandt-
tagen wahrzunehmen hatten und an die Art, wie dieses geschehen, so
erfüllt sich mein Herz stets mit Wehmut. Diese Bauern, die nur
mit Genehmigung ihres Landrats dort saßen, kamen, wenn es galt
für ihre bedrohten Interessen einzutreten, regelmäßig zu mir und baten:
vertreten Sie uns doch gegen die Großgrundbesitzer. Der alte würdige
Herr meinte hierzu: das war Piepmeierei, diese Piepmeierei der Bauern
wurde aber groß gezogen durch die Politik, die man verfolgte, und
diese Piepmeierei wird auch heute noch künstlich fortgezüchtet, fast überall
wird durch den Einfluß der Landräte, vor deren Aufgabe ich hohe Achtung

hege, die unveränderte Tendenz weitergetragen, die selbständigen Elemente der bäuerlichen Bevölkerung aus allen wichtigen Stellungen des öffentlichen Lebens zurückzudrängen; und wenn es einzelnen selbständigen bäuerlichen Vertretern gelingt, sich auf dem Kreistage gegen diesen allmächtigen Einfluß zu halten, so ist die Zusammensetzung des letzteren durch das bevorzugte Stimmrecht des Großgrundbesitzers derart gestaltet, daß eine wirkliche Wahrnehmung der bäuerlichen Interessen dort nicht erreicht werden kann. Eine ausreichende Vertretung des bäuerlichen Elementes ist infolge dieser Zustände nicht vorhanden, und dürfte auf dieser Grundlage wohl auch niemals erreichbar sein. Es dürfte daher schon aus diesem Grunde ernstlich nicht daran gedacht werden können, in dem Kreisverband einen Ersatz für das Landgemeindewesen zu finden.

Wenn die Bedürfnisse der Einrichtung des Wegebauwesens und der Schule gegen meinen Vorschlag zu sprechen scheinen, die Gemeindebezirke kleiner abzugrenzen, als es die Herren Referenten vorgeschlagen, so meine ich doch, daß sowohl der Wegebau, als auch die Schulgesetzgebung durch staatliche Gesetzgebung geregelt werden müssen. Dabei sind nach meiner Überzeugung Einrichtungen zu schaffen, welche über das Gebiet der Landgemeinde hinausgehen. Dabei wird sich immer die Möglichkeit für ein Landgemeindewesen schaffen lassen, daß dasselbe durch Zusammenfassung der vorhandenen Lehrerkräfte dahin gelangen kann, Schuleinrichtungen zu schaffen, durch welche im direkten Anschluß an die Volksschulen eine weitergehende Bildung für die Bevölkerung ermöglicht wird, als dieselbe jetzt durch die Volksschule erreicht werden kann. Ich will nicht etwa Schulen, in welchen Französisch, Englisch und Latein auf dem Lande gelehrt werden soll, aber ich meine eine bessere geschäftliche Ausbildung, besonders Geschichtsunterricht, bessere arithmetische Ausbildung, das sind Zwecke, welche erreichbar sind. Es ist meines Erachtens nach möglich, daß man in unmittelbarem Anschluß an die Volksschule für die reiferen Knaben eine theoretische landwirtschaftliche Ausbildung wird erreichen können, wie dieselbe jetzt auf den niederen landwirtschaftlichen Schulen angestrebt wird.

Will man keine Laufschulen für die kleinen Schulen einrichten, so können aber doch Laufschulen für die Lehrer eingerichtet werden, wenn man den Umfang des Gemeindebezirks nicht zu groß bemißt, so daß die jüngeren Lehrer an verschiedenen Orten in kleineren Schulen unterrichten können, während die größeren Knaben zu vorerwähntem Zwecke an einer Centralstelle zusammenzuziehen sind. Durch solche Einrichtungen würde meines Erachtens für die gesunde Fortentwickelung der Verhältnisse der Landbevölkerung segensreiches geschaffen werden können.

Was nun die Wegebauverhältniffe anlangt, fo meine ich, daß durch die größeren Gemeindeverbände, die der Herr Korreferent wollte, doch nicht alle beftehenden Übelftände befeitigt werden können. Wir haben nämlich in unferm preußifchen Vaterlande dreierlei Arten betreffs der Straßenunterhaltungspflicht zu verzeichnen. Es find da zunächft die Provinzialftraßen zu erhalten — diefe führen durch eine ganze Reihe von Bezirken und Ortfchaften, ohne daß die Abjacenten für die Erhaltung einen Pfennig zu zahlen haben, fodann folgen diejenigen Straßen, die der Kreis oder die Gemeinden unterhält, für deren Unterhaltung aber das Recht befteht, ein Wegegeld zu erheben; am fchlechteften ift es mit der Unterhaltung derjenigen Verbindungsftraßen beftellt, welche den Gemeinden obliegt und zu deren Ausbau man den Gemeinden einen kleinen Zufchuß aus der Provinzialkaffe gegeben hat, ohne das Recht der Wegegelderhebung gewährt zu haben. Die Adjazenten der beiden erften Straßenarten, der Rittergutsbefitzer, die Nachbargemeinden, kurz die ganze Welt welche keinen Pfennig aufzubringen hat, zerfährt die Wege des Gemeindebezirks, der kein Wegegeld erheben kann und die Straßenbaulaft für feinen Bezirk aus den Tafchen feiner Gemeindeglieder aufbringen muß, außerdem aber noch gezwungen ift zur Straßenbaulaft der anderen beizutragen; fchon aus diefen Umftänden werden Sie erfehen, daß eine vollftändige Verfchmelzung der Wegebaulaft mit dem Landgemeindebezirk nicht erreichbar ift und wir werden vielleicht zu ähnlichen Einrichtungen gelangen können, wie diefe nach den Schilderungen des Korreferenten in Elfaß-Lothringen beftehen. Man wird aber doch dazu kommen müffen, die zu fchaffenden Einrichtungen mehr unferem beffer entwickelten Verwaltungswefen anzupaffen, da die Entfcheidung eines Präfekten nach franzöfifchem Mufter nicht überall befriedigen dürfte.

Was das Stimmrecht in der Gemeinde anlangt, fo ftehe ich unbedingt auf dem Standpunkt, die Gemeindevertretung für das Notwendige und allein Zuläffige zu erachten. Der Herr Korreferent führte an, daß von den Beftimmungen des Gefetzes vom Jahre 1856 in unferem Vaterlande kein ausgiebiger Gebrauch gemacht worden wäre zur Schaffung von Gemeindevertretungen in den Landgemeinden.

Ich glaube aber doch, der Herr Korreferent ift über die Vorgänge auf diefem Gebiete nicht genau genug unterrichtet, denn es gibt eine fehr große Anzahl Landgemeinden, welche auf Grund des angezogenen Gefetzes Gemeindevertretungen eingeführt haben. So haben z. B. die Gemeinden des Kreifes Erfurt Gemeindevertretungen auf Grund des Normalftatuts eingeführt, welches feinerzeit das Minifterium erlaffen hat. In derfelben Weife ift man an vielen Stellen der öftlichen Provinzen vorgegangen und es exiftiert eine

stattliche Zahl von Landgemeinden, welche Gemeindevertretungen bereits
eingeführt haben. Wir werden dazu kommen müssen die Urversammlungen
einzuschränken und Gemeindevertretungen zu schaffen, wenn wir überhaupt an
die Einführung größerer Gemeindeverbände herantreten wollen, die die Organisation, die Ziele und Aufgaben unseres heutigen Staatslebens kräftig unterstützen sollen. Gegen eine Auffassung des Herrn Korreferenten bin ich ganz
entschieden, derselbe will nach Muster rheinischer Landgemeinden, neben dem
Dreiklassenwahlsystem, für welches ich auch eintrete, auch ein besonders
bevorzugtes Ausnahmestimmrecht für den Großgrundbesitz dahin eintreten
lassen, daß an den Besitz einer bestimmten Anzahl Hufen ein bestimmtes
Stimmrecht in der Art zu schaffen sein wird, daß ein solcher Besitzer infolge dieses Besitztums immer als Mitglied der Gemeindevertretung zu
fungieren habe.

Ich meine es geht zu weit, wenn wir das Gemeindestimmrecht an so weit
gehende Ausnahmebestimmungen binden wollen. Wenn wir uns entschließen,
das Dreiklassensystem einzurichten, so wird dadurch allen berechtigten Anforderungen Rechnung getragen. Wir können dann auch ruhig alle diejenigen
mitstimmen lassen, die volljährig und selbständig sind und zu den Gemeindelasten beitragen. Die Mehrzahl solcher Wähler entscheidet in der
dritten Abteilung und ich halte es daher für erforderlich die Ausübung
des Gemeindestimmrechts davon abhängig zu machen, daß dasselbe an
die Erreichung des 25. oder 30. Lebensjahres geknüpft wird, wie es der
Herr Referent will. Ich glaube wir haben nicht Ursache hier so ängstlich
vorzugehen, noch besondere größere Vorteile zu gewähren, wie dieses bereits
geschieht nach Maßgabe des Dreiklassensystems im Wahlgesetze zum preußischen
Abgeordnetenhause, welches diesem Stimmrecht zu Grunde liegt. Ich be-
kämpfe diesen Census in Bezug auf die Zusammensetzung des Reichstags;
denn für das Reich gilt als höchste Steuer die allgemeine Wehrpflicht; in
den Kommunen dagegen spielen ganz andere Verhältnisse; dort ist das
Dreiklassensystem ein vollständig gerechtfertigtes, denn es soll dort jeder mit-
raten, soviel er zu den Lasten beiträgt.

(Zwischenruf des Referenten Sombart: Offen oder geheim?)
— Ich entscheide mich vollständig für das geheime Stimmrecht, wie es ja
in den durch das Kreisordnungsgesetz betroffenen Provinzen bei allen Ge-
meindewahlen bereits eingeführt worden ist. Dort sind bereits alle Abnormitäten der Abstimmungsform beseitigt und es bestehen Abnormitäten
nur noch da, wo die Bestimmungen des Gesetzes nicht ausgeübt werden.
Die Einführung des geheimen Stimmrechts ist also gar nicht erst erforderlich, denn die Kreisordnung schreibt dasselbe bereits ausdrücklich vor. Ich

komme nun auf einen Punkt, hinsichtlich welchem ich mit dem Herrn Korreferenten übereinstimme. Ich meine, wenn wir in das Gebiet unseres Ge-
meinlebens schon jetzt Dinge hineinziehen wollen, die mehr wirtschaftlicher
Natur sind, so würde das doch verfrüht sein; schaffen wir zunächst eine
gesunde, kräftige Organisation der Landgemeinde und überlassen wir es der
Zukunft, in wieweit sich die Gemeinde als solche befähigt erweist, nahe an
die Lösung zeitwirtschaftlicher Fragen als solche heranzutreten.

Nun hat der Herr Referent zu dieser Frage gemeint, daß früher, bevor
die Gemeinheitsteilung durch die Separation eingetreten sei, in den Dörfern
allerlei Nutzungen für die kleinen Leute, besonders hinsichtlich Haltung von
Nutztieren dadurch bestanden haben, daß damals die Gemeinden zur Haltung des Faselviehes verpflichtet gewesen seien, ein Zustand, dessen Zurück-
führung wieder angestrebt werden müsse. Hier hat aber der Herr Referent
übersehen, daß das preußische Landrecht die Verpflichtung der Gemeinden
feststellt, für das nötige Faselvieh zu sorgen.

Im Landkreise Erfurt ist auf diese Bestimmung des Landrechts Bezug
genommen worden, durch welche die Haltung des Faselviehes genau geregelt
ist und es besteht dort, wie früher, eine Ordnung, welche jedenfalls der
socialen Humanität entspricht, die wir denjenigen schuldig, die nicht in der
Lage sind, sich eigenes Faselvieh zu halten. Wenn es aber nun gewünscht
wird, die Entwicklung der ländlichen Kommunen auch in der Neuzeit aufs
neue in wirtschaftlich genossenschaftliche Bahnen zu führen, welche die neue
Kulturentwicklung mit weiser Vorsicht abtrennte, und wenn man das Ziel
verfolgt, die Aufgaben des Gemeindevorstandes mit diesen Bestrebungen
zusammenfallen zu lassen, so bin ich ein ebenso entschiedener Gegner dieser
Richtung, wie der konservative Herr v. Ernsthausen. Wir müssen, wie ich
bereits bemerkte, die Thätigkeit des Bürgertums der Landgemeinden sich
erst entwickeln lassen an der Hand der neu zu schaffenden Gemeindeverfassung,
und alles abweisen, was geeignet ist, diese Entwickelung zu verwirren und
zu erschweren. Nun wollte ich noch im allgemeinen einen Rückblick auf
die Zustände in den Landgemeinden unseres deutschen Vaterlandes werfen,
die schon seit 1830 und seit späteren Jahren zeitgemäße Gemeindeverfassungen
haben. Ja, meine Herren, in Nassau, in Hessen, in Baden, in Schleswig-
Holstein, in Weimar, in Gotha und überhaupt überall, wo man die Selbständigkeit der Landgemeinden gefördert hat, haben sich diese Einrichtungen
bewährt. Die Rechte der Gemeinden hinsichtlich Ausübung niederer Polizei
gehen vielfach weiter als die Rechte, welche der preußische Amtsvorsteher
ausübt und die Pflichten dieser Ausübung werden von dem kleinen Bauer
mit der größten Pünktlichkeit und Gewissenhaftigkeit erfüllt. Überall hat

man gefunden, daß der Bauer befähigt ist, sich zu besseren Verhältnissen fortzuentwickeln und ein tüchtiges Glied unserer bürgerlichen Gesellschaft zu werden. Schaffen Sie endlich die Formen, unter welchen in den östlichen Provinzen ähnliches und besseres erreicht wird, und vergessen Sie nicht, daß außer den Gründen des Herrn Referenten noch ein anderer Grund vorhanden ist, nämlich die übermäßige und übermächtige Entwickelung des Büreaukratentums.

Hier muß gründlich aufgeräumt werden und ebenso müssen die Rechte der Gemeinden und der Aufsichtsbehörden genau begrenzt werden, wenn die kommunale Selbständigkeit der Landgemeinden endlich herbeigeführt werden soll. Wir haben ein Recht als deutsche Bauern zu fordern, daß wir endlich den übrigen Berufsschichten in kommunaler Beziehung gleichgestellt werden. Ich freue mich, daß durch die Herren Referenten Zeugnis dafür angelegt wird, daß es in unserem Vaterlande Männer gibt, die endlich diese uralte Pflichtversäumniß gegen die Bauern auf kommunalem Gebiete eingelöst sehen wollen, die endlich von unserm Vaterlande die Schmach fortnehmen wollen, daß es hinsichtlich seiner ländlichen kommunalen Verhältnisse auf einer Linie steht mit Mecklenburg.

(Heiterkeit. Bravo!)

Stellvertretender Vorsitzender Frhr. v. Roggenbach: Das Wort hat Herr Staatsanwalt Dr. Keil.

Staatsanwalt Dr. Keil (Bochum): Meine Herren! Der Herr Vorredner hat in sehr interessanter Weise beleuchtet, daß in der That im Osten der Kardinalpunkt der ganzen Reform in der Frage liegt: soll das Gut eingemeindet werden. Ich fürchte aber, der Herr Vorredner hat das in etwas einseitiger Weise gethan. Ich bin zu der Ansicht gekommen, als ich mir überlegte, wie wohl ein Vertreter der entgegengesetzten Interessen, nämlich — um es kurz auszudrücken — des preußischen Junkertums sprechen würde, wenn er diese Fragen berührte. Nun weiß ich nicht, ob ein solcher Vertreter in der Versammlung vorhanden ist; sollte er vorhanden sein, so würde ich ihm sehr gerne das Wort abtreten. Ich bin der Meinung, er würde folgendermaßen argumentieren und würde sagen: die Herren müssen sich auf den praktischen Standpunkt stellen, wir haben seit Jahrhunderten als Patrimonialherren die Polizei, die Gerichtsbarkeit gehabt, wir haben die kommunalen Verhältnisse geleitet, wir sind die gegebenen Glieder für jede Selbstverwaltung, wir haben die Beamten, die Richter geliefert, wir liefern heute den Amtsvorsteher; wenn es uns nicht paßt, was

in der neuen Landgemeindeordnung steht, wenn insbesondere durch die Inkommunalisierung des Gutes unsere Standesinteressen — eingebildete oder
nicht eingebildete — verletzt werden, so liegt die Gefahr sehr nahe, daß
wir die größeren Gemeinden, die auch das Gut mit umfassen, mit Mißwollen
behandeln, daß wir uns zurückziehen von dieser Thätigkeit, und dann seht
selber zu, was ihr mit euren ungeschulten Kräften weiter schaffen könnt.
Und wenn der Herr besonders liebenswürdig sein würde, dann würde er
sagen: wir können es ja abwarten, durch unseren Widerstand sind zu Fall
gekommen Projekte von Männern wie Hardenberg und Stein, und was die
Revolution von 1848 geschaffen hat, hat nur ein Jahr gedauert, und dann
sind unsere Ideen doch siegreich gewesen. Meine Herren, ich weiß mit Bestimmtheit, diese Ideen bestehen bei einem großen Teil des Land-
adels und sind zum Teil auch unter den Bauern vertreten: rechnen Sie
mit diesen Ideen! Eine Landgemeindeordnung, die davon ausgeht, daß sie
das Gut inkommunalisiert, wird niemals auf die Sympathien des größeren
Teils der Landbevölkerung im Osten zu rechnen haben und wird meines
Erachtens darum in ihrer Ausführung sehr gefährdet sein.

Ich meine aber, daß auch diese Ausführungen, die ja einseitig sind,
die ich aber als einseitig den ebenso einseitigen Ausführungen des Herrn
Vorredners entgegenhalte, nicht allein ausschlaggebend sein dürfen. Es sind
Sonderinteressen hier wie dort! Ich meine, aus einem anderen Grunde
ist es sehr bedenklich, das Gut eingemeinden zu wollen. Es ist immer
behauptet worden und auch heute hier in der Versammlung mehrfach behauptet worden, es entspräche den historischen Verhältnissen, daß die Gemeinde sich in das Gut einfügen müßte, und man hat auf die Vorzeit
Bezug genommen, man exemplifiziert auf Brandenburg, führt sehr hübsch aus,
wie der Adel der Ministerialen allmählich durch die Not gezwungen ist, sich
vom Hof- und Kriegsdienst zurückzuziehen, und wie das Gut sich allmählich
gebildet hat. Das trifft zu, aber nur für einen Teil der Kurmark, in einem
großen Teil des preußischen Ostens ist die Entwickelung folgende. Die großen
Güter haben bestanden vor der deutschen Kolonisation, in diese Güter
sind die Kolonisten hineingerufen worden, haben Gemeinden gebildet, und die
ganzen Jahrhunderte hindurch haben Gemeinde und Gutsbezirk nebeneinander bestanden in mehr oder weniger inniger Verbindung, und nun scheint
die Forderung, daß plötzlich der Gutsbezirk verschwinden soll, mindestens
historisch nicht berechtigt. Die Herren Vorredner haben ja alle anerkannt,
daß man an historisch fest eingewurzelten Eigentümlichkeiten nur mit aller
Vorsicht rütteln solle.

Ich habe aber noch einen praktischen Grund. Ich kann mir trotz der

Ausführungen des Herrn Vorredners nicht denken, wie das Stimmrecht in entsprechender Weise geregelt werden sollte. Geht man zu dem Dreiklassensystem
über, oder richtet man sich nach dem Areal der Einzelbesitzungen, immer wird
die Befürchtung sehr nahe liegen, daß bei den Zwerggemeinden des Ostens
und bei den großen Gütern, die sich daselbst befinden, das Verhältnis derart
wird, daß, wenn nach diesen Gesichtspunkten das Stimmrecht verteilt wird,
der Großgrundbesitzer der alleinige Herr ist; die anderen haben nichts zu
sagen, und dann ist die ganze Gemeindeverfassung eine Farce, und der heute
bestehende Zustand der bei weitem bessere. Oder man macht es umgekehrt,
man läßt die Möglichkeit zu, daß die Häusler und Inlieger den Gutsherren
majorisieren können: — meine Herren, die Zustände, die daraus entstehen,
können Sie sich leicht denken, insbesondere wenn Sie die Begehrlichkeit der
kleinen Leute der Jetztzeit in Betracht ziehen.

Dann ist mir noch eine historische Reminiscenz aufgestiegen. Im Jahre
1807, als der Staat im größten Verfall war, sah man sich überall um,
wie wohl neues Blut in die zerrütteten Verhältnisse Preußens eingeführt
werden könne; die damaligen Minister waren sehr eingenommen für den
Zustand der Rheinbundstaaten, insbesondere für deren Gemeindeverfassung.
Da hörte man, in Polen, im Herzogtum Warschau, als die neue Gemeindeverfassung eingeführt wurde, sei in allen Fällen der adlige Gutsbesitzer
der Gemeindevorsteher geworden und der habe, was noch von Gemeindeleben
bestanden habe, vollkommen in seiner Stellung als Gemeindevorsteher vernichtet.
Und auf der anderen Seite, im Königreich Westfalen, war die Klage umgekehrt: die dortigen Gutsbesitzer verhielten sich der Neuordnung der Verhältnisse gegenüber ablehnend, sie zogen sich aus politischen Gründen zurück
von jedem kommunalen oder halbpolitischen Leben, und da wurde irgend
ein Bauer Gemeindevorsteher, hatte den Gutsherrn unter sich, — da
sagen die Berichte, das ist einer der Hauptgründe der Unzufriedenheit im
Königreich Westfalen.

Nun, meine Herren, wenn Sie die Gutsbezirke verschwinden lassen,
stehen Sie wieder vor der Frage: wer soll Gemeindevorsteher werden? Entweder gibt es einen geborenen Gemeindevorsteher, den Gutsherrn: dann
haben Sie wieder die Aufhebung der Gemeindefreiheit; oder der Gutsvorsteher wird gewählt — es wird in den meisten Fällen infolge des ein-
geborenen Mißtrauens der Bauern irgend ein kleiner Grundbesitzer Gemeindevorsteher werden, und dann werden die Gutsbesitzer ungeheuer unter dieser
oft willkürlichen Herrschaft eines solchen Gemeindevorstehers leiden.

Das sind die Punkte, die meines Erachtens sehr zu beachten sind,
wenn man leichten Herzens fordert, daß der Gutsbezirk aufhöre, daß das

Gut im Kommunalbezirk verschwinde. Ich meine, soweit gemeinschaftliche Interessen vorliegen, werden Zweckverbände oder ähnliche Organisationen für deren
Erfüllung sorgen; solche liegen aber nur bei der Schule, bei der Wegelast,
bei der Armenlast vor: bei der Schule deshalb, weil ein Teil der Arbeiter-
kinder ihre wirtschaftliche Existenz dem Gutsherrn verdankt und der Gemeinde zur Last fällt, bei der Armenlast aus demselben Grunde und bei
der Wegelast, weil besonders die Fuhren des Gutsherrn es sind, welche die
Wege verschlechtern, sonst aber halte ich eine Verbindung von Gut
und Gemeinde für gefährlich, wenn nicht für verwerflich. Aus diesem
Grunde bin ich gegen eine Verbindung von Gut und Gemeinde.

Vorsitzender: Das Wort hat Herr Bezirkspräsident Frhr. v. Reitzenstein.

Bezirkspräsident z. D. Frhr. von Reitzenstein (Freiburg i. B.):
Meine Herren, wenn ich mich zum Worte gemeldet habe, so bin ich dazu
veranlaßt durch den Umstand, daß ich als Schriftsteller die Fragen, welche
die heutige Versammlung beschäftigen gestreift und behandelt habe. Ich ent-
nehme daraus die Verpflichtung, meinen Standpunkt gegenüber diesen Fragen
und den so beachtenswerten Ausführungen der Herren Referenten zu skizzieren.

Das erfreuliche Ergebnis dieser Ausführungen und auch der Special-
berichterstattungen, wie sie in dem veröffentlichten Bande vorliegen, ist für
mich vor allen Dingen, daß die Anerkennung des Bedürfnisses einer Reform,
die Überzeugung von der Notwendigkeit einer Abhülfe, die gegenüber den aus
der unzureichenden Leistungsfähigkeit der Gemeinden hervorgehenden Nachteilen
zu schaffen ist, eine immer allgemeinere geworden ist. Während noch
vor einem Jahrzehnt die Stellung zur Reform in einem großen Teil
der maßgebenden Kreise eine überwiegend ablehnende war, besteht heute
Übereinstimmung dahin, daß etwas geschehen muß; die Verallgemeinerung
dieser Überzeugung enthält die sicherste Gewähr dafür, daß eine Reform in
jenem Sinne zur Durchführung kommen werde. Nur über den Umfang
desjenigen, was zu geschehen hat, über das Prinzip, was den neuen Bildungen
zu Grunde zu legen, bestehen Meinungsverschiedenheiten, bestehen Gegensätze
der Ansichten, die allerdings noch recht bedeutend sind und die befürchten
lassen, daß der Weg bis zur vollständigen Verständigung immerhin noch
kein ganz kurzer sein werde.

Die Ansichten über die Art der zu gewährenden Abhülfe lassen sich
meiner Ansicht nach unter drei Systeme bringen. Das eine System ist das
der weiteren Übernahme der unmittelbaren Erfüllung von Aufgaben bezw.

der Subventionierung von solchen durch die größeren Verbände und den Staat; das zweite das der Bildung von Specialgemeinden; das dritte das der Bildung von Samtgemeinden. Selbstredend stehen diese Systeme zu einander nicht in einem Verhältnis der Ausschließlichkeit; vielmehr bleibt zwischen denselben Raum für mannigfache Kombinationen. Auf die Einzel- heiten dieser Kombinationen will ich hier nicht eingehen, es würde mich das viel zu weit führen; ich beschränke mich vielmehr darauf, meine Stellung zu jenem System selbst so gut, als die Kürze der Zeit es gestattet, zu präzisieren.

Was das System der weiteren Übernahme von Aufgaben der Gemeinden auf die größeren Verbände und den Staat anlangt, so habe ich mich in bedingter und beschränkter Weise immer als einen Vertreter desselben bekannt. Die Aufgaben der Gemeinden haben durch die neuere Entwickelung eine enorme Erweiterung erfahren; sie sind allem Anschein nach extensiv in größerer Progression gewachsen als die Aufgaben des Staates selbst. Es beruht dies teils auf dem dezentralisierenden Zuge der Gesetzgebung, teils und vor allen Dingen aber auch auf dem inneren Ausbau der einzelnen Verwaltungszweige. So sind in den einzelnen Gebieten der Gemeinde- verwaltungen Anforderungen entstanden, die nur durch größere Kraftentfaltung, durch planmäßigere Verwaltung, durch Aufbringung größerer Mittel erfüllt werden können und diesen Anforderungen gegenübererscheinen die Mittel der Gemeinden in administrativer und finanzieller Hinsicht oft unzureichend. Es ist deshalb ein im neuesten Zuge der Gesetzgebung anerkanntes Bestreben, den Anteil der größeren Verbände und des Staats sowohl an der unmittelbaren Erfüllung der Aufgaben, wie in finanzieller Beziehung zu einem immer ausgedehnteren zu gestalten. Es ist schon vorhin erinnert worden an die Leistungen, die der Staat und die größeren Verbände über- nommen haben in der Armenverwaltung, im Schulwesen, im Wegebau u. s. w. Unzweifelhaft läßt sich auf diesem Wege noch weiter gehen; eine Revision der Aufgabenabgrenzung zwischen den verschiedenen Kategorien von Verbänden von diesem Gesichtspunkt aus hat auch jetzt immer noch Spielraum. Immerhin jedoch innerhalb bestimmter Grenzen. Man sollte sich, was die Übertragung auf größere Verbände anlangt, beschränken auf solche Aufgaben, in denen — wenn ich so sagen darf — der Großbetrieb in der Verwaltung zu seinem Rechte kommt. Da aber, wo individualisierende Behandlung, wo zweck- mäßige Verwendung der lokalen Kräfte und Anpassung des Handelns an die örtlichen Verhältnisse die Hauptsache ist, da sollte man wenigstens die unmittelbare Handhabung nicht auf größere Verbände übernehmen, sondern sie den Gemeinden überlassen; bei dieser Begrenzung für die Anwendung jenes Princips bleibt der Frage, ob die weitere Abhülfe durch Bildung von Zweckverbänden oder Samtgemeinden zu schaffen sein würde, noch ein weiter Raum.

Und wenn ich die Frage mir nun so stelle, so stehe ich nicht an zu sagen, daß ich mich selbst bekenne als einen Anhänger des Princips der Samt- gemeinde. Zweckverbände haben meiner Ansicht nach ihr natürliches An- wendungsgebiet soweit es sich um Aufgaben handelt, die bestimmte, sozusagen geographische Grenzen haben, Grenzen, die nicht ohne Weiteres mit denen der Gemeinden oder der kommunalen Verbände von allgemeiner Bedeutung zusammenfallen; solche Aufgaben sind die Anlegung und Unterhaltung von Deichen, Bewässerungswerken, Meliorationen. Wenn ich in diesen Grenzen der Anwendung das Princip der Zweckgemeinden und Zweckverbände für ein berechtigtes erachte, so würde ich dagegen nicht wünschen, daß es zur Grund- lage einer allgemeinen kommunalen Neugestaltung genommen würde. Meine Herren, die Idee der Specialverbände hat ja an sich etwas Verführerisches; wenn man sich auf den Standpunkt der intensiven Erfüllung einer einzelnen Aufgabe stellt, so kann man wohl sagen, es sei bei Specialverbänden weit leichter, die Abgrenzung des örtlichen Bezirks und die Organisation so zu gestalten, wie es für diesen Zweck am meisten förderlich ist. Das ist unleugbar richtig; aber gerade in dieser Ausschließlichkeit des Zweckes liegt auch eine große Gefahr. Weil eben der Specialverband nur den einen Zweck hat, kommt gar zu leicht außer Betracht der Zusammenhang mit den anderen Aufgaben und Zwecken der örtlichen Verwaltung, es ent- schwindet derselbe dem Bewußtsein. Die Entwicklung des Gemeindewesens bei uns wie in den meisten Staaten des europäischen Kontinents steht nun aber gerade darin in einem Gegensatz zu der in England, daß sie den Zweck- gemeinden minder günstig gewesen ist. Wie sie wissen, meine Herren, hat ja in England die ganze neuere Entwicklung in der Schaffung und Ausgestaltung von Specialgemeinden beruht und es hat das dahin geführt, daß eine Über- sicht über die lokalen Lasten, eine planmäßige Zusammenfassung der Kräfte für die Erfüllung der lokalen Verwaltungsaufgaben und ein lebendiges Gemeindebewußtsein immer mehr verloren gegangen ist. Im Gegensatz dazu hat sich in den kontinentalen Staaten Europas, soweit mir deren Einrich- tungen bekannt sind; eine Ortsgemeinde erhalten, die wenigstens im Princip die verschiedenen Aufgaben des lokalen Gemeindelebens in ihren Wirkungs- kreis umfaßt, und in der diese Zusammenfassung den Grund bildet, auf dem vielfach ein reges Interesse der Gemeindemitglieder an der Verwaltung sich erhält. Und ich meine, wenn wir unsere auf dieser Grundlage ruhende Gemeindeverfassung weiter ausbauen, wenn wir an die Stelle der Gemeinde oder über sie eine weitere Organisation setzen wollen, so müßte dies ebenfalls eine solche Organisation sein, welche diese verschiedenen Aufgaben in ihren Wirkungskreis aufnimmt. Dadurch allein wird die Möglichkeit gegeben, die Aufgaben organisch zusammenzufassen, bei der einzelnen Aufgabe Rücksicht zu nehmen auf die anderen, die wichtigeren gegen die unwichtigeren zurücktreten zu lassen, die Aufgaben in ihrer Gesamtheit nach den vorhandenen Mitteln und Kräften zu bemessen, und umgekehrt, die Mittelbeschaffung nach der Aufgabenerfüllung einzurichten; — genug, nur auf diesem Wege ist es erreichbar, daß der untere Verband die Stellung eines wirtschaftlichen und administrativen Regulators zwischen Kräften und Anforderungen behauptet. Zu wie großen Nachteilen die Auflösung in Special- oder Verwaltungsgemeinden führen kann, das beweisen eben die Zustände in England, deren Mängel in so charakteristischer Weise durch Goschens berühmtes Wort geschildert worden sind: ein Chaos von Behörden, ein Chaos von Steuern, und ein Chaos — schlimmer als alles dies — von Verwaltungsbezirken. Es ist da eben auch nicht möglich, ein rationelles Princip zu finden für die finanzielle Beteiligung des Staates an dem Aufwande der örtlichen Verwaltung, auf die doch, wie vorbemerkt, die ganze Entwickelung immer mehr hindrängt. Eine solche rationelle Beteiligung läßt nur dann sich herausbilden, wenn der unterste Verband der Gesamtheit wenigstens diejenigen wirklichen Aufgaben, an deren Erfüllung der Staat ein vorwiegendes Interesse und an deren Aufwande sich zu beteiligen er daher Anlaß hat, in seinem Wirkungskreise vereinigt. Nicht die Belastung für die einzelnen Verwaltungszwecke, sondern lediglich diese Belastung im Zusammenhang mit der Belastung für die anderen gemeinsamen Zwecke kann die Grundlage abgeben für die Bemessung des Anteils, mit dem der Staat sich an jenem Aufwand für die Aufgaben der lokalen Verwaltung beteiligen soll. Soll daher ein weiterer Ausbau jener Beteiligung — und ich bin eben der Meinung, daß ein solcher weiterer Ausbau behufs einer den modernen Anforderungen entsprechenden Lastenverteilung nicht zu entbehren ist — soll ein solcher Ausbau in sachgemäßer Weise erfolgen, so ist dies nur möglich auf Grund einer Gemeindeverfassung, welche den eben erwähnten Gesichtspunkten Rechnung trägt. Ich fasse hierbei Samtgemeinden in dem Sinne auf, wie es von den Herrn Referenten übereinstimmend geschehen ist, nämlich als die gewissermaßen in der Amtsgemeinde schon vorgezeichnete Vereinigung einer Mehrheit von benachbarten Gemeinden und Gütern für die wichtigeren Verwaltungsaufgaben gemeinsamen Interesses, was keineswegs ausschließt, daß sie für die mehr dem engeren Gemeindeinteresse angehörigen Aufgaben ihre administrative Selbständigkeit behalten.

Dagegen denke ich mir die Samtgemeinde nicht in dem Sinne, daß sie gebildet würde aus der Zusammenlegung des Gutsbezirks mit der zugehörigen Gemeinde; eine solche Vereinigung würde in der Mehrzahl der Fälle eine Majorisierung des einen Elements durch das andere bedeuten und könnte ich zu einer Organisation, die lediglich auf der Durchführung solcher Zusammenlegungen beruhte, mich nur als Gegner verhalten.

Meine Herren, indem ich das ausführe, bitte ich, mir nicht die Ansicht zuzuschreiben, daß ich die Einwendungen, die von dem einen der Herren Referenten und auch von anderen der Herren Redner gegen ein derartiges Vorgehen gemacht worden sind, gering schätze. Der Wert dieser Einwendungen ist für mich ein sehr großer, weil sie von Männern ausgehen, die in der Sache reiche Erfahrung haben und von denen ich weiß, daß sie der Sache vorurteilsfrei gegenüberstehen. Aber ich bin doch der Ansicht, daß die Interessen für die Gesamtentwicklung, die auf dem Spiele stehen, so große sind, daß jene Einwendungen sich ihnen unterordnen müssen; zu der Hoffnung, daß dies geschehen werde, ermutigt mich einigermaßen das Beispiel der Kreisordnung. Wem ist es nicht in Erinnerung, wie erhebliche Befürchtungen in Bezug auf eine platzgreifende Verflüchtigung der Rechtsbegriffe sich an jene Reform geknüpft haben, Befürchtungen, die glücklicherweise nicht bewahrheitet worden sind? Ich hege daher das Vertrauen, daß auch hier eine Ausgleichung wird erreicht werden können. Aber ich messe jenen Einwendungen gern eine sehr große Bedeutung insoweit bei, als sie für die Ausführung der Reform Fingerzeige enthalten. Auch ich sage mir, die Umwandlung, die durch eine derartige Reform herbeigeführt würde, werde so tief einschneiden, daß die Form, in der sie vollzogen würde, die schonendste sein müßte, von den Mauern des ehrwürdigen Baues, den die Gemeinden bilden, würde nicht eher etwas abgebrochen werden dürfen, ehe nicht Säulen gefunden sind und stehen, welche imstande sind das neue Gebälk zu tragen. Und deshalb halte ich dafür, daß vor allen Dingen die Finanzmittel, die der Staat den Gemeinden etwa zuzuwenden imstande und Willens ist, benutzt werden müssen, um einen solchen Übergang zu erleichtern, damit er sich womöglich ohne wesentliche Erhöhung der Last für die einzelnen und ohne die Mißstimmung, zu der solche Erhöhung allzuleicht Anlaß geben könnte, vollziehe.

Aus diesem Grunde bin ich aber auch der Ansicht, daß bei dem Übergang aus dem einen Zustand in den anderen der Freiwilligkeit ein gewisser Spielraum zu lassen sein würde. Ich erinnere mich der beachtenswerten Ausführungen des Herrn von Gneist in seinem berühmten Buch über die Reform der Gemeindesteuer, wo er die Überweisung eines Teils der Staats=, Grund= und Gebäudesteuer als eine Prämie für die Einordnung von Ge-

meinden und Gütern in das allgemeine System der Gemeindebesteuerung
und für die Einverleibung der Güter in den Gemeindeverband zu behandeln
empfiehlt. Meine Herren, ich citiere aus dem Gedächtnis und bin außer
stande meine Angabe im augenblick zu verifizieren; ich bitte um Entschuldigung für den Fall, daß dieselbe nicht genau sein sollte; es kommt
indessen hier nur auf das Princip im allgemeinen an; ich wollte nur darauf
hindeuten, daß der Weg, auf den der bezeichnete Vorschlag verweist, mir
ein richtiger scheint, daß das Princip, welches demselben zu Grunde liegt,
einer weiteren Ausführung sehr wohl fähig sein würde. Die Aufstellung
von Grundsätzen durch den Staat und die Gesetzgebung, die Autorisierung
eines gewissen Zwanges zur Durchführung derselben ist ja bei so umfassenden
Reformen nicht zu umgehen; aber es könnte, was die Ausführung anlangt,
der Staat vielleicht sich darauf beschränken, daß er für die Bildung der
Samtgemeinden und die für dieselben über die Einrichtung der Verwaltung
und die Verteilung der Lasten zu erlassenden Statuten Grundzüge aufstellte
und daß er durch seine Organe unter Anhörung der Beteiligten die der
Bildung der Samtgemeinden zu Grunde zu legende Gebietseinteilung festsetzen ließe, so jedoch, daß innerhalb dieser Schranken der Zusammentritt
zu Samtgemeinden und die Vereinbarung von Statuten für die betreffenden
Gemeinden und Güter vorerst ein freiwilliger bliebe, mit der Maßgabe aber,
daß an dem was der Staat an Erträgen der Staatssteuern oder sonstigen
ähnlichen Zuschüssen überwiese, nur diejenigen Gemeinden und Güter beteiligt würden, die sich dergestalt zu Gesamtverbänden konstituiert hätten,
daß in dieser Weise daher eine indirekte Einwirkung geübt werde. Ich
halte es nicht für zweifelhaft, daß auf diesem Wege sich eine nicht unerheb-
liche Anzahl solcher größeren Gemeindeverbände bilden würde, und ich bin
der Meinung, daß wenn erst eine Anzahl solcher da wäre, mehr und mehr
auch die übrigen Gemeinden und Güter auf demselben Wege folgen würden,
so daß schließlich wenn doch Zwang eintreten müßte, derselbe auf ein beträchtlich engeres Gebiet beschränkt werden könnte. Meine Herren, das,
worauf hinzustreben ist, das ist ja nicht die Majorisierung der einen Interessen
durch die anderen, das ist vielmehr die Versöhnung der Interessen; gerade
deshalb ist es wünschenswert, daß Formen der Überleitung gewählt werden,
wie sie dem Zwecke solcher Versöhnung am besten vorarbeiten und entsprechen.

(Bravo!)

6*

Vorsitzender: Herr Prof. Dr. Gierke hat das Wort.

Geh. Justizrat Prof. Dr. Gierke (Berlin): Ich will, meine Herren, vorausschicken, daß ich in den wichtigsten Punkten mit den Ausführungen des Herrn Korreferenten von Ernsthausen übereinstimme und wesentlich nur einige Punkte hervorheben möchte, in denen ich abweichender Ansicht bin. Gegen diesen Standpunkt ist vielleicht das Gewichtigste das, was der Herr Wisser angedeutet hat und was Jedem aus der Lektüre der Berichte, die wir über die ländlichen Gemeindeverhältnisse veranlaßt haben, entgegengetreten ist. Wir finden überall in den westlichen Provinzen unseres Vaterlandes eine volle Zufriedenheit mit den bestehenden ländlichen Gemeindeordnungen; so tritt uns auch aus Hessen und aus Nassau und Hannover, aus Westfalen und der Rheinprovinz nur der Wunsch nach einer Abänderung von Einzelheiten, nicht nach einer gründlichen Reform entgegen. Und da könnte man nun sagen: nichts klarer, als daß wir im Osten diesem bewährten Vorbilde folgen müssen. Meine Herren, in gewisser Richtung, glaube ich: ja! Wenn wir im allgemeinen sagen können, daß jene westliche Entwicklung darin besteht, daß die Landgemeinde dem Vorbilde der Stadtgemeinde mehr und mehr nachgeformt ist, so liegt gewiß auch das Ziel im Osten darin, daß das kräftiger entwickelte, selbständigere Gemeindeleben der Städte auch auf dem Lande vorbildlich werde.

Aber, meine Herren, ich glaube, daß eine volle Uniformierung des Ostens und des Westens in dieser Beziehung doch gänzlich unmöglich ist und daß sie gerade das zerstören würde, was man zu erhalten oder neu zu schaffen im Sinne hat. Herr von Ernsthausen hat ja mit Recht hingewiesen auf die tiefgreifenden geschichtlichen Thatsachen, die hier vorliegen, und wir können unmöglich uns in Gegensatz zu diesen setzen. Ich möchte auch darauf hinweisen, daß ein Teil jener Veränderung der alten Zustände im Westen nur möglich gewesen ist durch Revolution, durch Revolution von unten, nämlich den Einfluß der französischen Revolution, und durch den Absolutismus der Rheinbundstaaten, der die Revolution von oben bedeutete. Man hat heute diese Wunden verschmerzt; aber unmöglich können wir ein solches revolutionäres Beispiel bei uns im Osten mitten in der friedlichen Entwicklung nachahmen wollen.

Nun liegt aber, wenn wir anerkennen, daß wir die östlichen Verhältnisse nur aus sich selbst heraus und nicht nach dem Vorbilde der westlichen beurteilen müssen, eine weitere große Schwierigkeit vor, die mir besonders auch infolge der Ausführungen des Herrn Wisser deutlich geworden ist, die Schwierigkeit nämlich, daß auch im Osten die Verhältnisse so außerordentlich verschieden in den einzelnen Provinzen sind. Ja, der Bezirk Erfurt, mit dem Herr Wisser exemplifizierte, gehört eigentlich gar nicht zu den östlichen Provinzen; er hat schon in uralten Zeiten dem Thüringischen Reiche angehört und niemals eine slavische Bevölkerung gesehen; die Verhältnisse in dem Bezirke Erfurt können, glaube ich, unmöglich als Typus gelten, nach dem man diese Frage, die wir hier erörtern, entscheiden kann. Dagegen glaube ich vielmehr, daß in der That im größten Teile des Ostens unseres Vaterlandes eine Einverleibung der großen Güter in die Kommunen — und darin stimme ich mit Herrn Dr. Keil überein, daß das eigentlich die wichtigste aller angeregten Fragen ist — eine Gewaltthat wäre, welche uns nicht zum Segen gereichen würde. Alle die Entwürfe, die Herr Sombart angeführt hat, welche eine solche Einverleibung planten, sie waren alle doch eigentlich von demselben Geiste beseelt, nämlich von dem Geiste mehr oder weniger des französischen Municipalsystems. Er hat Entwürfe angeführt, die von einem Oberschulzen reden, und in den Schriften des Herrn Keil ist es nachgewiesen, daß das eigentlich der französische canton-maire war; und einen ähnlichen Geist atmen auch die Gemeindeordnungen von 1850, die doch mehr oder minder reaktiviert werden würden, auch nach dem Abänderungsvorschlage des Herrn Sombart.

Ich glaube, meine Herren, daß schon die Schwierigkeiten, die uns auseinandergesetzt sind in Bezug auf die Verteilung des Stimmrechts, schlechthin abschrecken sollten von einer gewaltthätigen Einverleibung der Güter in die Gemeinden, glaube aber, noch weiter den Gesichtspunkt hervorheben zu sollen, daß wir alle als Realpolitiker danach streben, daß die Form der Organisation des kommunalen Lebens möglichst innig sich den thatsächlichen Lebensverhältnissen anschmiege. Und da möchte ich doch Jedem, der Gelegenheit gehabt hat, auf dem Lande im Osten zu leben, und auf einem der größeren Rittergüter das tägliche Treiben zu sehen, die Frage vorlegen, ob es naturgemäß ist, daß dieser seit Jahrhunderten bestehende herrschaftliche Verband plötzlich vernichtet und mitsamt seinen Insassen einer Gemeinde einverleibt wird, in der sich dann der Gutsherr und seine Arbeiter als Atome nebeneinander wiederfinden. Ich glaube, das ist eine Vergewaltigung des geschichtlich Gewordenen, die sich in unserer Zeit besonders schwer rächen würde.

Umsomehr nun freilich ist es ja erforderlich — und auch dies ist schon hervorgehoben worden —, daß der Gutsbesitzer in seiner Eigenschaft als Ortsvorsteher und die Gemeinde als solche in einen organischen Zusammenhang gebracht werden, daß sie also für eine große Aufgabe zusammenwirken und daß dadurch sich eine größere Gemeinschaft des Denkens und Fühlens herausbilde, als vielleicht jetzt überall besteht. Aber nicht blos aus diesem

Gesichtspunkt, auch aus dem anderen ist ja ein solches thätigeres Zusammenwirken erforderlich, daß eben die Gutsverbände sowohl wie soviele der
Zwerggemeinden im Osten für sich allein ihre Aufgaben nicht oder nur
schwer noch erfüllen. Wir haben ja nun zum Teil bereits die Verwirklichung
dieses Zusammenwirkens in der Kreisverfassung, deren Wirkungen ich doch
nicht als so dürftig ansehen kann, wie der Herr Wiffer. Insbesondere
möchte ich bestreiten, daß die Kreisverfassung als solche eine ungeheuerliche
Ungerechtigkeit gegen die Bauern in irgend grundsätzlicher Weise in sich
enthält; was aber die thatsächliche Handhabung angeht, so sind das praktische
Dinge, auf die die Gesetzgebung nicht einwirken kann und die also außerhalb
der Frage einer Reform der Gesetzgebung fallen. Sehr sympathisch ist mir
daher der Gedanke, den Herr von Ernsthausen angeregt hat, daß die Aufgaben des Kreises zu vermehren wären. Aber das wird doch nur bis zu
einem gewissen Grade möglich sein; denn der Kreis ist zu groß und steht
auch dem Einzelnen zu fern. Und da entsteht nun die zweite große principielle Frage, die heute an uns herangetreten ist: was soll über den eigentlichen Gemeinden als nächst höhere Ordnung des Gemeindelebens stehen,
Zweckverbände oder eine Samtgemeinde? Gewiß werden sich in gewissem
Umfange Zweckverbände nicht vermeiden lassen. Herr von Ernsthausen selbst
hat indes ihre Bedeutung sehr eingeschränkt, er will nur einen, den Armen-
verband, also eine Zusammenfassung von Gutsbezirk und Gemeinde zu einer
größeren Armengemeinde. Einen anderen der bestehenden Zweckverbände will
er beseitigen, nämlich die Schulsocietät, indem an ihre Stelle die Ortsgemeinde zu setzen wäre. Mit dem, was er über die Wegeordnung gesagt
hat, glaube ich durchaus übereinstimmen zu können. Es bleibt also doch
eigentlich nur recht wenig für diese Zweckverbände übrig. Nun aber, ein
solcher Zweckverband hat, wie auch schon von Herrn von Reitzenstein hervorgehoben ist, ja niemals dieselbe Kraft wie ein Verband, welcher die Menschen
für eine Fülle von Zwecken zusammenschließt, welcher eine Lebensgemeinschaft
für sie bildet. Allzusehr hat sich gegenüber der früheren Gestalt des deutschen
Genossenschaftswesens die Association bei uns in Verbände für einzelne Zwecke
zersplittert; schon allzusehr ist an Stelle der Triebfeder des Gemeinsinnes,
dieses großen ethischen Faktors, der jede Association erst lebensfähig macht,
die Benutzung der Korporation als Mittel für individuelle Interessen getreten.
Man braucht sich nur die Frage vorzulegen — für die Ehre seiner Stadt
ist schon so mancher in der Welt gestorben, aber für die Ehre eines Armen-
verbandes wird gewiß in alle Ewigkeit niemand bluten.

(Heiterkeit. Sehr richtig!)

Also, meine Herren, soweit Zweckverbände nicht unbedingt erforderlich sind, ist unter allen Umständen die ganze, die volle, die wahre Gemeinde anzustreben, und so fragt es sich denn doch, ob wir nicht zurückgreifen sollen auf den Gedanken, daß die Amtsgemeinde zwischen Gemeinde und Kreis mehr auszubilden sei. Ich verkenne gar nicht, daß diese Vervielfältigung ihre großen Bedenken hat. Aber in Westfalen haben wir doch diese selbe Mannigfaltigkeit. Denn dort haben wir den Kreis und die Amtsgemeinde gleichzeitig als Korporation, und man ist mit der Einrichtung dort zufrieden. Allerdings glaube ich nicht, daß man sofort die Bildung einer Amtsgemeinde oder anderen Samtgemeinde zwischen der Ortsgemeinde und dem Kreise obligatorisch machen soll. Vielfach ist überhaupt ein Bedürfnis nach einer Samtgemeinde nicht vorhanden, wo die einzelnen Gemeinden lebensfähig sind; vielfach würde der Kreis genügen können, vielfach würde man sich mit einem Zweckverbande zunächst behelfen können. Aber es sollte doch die Möglichkeit geschaffen werden, die bis jetzt lediglich auf Freiwilligkeit beruhende Amtsgemeinde erzwingen zu können auf Antrag eines Teils oder der Mehrheit durch die höheren Instanzen, durch den Kreis oder die Provinz u. s. w. Denn das ist ja bekannt, daß in allen solchen Fällen einer künftigen Korporationsbildung, wenn auch die Grundlagen der Lebensfähigkeit vorhanden sind, doch ein gelinder Zwang sehr oft nicht schaden kann und wohlthätig wirkt. Man wird ja freilich immer bedenken müssen, daß sich ein Gemeindeleben nicht aus dem Nichts stampfen läßt, daß unendlich immer das Übergewicht der gewordenen Korporation über die gemachte Korporation bleibt, und deshalb wird man nur mit der größten Schonung bei allen diesen Neuordnungen herangehen dürfen an die Schmälerung, an die Ent-thronung der Urgemeinde, der Ortsgemeinde, die, wie gesagt, in uralte Zeit zurückreicht und die ihr naturgemäßes Leben immer noch nicht ganz verloren hat.

Es ist gefragt worden, wo denn der Inhalt dieser Urgemeinde bleibe, und da ist es nun freilich wahr, daß ihr vieles und das Wichtigste vielleicht von ihrem früheren Inhalt entzogen ist gerade durch die in anderer Richtung so wohlthätige Agrargesetzgebung, durch Aufhebung des Gemeindeeigentums und so vieler anderer rechtlicher und wirtschaftlicher Gemeinschaftseinrich-tungen, welche die Gemeinde ehemals zu einer ländlichen Produktivge-nossenschaft machten. Aber eins ist doch in dem größten Teile des Ostens geblieben, was die Landgemeinde vor der Stadtgemeinde auszeichnet, was sie stärker sogar macht als diese: das ist, daß sie immer noch zugleich eine Berufsgenossenschaft ist, daß sie sich zusammensetzt aus Männern gleichartigen Berufs und gleichartiger Interessen — es gibt ja selbstverständlich Aus-nahmen, wo Fabrikanten u. s. w. in größerer Zahl auf dem Lande wohnen, aber bei Betrachtung der östlichen Gemeinden im allgemeinen werden wir von dem Gesichtspunkt ausgehen können, daß sie ländliche Berufsgenossen= schaften bilden. Darum, meine Herren, glaube ich auch, daß in Zukunft dieser Charakter der wirtschaftlichen Gemeinschaft in der Gemeinde wiederum mehr hervortreten muß, daß die Gemeinde — es ist schon auf das Wucher= vieh hingewiesen worden, aber auch in vielen anderen Beziehungen gilt das Gleiche, — wiederum neue Aufgaben, wie sie dem jetzigen Betriebe der Land= wirtschaft entsprechen, ergreifen wird, die jedem Einzelnen in seiner Wirtschaft zugute kommen.

Wenn man nun aber von diesem Gedanken ausgeht, so entsteht bei der Frage, wie die Gemeinde selbst zu organisieren ist, doch ein erhebliches Be= denken gegen jede Neuordnung, welche die Gemeinde gänzlich loslösen wollte von dem Zusammenhange mit dem bäuerlichen Grundbesitz. Ich glaube, gerade in dieser Beziehung ist die äußerste Vorsicht geboten. Aus diesem Grunde würde ich allerdings es beklagen, wenn in der Gemeinde das Drei= klassenwahlsystem eingeführt würde, was eben auf der beweglichen Steuer beruht. Ich würde ein System vorziehen, bei welchem in erster Linie der Grundbesitz Stimmrecht gibt und die Abstufung nach den Klassen der Grund= besitzer Berücksichtigung findet und wo nur daneben der Steuersatz oder ein anderer Faktor als Grundlage des Stimmrechts in Betracht kommt. Ich glaube, daß sonst die ganzen Verhältnisse in der Gemeinde nicht blos durch den Eintritt des Gutsbesitzers, sondern auch durch einen reichen Gewerbe= treibenden oder Kapitalisten auf den Kopf gestellt werden und bedenkliche Zustände entstehen könnten. Ich bin aber auch hier ein Gegner jeder uniformen Schablone, möchte vielmehr den Gemeindestatuten einen ange= messenen Spielraum lassen. Was ferner die Frage der Einführung von Gemeindevertretungen betrifft, so wird es freilich unerläßlich sein, in größeren Gemeinden die Bildung einer Repräsentation obligatorisch zu machen. Aber hierin sehe ich mehr einen Notbehelf als einen wirklichen Fortschritt und möchte daher die Gemeindeversammlung nicht nur in kleineren Gemeinden erhalten, sondern auch neben einer Gemeindevertretung für die wichtigsten Beschlüsse konservieren. Es ist ja von vornherein nicht wünschenswert, die Wahlen zu vervielfältigen. Schon allzuviel wird gewählt. Vor Allem aber, wenn es die Aufgabe der Gemeindeverfassung ist, daß der Einzelne im Kleinen lernt, was die Teilnahme am öffentlichen Leben bedeutet, so wird dies natürlich durch eine Gemeindeversammlung in höherem Maße erreicht, als wenn nur einige gewählte Vertreter am Gemeindeleben aktiv teilnehmen und die Mehrzahl sich auf die Abgabe des Stimmzettels beschränkt. Ins= besondere würden diese Übelstände durch die mehrfach vorgeschlagene Ein=

führung der ge heimen Wahl wachsen, die weit weniger als die öffentliche
Wahl daran mahnt, daß die Abstimmung die Ausübung eines Amtes und
nicht bloß der Gebrauch eines Rechtes zur Wahrnehmung von Interessen
ist. Ich habe daher große Bedenken gegen die Einführung solcher Stimm-
zettelwahlen in die Landgemeinde, indem ich immer davon ausgehe, daß
man die in unserer Zeit schon so weitgreifende Mechanisierung des ganzen
öffentlichen Lebens nicht unnötig steigern und dem trügerischen Gedanken,
daß die Ermittlung des allgemeinen Willens durch ein Rechenexempel
erfolgen könne, nicht neue Zugeständnisse machen soll. In Wahrheit machen
sich ja dabei alle möglichen Einflüsse geltend, Einflüsse aber, die im Geheimen
schleichen, während, wenn offen abgestimmt wird, sie offen zutage treten
und kontrolliert werden können. Ich glaube daher, daß man bei der Um-
formung der Urgemeinde möglichst schonend vorgehen soll, daß man nur
insoweit, wie dies durchaus nötig ist, uniformieren soll und daß man
namentlich vermeiden soll, ein solches allgemeines Wahlsystem mit bestimmtem
durchgängigen Modus einzuführen, wenn ich auch zugebe, daß gewisse Grundzüge gesetzlich bestimmt sein müssen und gewisse subsidiäre Regeln ebenfalls.

Auf einen Punkt möchte ich noch eingehen, und das ist der, daß die
Ausgestaltung unserer Landgemeinden in dem Sinne einer ländlichen Berufsgenossenschaft, die in ihrer letzten Grundlage immer auf Grundbesitz beruht,
allerdings auch eine gesunde Grundbesitzordnung voraussetzt. Hier
möchte ich mich nur gegen einiges wenden, was Herr Wisser gesagt hat.
Er hat beim Rentengut die Möglichkeit einer nur mit beiderseitigem Willen
ablösbaren Rente lebhaft angefochten. Der Beweggrund der Gesetzgebung
aber war hierbei ein durchaus gesunder. Wir können doch ein volles, freies
Eigentum neu anzusiedelnder Bauern und ansässig zu machender Arbeiter
nur dann mit dem gehofften Erfolge für unser sociales Leben schaffen, wenn
wir gleichzeitig dafür sorgen, daß dieses Eigentum lebensfähig ist, wenn wir
der Gefahr entgegenwirken, daß dieses Eigentum in kurzer Zeit wieder von
der Erdoberfläche verschwunden ist. Die fortschreitende Mobilisierung des
Grundbesitzes wird, glaube ich, in keiner Weise dahin führen, eine möglichst
große Zahl von Besitzern, die von ihrem Grundeigentum leben können und
sich mit demselben verwachsen fühlen, zu schaffen oder zu erhalten. Sie
wird vielmehr dahin drängen, daß unaufhaltsam die Bildung von Lati-
fundien auf der einen Seite und von Zwergbesitz auf der anderen Seite
fortschreitet, während der Bauernstand dazwischen geradeso verschwinden
wird, wie der Handwerkerstand durch die Anwendung der entsprechenden
Principien auf das Industriekapital mit dem Verschwinden bedroht ist.
Das Princip der freien Konkurrenz dürfen wir, glaube ich, auf die Grund-

besitzverhältnisse nicht in dieser Weise übertragen. Ich möchte daher sowenig das Rentengut wie andere verwandte Bildungen als künstliche bezeichnen; sie knüpfen in der That an natürliche Verhältnisse und gesunde Gedanken an! Ich möchte nicht als künstliche Bildung bezeichnen die Schaffung eines Anerbenrechts, nicht als künstliche Bildung die Schaffung eines Heimstätten= rechts, durch welches wir einen Teil des Grundeigentums dem Einzelnen unentziehbar sichern. Alles dies sind keine künstlichen Gebilde, sondern naturgemäße, weil sie dem Wesen des Grundbesitzes Ausdruck geben. Es würde zu weit führen, dies hier näher darzulegen, aber ich glaube, bei dem Rentengut ist doch auch eben der berechtigte Kern in der Festhaltung der Möglichkeit einer solchen unkündbaren Rente, daß man auf diesem Wege dasjenige, was man direkt auszusprechen Scheu trägt, indirekt zu ermöglichen sucht: eine gewisse Gebundenheit des Grundeigentums wenigstens für die Übergangszeit, eine Einschränkung der freien Veräußerlichkeit und Teilbarkeit und damit die Verminderung von Aufsaugungen und Zersplitterungen, welche sonst in kurzem wieder zum Untergang des neu geschaffenen Besitzes führen könnten. Und nur dann, meine Herren, wenn es gelingt, die Landgemeinde in der Verbindung mit dem Privateigentum an Grund und Boden und einen ergänzenden Gemeindebesitz zu halten, nur dann, wenn also in dem Bauern nicht nur, sondern in einem stets zu vergrößernden Kreis von kleinen Besitzern das Gefühl des Zusammengewachsenseins mit dem Boden lebendig bleibt oder lebendig wirkt, und nur dann, wenn sich auch das Gemeinde= leben auf dieser Basis einer bäuerlichen Berufsgenossenschaft aufbaut, dann wird auch das eintreten, was wir alle hoffen, daß die deutsche Landgemeinde und der deutsche Bauernstand einen festen Damm bilden gegen die herein= brechenden Bemühungen der Socialdemokratie, das platte Land zu erobern. (Bravo!)

Vorsitzender: Der Herr Referent hat das Wort.

Berichterstatter Rittergutsbesitzer Sombart (Berlin): Meine Herren, da die Zeit es gestattet, so will ich doch noch mit einigen Worten auf die Steuerfrage eingehen, bei der ich abbrach, weil ich glaubte, schon meine Zeit überschritten zu haben, und da erst von dem letzten Herrn Vorredner der Amtsbezirk als eine zweckmäßige Einrichtung an Stelle der sogenannten Stadtgemeinde oder Bürgermeisterei oder dergl. hingestellt ist, so möchte ich beides miteinander in Verbindung bringen. Meine Herren, ich habe vorhin ausgeführt, daß der Amtsbezirk als reiner Polizeibezirk mit seinem ernannten Amtsvorsteher mir nie sympathisch gewesen ist, und daß er auch nicht überall im Lande gern gesehen wird. Dagegen glaubte ich eine mildere Praxis dadurch einzuführen, ähnlich wie in den kleinen Städten das Kommunalamt mit dem Polizeiamt in der Hand eines Bürgermeisters verbunden ist, und man überall damit sich einverstanden erklärt.

Wenn ich nun an diesen Amtsbezirk anknüpfe und ihn mir überall konstruiere je nach der Dichtigkeit der Bevölkerung u. s. w. mit 3 000 bis 5 000 Seelen, — das sind ja nur Zahlen, weil man doch immer ein gewisses Bild sich machen muß, — dann sehe ich allerdings in diesem Amtsbezirk außer dem, was ich nicht wiederholen will, eine Körperschaft, der ich noch nach zwei Richtungen hin bedeutende Funktionen beilegen möchte. Einmal ist es ganz allgemein verbreitet, und dem stimme ich bei, daß der Landrat jetzt überbürdet ist mit Arbeiten, daß er nicht in der Lage ist, einen einigermaßen großen Kreis so zu verwalten, wie er es thun sollte; er hat nicht die Zeit dazu. Ich kann Ihnen z. B. wiederum, wenn ich auf Stesow zurückgreife, sagen, daß in dem betreffenden Kreise ein ganz braver, tüchtiger Landrat vorhanden ist, und daß er bei der ganzen Neubildung dieser Gemeinde nicht ein einziges Mal zugegen gewesen ist; er hat die Ordnung des Stimmrechts, die Ablösung aus einem fremden Schulverbande, die Organisation der Landgemeinden, die Organisation der neuen Schule und was da hinein schlägt — von Wegen und dergl. will ich gar nicht sprechen — alles durch den Amtsvorsteher machen lassen. Meine Herren, ist das in der Ordnung? Gerade aber zur Entlastung des Landrats sehe ich den Vorsteher des Amtsbezirks an, und wenn der Landrat dann mit zwei Dutzend Amtsvorstehern, oder wie wir sie nennen wollen, denen auch die kommunalen Angelegenheiten überwiesen sind, zu verhandeln hat, so kann er seine Oberaufsicht in der That pflichtmäßig handhaben. Ich nehme an, daß der Amtsvorsteher unter allen Umständen einen besoldeten Schreiber zur Hand hat, damit er auch für das Listenwesen 2c. der Schulzen sorgen kann.

Nun aber sehe ich einen zweiten Hauptträger für die Steuerfrage in einem Mittel zwischen der kleinen, einzelnen Urgemeinde, oder wie Sie sie nennen wollen, und dem Kreise in dem Amtsbezirk. Meine Herren, nach den gegenwärtigen Einrichtungen fasse ich es so auf, daß der Kreis gleichsam die Gemeinde aufsaugt und daß der souveraine Kreistag nach Belieben über Mittel verfügt, die ihm allerdings durch das Gesetz überwiesen sind, die aber nach meiner Auffassung viel richtiger an diese lokaleren Verbände, also an die Amtsbezirke abgeführt und von diesen verwendet werden müssen. Ich erinnere Sie dabei an die lex Huene. Seit fünf Jahren beziehen wir:

im Jahre 1885/86   4   Millionen Mark
   "   "   1886/87   6   Millionen   "
   "   "   1887/88   13   Millionen   "
   "   "   1888/89   29¹/₂ Millionen   "
und in diesem Jahre kommen   47¹/₃ Millionen   "

zur Verteilung. Der Kreis weiß ja gar nicht, was er damit machen soll.
Er baut sich Kreishäuser für Millionen. Da meine ich, daß hier die Körper-
schaft gefunden worden wäre, die die richtige Verwendung für derartige
Gelder in ihrem Amtsbezirk ausüben soll.

Nun fällt es mir nicht ein, auf die lex Huene zurückzugreifen; denn
ihr Urheber hat ja schon selbst gesagt, sie muß fallen, und das größte
Unglück für eine Landgemeinde und für ein Gemeinwesen überhaupt ist
eine unsichere Finanzunterlage. Wie kann man denn einen Etat aufstellen,
wenn man in einem Jahre 4 Millionen und im anderen 47 Millionen
zu vereinnahmen hat? Gott sei Dank, haben wir brillante Ernten gemacht;
wir wollen abwarten, was die Zölle bringen werden — vielleicht nur die
Hälfte oder ein Drittel; — nun haben sie sich eingerichtet auf 47 Millionen,
und mit einem Male fällt es ins Wasser. Die Absichten der Staatsregierung sind uns ziemlich genau bekannt, wonach successive die Grund-
und Gebäudesteuer an die Landgemeinden überwiesen werden soll und zwar,
wie ich hoffe, an die Amtsbezirke. Von wem wird die Grund- und Gebäudesteuer im Lande aufgebracht? Vom verschuldeten wie vom wohlhabenden Grundbesitzer gleichmäßig. Fließt das in eine Staatskasse, so ist
die größte Ungerechtigkeit vorhanden; fließt es aber in eine Specialkasse,
in den Bezirk zurück, wo der verschuldete Grundbesitzer von der Verwendung
der Grundsteuer genau denselben Nutzen hat wie der wohlhabende Grundbesitzer, dann haben wir eine gerechtere Besteuerung und Verwendung derselben als Kommunalsteuer. Es ist daher angezeigt, daß diese Steuer möglichst
ganz den Kommunen überwiesen wird. Daß dies nicht so rasch geht, wie
man die Semmel in den Backofen schiebt, versteht sich von selbst; dazu
gehört Zeit. Es macht zusammen 72 Millionen, wovon natürlich die
Städte in Bezug auf die Gebäudesteuer den Löwenanteil bekommen. Ehe
der Herr Finanzminister das thut, muß er seine anderen Projekte, die durch
die Zeitungen gegangen sind, verwirklichen und muß also durch die Einkommensteuer, durch die Erbschaftssteuer, Gewerbesteuer und wie sie heißen,
ein Äquivalent haben. Und in demselben Maße, wie jene Steuern steigen,
kann er die Grundsteuer successive den Kommunalverbänden überweisen.
Und da meine ich, er sollte sie vorzugsweise den Amtsverbänden überweisen,

durch die sie als Mittelglied zwischen Kreis und Urgemeinde zur richtigsten Verwendung kommen würde.

Also das in Bezug auf die Steuer. Und da ich nun einmal das Wort habe, möchte ich auch gleich einige Punkte berichtigen, die vorhin im Laufe der Debatte zur Sprache gekommen sind.

Es war einmal die Angelegenheit des Rentenguts. Ich darf mich ja wohl mit unserem verehrten Herrn Vorsitzenden als dem Vater dieses Gedankens für die Ausdehnung des Gesetzes auf die ganze Monarchie ansehen und habe ja auch mit einigen Herren diesen Antrag im Abgeordnetenhause eingebracht. Ich habe allerdings dann, wie Herr Wisser ganz richtig gesagt hat, gegen mein eigenes Kind gestimmt, und zwar deshalb, weil die Rente als unablösbar bezeichnet wurde, wenn nicht von beiden Seiten durch Vertrag die Ablösung festgestellt wird. Meine Herren, den Standpunkt nehme ich noch heute ein. Wir können in heutiger Zeit keine derartigen unablösbaren Sachen mehr hinstellen, und wir sehen, daß in Ostpreußen und Posen die dortige Besiedelungskommission nur den zwanzigsten Teil stehen läßt und das andere als ablösbar erklärt. Ich hatte deshalb, nachdem das Gesetz abgelehnt war, eine Resolution eingebracht, dahin gehend, daß die vorhandenen, aber geschlossenen Rentenbanken wieder ins Leben gerufen und auf diese Angelegenheit zugeschnitten würden; das Herrenhaus hat dieser Resolution gleichfalls beigestimmt, und ich hoffe, daß, wenn zwei Häuser so etwas angenommen haben, die Staatsregierung auch darauf eingehen wird. Das Princip der Rentenbank besteht darin, daß durch die Aufnahme eines Kapitals von dem Rentengütler $3^1/_2\%$ Zinsen gezahlt, $^1/_2\%$ Amortisation entrichtet, überhaupt also jährlich 4% aufgebracht werden, und daß dadurch in $65^1/_2$ Jahren die Rente, also das ganze Kapital, getilgt werde und der Mann freier Eigentümer wird. Dann kann in der Zwischenzeit passieren, was da will, die Rente bleibt haften und geht bei Verkauf und Erbfolge mit über, und dann wäre ich auch mit dem jetzigen Rentengesetz zufrieden, wenn auch darin steht, daß die Rente unablösbar ist; denn jedes Geschäft, was durch die Rentenbank gemacht wird, muß eo ipso sich selbst amortisieren und dann haben wir, was wir wollen.

Dann war von Herrn Wisser noch gemeint, daß nach den landrechtlichen Bestimmungen die Realgemeinden alles das, was von Bullen und Hirtenhäusern u. s. w. u. s. w. gesagt ist, auch heute noch einfach durch Beschluß einführen könnten. Ich weiß nicht, ob es gesetzlich gestattet ist, derartige Institutionen wieder ins Leben zu rufen; ich weiß aber, daß durch unsere Gemeinheitsteilungsordnung vom Jahre 1821 alle diese Sachen mit abgelöst und über Bord geworfen wurden. In allen den Feldmarken, wo

ich separiert habe, fielen die Bullenwiesen, die Gemeindegründe, die für diese
Angelegenheit bestimmt waren, die Hirtenhäuser u. s. w. unter den Hammer
oder sie wurden verteilt. Also die Recesse waren die Totengräber. Ich
glaube deshalb, daß Herr Wisser, wenn er sich nicht irren sollte, doch nur
Specialfälle im Auge hat. Im allgemeinen muß ich den Standpunkt der
Realgemeinden für einen überwundenen erklären.

Meine Herren, das wäre das, was ich auszuführen hätte. Und ich
glaube, daß es zweckmäßig war, daß ich diese Angelegenheiten mit wenigen
Worten andeutete. Sie mögen darüber nun auch befinden und nachdenken.
Ich beharre bei meinem Standpunkt und möchte nur das Eine noch sagen,
damit ich nicht mißverstanden werde. Ich habe von Einverleibung der
Rittergüter in die Landgemeinden gesprochen. Meine Herren, ich selbst besitze
ein Rittergut im Regierungsbezirk Stralsund; da gibt es keine Landgemeinden: in meinem Kirchspiel liegen fünf Rittergüter nebeneinander, die
haben zusammen ungefähr 23 000 Morgen Areal und eine Bevölkerung von
1 200 Seelen; die bilden ein Kirchspiel. Da gibt es also nur fünf Besitzer;
die armen Leute sind Tagelöhner, die, wie irgendeiner sagt, auf dem Dache
sitzen, die von Martini zu Martini wandern können, wie sie wollen. Es
kann mir nicht in den Sinn kommen, da wo keine Gemeinden sind, in-
kommunalisieren zu wollen; aber in solchen Gemeinden, wie ich sie vorhin
bezeichnet habe, und in solchen Gemeinden, wo vor der Separation die
Rittergüter und Landgemeinden in e i n e r e i n z i g e n Feldmark ihre Grundstücke im Gemenge beisammen hatten, in solchen Gemeinden, wo das Rittergut innerhalb der Feldmark liegt, da halte ich es für angezeigt, daß dort
inkommunalisiert wird. Die Interessen fallen zu innig zusammen. Ich
kann Ihnen drei Kreise zahlenmäßig vorführen, die ungefähr wie folgt
situiert sind. Es ist in der Provinz Sachsen der Kreis Delitzsch, wo Herr
von Rauchhaupt wohnt; da befinden sich 165 Landgemeinden; 35 dieser
Landgemeinden haben innerhalb ihrer Feldmark Rittergüter mit demselben
Namen. Außerhalb liegen nun noch 10 Rittergüter mit eigener Feldmark.
Ja, wie kann es mir einfallen, diese 10 Rittergüter irgendwo, wenn sie
lebensfähig oder prästationsfähig sind, aufsaugen zu wollen durch eine fremde
Feldmark? — Zweitens habe ich aus dem Regierungsbezirk Potsdam den
Kreis West-Prignitz gewählt. Da sind 152 Landgemeinden, 46 haben
Rittergüter innerhalb ihrer Gemeinden, — die, meine ich, müssen inkorporiert
werden. Außerhalb liegen 34 selbständige Rittergüter mit eigenen Feldmarken; die bleiben natürlich wie sie sind, wenn nicht aus anderen Gründen
eine Vereinigung mit benachbarten Gemeinden erwünscht ist. — Drittens
der Fall mit Neu-Vorpommern, wo noch 12% Gemeindegrundstücke bestehen,

83% Großgrundbesitz und 5% Städte. Da ist beispielsweise im Kreise Grimmen, wo mein Gut liegt, die Anzahl von 39 Landgemeinden vorhanden, innerhalb deren 17 Rittergüter liegen; daneben aber bestehen 137 selbständige Rittergüter, bei denen von einer Landgemeinde gar nicht die Rede ist, in deren Bezirk nur Tagelöhner wohnen. Meine Herren, daß ich da nicht von einer Inkommunalisierung sprechen will oder kann, das liegt ja auf der Hand. Aber für diese Rittergüter entsteht eine ganz andere Kalamität und Principienfrage. Wir haben nämlich aus dem Munde des Herrn Ministers im Abgeordnetenhause gehört, daß, wenn ich nicht irre, 12 oder 1500 Rittergüter Kolonien bis zu 400 Seelen haben, Kolonien, die kommunal in der Luft schweben. Die Besitzer dieser Grundstücke sind nicht Mitglieder dieser Gutsverbände, sie gehören keiner Landgemeinde an und es sind sogar 43 derartige Kolonien, die mehr als 1 000 Einwohner haben. Daß da Wandel geschaffen werden muß, liegt doch wohl auf der Hand. Entweder müssen sie mit dem Rittergut inkorporiert werden, was ich für das richtige hielte oder, es muß eine selbständige Gemeinde aus ihnen gebildet werden. Also man kann diese Sache gar nicht im allgemeinen abthun; betonen aber kann man die Gründung eines Amtsbezirks. Meine Herren, ich möchte bitten, diesem Gedanken näher zu treten, und bitte die Herren, die sich dafür interessieren, vielleicht durch Wort und Schrift das noch weiter auszuführen und vielleicht als Brücke zu benutzen, was Gneist geschrieben haben soll, daß eine quasi Bedingung wäre für die Rittergüter: wenn ihr in diesen Kommunalverband eintretet, dann nehmt ihr Teil an dem Gelde, was wir aus dem Staatssäckel bekommen; sonst bekommt ihr nichts.

Vorsitzender: Das Wort hat Herr Geheimrat Dr. Thiel.

Geheimer Oberregierungsrat Dr. Thiel (Berlin): Meine Herren, ich habe mir erlaubt in der Vorrede, welche ich zu dem Sammelband geschrieben habe, den der Verein über die Kommunalverfassung der Landgemeinden in den einzelnen östlichen Provinzen herausgegeben hat, einen Gesichtspunkt etwas in den Vordergrund zu stellen, den ich auch jetzt noch einmal betonen möchte, weil er meiner Ansicht nach in der Diskussion hier noch nicht so hervorgehoben worden ist, wie er es wohl verdient. Ich habe mir erlaubt auszuführen, daß neben der verwaltungstechnischen Seite dieser ganzen Angelegenheit doch auch das politische, erzieherische Moment bei der Frage der Gemeindeorganisation besondere Berücksichtigung verdient. Der Herr Korreferent von Ernsthausen hat es ja gestreift, und hat auch die Wichtig-

keit zugestanden; allein er hat doch wenigstens meiner Auffassung nach bei
seinen weiteren Ausführungen eher das verwaltungstechnische Moment als
dieses politische Moment ausschlaggebend sein lassen. Ich möchte meine
Ansicht kurz noch einmal dahin formulieren, daß ich sage, wir brauchen
nicht aus Erwägungen der reinen Kommunalverwaltung, nicht aus der
Erwägung, um die Geschäfte, die jetzt den Kommunen überwiesen sind,
ordentlich führen zu können, sondern aus allgemein politischen Erwägungen
Verbände, in welchen alle Interessenten zu gemeinsamer verwaltender Thätigkeit vereinigt sind, gemeinsam zu bestimmten kommunalen und Staatszwecken
zusammenarbeiten. Und in der Beziehung möchte ich Sie doch daran
erinnern, was eigentümlicherweise heute noch mit keinem Worte erwähnt
ist, daß es sich ja nicht für uns darum handelt, eine Landgemeindeordnung
zu schaffen für den alten absoluten Staat, auch nicht für einen konstitutionellen Staat, der nur ein Klassenwahlsystem und darauf laufende Gliederung
seiner Bevölkerung kennt, sondern daß wir heute leben unter den Bedingungen
des allgemeinen Stimmrechts und daß wir jedem einzelnen Unterthan das
sehr weit gehende Recht gegeben haben, in den wichtigsten politischen Fragen
des Reichs seine Stimme gleichberechtigt mit jedem anderen in die Wag-
schale zu werfen. Und da wir, soviel ich das übersehen kann, nicht die
Aussicht haben, — ob es gut oder schlecht sein würde, ist ja eine Sache
für sich — das allgemeine Wahlrecht irgendwann wieder entbehren zu
müssen, so meine ich auch, müssen wir uns hierauf einrichten und hieraus
Konsequenzen ziehen, selbst für die kommunale Verfassung. Wir brauchen
also nicht nur Verbände, welche möglichst reiche Aufgaben zu erfüllen haben,
in denen sich also ein wirkliches Kommunalleben entfalten kann, sondern
in diesen Verbänden müssen auch meiner Überzeugung nach alle Elemente
der Bevölkerung, die überhaupt etwas zu bedeuten haben, vereinigt sein,
um gemeinsam zusammen zu arbeiten. Das würde also theoretisch darauf
hinauslaufen, die jetzt isoliert stehenden Gutsbezirke überall da, wo eine
Landgemeinde daneben existiert, mit derselben zu vereinigen.

Es ist hiergegen ein energischer Widerspruch erhoben worden, und es
hat vor allem auch der Herr Staatsanwalt Keil sich zum Fürsprech der
entgegenstehenden Interessen gemacht. Daß er die Stimmung, wie sie in
weiten Kreisen herrscht, richtig gekennzeichnet hat, will ich ihm gern bezeugen; weniger bin ich überzeugt von der Argumentation, die er
aus dem Munde dieser Opponenten angeführt hat, und besonders
hat mir am wenigsten geschienen, daß die jetzigen Gutsbezirksinhaber
jemals in die Lage kommen könnten zu sagen: wenn Ihr so etwas
macht, dann thun wir nicht mehr mit. Denn das liegt ja auf der

Hand, selbst wenn man sofort und mit der größten Härte diese Zwangs-
inkommunalisierung der Gutsbezirke vornehmen wollte, dann würden
die Gutsbesitzer doch gezwungen sein, in der Gemeinde mitzuthun. Sie
könnten nicht kalt lächelnd zur Seite stehen, denn dann würde ihnen in
der neuen Gemeinde das Fell noch mehr über die Ohren gezogen werden,
als man es auch bei ihrer Mitwirkung in der Gemeindeversammlung zu
thun versuchen wird. Also diese Argumentation ist nicht stichhaltig. Aber
es gibt gewiß eine Menge anderer triftiger Gründe, warum wir nicht auf
einmal so vorgehen könnten. Trotzdem wird es gut sein, die Vereinigung
aller Landbewohner in gemeinsamen Verbänden als erstrebenswertes Ziel
für die Zukunft aufrecht zu erhalten gerade mit Beziehung auf unsere allgemeinen politischen Verhältnisse und speciell auf das allgemeine Stimmrecht. Ich bin der festen Überzeugung, daß wir eine aristokratische Gliederung der Nation absolut nicht entbehren können, daß also diejenigen Klassen
der Gesellschaft, die durch Besitz und Bildung ausgezeichnet sind, eine Führer-
stellung in der Gesellschaft haben müssen. Allein ich glaube eben so fest,
sie können diese Stellung bloß erlangen und behaupten, wenn sie durch
werkthätige gemeinsame Arbeit mit den übrigen Interessenten sie erringen
und sie nicht als ein ihnen von selbst zukommendes Vorrecht beanspruchen.

Vielleicht wird man mir erwidern: umgekehrt, gerade, weil wir das
allgemeine Stimmrecht haben, weil in politischer Beziehung in diesen demokratischen Urbrei alle Elemente der Gesellschaft getaucht sind, müssen wir
umsomehr bestrebt sein, wenigstens auf dem Gebiete der Kommunalverfassung
und -Verwaltung eine feste Stellung für einen privilegierten Grundbesitz u. s. w.
zu erhalten. Ich glaube aber, daß eine solche Entwickelung eine politisch
verderbliche sein würde — und darf das vielleicht noch mit einigen Worten
näher ausführen, weil es häufig so dargestellt wird, als ob jeder der für
so etwas wie die Inkommunalisierung von Gutsbezirken auftritt, ein Feind
des Großgrundbesitzes sei, ein Feind auch der führenden Stellung des Großgrundbesitzes in politischen und kommunalen Angelegenheiten. Ich glaube
gerade vom entgegengesetzten Standpunkt als ein warmer Fürsprecher dieser
führenden Stellung es betonen zu müssen, daß nichts geeigneter meiner Ansicht nach ist, den Großgrundbesitz um diese seine führende Stellung, die
ihm naturgemäß zukommt und die er absolut zu unserem Heile behalten
muß, zu bringen, als wenn man ihm in Bezug auf diese kommunalen Angelegenheiten eine solche isolierte Stellung außerhalb des Gemeindeverbandes
für ewig erhalten wolle.

(Sehr richtig!)

Denn dann werden sich Interessengegensätze, Klassengegensätze geltend machen

und immer mehr und mehr vertiefen, es werden die radikalen politischen
Parteien sich mit Wollust dieser Interessengegensätze bemächtigen, sie werden
den kleineren bäuerlichen Interessenten und andere Nichtgroßgrundbesitzer
aufhetzen gegen den Großgrundbesitzer, und es wird dann mit großer Freude
von allen diesen verhetzten Elementen die Gelegenheit wahrgenommen werden,
dem Mann, der in kommunaler Beziehung ihnen gegenüber eine privilegierte
Stellung einnimmt, bei der politischen Wahl zu beweisen, daß sie ihm
über sind: sie werden ihn rettungslos niederstimmen und es wird gerade
aus diesem kommunalen Gegensatze heraus ein politischer Gegensatz in Klassen
getragen werden, von deren politischer Einigkeit wir allein die Sicherheit
unseres Vaterlandes erhoffen dürfen.

Nun könnte man ja sagen: zugegeben dieses; es ist nötig, daß der
Großgrundbesitz die Führerrolle, die er nicht mehr kraft eines Besitz-
und Geburtsprivilegs beanspruchen kann, sich verdienen und erarbeiten muß
— warum muß das auf dem Gebiet des kommunalen Lebens geschehen?
und warum muß es auf dem Wege äußerlichen Zwanges geschehen? Der
Betreffende kann ja in den landwirtschaftlichen Vereinen, in gemeinnützigen
Anstalten aller Art, in Spar- und Kreditorganisationen, in Meliorations-
verbänden, in irgend welchen freiwilligen Organisationen sich bethätigen;
er kann ja versuchen, sich diesen wertvollen politischen Einfluß zu erwerben
durch die gemeinnützigen Verdienste, die er sich anderswo und nicht gerade
in der gemeinsamen Kommunalverwaltung erwirbt, und dann werden
diese wohlthätigen politischen Folgen auch eintreten ohne diese unnatürlichen
Zusammenschweißungen von Bauern und Gutsbesitzern in der Gemeinde.
Ja, meine Herren, wenn ich die Überzeugung hätte, daß bei uns der große
Besitz oder auch nur der größere Besitz — der durch den jetzigen Gutsbezirk
repräsentiert wird — diese seine Aufgabe bereits so begriffe und ausführte,
daß diese Folgen eintreten würden, dann würde ich mich gleich zufrieden
geben. Allein ich bin in dieser Beziehung leider Pessimist geworden und
ich glaube, daß das alte Sprichwort: wenn der Bauer nicht muß, regt er
weder Hand noch Fuß, sich leider auch auf diejenigen Klassen unserer ländlichen Bevölkerung bezieht, die eigentlich nach Besitz und Bildung einen
etwas erleuchteteren Standpunkt einnehmen müßten. Wenn wir nicht auf
irgend eine Weise alle Elemente der ländlichen Bevölkerung zwingen, miteinander zu arbeiten, so werden sie nicht miteinander arbeiten, sondern die
finanziellen Interessengegensätze, die nur zu leicht die erste Stelle einnehmen zwischen den verschiedenen Klassen der Bevölkerung, werden auch
auf dem Gebiet der kommunalen Verwaltung jede freiwillige Vereinigung
verhindern. Ihre Überwindung wird ja überhaupt eine sehr schwierige sein.

Unfere Bauern find nicht die Leute, einem Menfchen einen Grofchen zu schenken, wo sie es nicht nötig haben, und find gern bereit, aus anderer Leute Haut ihr Leder zu schneiden. Das geht soweit, daß es vielfach angenommen wird, daß nicht inkommunalifierte, also felbständige Gutsbezirke, einen bedeutend höheren Kaufwert haben, als solche, die inkommunalifiert find. Das will ich gern zugeben; es ist ja aus diesem Gesichtspunkte schon der Gedanke der Ablösung in Anregung gebracht worden.

Diese Schwierigkeiten müffen durch einen vernünftig arrangierten Cenfus und einen dadurch gesicherten genügenden Einfluß des Gutsbesitzers in der Gemeindeverfammlung, sowie dadurch überwunden werden, daß der größere Besitz sich des alten Spruchs noblesse oblige erinnert; ich befchränke mich hier darauf, den Gedankengang klar zu stellen, welcher mich zu der Ansicht führte, daß aus politischen Gründen die Zeiten vorüber seien, in welchen es zweckmäßig ist, dem Großgrundbesitzer eine isolierte Stellung in kommunaler Beziehung für alle Zeit zu erhalten. Mein verehrter Freund Geheimrat Gierke hat vorhin gesagt, wer jemals im Osten gelebt und die großen Gegensätze gesehen hat, die in socialer und kultureller Beziehung zwischen dem Gutsbesitzer und dem bäuerlichen Besitzer bestehen, könne nicht daran denken oder würde es sehr schwierig finden, diese Leute alle in einer Gemeindeverfammlung gemeinsam zu verfammeln. Das ist ja richtig; aber die Leute müffen doch nachher zusammen an die politische Wahlurne treten; da ist einer so viel wert, wie der andere. Wer dieses größere Recht der höchsten politischen Entscheidungen mit seinen unterften Mitbürgern teilen muß, der muß sich auch damit abfinden können, das kleine Recht der kommunalen Selbstverwaltung mit ihnen zu teilen, so groß auch augenblicklich noch die Unterschiede sein mögen.

Nun muß ich anerkennen, daß Herr von Ernfthausen — er hat ja, wie ich vorhin schon sagte, zugegeben, daß eine gewisse politisch-erzieherische Wirkung in all diesen gemeinsamen Arbeiten liegt — der von mir vertretenen Ansicht nicht absolut entgegensteht, er will auch einen gemeinsamen Berührungspunkt für alle Interessenten schaffen, aber er hat dabei, um der näheren Zusammenfassung der Gemeinden und Gutsbezirke zu entgehen, einen Ausweg gesucht. Er hat dabei natürlich von einer directen Vereinigung der Gutsbezirke und Gemeinden abgesehen, er ist aber auch über jedes Zwischenstadium zwischen Gemeinde und Kreis zu meinem Bedauern ablehnend hinweg gegangen; er hat sich dafür entschieden, diese Zusammenfassung erst im Kreise zu suchen. Ja, meine Herren, dafür halte ich den Kreis doch für zu groß. Herr von Ernfthausen hat auch nicht näher ausgeführt, wie er sich die kommunalen Aufgaben denkt, in welcher Begrenzung oder Aus-

7*

dehnung der Kreis sie zu übernehmen hat. Die Kreisvertretung wird immer
nur ein sehr wenig zahlreicher Extrakt der Kreisbevölkerung sein, und die
wohlthätigen Wirkungen des Zusammenarbeitens an gemeinsamen Aufgaben,
des Ziehens an demselben Strick, werden in der Kreisvertretung sich für
größere Kreise nie so geltend machen können, wie in dem Unterverbande,
der nicht zu groß ist, so daß die Leute sich noch alle untereinander kennen
und persönlich, nicht bloß durch Vertretung zusammen arbeiten.

Natürlich konstruiert sich Jeder solche Sachen nach den Anschauungen
seiner Heimat, nach den Verhältnissen, die ihm die vertrautesten sind. Wir
haben von Herrn Sombart gehört, wie er aus seinen alten westfälischen
und aus seinen späteren sächsischen Erfahrungen sich die Sache zurecht gelegt
hat; ich möchte nach meinen heimatlichen rheinischen Verhältnissen unsere
Bürgermeistereiverfassung doch nicht so ablehnend behandeln, auch nicht für
den Osten, wie es Herr von Ernsthausen gethan hat. Wenn wir uns die
Sache so denken, daß wir einstweilen den Gutsbezirk und die Bauerngemeinde für sich allein lassen, ihnen aber eine Gelegenheit geben, eine große
Summe von wichtigen gemeinsamen Aufgaben in einem gemeinsamen Verband
zu erledigen, dann sollte ich glauben, daß wir auf diesem Gebiet mehr
erreichen würden, als wenn wir sie direkt auf den Kreis verweisen, wo
immer doch nur eine verhältnismäßig kleine Anzahl von Guts- und Ge-
meindevertretern zusammen kommt.

Herr Sombart hat ja auch auf die Amtsbezirke dabei Rücksicht genommen. Auch diese werden unter Umständen noch für manche kommunale
Aufgaben zu groß sein, auch können sie in ihrer heutigen Verfassung gar
nicht zur Erledigung kommunaler Angelegenheiten in meinem Sinne dienen.
Aber warum sollte man nicht daraus eine Art Samtgemeinde oder, wenn
Sie diesen Ausdruck perhorreszieren, irgend eine Organisation machen, wie
sie z. B. auf dem linken Rheinufer sehr häufig gefunden wird? Wir haben
am Rhein zwei verschiedene Arten von Landbürgermeistereien; die eine,
da bilden verschiedene Ortschaften eine Gemeinde mit einer Gemeindevertretung
— es ist dies besonders auf dem rechten Rheinufer zu finden, — während
auf dem linken sehr viel häufiger die Bürgermeisterei aus einer Anzahl von
selbständigen Gemeinden besteht, wo jede Gemeinde ihre eigene Gemeindeversammlung, eventuell auch Gemeindevertretung, Ortsvorsteher u. s. w. hat,
wo aber über dem ganzen ein Bürgermeister steht, der aber nicht, wie ein
kleiner Tyrann, unumschränkt regiert, sondern der gebunden ist an eine
Bürgermeistereiversammlung, also eine gemeinsame Repräsentativvertretung
der Einzelgemeinden. Ich halte diese Organisation keineswegs für eine ganz
vollkommene, allein sie ist fortbildungsfähig und ähnlich würde man vielleicht

für die östlichen Provinzen eine Amtsgemeinde oder einen Amtsbezirk konstruieren können, in welchem einstweilen noch Gutsbezirke und Bauerngemeinden isoliert für sich bestehen bleiben, aber eine gemeinsame Vertretung
haben, und eine gemeinsame Verwaltung, aus der sich dann das weitere
entwickeln könnte.

Ich könnte im übrigen in allem, was sich über die Aufgaben der Landgemeinden sagen läßt, vollständig mich dem geehrten Herrn Korreferenten,
der ja aus einer großen Fülle praktischer Erfahrung in allen Provinzen
unseres Vaterlandes gesprochen hat, und dem ich überhaupt blos sehr zaghaft
und ungern opponiere, indem ich mich vor seiner größeren Erfahrung in
Verwaltungssachen gern beugen möchte, anschließen; blos darin muß ich
ihm noch entgegentreten und den Worten des Herrn Professor Gierke zustimmen, wenn letzterer es im Gegensatz zu ihm für sehr wünschenswert hält,
daß die Landgemeinde sich immer mehr und mehr ausbilde als eine Ver-
treterin der wirtschaftlichen Interessen ihrer Angehörigen. Und in dieser
Beziehung hat es mich etwas gewundert, daß von Seiten des Herrn Korreferenten eines so sehr wichtigen Gebiets wie der Gemeindesparkassen, die ja
gleichzeitig auch Gemeindeleihkassen sind, da man ja die Spargelder wieder
ausleihen muß, mit keinem Worte gedacht ist. Gerade an die Gemeindesparkassen und die von ihnen subventionierten Einrichtungen lassen sich ja
sehr nützliche und weitgreifende kommunale Aufgaben knüpfen; wir haben
dies früher einmal hier besprochen, als wir die Frage der Bekämpfung des
Wuchers nach den Vorschlägen unseres Ausschußmitgliedes Landrat Knebel
und unseres verehrten Mitgliedes Notar Henrich hier diskutierten.

Wenn ich in dieser Beziehung Ihnen also das Ideal etwas angedeutet
habe, wohin ich glauben möchte, daß unsere kommunale Entwicklung nach
unsern gegenwärtigen politischen Verhältnissen gehen müßte, so will ich den
Herren, die einen anderen Standpunkt vertreten haben, speciell in Bezug
auf die Verhältnisse des Ostens, sehr gern darin entgegenkommen, daß ich
auch mit Ihnen es als absolut inopportun bezeichne, nun auf dem Wege
einer Zwangsgesetzgebung gleich morgen eine vollständig neue Konstruktion
herzustellen, alles historisch gewordene über den Haufen zu werfen, und einfach
die ganze Gesellschaft in ganz neue Organisationen zu zwingen. Ich acceptiere nur dankbar die Konzession an meinen Standpunkt, die darin liegt,
daß alle die Herren, wenn sie sich auch für die Erhaltung der Gutsbezirke
im allgemeinen ausgesprochen haben, doch zugestimmt haben, daß es nicht
nur möglich, sondern sogar absolut erforderlich sei, alle nicht leistungsfähigen
Gutsbezirke auch heute schon und gegen ihre Zustimmung einfach zusammenzulegen. Das ist auch als Bestätigung des Rechtes des Staates hier ein-

zugreifen ein sehr wertvolles Zugeständnis, und es kommt nun blos darauf
an, wo man die Grenze der Leistungsfähigkeit zieht. Aber ich will in dieser
Beziehung die allerweitesten Konzessionen machen, wenn Sie mir andererseits
nur zugestehen, daß wenn es möglich wäre eine Entwicklung herbeizuführen,
welche Bauerngemeinden und Gutsbezirke in Gemeinden oder sonstigen Unter-
verbänden zusammenbringt, welche meinem Ideal entsprechen — daß das
für unsere ganzen politischen Verhältnisse eine gedeihlichere und wünschens-
wertere Sache sei als die gegenwärtigen Zustände. Allerdings wird das
eine Entwicklung sein, die sehr viel Zeit in Anspruch nehmen wird; denn
das ist ja absolut nicht zu leugnen, daß man bei Organisationen kommunaler
Art den ganzen Kulturzustand in den einzelnen Provinzen, die Bevölkerungs-
dichtigkeit, die Wohlhabenheit und den Bildungsgrad der Bevölkerung, die
Besitzabstufungen ganz naturgemäß berücksichtigen muß.

Und das führt mich nun noch auf einen Gedanken, der zwar auch
schon gestreift worden ist, den ich aber doch zum Schluß noch etwas schärfer
aussprechen möchte. Es erscheint mir, je mehr wir hier Schilderungen aus
den verschiedensten Provinzen des preußischen Staates gehört haben, immer
zweifelhafter, ob es überhaupt möglich ist und ob es zweckmäßig ist, jetzt eine
Landgemeindeordnung zu machen, die für alle sieben östlichen Provinzen
vollständig uniform ist.

(Sehr richtig!)

Wenn Sie bedenken, daß die kommunalen Verfassungen doch eigentlich
hervorgehen sollen aus den vorhandenen Verhältnissen materieller und ethischer
Natur, daß sie basieren müssen auf den Anschauungen, den Rechtsgewohn-
heiten, den Vermögensverhältnissen und Sitten der Bevölkerung, dann könnte
man eigentlich a priori annehmen, daß eine Landgemeindeordnung, die
gleichermaßen eine der blühendsten, reichsten und gebildetsten Provinzen mit
hoch entwickelter landwirtschaftlicher Kultur wie die Provinz Sachsen und
die politisch und dem Kulturzustande nach so ganz anderen Verhältnisse der
Provinz Posen umfassen soll, entweder viel zu viel oder viel zu wenig gibt.
Ich kenne den Entwurf der Landgemeindeordnung, wie er gegenwärtig in
der Ausarbeitung begriffen ist, absolut nicht, allein ich kann mir nicht
denken, daß es möglich sein wird, etwas zu finden, was in jeder Beziehung
den Ansprüchen gerecht wird, die wir für die fortgeschrittenen Provinzen an
eine Kommunalverfassung machen müssen. Wenn Sie die Berichte über
unsere Provinzen durchlesen und sehen, wie minimal die Anfänge kommunaler
Bildung und Thätigkeit in der Provinz Posen sind, und daneben vergleichen
die Verhältnisse in der Provinz Sachsen, wo der reiche Rübenbauer in seinen
ganzen Lebensverhältnissen — sehen Sie die Paläste, die er sich jetzt baut

-- in der Erziehung, die er seinen Kindern gibt, in seinen Wohlfahrts-
verhältnissen, in seiner landwirtschaftlichen Kultur, in Intelligenz, in der
Anwendung aller modernen Hülfsmittel des Ackerbaues wenig zu unterscheiden ist von dem Großgrundbesitzer, wenn Sie bedenken, daß die Provinz
Sachsen in ihrer ganzen Bevölkerung und ihrer historischen Entwicklung sehr
viel mehr Gemeinsames hat mit Hannover und Schleswig-Holstein als mit
den entfernteren östlichen Provinzen, so wäre es ein Fehler, da zu sehr
uniformieren zu wollen. Man müßte doch eigentlich an jede Landgemeindeordnung die Anforderung stellen, daß sie der Eigenart der Provinz möglichst
Rechnung trägt, und daß in Provinzen, die nach dem ganzen Zustande
ihrer Kulturentwicklung und den Sitten und Anschauungen ihrer Bevölkerung
reifer sind für ein zusammenfassenderes kommunales Leben, man sich nicht
mit Rudimenten einer Kommunalverfassung zufrieden gibt, sondern ihnen
zu einer reicheren Entwicklung des kommunalen Lebens ihrer Bewohner
verhilft. Wie sehr in solchen entwickelten Provinzen alles zu gemeinsamer
kommunaler Arbeit drängt und die Gegensätze zwischen Gutsbezirk und
Bauerngemeinde an Schärfe verlieren, das zeigen neben den nicht seltenen
Fällen der freiwilligen Inkommunalisierungen auch die zahlreichen Fälle
der freiwilligen Verbände nach dem von Rauchhauptschen Statute, welches
Sie in unserm Sammelbande abgedruckt finden. Die Einheit der Verwaltung
ist gewiß eine schöne Sache, allein wie die mannigfache Ausgestaltung der
kommunalen Einrichtungen in den einzelnen Provinzen der Monarchie zeigt,
in den untersten Kommunalinstanzen sicher noch am ehesten zu entbehren.

Vorsitzender: Herr Wisser hat noch das Wort zu einer kurzen Bemerkung erbeten; ich gebe es ihm.

Reichstagsabgeordneter Wisser (Windischholzhausen): Meine Herren,
ich muß um Entschuldigung bitten, daß ich mir erlaube, Ihnen noch einmal
durch meine Worte lästig zu werden; es sind aber durch die mir folgenden
Redner Entstellungen meiner Ausführungen herbeigeführt worden, welche
ich richtig zu stellen verpflichtet bin. So hat z. B. Herr Dr. Keil es
hingestellt, als wenn ich der Einzige sei in der Versammlung, der in unüber-
sehbarer Tragweite die Einverleibung der Gutsbezirke in die Gemeinden
verlangt habe. Diese Darstellung ist unrichtig, denn ich habe ja durch
Verlesung der fünf Forderungen des durch mich vertretenen Bauernvereins
meinen Standpunkt genau nachgewiesen und ich gestatte mir, Ihnen diese
Thatsache noch einmal kurz in's Gedächtnis zurückzuführen, denn ich möchte
mich durch extreme Gegenströmungen absolut nicht künstlich auf einen extremen
Standpunkt hindisputieren lassen, den ich in Wirklichkeit nicht eingenommen
habe, noch jemals einzunehmen gedenke.

Diese Forderungen lauten:

1. Erhaltung und Entwicklung der bestehenden Gemeinden zu leistungsfähigen Gemeindeverbänden, Verleihung der Befugnisse der Selbstverwaltung
an die Gemeinden und genaue Begrenzung der Befugnisse der Aufsichtsbehörden, sowie die Verlegung der niederen Polizei in diese Gemeinden.

2. Soweit es die lokalen Verhältnisse gestatten, Aufhebung der Gutsbezirke und Einfügung derselben in die Gemeinde- und Schulverbände
unter gleichzeitiger Aufhebung der Bevorrechtigungen, welche bis jetzt den
Großgrundbesitzern betreffs ihrer Beitragspflicht zu Kirchen-, Schul-, Armen-
und Wegebaulasten aufrecht erhalten werden, sowie Beseitigung des jetzt
vielfach von den Großgrundbesitzern in Anspruch genommenen Auenrechts.

3. Beseitigung der Amtsvorsteher und ähnlicher Einrichtungen überall
da, wo solches angänglich ist, event. Wahl der Amtsvorsteher durch die
Bezirkseingesessenen. Genaue Feststellung der Kriterien, unter welchen die
Nichtbestätigung aller kommunalen Wahlen von Aufsichtswegen erfolgen kann.

4. Regelung des Stimmrechts zur Zusammensetzung der Kreisvertretung unter Aufhebung der Bevorrechtigungen des Großgrundbesitzes.

5. Beseitigung des Vorsitzes der Landräte, Amtshauptleute, Bezirksvorsteher ꝛc. in der Kreis- und Bezirksversammlung resp. Ausschußversammlung, entsprechend der Einrichtung, welche bereits durch die preußische
Provinzialordnung in der Stellung des Oberpräsidenten zur Kommunalverwaltung geschaffen ist und welche auch in den Städten besteht.

Ich befand mich also mit meinen Ausführungen inmitten der Anschauungen der beiden Herren Referenten. Nun ist freilich der Standpunkt
des Herrn Sombart durch dessen letzte Ausführungen wieder soweit zusammen-
geschnappt, daß dieses Verhältnis nicht mehr besteht, aber die Ausführungen
verschiedener der Herren Redner beweisen, daß ich mit meinen Forderungen
nicht allein stehe. Ich meine, daß wenn man selbst da anknüpft, wo Herr
Dr. Keil die Unmöglichkeit der Einverleibung der Gutsbezirke in Gemeindeverbände annimmt, wie z. B. in Pommern und überall, wo die Dorfgemeinde fehlt, noch recht gut zur Schaffung von Samtgemeinden gelangen
kann, wenn man eine Anzahl zur Erfüllung von kommunalen Zwecken unfähiger Gutsbezirke zu einer Landgemeinde, sei es auf Grundlage der Amtsbezirke oder sonstwie zusammenfaßt. Solcher Gutsbezirke gibt es eine ganze
Anzahl und es würde als geschickter gesetzgeberischer Griff bezeichnet werden
können, wenn es gelingen sollte, solche zu kommunalen Zwecken unfähige
Gutsbezirke mit allen ihren Hinterfaffen in eine lebensfähige Landgemeinde
zusammenzufaffen, welcher man das Recht, ihren Bürgermeister felber zu
wählen, und ihre Gesamtverhältnisse nach Bedürfnis zu ordnen, gewähren

kann. Ich bin der Überzeugung, daß die Infassen solcher Gutsbezirke ein solches Verhältnis nicht abweisen würden, denn dasselbe würde den jetzigen unhaltbaren Zuständen gegenüber, auch deshalb, weil die Ernennung des Amtsvorstehers nicht von dem Willen des Gutsherrn abhängig ist, wesentliche Vorteile bringen.

Nun hat Herr Dr. Keil beliebt, Ausführungen über die Zustände des früheren Königreichs Westfalen vorzutragen, um dadurch zu beweisen, daß wenn sich der Großgrundbesitzer der zu schaffenden Samtgemeinde ablehnend gegenüberstellen würde, deren Durchführung gar nicht möglich sei. Herr Dr. Keil meinte, daß, als man in Westfalen den Bauer an Stelle des sich zurückziehenden Großgrundbesitzers zum Gemeindevorsteher machte, dieser das nötige amtliche Ansehen nicht gewinnen konnte. Das angeführte Beispiel trifft aber für unsere heutigen Verhältnisse nicht mehr zu, denn die damaligen Großgrundbesitzer Westfalens, welche sich von der Teilnahme am Gemeindeleben zurückzogen, vertraten gegenüber dem fremden Eindringling das nationale deutsche Volksbewußtsein und der von der fremden Regierung zum Gemeindevorsteher bestellte Bauer galt als Helfer der Fremdherrschaft, deren Aufhebung das Volk herbeisehnte. Unter solchen Verhältnissen konnte der bäuerliche Gemeindevorsteher allerdings kein Ansehen gewinnen, denn er galt als Vertreter der fremden Interessen.

Meine Herren, der hauptsächlichste Teil der Ausführungen des Herrn Dr. Keil zielte aber wohl darauf ab, den Bauern durch Anführung jener westfälischen Bilder ein Armutszeugnis auszustellen hinsichtlich ihrer Intelligenz und Befähigung zur Übernahme eines solchen Gemeindeamts in der künftigen Samtgemeinde. Dagegen aber muß ich entschieden protestieren. Ich glaube übrigens auch nicht, daß der Patriotismus, den die Herren Großgrundbesitzer fortgesetzt zum öffentlichen Ausdruck bringen, es denselben gestatten wird, eine solche Obstruktionspolitik zu treiben, sobald einmal eine gesetzliche Ordnung geschaffen ist, durch welche sie verpflichtet werden für die Interessen der Gemeinde zu arbeiten, durch welche Arbeit ja alsdann auch ihre eigenen Interessen gefördert werden; ich bin fest überzeugt, die Herren werden mitarbeiten. Sollte diese Voraussetzung aber in der That nicht zutreffen, dann steht der Bauer bereit einzutreten für die Förderung der Interessen des Vaterlandes und der Landgemeinde und diejenigen Herren, welche wirklich solche Obstruktionspolitik treiben, werden Gelegenheit haben vom Bauer zu lernen, wie man sich der Pflicht gegen das Vaterland unterordnet und was nach dieser Richtung gute Sitte ist. Gegenüber der Behauptung der Zusammenfassung der ländlichen Verhältnisse in die Samtgemeinde behaupte ich, es geht, sobald die Regierung ernstlich will.

Nun noch einige Punkte.

So der Gegensatz, der zwischen meiner Auffassung vom Rentengut und von der Gestaltung der Verhältnisse des Grundbesitzes zwischen mir und Herrn Dr. Keil besteht.

Meine Herren, ich stehe ganz entschieden auf dem Standpunkte der Durchführung des freien Grundbesitzes, auch betreffs der Entwicklung der Verhältnisse des Großgrundbesitzes. Ich meine, wir werden in socialer Beziehung und hauptsächlich in unserer wirtschaftlichen Gesundung mit diesem Princip weiter kommen können, als mit dem Gedanken an das sogenannte deutsche Recht, durch welches der wirtschaftlichen Unfähigkeit wirtschaftliches Rüstzeug aus mittelalterlichen Rüstkammern hervorgeholt wird, welches dem Großgrundbesitzer weniger helfen wird, als die Herren annehmen. Wollen wir die sociale Frage gründlich erledigen, dann muß Raum geschaffen werden für die Gewinnung einer kleinen freien Scholle, zu deren Erhaltung für das Volk künstliche Einrichtungen nicht erforderlich sind.

Ja, meine Herren, ich habe die Überzeugung, daß der vaterländische Grundbesitz unter freien Erwerbs- und Besitzesrechten geht, und es ist zur socialen Gesundung erforderlich, daß sich immer der Tüchtigste im Besitz desselben befindet, der es zugleich versteht, sich das errungene Besitztum durch seine Intelligenz, durch seine wirtschaftliche Kraft zu vermehren und zu erhalten; das ist die Quintessenz meiner Auffassung, von welcher ich mich nicht abbringen lasse, aber es ist heute hier nicht an der Zeit, tiefer auf diesen Gegenstand einzugehen.

Bemerken will ich nur noch kurz, daß ich der Thüringer Teilgegend entstamme, daß dort aber niemals Zustände eingetreten sind, wie Sie dieselben an die Wand malen. Gegenteilig ist es nachgewiesen, daß die Teilhöfe sich durchweg in ihrem Umfange erhalten und eine immer größere Aufsaugungskraft entwickelt haben, so daß dieser Grundbesitz, der erst anfängt in ganz bescheidenen Grenzen, in ihm sitzende Geschlechter erzeugt, die bereit stehen im Ringkampf des wirtschaftlichen Lebens die gewonnene Position mit zäher Kraft festzuhalten.

Ich stehe entschieden auf dem Standpunkte, daß nur die Gewinnung und Erhaltung freien, eigenen Grundbesitzes den Bedürfnissen und Verhältnissen des germanischen Stammes entspricht und daß die bäuerliche Berufsschicht ein Recht hat, die Forderung auf Erhaltung und Fortentwicklung dieser Besitzesform zu erheben, denn nur dadurch wird Raum geschaffen zur Bethätigung freier wirtschaftlicher Kräfte.

Nun hat Herr Sombart ausgeführt, daß wenn man die Rentenbanken fortentwickelt und nutzbar macht für das zu schaffende unfreie Rentengut, dadurch die endliche Befreiung desselben eintritt. Gegen das Bestreben auf diesem Wege die Gesetzgebung zu korrigieren habe ich nichts einzuwenden; nur gefällt mir als einfachem Manne der krumme Weg nicht, der eingeschlagen wird, um dieses Ziel zu erreichen. Aber wenn es erreicht wird, dann bin ich mit dem Resultate vollständig einverstanden. Ich muß schließlich noch eine Bemerkung des Herrn Geheimen Oberregierungsrat Thiel berühren. Derselbe hat gesprochen von dem Bestreben der Bauern, sich gern Riemen aus dem Fell anderer Leute schneiden zu wollen: Meine Herren, das Fell der deutschen Bauern hat nun bald tausend Jahre dazu herhalten müssen, daß sich andere Leute aus demselben Riemen schneiden konnten, und die Gutsbezirke, über deren Eingemeindung wir verhandeln, sind solche Riemen, welche aus dem Fell der deutschen Bauern geschnitten worden sind. Wenn die deutschen Bauern nun endlich anfangen, die Vorteile der Riemschneider einzusehen, wenn sie dabei aber ihre Pflicht gegen ihre Nebenmenschen und den Staat, ihre Anhänglichkeit an Kaiser und Reich nicht vergessen, dann sind dieselben mit dem Bestreben, endlich reger für ihre überall arg geschädigten Interessen einzutreten ganz auf dem rechten Wege.

Die Herren werden mir also zugeben müssen, daß ich hinsichtlich der Eingemeindung des Gutsbezirks einen vermittelnden Standpunkt einnehme und daß ich weit davon entfernt bin, diese Eingemeindung nach der Schablone und durch Gewaltmaßregeln überall durchführen zu wollen. Wenn nun der Freiherr von Reitzenstein den Gedanken rege gemacht hat, die Bildung von Samtgemeinden durch Gewährung von Staatszuschüssen für Gemeindezwecke nur an die Willigen zu fördern, also eine Prämie zu setzen für diejenigen, welche den Bedürfnissen und Intentionen des Staates freiwillig entgegenkommen, so bemerke ich hierzu, daß diese Idee etwas sehr Verführerisches hat. Aber Sie werden zugeben, daß hier dem Eigensinn des Bauers oder des Großgrundbesitzers ein sehr weiter Spielraum gegeben wird, einander gegenseitig zu schaden. Der Forderung auf Bildung einer Samtgemeinde kann dann der eigensinnige Bauer oder Junker kurzsichtig entgegentreten, so daß der Eine, der nein sagt, damit dem anderen Bereitwilligen die Zuschüsse entzieht, die derselbe durch seine Bereitwilligkeit erwerben will.

Dieser Gedanke müßte deshalb dahin ergänzt werden, daß der Willige auch dann die Prämie erhält, wenn die Bildung der Samtgemeinde an der Böswilligkeit des Eigensinnigen scheitert.

Was nun das Dreiklassensystem anbelangt, für das ich eingetreten bin in Übereinstimmung mit Herrn von Ernsthausen, so freue ich mich, daß

ich in dieser Beziehung in der Hauptsache mit diesem hochkonservativen
Herrn übereinstimme. Ich trete voll und ganz ein für das Dreiklassensystem betreffs des Gemeindestimmrechts und bin überzeugt, daß sich auch
ohne weitere Konzessionen für den Großgrundbesitz innerhalb dieses Systems
die Formen finden werden, unter denen man allen Verhältnissen gerecht
werden kann. Der Großgrundbesitz wird innerhalb der Gemeinde immer
über ein Drittel der Stimmen verfügen können, und andere, dieser Besitzesform nahestehenden Interessenten werden über das zweite Drittel verfügen.
Eine solche Zusammensetzung wird auf eine verständige Ausgleichung der
Gegensätze hinwirken und bessere Zustände zur Entwicklung gelangen lassen,
als wenn dem Großgrundbesitz künstlich eine Mehrheit in der Samtgemeinde durch weitergehenden Stimmrechtsvorzug geschaffen würde.

Meines Erachtens ist es zu vermeiden, zu Zuständen in den Gemeinden
zu gelangen, welche in ähnlicher Weise die Zustände auf den Kreistagen zu
Ungunsten der Dorfgemeinden beherrschen.

Wenn nun der Gedanke berührt worden ist, daß man durch Schaffung
der Samtgemeinde die Selbstverwaltung illusorisch machen werde, so ver-
gißt man, daß in der Gemeindevertretung das Korrelat dafür zu finden
sein wird, daß sich die Machtbefugnis der Gemeindevorsteher nicht zu weit
ausdehnen kann; man wird also gegen die Allmacht des Gemeindevorstehers
durch ausreichende Befugnisse der Gemeindevertretung ein Gegengewicht
schaffen müssen und so eine ordentliche Selbstverwaltung ermöglichen können.
Ich glaube, in der praktischen Wirklichkeit läßt sich alles viel besser gestalten, als wir hier anzunehmen geneigt sind.

Es ist von einem der Herren Redner die Frage der Gemeindereform
vom Standpunkte der politischen Erziehung des Landvolks in Betracht gezogen
worden. Ich kann dieser Auffassung gegenüber nur meine volle Übereinstimmung zum Ausdruck bringen, denn es steht außer aller Frage, daß die
gesunde Fortentwicklung unserer staatlichen Verhältnisse, welche von einer
verständigen Ausübung der konstitutionellen Rechte in sehr hohem Maße
abhängig ist, sehr wesentlich beeinflußt wird von der Stellung, welche die
zahlreiche Landbevölkerung zu diesen Einrichtungen einnimmt. Ich glaube,
daß die unstäte zuckende Bewegung unserer Gesetzgebung seit den 1850er
Jahren nur durch die unklare Auffassung ihrer politischen Rechte und Interessen seitens des Landvolks herbeigeführt worden ist; die Unklarheit der
Auffassung erzeugt ebenso unklare Stellungen und dann treten Erscheinungen
zu tage, wie wir dieselben erlebt haben zum Schaden des Gesamtvolks.

Wir erinnern uns wohl ja alle recht lebhaft der Zeitperiode der preußischen Konfliktszeit, in welcher die Zahl der konservativen Abgeordneten,

welche im Abgeordnetenhause saßen, eine recht bescheidene war. Sie sahen damals einen recht heftigen Ruck hinüber nach der linken Seite als Gegensatz zur Zusammensetzung der Landratskammern. Durch die neueste Entwicklung haben wir wieder einen ebensolchen Ruck nach der rechten Seite; die Liberalen sind an die Wand gequetscht worden; aber die nächste Periode kann wieder einen Ruck bringen, weiter nach links als wir heute ahnen können. Diese zuckenden Bewegungen bestimmen den Gang der Gesetzgebung und wir kommen zu keinem friedlichen Abschlusse. Die Ursache dieser Erscheinungen kann aber nur darin gesucht werden, daß der Landbevölkerung in ihrer Masse die nötige politische Erziehung fehlt, um die rechte Stellung einzunehmen, um so dem Gange unserer Entwicklung die nötige Stetigkeit und Ruhe zu geben. Gelingt es aber, die Bauern zu einer sachgemäßen politischen Stellung zu bringen durch sachgemäße Erziehung, durch die zu gewährende Selbstverwaltung, dann werden wir vorwärtskommen mit unserer Gesetzgebung in friedlicher Weise. Der deutsche Bauer aber wird sich freuen, wenn der tüchtige Großgrundbesitzer in der Samtgemeinde an seiner Seite schafft und unter der Parole, alles für den Kaiser und das Vaterland, mit ihm gemeinsam die allgemeine Wohlfahrt zu fördern sucht.

Wir müssen aber auch aus einem anderen Grunde, den ich vorher schon erwähnte, ernstlich an die Lösung der Aufgabe herantreten, diejenigen Elemente zeitgemäß fortzuentwickeln, welche fast allein noch dazu befähigt sind, der immer mehr um sich greifenden socialistischen Zersetzung einen festen sicheren Damm entgegenzustellen. Die Verpflichtung, an der Erfüllung dieser Aufgabe mitzuwirken und alle kleinlichen Bedenken und Sonderinteressen aufzugeben, tritt heute um so stärker hervor, denn die socialistischen Führer verkünden ja offen ihre Absicht, durch energische Bearbeitung des Landvolks die Masse desselben für ihre Ziele zu gewinnen. Eine solche Aufgabe aber, meine Herren, kann nur erfüllt werden, wenn sich jeder Patriot entschließt, an der Schaffung einer zeitgemäßen Landgemeindeordnung mitzuwirken, durch welche endlich der bäuerlichen Bevölkerung die volle kommunale Gleichstellung mit den übrigen Schichten des Volkes gewährt wird.

Zur Lösung dieser Aufgaben reicht aber die politische Erziehung zur Bauerneinfalt und zur Bauernpiepmeierei nicht aus, sondern hierzu ist der selbstbewußte politisch reife Bauer notwendig, den können Sie aber nur schaffen durch eine zielbewußte politische Erziehung, durch eine verständige Fortentwicklung des Landgemeindewesens, welche dem Bauernstande endlich die schuldige kommunale Emancipation voll und ganz gewährt.

Vorsitzender: Ich möchte in Erinnerung bringen, daß wir in so vorgerückter Stunde jederzeit den Rednern nur noch 10 Minuten gegeben haben, und ich möchte bitten, von nun an diesen Zeitraum einzuhalten, umsomehr, da der letzte Herr Redner, der nur eine „ganz kurze" Bemerkung hat machen wollen, doch ziemlich eine Viertelstunde gebraucht hat. Das Wort hat Herr Dr. Merbot.

Dr. Merbot (Frankfurt a. M.): Wenn ich mir erlaube, nachdem so viele bedeutende Männer der Wissenschaft und der Praxis gesprochen haben, das Wort zu ergreifen, so geschieht es nicht, um meine Ansichten über einzelne Punkte klar zu legen und dadurch Zeit zu verlieren, sondern um hervorzuheben, daß eine Seite der Frage nicht berührt worden ist. Die Herren haben sowohl die technischen Fragen als auch die Zweckmäßigkeitsfragen behandelt, namentlich hat einer der Referenten, mehr von technischen Gesichtspunkten ausgehend, deswegen sich gegen eine Einverleibung der Gutsbezirke ausgesprochen, weil dieselben ja fähig sind, die Lasten, namentlich die finanziellen, zu tragen. Wenn man von diesem Standpunkt ausgeht, dann kann man zuletzt auch größere Einwohner einer Stadt oder eines Bezirks zusammenfassen, weil sie finanziell dazu fähig sind, eine selbständige Behörde zu bilden. Andere Redner sind aufgetreten und haben gesagt, es sei nicht zweckmäßig, die Gutsbezirke aufzunehmen, denn der historische Gang in Preußen sei derartig gewesen, daß eine vollständige Aufhebung der Gutsbezirke nicht gut denkbar sei. Ja, wenn man einmal bloß auf die historische Entwicklung der Dinge Rücksicht nehmen wollte, dann dürfte man nicht beanspruchen, ein allgemeines bürgerliches Recht zu machen. Ich glaube, daß die provinziellen Verschiedenheiten nicht zu sehr betont werden sollten in einer Zeit, wo man schon an internationales Verwaltungsrecht u. s. w. denken kann. Andere Redner haben gesagt, es sei nicht zweckmäßig, wenn die Herren jetzt Obstruktionspolitik — oder ich darf wohl richtiger sagen, Abstimmungspolitik — treiben wollten. Eine Frage ist aber nicht betont worden, trotzdem Herr Geheimrat Thiel in seiner in mächtigen Zügen ausgeholten Rede sie hin und wieder gestreift hat. Ich meine die principielle Frage. Es handelt sich doch darum: darf der Staat irgend jemandem einen behördlichen Charakter zugestehen, den derselbe durch Erbrecht und sogar durch Verkauf auf andere übertragen kann? Die Gutsbesitzer sind doch immerhin berechtigt, innerhalb ihres Bezirks eine gewisse Funktion des Staats auszuüben, und eine derartig belegierte Gewalt darf nicht ohne weiteres von ihnen auf andere übertragen werden. Ich glaube, daß gerade diese Frage — ich bin nicht der Mann, um sie zu lösen — viel zu wenig in der Debatte Betonung gefunden hat.

Vorsitzender: Meine Herren, ich schließe damit die Debatte und erteile nun dem zweiten Referenten, Herrn v. Ernsthausen, das Wort.

Berichterstatter Oberpräsident v. Ernsthausen (Berlin): Auf die letzte Bemerkung des Herrn Vorredners will ich zunächst kurz antworten. Er hat es getadelt, daß dem Gutsbesitzer, d. h. dem Besitzer eines selbständigen Guts als solchen gewisse obrigkeitliche Rechte zustehen. Diese Annahme ist unrichtig. Der Gutsbesitzer ist zwar auch Gutsvorsteher, aber nur, nachdem er vom Landrat die Bestätigung erhalten hat auf Grund einer Prüfung seiner persönlichen Eigenschaften und Verhältnisse, die derselbe vorhergehen läßt. Es ist also diese Bemerkung des Herrn Vorredners nicht richtig gewesen.

Meine Herren, ich kann mit einer gewissen Genugthuung bemerken, daß meine Vorschläge in vielen Punkten Beistimmung erhalten haben, vielleicht mehr Beistimmung als Widerspruch. Auch mit Herrn Wisser befinde ich mich in vielen Punkten in Übereinstimmung; es hat mich das besonders gefreut, und ich möchte sogar glauben, wenn wir beide beauftragt würden, eine Landgemeindeordnung auszuarbeiten, so würde sich noch mehr Übereinstimmung finden.

Nicht in allem bin ich natürlich mit ihm einverstanden. Z. B. hat er die Bestimmung in der rheinischen Gemeindeordnung getadelt, wonach das Dreiklassensystem korrigiert worden ist durch die Anordnung, daß solche Grundbesitzer, deren Grundbesitz einen gewissen Umfang erreicht, zu gebornen Mitgliedern des Gemeinderats erklärt werden. Man hat das nach den Verhältnissen der dortigen Gegend für angemessen gehalten und es würde sich im Osten vermutlich ebenso gut bewähren. Schließlich ist das eine Ansichtssache, und ich mute mir nicht zu, ihn in diesem Punkte zu überzeugen. —

Der Punkt, welcher am meisten Widerspruch erfahren hat, ist meine Ablehnung der Samtgemeinden, und insbesondere hat sich Herr Geheimrat Thiel zum Organ dieses Widerspruchs gemacht, indem er namentlich auf die Zustände seiner Heimat, die zufällig auch die meinige ist — ich bin ebenfalls ein geborner Rheinländer — sich bezieht. Er hat auf die Bürgermeistereien verwiesen und gesagt, da bestehen ja Samtgemeinden, die sich bewährt haben. Ich habe das ja auch erwähnt; aber ich möchte ihn doch fragen: welches sind denn die Leistungen der Bürgermeistereien? Ich

meine damit nicht die Leistungen der Bürgermeister, welche die vollste
Anerkennung verdienen und den Anforderungen des Gesetzes vollkommen
gerecht geworden sind. Aber sie haben — eben im Sinne des Gesetzes —
dem Gemeindevorsteher die Geschäfte abgenommen, sie führen das ganze
Etats- und Rechnungswesen, sie saugen die Thätigkeit der Gemeindevorsteher
sozusagen in ihren Büreaus auf, legen den Gemeindevorsteher lahm und
machen ihr Büreau zum eigentlichen movens der ganzen Gemeindeverwaltung. Das hat seinen Nutzen, denn die äußere Ordnung der Geschäfte ist
im allgemeinen eine anerkennenswerte, eine vorzügliche; aber die Ausbildung
der Personen in der Gemeinde für ihr Amt, die Pflege der Gemeindeinteressen
durch die Leute in der Gemeinde selbst findet weit weniger statt, als das
ohne diese Einrichtungen der Fall sein könnte. Hätten wir keine Bürgermeister, dann hätten wir vielleicht tüchtigere Gemeindevorsteher. Indeß
will ich in keiner Weise das verkennen, was in der Thätigkeit der Bürgermeister Nutzbringendes liegt; aber davon ist zu unterscheiden die Leistung
der Bürgermeisterei. Was ist denn die wirtschaftliche, die gemeindliche
Leistung der Bürgermeistereien? Sie haben zwar das Recht, alle möglichen
Gemeindezwecke auf den Bürgermeistereiverband zu übernehmen, aber von
diesem Rechte ist nur ein geringer Gebrauch gemacht worden. In Wirklichkeit sind die wirtschaftlichen, gemeindlichen Aufgaben Sache der Einzelgemeinden geblieben, und nur weniges ist in einzelnen Fällen zur Bürger-
meistereisache erklärt worden. Die rheinischen Erfahrungen sprechen daher
nicht für die Einrichtung der Samtgemeinden in den östlichen Provinzen,
wo die Freunde dieser Einrichtung doch hauptsächlich eine Zusammenfassung
der Gemeindezwecke in höheren Verbänden beabsichtigen.

Aber Herr Geheimrat Thiel ist nicht auf mein Hauptargument eingegangen. Ich habe nachzuweisen versucht, daß die Einführung der Samtgemeinde in den östlichen Provinzen identisch ist mit einem Riß in die
Selbstverwaltung, die sich so bewährt hat, daß man Anstand nehmen sollte,
sie auf einem ihrer wichtigsten Gebiete in Frage zu stellen. Sie können
sich immerhin die Samtgemeinde in den östlichen Provinzen denken; aber
dann nehmen Sie Abschied von diesem Teil der Selbstverwaltung; die
Selbstverwaltung wird nicht in der Gemeinde herrschen, Sie werden bezahlte
Beamte haben mit all den Vorzügen, aber auch den Nachteilen, die damit
zusammenhängen. Das ist mein Hauptgrund gegen die Samtgemeinde.
Alles, was sonst dafür angeführt ist, kann diesen Haupteinwand nicht aufheben. Die Frage steht so: will man das große Princip der Selbstverwaltung, auf dem unser Staatsgebäude sich angefangen hat einzurichten, beibehalten, oder zieht man die geschäftliche Erleichterung vor, welche die

Samtgemeinde bringen mag? Ich denke, man kann sich nur für das erstere entscheiden.

Ich will noch ein Mißverständnis des Herrn Wisser berichtigen. Er hat gesagt, ich habe den Bildungszustand der großen Grundbesitzer gerühmt, um daraus den Schluß zu ziehen, daß man sie nicht mit den Bauern zusammenkommen zu lassen nötig hätte, daß das nicht gut wäre. Meine Herren, ich stehe auf einem ganz entgegengesetzten Standpunkt und ich habe das wohl hundertmal ausgesprochen. Ich habe es stets beklagt, daß in den östlichen Provinzen die verschiedensten Teile der Bevölkerung, die Großgrundbesitzer, die kleinen Grundbesitzer, die städtischen Bürger noch so wenig untereinander ausgeglichen sind, daß sie gegenseitig in einem nur geringem Verkehr miteinander stehen. Kommen Sie an den Rhein, — man glaubt, man lebt in einer großen Familie. Das ist dort noch leider nicht der Fall; aus historischen Ursachen hat es sich anders entwickelt. Ich bin nie dafür gewesen, daß sich die landwirtschaftlichen Vereine in Bauern- und Großgrundbesitzervereine spalten, sondern daß sich landwirtschaftliche Vereine bilden, die alle diese Elemente umfassen, weil ich glaubte, daß da ein gegenseitiges Verständnis sich ergeben, ein Umgang, ein Verkehr sich entwickeln würde, der schließlich alle Mißverständnisse, alles Mißbehagen, das noch besteht, mit sich fortnehmen würde. Das ist bisher noch immer unterblieben, gehört aber zu meinen allersehnlichsten Wünschen, und ich würde mich freuen, wenn ich das erleben könnte.

(Bravo.)

Vorsitzender: Der Herr Referent hat das Wort.

Berichterstatter Rittergutsbesitzer Sombart: Ich verzichte.

Vorsitzender Prof. Dr. Schmoller: Meine Herren, dann bleibt mir nur noch übrig, da wir nicht über Thesen abstimmen, zu versuchen, unsere Debatte ganz kurz zu resümieren.

Die Debatte hat sich nach meiner Empfindung um zwei Punkte wesentlich gedreht: einmal um die innere Verfassungsfrage der ländlichen Gemeinden — das ist aber ein Nebenpunkt geblieben, auf den ich deshalb nicht näher eingehe. Die Grundfrage, die hier behandelt worden ist, war einfach die: was kann im Osten der preußischen Monarchie, wo wir unerquickliche Zustände haben, wo eine alte Ordnung, die seit Jahrhunderten existierte, sich in den letzten 50 Jahren durch unsere neuere Gesetzgebung und wirtschaftliche Entwicklung gänzlich aufgelöst hat, wo diese patrimoniale Ordnung des Landlebens, auf dem Zusammenwirken des herrschenden Guts-

bezirks und der gehorchenden Zwerggemeinden ursprünglich beruhend, nun
ersetzt ist durch ein mechanisches getrenntes Nebeneinanderstehen von Guts=
bezirk und Zwerggemeinde, — was kann da zur Neubildung geschehen?
Man war allgemein einig, daß eine Reform notwendig sei, und ich glaube,
man war auch allgemein einig, daß diese Reform gleichsam von zwei ent=
gegengesetzten Punkten ausgehen müsse, ganz von unten und dann wieder
mehr von der Mitte aus. Ganz von unten, — meine Herren, darunter
verstehe ich die Inkommunalisierung der Gutsbezirke. Über diesen Punkt sind
die Differenzen nicht sehr weit auseinandergegangen. Man war vollständig
einig, daß es viele Gegenden, viele Bezirke und Verhältnisse gebe, wo eine
solche Inkommunalisierung der Gutsbezirke in die ländlichen Gemeinden
gänzlich unthunlich sei; hauptsächlich Herr Sombart, der anfangs viel
weiter gehende Ansichten zu haben schien, hat durch seine zweite Rede ge=
zeigt, daß er den ländlichen Gemeinden doch nicht alle Gutsbezirke einver=
leiben will, und Herr von Ernsthausen hat ebenso zugegeben, daß ihm die
bisherigen schüchternen und zahmen Verschmelzungsversuche, die der Minister
Herrfurth im letzten Februar so sehr hervorgehoben hat, nicht genügen, daß
er Zwangsbestimmungen verlangt für die Verhältnisse, wo eine Inkommu=
nalisierung notwendig erscheint, daß die Majorität die Minorität dazu müsse
zwingen können, und daß die bisherigen Erschwerungen, die in der könig=
lichen Kabinetsordre u. s. w., in der Freiwilligkeit lagen, aus dem Wege
geräumt würden, so daß die ungesunden zu kleinen Zwerggemeinden, und
die ungesunden zu kleinen und mitten in anderen kleinen Gemeinden
liegenden Gutsbezirke beseitigt werden müßten. Mit Derartigem wird ein er=
heblicher Teil der bisher bestehenden Mißstände von unten her beseitigt.
Die Differenzen waren in diesem Punkte nicht so groß, wie in der Frage:
was kann abgesehen davon geschaffen werden, abgesehen davon, daß wir die
kleinsten Zwerggemeinden und die ungesundesten Gutsbezirke beseitigen. Wir
behalten ja so noch viele kleinere wenig leistungsfähige Gemeinden und eine
große Anzahl von Gutsbezirken. Daß diese Elemente in ein größeres
kommunales Leben eingefügt werden müssen, daß für die Zwecke einer tech=
nisch besseren Verwaltung, ebenso aber für die Zwecke der sittlich=po=
litischen Erziehung unserer Gemeinden in dem Geiste der Städteordnung
hier noch eine weitere Reform nötig sei, darüber waren alle einig; aber
die Meinungen gingen dahin auseinander, daß man den Schwerpunkt der
Reform teils sah im Kreise und in der Ausbildung der Kreisthätigkeit,
teils sah in Amtsbezirken resp. Samtgemeinden, teils sah in ganz besonderen
Zweckverbänden, wobei ich nun aber wieder konstatieren möchte, daß das
Schwärmen für Zweckverbände, was bei einer Reihe höherer preußischer Be=
amten mir in den letzten 10 Jahren so häufig entgegengetreten ist als ein

preußisches Ideal, durch Herrn v. Ernsthausen doch nur in beschränkter Weise vertreten wurde. Er hat ausdrücklich erklärt, daß er Zweckverbände perhorresziere für die Wege und für die Schulen; er wollte solche Zweck-verbände nur für das Armenwesen. Er hat also damit zugegeben, daß diejenigen, die im Anschluß an süddeutsche Gewohnheiten und Überzeugun-gen, an westeuropäische überhaupt dem Gemeindeleben, das alle Kommunal-zwecke einheitlich in der Hand hat, den Vorzug geben, nicht so sehr im Irrtum seien; mit den Zweckverbänden komplizieren wir den Verwaltungs-organismus ungebührlich, wie das in England seine großen Schattenseiten gezeigt hat. Aber, wenn so auch die Zweckverbände in unsern Debatten etwas zurücktraten, ganz sind sie nicht verschwunden; und noch weniger ist die Differenz ausgeglichen und aufgeklärt, ob man die Reform mehr im Kreis oder in kleineren kommunalen Neubildungen innerhalb desselben suchen solle. Meine bisherige Ueberzeugung war, daß die Umbildung der Amts-bezirke zu Kommunen das Richtige sei, darin hatte mich auch die Lektüre der von uns publizierten Schriften bestärkt. Es ist mir auch jetzt durch die Ausführungen Herrn v. Ernsthausens nicht recht klar geworden, warum es notwendig sei, in einem Kreise, der 25 Amtsbezirke hat, 10 Zweck-verbände für das Armenwesen zu schaffen, die sich mit jenen nicht decken. Ich darf da vielleicht noch an die neuere englische Entwickelung erinnern, die dahin geht, die verschiedenen und lokal sich nicht deckenden Zweck-verbände doch mehr und mehr wieder einheitlich zusammenzulegen.

Hier also blieben Differenzen der Anschauungen, die auf Grund unserer Debatte nicht auszugleichen sind. Jedenfalls aber, meine Herren, glaube ich, können wir zufrieden sein mit dem Verlauf unserer Verhand-lung. Sie war für mich wenigstens ebenso lehrreich, wie die Lektüre der Schriften, die wir ins Leben gerufen haben. Unsere Debatte, von der ich vor allem fürchtete, daß das Verständnis für die konservativen und agrarischen Interessen des Ostens etwas notdürftig hier vertreten sein werde, weil wir ja im Westen sitzen und weil die westlichen Elemente es viel näher zu unserer Sitzung hatten, — berücksichtigte alle Seiten der Frage und alle Interessen gleichmäßig. Ich habe die Empfindung, daß auch die große politische Bedeutung, die die Frage hat, voll und ganz zum Ausdruck gekommen ist.

Und, meine Herren, das ist auch gewiß recht wünschenswert. Der ganze Hochdruck unserer öffentlichen Meinung, meine ich, sollte sich einsetzen, damit im gegenwärtigen Moment endlich irgend etwas in dieser Frage zu-stande kommt. Nach meiner Überzeugung ist es eine der allerwichtigsten Fragen, die der preußische Staat noch zu lösen hat, und unsere ganze

8*

sociale Zukunft, die ganze gesunde Ausbildung des Steuerwesens u. s. w.
hängt davon ab, daß diese Reform, über die wir heute debattiert haben
und über die der nächste preußische Landtag ja wohl zu beschließen haben
wird, zustande kommt. Meine Herren, wir leben in einer Zeit des hoch-
gespanntesten — ich möchte sagen, materialistischen Egoismus. Wenn wir
in solcher Zeit nicht diejenigen großen Institutionen fördern und ausbilden,
welche vor allem den Gemeingeist, das sittliche Gemeindegefühl stärken, so
muß unsere Entwickelung eine ungesunde sein. Und zu dieser Stärkung des
Gemeingeistes wird es vor allem beitragen, wenn die Reform unseres ländlichen Gemeindewesens gelingt. —

Ich habe noch zwei geschäftliche Mitteilungen zu machen. Ich bitte
die Herren vom Ausschuß, heute Abend 8 Uhr im Frankfurter Hof zu
einer Sitzung zu erscheinen, und bemerke dabei, daß sämtliche bisherige
Mitglieder des Ausschusses wieder kooptiert worden sind. Ich bitte auch
diejenigen zu dieser Sitzung zu kommen, die in der letzten Ausschußsitzung
nicht anwesend waren. Wir haben noch einen Herrn kooptiert, der bisher
nicht Mitglied war; den werden wir noch besonders zu der heutigen Sitzung
einladen. — Dann habe ich zu bemerken, daß nachher von 9 Uhr an die
sämtlichen Herren gebeten sind, im Palais-Restaurant, Zeil 46, zu einer
freien Vereinigung zu erscheinen.

Das gemeinschaftliche Essen im Frankfurter Hof beginnt um 5, und
die morgige Sitzung präcis 9 Uhr.

Die heutige Sitzung ist geschlossen.

(Schluß der Sitzung gegen 3½ Uhr.)

Zweite Sitzung.

Sonnabend den 27. September 1890,
vormittags 9 Uhr.

~~~~~~~~

Vorsitzender Prof. Dr. Schmoller (Berlin): Meine Herren! Ich eröffne unsere heutige Sitzung.

Erlauben Sie, daß ich über die projektierte Einteilung des heutigen Tages zunächst eine Bemerkung mache. Der Ausschuß glaubt, daß jedenfalls zwei Sitzungen heute notwendig werden werden, und er war der Meinung, daß es besser sei, eine größere Pause, vielleicht von 2 bis 5 Uhr, zu machen und dann um 5 Uhr unsere zweite Sitzung zu beginnen, die dann vielleicht bis 10 oder 11 Uhr fortdauern könnte. Wir hoffen, daß das ausreichen werde.

Sodann aber wird es, auch wenn wir von jetzt bis 2 Uhr durchdebattieren, doch vielleicht angemessen sein, nicht daß die Herren bloß einzeln hier frühstücken, schon einfach deshalb, weil sie immer hinter dem Präsidium durchgehen müßten, sondern daß wir vielleicht nach den Referaten eine kleine Frühstückspause von etwa einer Viertelstunde machen, und banach die Debatte beginnen, sie bis 2—2½ Uhr fortsetzen und alsdann die größere Pause eintreten lassen.

Wenn kein Widerspruch erfolgt, so nehme ich an, daß vorläufig Einverständnis mit diesem Plane vorhanden ist; eine Abänderung ist ja immer noch möglich.

Zu einer geschäftlichen Mitteilung hat der Herr Schriftführer Geibel das Wort.

Schriftführer Verlagsbuchhändler C. Geibel (Leipzig): Der hiesige Magistrat hat die Güte gehabt, uns zwei Schriften einzuschicken: „Beiträge zur Kenntnis des Armenwesens und zur Armenstatistik in Frankfurt a. M."

von Stadtrat Dr. Flesch", und Aktenstücke, betreffend die Vergebung der für die Gemeindeverwaltung erforderlichen Drucksachen. Die Schriften befinden sich in einer Anzahl von Exemplaren im Büreau und können dort in Empfang genommen werden.

Vorsitzender: Meine Herren! So treten wir denn in den zweiten Punkt unserer Tagesordnung ein:

Arbeitseinstellungen und die Fortbildung des Arbeitsvertrags,

und ich erteile zunächst das Wort dem ersten Referenten, Herrn Geheimen Hofrat Professor Dr. Brentano.

Referat

des

Herrn Geh. Hofrat Professor Dr. L. Brentano (Leipzig)

über

Arbeitseinstellungen und die Fortbildung des Arbeitsvertrags.

Berichterstatter Geh. Hofrat Professor Dr. Brentano-Leipzig: Meine Herren! Unser verehrter Vorsitzender hat unsere diesmalige Tagung mit einem Rückblick auf die Entwickelung unseres Vereins seit 1872 begonnen. Er konstatierte einen Gegensatz zwischen damals und heute. Damals habe es eine Agitation zur Erschütterung der öffentlichen Meinung gegolten ohne Aussicht, unmittelbar durchzudringen. Heute sei diese Aussicht vorhanden und dem entsprechend ein weit größeres Gefühl von Verantwortlichkeit.

Wenn ich unsern Herrn Vorsitzenden richtig verstanden habe, so wollte er aber damit nicht etwa sagen, daß es uns damals mit unseren Vorschlägen nicht ebenso ernst gewesen sei wie heute, noch auch, daß die Dinge, für die wir damals eintraten, damals weniger durchführbar gewesen seien, wie da wir heute für dieselben eintreten; aber allerdings besteht ein Unterschied zwischen heute und damals darin, daß die Erfahrungen, die wir seitdem gemacht haben, die Notwendigkeit des von uns damals Vorgeschlagenen in erhöhtem Maße dargethan haben.

Als vor nunmehr 18 Jahren die Versammlung zur Besprechung der socialen Frage in Eisenach zusammentrat, hatte, wie heute, eine Periode wirtschaftlichen Aufschwungs die Nachfrage nach Arbeit gesteigert, und damals hatten, wie heute, die Arbeiter die ihnen günstige Machtlage zur Erhöhung des Preises der Arbeit benutzt. Leider ist es heute noch in einem anderen Punkte genau so wie damals, obwohl uns heute weniger Entschuldigungsgründe wie damals zur Seite stehen. Damals war die Gesetzgebung, welche die Freiheit des Arbeitsvertrags proklamiert und den Arbeitern das Koalitionsrecht verliehen hatte, nur erst von kurzem Bestand. Und während alle Geschäftskreise die Vorteile der beispiellosen Konjunktur gierig ausnutzten, wurden die Arbeiter, die sich dieses erlangten Koalitionsrechtes bedienten, um die für sie günstige Machtlage auszunutzen, von der öffentlichen Meinung überwiegend, — ich will nicht mehr sagen als Rebellen, da man merkwürdigerweise diesen Ausdruck beanstandet hat, sondern statt dessen den Ausdruck des Vereins zur Wahrung der wirtschaftlichen Interessen gebrauchen, — sie wurden als unbotmäßig betrachtet. Da und dort trat das Verlangen nach Wiederbeseitigung des Koalitionsrechts hervor. Die kriminelle Bestrafung des Arbeitsvertragsbruchs war eine ganz übliche Forderung. Kurz, so liberal man damals war, in der Behandlung des Arbeitsverhältnisses, glaubte man, sei der Liberalismus zu weit gegangen.

Daher hatten die Veranstalter der Eisenacher Versammlung neben anderen Gegenständen die Arbeitseinstellungen auf die Tagesordnung gesetzt. Professor Schmoller hatte das Referat übernommen, und wir waren alle mit ihm einig, als er die Wiederbeseitigung der Koalitionsfreiheit und die Wiedereinführung der kriminellen Bestrafung des Kontraktbruchs zurückwies, als er der Bildung von Arbeiterorganisationen das Wort redete und für die Erledigung von Arbeitsstreitigkeiten durch Schieds- und Einigungsverfahren eintrat.

Da kam die wirtschaftliche Katastrophe von 1873 und in deren Gefolge eine Periode der Depression, wie sie in der Wirtschaftsgeschichte nach Dauer und Intensität bisher unerhört war. Von Arbeitseinstellungen war nun nicht mehr die Rede. Damit erlosch das Interesse des Publikums an der Fortbildung des Arbeitsvertrags, und sie schien völlig vergessen, als im Gefolge des Umschwungs in der Wirtschaftspolitik im Jahre 1878 auch die Socialpolitik der achtziger Jahre inauguriert wurde.

Herr Professor Schmoller hat bereits gestern hervorgehoben, daß unser Verein das Verdienst dieser Socialpolitik nicht für sich in Anspruch zu nehmen vermag; ich möchte dem von ihm Gesagten hinzufügen, daß diese Socialpolitik auch weit verschieden war von dem, was unser Verein in den siebenziger Jahren erstrebt hatte. Gewiß — einzelne allgemeine Gesichtspunkte, wie die Negation des Manchestertums, waren der neuen Socialpolitik mit unseren damaligen Bestrebungen gemein. Aber die Einzelheiten der socialpolitischen Gesetze sind nicht auf unserem Boden gewachsen. Unsere Bestrebungen der siebenziger Jahre — und ich glaube hier nicht bloß für mich, sondern für alle akademischen Mitglieder des Vereins für Socialpolitik zu reden, — waren dahingegangen, die von der Gesetzgebung vorausgesetzte Gleichheit zwischen Arbeitgeber und Arbeiter beim Abschluß des Arbeitsvertrags möglichst zur Wirklichkeit zu machen und eben deshalb hatten wir Fachorganisationen und Einigungsämter befürwortet; die Socialpolitik der achtziger Jahre stellte die Fürsorge für Arbeitsunfähigkeit infolge von Krankheit, Unfall, Invalidität und Alter in den Vordergrund, traf für sie eine Ordnung, welche insbesondere durch ihre Stellung zu den freien Hülfskassen der selbständigen Interessenorganisation der Arbeiter Hindernisse bereitete und damit das Übergewicht des Arbeitgebers über den Arbeiter beim Abschluß des Arbeitsvertrages noch stärken mußte. Von da ab schwand

die gewerbliche Arbeiterfrage von der Tagesordnung des Vereins für Socialpolitik. Einige von uns gaben ihrer Mißbilligung der neu eingeschlagenen
Richtung erfolglosen Ausdruck. Andere wandten sich derselben zu, indem
sie hofften, daß sie nicht werde umhin können, sich auch mit dem Kernpunkt der Arbeiterfrage, der Regelung des Arbeitsvertrags, zu befassen. Der
Verein als solcher widmete der Betrachtung der agrarischen Verhältnisse sein
hauptsächliches Interesse.

Da kam das Wiederaufleben von Handel und Wandel im vorigen
Jahre, und zwar besonders im Bergbau, und damit kam auch die Probe
auf die neue Socialpolitik. Sie fragen vielleicht wie so? Sehr einfach:
im Bergbau bestanden die neu eingeführten Kranken-, Invaliden- und
Alterskassen traditionell, und zwar waren die von ihnen gewährten Vorteile weit größer als die, welche die neue Arbeiterversicherungsgesetzgebung
in Aussicht stellte. Wenn irgendwo so mußten diese Einrichtungen also
im Bergbau zeigen, ob sie im stande seien, die erhofften socialpolitischen
Wirkungen hervorzubringen. Was aber trat ein? Haben sie zu jener
Befriedigung des Arbeiters geführt, welche diesen geneigt macht, für die
gewährte Fürsorge bei Arbeitsunfähigkeit auf die Ausnützung der Konjunktur bei steigendem Markte zu verzichten? Ganz im Gegenteile! Wir
erlebten, daß die Bergleute die Gefahr, alle ihre Kranken-, Invaliden- und
Altersversicherungsansprüche zu verlieren, völlig mißachteten und den
größten Streik inscenierten, den Deutschland jemals gesehen hat. Meine
Herren! Ich möchte die gemachten Erfahrungen mit denen vergleichen,
die man aus Anlaß anderer elementarer Ereignisse leider so vielfach
zu machen Gelegenheit hatte. Um Überschwemmungen vorzubeugen hat
man Flußregulierungen vorgenommen, allein statt den Fluß entsprechend
dem natürlichen Laufe des Wassers zu regeln, hat man ihm häufig einen
künstlichen Weg vorzuschreiben versucht und auf Einengung und Gerade-
ziehung der Flußläufe Unsummen verwendet. Da kommt die Hochflut;
entsprechend der bisher stattgehabten Einengung brausen die Wasser wilder
denn je, und auf den empörten Wogen schwimmen die Trümmer all' der
kostbaren Bauten, welche die Überschwemmung hatten hindern sollen. Dann
wird Sturm geläutet und die Mannschaft zieht auf, um durch eilig auf-
geworfene Dämme dem Elemente zu widerstehen. So sprengte die durch
die steigende Konjunktur hervorgerufene Arbeiterbewegung mit Leichtigkeit
alle die Fesseln, welche an sich vortreffliche Wohlfahrtseinrichtungen und
Knappschaftskassen ihr anzulegen versucht hatten; da keinerlei Arbeiterorganisationen bestanden, kam es zu Kontraktbruch, Unordnung, Tumulten, und
die Frage war, ob man zur Unterstützung der patriarchalischen Socialpolitik die Armee mobilisieren, oder neue Bahnen einschlagen sollte.

Dies verhalf der Erkenntnis zum Durchbruch, daß der Kernpunkt der Arbeiterfrage in der sachgemäßen Ordnung des Arbeitsvertrages liege; diese einfache Wahrheit wurde wiederum zum Gemeingute Aller; und unser Verein, seinem alten Berufe getreu, setzte die Frage auf die Tagesordnung.

Indem wir ihr näher treten, müssen wir vor allem die Gesichtspunkte kennzeichnen, von denen aus die Fortbildung des Arbeitsvertrags ins Auge gefaßt werden kann. Wir haben zweierlei entgegengesetzte Gesichtspunkte: den der Arbeitgeber und den der Arbeiter. Außer diesen beiden gibt es noch einen dritten: denjenigen, der das Wohl der Gesamtheit und des Staates ins Auge faßt und die beiden ebengenannten nur insoweit berücksichtigt, als sie sich mit diesem vertragen.

Ich beginne mit dem der Arbeiter, denn sie sind es, welche eine Änderung des bestehenden Zustandes verlangen. Dabei rede ich nicht von den Forderungen der Socialdemokraten, insofern sie einen völligen Umsturz der bestehenden wirtschaftlichen, gesellschaftlichen und politischen Ordnung verlangen. Da handelt es sich bekanntlich um Dinge, die in 200 oder 500 Jahren sein sollen. Für die nächsten Jahrhunderte befinden wir uns aber noch in der kapitalistischen Produktionsperiode. Ich betrachte daher nur die Forderungen, welche sich innerhalb des Rahmens der kapitalistischen Produktionsweise bewegen.

Diese Forderungen sind zweierlei: der Arbeiter verlangt einmal die praktische Verwirklichung jener Gleichberechtigung beim Abschluß des Arbeitsvertrages, welche die geltende Gesetzgebung ihm längst zuerkannt hat. Und diese wiederum verlangt er zu dem Zweck, um den bestmöglichen Preis für seine Arbeit zu erzielen.

Es hieße Eulen nach Athen tragen, wollte ich in dieser Versammlung eingehender bei dem Nachweise verweilen, daß die Arbeiter diese von der Gesetzgebung als berechtigt anerkannten Forderungen nur durchsetzen können, wenn sie sich berufsmäßig organisieren. Wir alle wissen, daß ohne Organisation der Arbeiter der Arbeitgeber es ist, der dem vereinzelten Arbeiter die Arbeitsbedingungen einseitig vorschreibt, daß hier der Arbeiter völlig einflußlos ist auf die Regelung des Angebotes der Arbeit sowohl in der Gegenwart als auch in der Zukunft, daß er bei sinkender Nachfrage nicht im stande ist, das Angebot der Arbeit entsprechend dem gesunkenen Bedarfe zu mindern. Wir alle wissen, daß ganz im Gegenteil bei sinkender Nachfrage nach Arbeit das Angebot der Arbeiter, wo sie vereinzelt sind, notwendig zunimmt. Um zu der geringen Zahl zu gehören, die nun Beschäftigung finden, muß jeder Einzelne mehr Arbeit für einen geringeren Preis, als andere bieten. Dies führt zu einer Verlängerung der Arbeitszeit, d. h. obwohl weniger Arbeit begehrt ist, wird mehr Arbeit angeboten, infolge dessen bleiben noch mehr Arbeiter beschäftigungslos und der Lohn sinkt noch tiefer. So führt denn, einerlei, was die Ursache des Sinkens sein mag, ob ein Ausfall in der Nachfrage nach dem Produkte, oder die Einführung von Maschinen, ein jedes Sinken in der Nachfrage nach Arbeit zur Entstehung einer Reservearmee von Unbeschäftigten, welche von der Armenpflege erhalten werden müssen und deren Vorhandensein den Lohn der Beschäftigten drückt. Steigt aber die Nachfrage bis zu dem Maße, daß diese ganze Reservearmee Beschäftigung findet und der Lohn steigt, so kommen die Arbeiter aus anderen Orten und Gewerben, und wenn der Rückschlag der Konjunktur eintritt, ist die Zahl der Beschäftigungslosen eine um so größere geworden.

Das Mittel gegen diese Übelstände suchen die Arbeiter in der Aufhebung ihrer Vereinzelung durch die Organisation. Sie verschafft ihnen praktisch die Gleichberechtigung, welche die Gesetzgebung ihnen zuerkannt hat; sie gibt ihnen die Möglichkeit, den der Marktlage entsprechenden Preis für ihre Arbeit zu erzielen.

Anders die Arbeitgeber. Sie wünschen vor allem keine Änderung in dem bestehenden Zustand, und zwar begreiflicher Weise. Heißt doch die Organisation der Arbeiter so viel als, daß die Arbeitgeber da, wo sie bisher einseitig zu befehlen hatten, mit ihren Arbeitern oder deren Vertretern verhandeln sollen. Dies widerspricht sowohl ihren Gefühlen — haben wir doch Äußerungen gehört, die an die Proteste Friedrich Wilhelms IV. gegen die Einführung einer Verfassung erinnern, — als auch ihren Interessen: denn in vielen Fällen führt die Festsetzung des Lohnes auf dem Wege der Vereinbarung zu einer Schmälerung ihres Gewinns.

Aber auch außerdem haben sie Bedenken, und es wäre irrig, sie als bedeutungslos aufzufassen. Unsere großen modernen Betriebe erheischen das strengste Ineinandergreifen von tausenden von Händen und die größte Sorgfalt in der Behandlung kostbaren Materials. Nun fürchten sie von der Organisation der Arbeiter eine Steigerung des Selbstbewußtseins der Arbeiter und von diesem eine Lockerung der Disciplin, die mit der Weiterführung der Betriebe unvereinbar wäre.

Sodann hat die Besserung der Arbeitsbedingungen innerhalb unserer kapitalistischen Produktion, in der wir uns nun einmal noch für Jahrhunderte befinden, eine Grenze an der Zahlungsfähigkeit des Arbeitgebers. Sie befürchten von der Organisation der Arbeiter eine Steigerung der Produktionskosten, die es ihnen unmöglich machen würde, das Gewerbe weiter zu betreiben.

Aus allen diesen Gründen der Widerstand der Arbeitgeber gegen die Arbeiterorganisationen und die Bildung von Gegenorganisationen, um sie zu unterdrücken. Und daraus entstehen denn die Arbeitskämpfe, welche oft die Dimenfion von Bürgerkriegen annehmen und das gefamte Gemeinwefen in Mitleidenfchaft ziehen.

Welches ift nun die Stellung, welche die Gefamtheit gegenüber diefen Intereffenftreitigkeiten einzunehmen berufen ift?

So arbeiterfreundlich fie in anderer Beziehung gewefen ift, fo hat fie in diefen Intereffenftreitigkeiten in Deutfchland bis zum Bergmannsftreik im vorigen Jahre auf Seite der Arbeitgeber geftanden. Die Arbeiter haben zwar das Koalitionsrecht de jure, aber de facto keine Organifations- freiheit befeffen, denn es fehlte die Verfammlungs- und die Vereinsfreiheit. Was ift die Folge gewefen? Hat diefe Politik die Arbeiter in der Gefin- nung der Botmäßigkeit erhalten, in der viele fie dauernd erhalten möchten?

Ich habe fchon zu Anfang darauf hingewiefen, daß das Gegenteil der Fall war. Da der Staat dem Arbeiter nicht die Möglichkeit gab, inner- halb der beftehenden Wirtfchafts- und Gefellfchaftsordnung feine Intereffen zu wahren, hat fich der Arbeiter gegen die beftehende wirtfchaftliche und ftaatliche Ordnung gewendet. Da man ihn, fobald er feine Intereffen geltend machte, als unbotmäßig anfah, fo fühlte er fich auch als Rebell. Und eben die Erkenntnis diefer Wirkungen ift es ja, die zum Bruch mit der bisherigen Politik gegenüber Arbeiterorganifationen geführt hat.

Das Intereffe der Gefamtheit erheifcht, daß der Widerfpruch zwifchen Recht und Wirklichkeit, der die heutige Gefetzgebung über den Arbeitsver- trag kennzeichnet, befeitigt werde. Es erheifcht, daß die Gleichberechtigung des Arbeiters bei Feftftellung der Arbeitsbedingungen in der Weife zur Wahrheit wird, daß dem Arbeiter die Möglichkeit werde mit dem Arbeit- geber ex aequo zu verhandeln. Es erheifcht, daß ihm die Möglichkeit werde, für feine Arbeit wirklich den beften Preis zu erzielen, den die Markt- lage geftattet. Und wenn die Organifation der Arbeiter das einzige mit der modernen Entwickelung übereinftimmende Mittel ift, um dem Arbeiter diefe Möglichkeit zu gewähren, fo erheifcht das Gefamtintereffe diefe Organifation.

Allein das Intereffe der Gefamtheit erheifcht auch die Wahrung der Lebensbedingungen unferer Induftrie: die Aufrechthaltung der Disciplin in den Betrieben und die Berückfichtigung der Zahlungsfähigkeit unferer In- duftriellen. Es verlangt daher, daß die Arbeitgeber fich ebenfo wie die Arbeiter organifieren, um jedem mit dem gedeihlichen Fortbeftand der Be- triebe unverträglichen Begehren begegnen zu können.

Kein Zweifel, daß die nächfte Folge folcher Organifationen beider Parteien eine Zunahme der Kraftproben und Kämpfe fein wird. Es wird bei uns nicht anders gehen als in England, als die gelernten Arbeiter vor Jahrzehnten zuerft anfingen, fich zu organifieren, oder als heutzutage, da die ungelernten Arbeiter, wie z. B. eben erst die bis dahin unorganisierten Dockarbeiter Southamptons ihre Flegeljahre der Organisation durchmachen. Auch widerspräche es unzweifelhaft dem Gesamtinteresse, wenn der Zustand der Fehde zwischen den Organisationen der beiden Interessenten der permanente würde. Allein diese Kämpfe schädigen beide Teile, den Sieger wie den Besiegten, und wer einmal einen durchgemacht hat, setzt sich nicht so leicht einem zweiten aus. Die Folge ist: an Stelle des Kampfes zwischen beiden Organisationen tritt allmählich in einem Gewerbe nach dem andern die Verhandlung, und sind die Arbeitgeber einmal so weit gebracht, mit der Organisation der Arbeiter zu verhandeln und mit ihr die Arbeitsbedingungen für alle ihre Mitglieder zu vereinbaren, so werden solche Kämpfe von der äußersten Seltenheit sein. Dies ist die ausnahmslose Erfahrung, die man in England gemacht hat, und in Deutschland zeigt die Geschichte des Buchdruckgewerbes seit 1873 dasselbe.

Mit dieser Vereinbarung vertragen sich aber nicht bloß die Aufrechthaltung der Disciplin in den Betrieben und die Berücksichtigung der Zahlungsfähigkeit unserer Industriellen, sondern was früher als einseitig aufgelegt widerwillig ertragen wurde, wird nun mit Unterstützung der Arbeiter durchgeführt und beachtet.

In Bezug auf die Arbeitsordnung haben wir hier die nachdrücklichsten Zeugnisse, welche die vortreffliche Schrift von Professor Sering enthält. Denselben gegenüber verliert der Protest gegen Arbeiterausschüsse seitens des Vereins zur Wahrung der wirtschaftlichen Interessen 2c. 2c. ganz abgesehen von der Unhaltbarkeit seiner Argumente jede Bedeutung. Als ich vor Jahren in der ersten Auflage von Schoenbergs Handbuch von der Socialpolitik unserer industriellen Magnaten sprach, sagte ich, das Ideal vieler unter ihnen sei ein Verhältnis zwischen Arbeitgeber und Arbeiter ähnlich dem des Feudalherren zu seinen Hörigen. Das Wort wurde mir furchtbar übel genommen. Ich habe nie recht begriffen, warum, wenn nicht diejenigen, die mich angriffen, ihre Vorstellung von den feudalen Verhältnissen aus irgend welchen Schauerromanen geschöpft haben. Denn das Verhältnis der Feudalherren zu seinen Hörigen war häufig, namentlich was die Arbeitsordnung angeht, keineswegs ein unbeschränktes. Der Hörige war was die Arbeitsordnung und seine Dienste und Leistungen angeht, nichts weniger als allenthalben der Willkür seines Herrn unterworfen. All' dies war in den guten Zeiten in Urbarien aufgezeichnet und die Anwendung dieser Ordnung geschah nicht nach Willkür, sondern seitens des Herrn oder seines Vertreters inmitten des aus den Dienstpflichtigen bestehenden Hofgerichts. Meine Herren, die Sie über meinen Ausdruck Feudalisierung der Industrie so empört waren, geben Sie den Arbeitern doch mindestens diese Freiheiten der Hörigen! In den Arbeiterausschüssen verlangen wir ja nichts anderes als dieses Hofgericht, und wenn diese Freiheiten mit der Stellung des Burg- herrn verträglich waren, werden sie auch die des modernen Fabrikherrn nicht erschüttern. (Bravo!) Ganz im Gegenteile; ebenso wie der mittel- alterliche Grundherr seiner Zeit seinen Vorteil fand, als an Stelle der un- gemessenen Dienste die gemessenen traten, werden Sie in der Willigkeit, mit der die Arbeiter einer vereinbarten, statt einer willkürlichen Arbeitsordnung folgen, reichen Entgelt finden.

Dasselbe Ergebnis aber winkt als Folge der Feststellung von Lohn und Arbeitszeit auf dem Wege des Schieds- und Einigungsverfahrens statt durch einseitiges Diktat des Arbeitgebers. Wo immer dieselbe eingetreten ist, hat sie die Arbeiter zu einem völligen Verständnis der Bedingungen, von denen die Zahlungsfähigkeit der Arbeitgeber abhängt, erzogen. Dadurch wurde die weitgehendste Vorsicht, diese Bedingungen ja nicht zu schädigen, in ihnen entwickelt. So ist dies der Grund, warum wir finden, daß die Grubenarbeiter in Südwales, in Northumberland und Durham, die früher zu den streiklustigsten gehörten, heute von allen thörichten Bestrebungen, welche die Konkurrenzfähigkeit ihrer Betriebe schädigen könnten, sich fern- halten, während die übrigen englischen Grubenarbeiterorganisationen, die noch um ihre Anerkennung durch die Arbeitgeber kämpfen, voll Kampflust oft die thörichtsten Maßregeln planen. Ganz besonders deutlich und in noch größerem Maßstabe trat die Wirkung auf dem Gewerkvereinskongreß zu Liverpool hervor, dem ich zu Anfang dieses Monates beiwohnte. Die Vereine der ungelernten Arbeiter, welche während des gewerblichen Auf- schwunges des letzten Jahres wie Pilze emporgeschossen sind, waren zum erstenmale vertreten und stellten den Antrag, der Kongreß möge sich für einen gesetzlichen Achtstundentag aussprechen. Infolge eines Abstimmungs- fehlers seitens der Bergleute erhielten sie auch eine geringfügige Majorität. Allein die gesamten Gewerkvereine der gelernten Arbeiter stimmten dagegen. Die Baumwollweber von Lancashire legten sogar lauten Protest ein, und zwar warum? weil die Verkürzung der Arbeitszeit die Konkurrenzfähig- keit ihrer Industrie schädigen würde; und es besteht unter den Führern gar kein Zweifel, daß an eine Agitation sämtlicher Gewerkvereine für einen all- gemeinen gesetzlichen Achtstundentag gar nicht zu denken ist. Die Bergleute werden den Achtstundentag wohl erhalten, weil ihre enorme Mehrheit und die Stimmung des großen Publikums dafür ist; die Ausdehnung auf alle Gewerbe findet aber den energischsten Widerstand bei den Gewerkvereinen der gelernten Arbeiter. Was aber hat sie zu diesem Maßhalten in ihren Forderungen erzogen? Vor 30 Jahren noch war ihre enorme Mehrzahl recht oft bereit, ganz undurchführbare Forderungen zu stellen. Die Arbeiter der

Baumwollindustrie Lancashires waren voran in Rücksichtslosigkeit und Gewaltthätigkeit. Aber Professor Munro aus Manchester, den wir die Freude haben in unserer Mitte zu sehen, wird die Richtigkeit aus eigener Anschauung bezeugen, wenn ich sage, daß die steten Verhandlungen zwischen den Organisationen der Arbeiter und der Arbeitgeber über Lohn und Arbeitszeit die Arbeiter zu solchem Verständnis der wirtschaftlichen Existenzbedingungen ihrer Industrie erzogen haben, daß sie oft ökonomisch konservativer und vorsichtiger geworden sind als ihre Herren.

Und nun komme ich zu einer weiteren Frage.

Sind dies die Erfahrungen, die man mit der Existenz freier Organisationen von Arbeitern und Arbeitgebern in dem Lande gemacht hat, in dem die Industrie am entwickeltsten ist, so fragt sich, wie solche Organisationen ins Leben rufen.

Darauf gibt es nur eine Antwort: man muß ihrer Entwickelung freien Spielraum gewähren. Sie lassen sich nicht von oben herab dekretieren. Von Amtswegen eingeführte Gewerkvereine von Arbeitern und Arbeitgebern würden als todgeboren von vornherein dazu verurteilt sein, jeder ersprießlichen Wirkung zu entbehren. Ihnen fehlt die erziehliche Wirkung der Kämpfe, welche das Herauswachsen aus dem Bedürfnisse begleiten. Noch mehr wäre dies natürlich der Fall, wollte man an Stelle der Regelung der Arbeitsbedingungen durch die Organisationen der Interessenten selbst die durch Beamte setzen. Es wäre dies ein Versuch, der nach vielen kompromittierenden Erfahrungen socialpolitisch völligen Schiffbruch erleiden würde. Er stände in gleichem Maße im Widerspruch mit den Wünschen der Arbeiter wie der Arbeitgeber. Und außerdem, woher die Beamten nehmen, die im stande wären, die Arbeitsbedingungen entsprechend der Marktlage festzustellen?

Nein, die Organisationen, welche gemeinsam die Arbeitsbedingungen feststellen, müssen wachsen. Nicht als ob die Gesetzgebung und Verwaltung nicht sehr viel thun könnten, um dieses Wachstum zu fördern. Vor allem sollen sie ihrem natürlichen Wachstum keine Hindernisse in den Weg legen, indem sie die Versammlungs- und Vereinsfreiheit zu Berufszwecken verkümmern. Ein weiterer Schritt wäre, den Organisationen der Arbeitgeber, und Arbeiter, welche ähnlich wie die in der nordenglischen Eisenindustrie sich verpflichten, bevor sie zu Aussperrungen oder Arbeitseinstellungen schreiten, ihre Arbeitsstreitigkeiten einem Schieds- und Einigungsverfahren zu unterwerfen, Korporationsrechte zu verleihen. Dabei sei mir gestattet, eine Frage zu beantworten, welche ein einflußreiches Organ der rheinischen Großindustriellen, die Kölnische Zeitung, vor wenigen Tagen an mich gerichtet

hat. Sie hat mir zugerufen, ob ich auch den socialdemokratischen Fach=
vereinen unter diesen Bedingungen Korporationsrechte verleihen wolle? Ich
antworte mit der Frage, was ist ein socialdemokratischer Fachverein? Wenn
ein Verein darunter verstanden wird, der statt die konkreten Berufsinteressen
der Fachgenossen wahrzunehmen, lediglich socialdemokratische Propaganda
treibt, selbstverständlich nicht, denn solch ein Verein wäre kein Fachverein;
wenn dagegen ein socialdemokratischer Fachverein nichts anderes heißen soll,
als ein Fachverein, zu dem Socialdemokraten gehören, so sage ich unbedingt
ja. (Bravo!) Die Socialdemokratie, so lange sie sich nicht in Handlungen
äußert, ist nichts anderes als eine Gesinnung. Die Verfolgung von Ge=
sinnungen statt der von Handlungen sollte aber doch nicht mehr in Frage
kommen, da alle Erfahrungen seit den Religionskriegen gezeigt haben, daß
nichts mehr als die Verfolgung einer Gesinnung geeignet ist, sie zu erhalten.
(Bravo!) Umgekehrt wird gerade die Zulassung von Fachvereinen, zu
denen Socialdemokraten gehören, eines der Mittel sein, um die Arbeiter
von der socialdemokratischen Gesinnung thatsächlich abzubringen, denn sie
wird ihre Bestrebungen auf den Boden der gegebenen Verhältnisse verweisen.
Ich kann mich in dieser Beziehung auf die Beobachtungen berufen, die ich in
England reichlich zu machen Gelegenheit hatte. Sie haben mir nämlich
gezeigt, wie eine revolutionäre Gesinnung, wenn man ihre Träger zur prak=
tischen Mitarbeit an den konkreten Aufgaben des Tages zuläßt, zu einer
durchaus konservativen wird. Ich habe in den Jahren 1868 und 1869
und dann wieder 1872 in fast täglichem Verkehr mit den alten Gewerk=
vereinsführern in England gestanden und sie durch und durch kennen gelernt.
Sie waren praktisch die konservativsten Menschen, die mir je vorgekommen,
und eben deshalb der Gegenstand des besonderen Zorns von Karl Marx
und Genossen. Allein sie waren fast alle alte Oweniten oder Chartisten,
hatten ihr altes socialdemokratisches Credo als Ideal beibehalten, wie man
denn auch heute noch häufig von den englischen Gewerkvereinssekretären auf
theoretische Fragen Antworten erhält, die in Deutschland wohl sämtlich als
socialdemokratisch bezeichnet würden. Als ich aber einstmals scherzend den
Generalsekretär der Maschinenbauer, einen alten Oweniten, fragte, warum
er, da sie nun so viel Geld hätten, nicht einen Versuch mache, seine Ideale
zu verwirklichen, antwortete er mir: Unsinn, Doctor! Das sind Sonntags=
ideen; ihnen gehört die Zukunft; wir aber leben in der Gegenwart. — Hätte
man aber den Fehler begangen, von diesen Männern zu verlangen, sie
sollten diese Ideale formell abschwören, bevor man mit ihnen arbeite, so wären
sie niemals jene praktisch konservativen Männer geworden. Bei einigen Schurken
vielleicht wäre das Verlangen erfolgreich gewesen; allein deren Gewinn be=
dingt keinen Vorteil; alle Anderen wären allezeit Revolutionäre geblieben.

Des weiteren möge die Gesetzgebung, um die friedliche Austragung der Arbeitsstreitigkeiten zu ermöglichen, folgende Änderungen treffen:

Zunächst bezüglich des § 152, Abs. 2 der Gewerbeordnung. Derselbe bestimmt, daß jedem Teilnehmer an Preis- und Lohnverabredungen der Arbeitgeber und Arbeiter der Rücktritt von solchen Vereinigungen oder Verabredungen beliebig freisteht, und gestattet weder Klage noch Einrede aus solchen Verabredungen. Diese Bestimmung steht mit dem Bedürfnisse einer sachgemäßen Fortbildung des Arbeitsvertrags in schneidendem Widerspruch, indem sie eine vertragsmäßige Verpflichtung zur Beachtung der von Organisationen von Arbeitgebern und Arbeitern für ihre Mitglieder vereinbarten Arbeitsbedingungen unmöglich macht. Dieselbe ist bei der bevorstehenden Revision der Gewerbeordnung dementsprechend zu beseitigen.

Dagegen soll der § 105 der Gewerbeordnung folgende Fassung erhalten:

„Die Festsetzung der Verhältnisse zwischen den selbständigen Gewerbetreibenden und den gewerblichen Arbeitern ist, vorbehaltlich der durch Reichsgesetz begründeten Beschränkungen, Gegenstand freier Übereinkunft.

„Eine solche Übereinkunft kann nicht bloß zwischen einzelnen Gewerbetreibenden und einzelnen Arbeitern, sondern auch zwischen einzelnen Gewerbtreibenden oder Korporationen von Gewerbetreibenden und Korporationen von Arbeitern abgeschlossen werden.

„Wo immer eine Korporation von Arbeitgebern oder Arbeitern die Arbeitsbedingungen für ihre Mitglieder vereinbart, haftet das Korporationsvermögen für die Erfüllung dieser Arbeitsbedingungen seitens der Mitglieder."

Würde die Gesetzgebung den § 152, Abs. 2, beseitigen und dem § 105 die hier beantragte Gestalt geben, so wären damit die Grundlagen für ein den Verhältnissen und Bedürfnissen der Gegenwart entsprechendes Arbeitsvertragsrecht geschaffen. Der Arbeiter hätte alsdann in Wahrheit die Gleichberechtigung, die er bisher nur als gesetzlichen, in der Wirklichkeit aber unerreichbaren Anspruch besaß; der Arbeitgeber hätte jene Sicherheit für die Beachtung des Arbeitsvertrags seitens der Arbeiter wie seitens seiner Konkurrenten, deren er zur Führung seiner Geschäfte bedarf. Die Dissonanz zwischen Recht und Wirklichkeit, die unsere heutigen socialen Verhältnisse zerrüttet, wäre damit, soweit der Arbeitsvertrag ein Kaufvertrag ist, behoben, ganz ebenso wie sie, soweit der Arbeitsvertrag ein Herrschaftsvertrag ist, durch die Arbeiterschutzgesetzgebung behoben wird. Es wäre dies die der Natur der Sache und unserer heutigen Entwicklungsstufe entsprechende Fortbildung des Arbeitsvertrages.

Meine Herren! Gestatten Sie mir noch ein Wort. Ich will nicht den Einwendungen zuvorkommen, welche gegen diese Ausführungen von verschiedenen Seiten gemacht werden werden; ich will sie abwarten und dann erst darauf erwidern. Nur einer unter diesen Einwendungen möchte ich jetzt schon entgegentreten.

Man hat in letzter Zeit häufig gesagt, Organisationen der Arbeiter, welche zusammen mit denen der Arbeitgeber die Arbeitsbedingungen fest= stellen, seien zu gefährlich für Deutschland. Zu gefährlich! Wie so? Wir haben unseren Arbeitern das Wahlrecht verliehen und damit den von ihnen gewählten Vertretern einen weitgehenden Einfluß auf die heiligsten Ange= legenheiten der Nation verstattet. Die Periode dieses Wahlrechts deckt sich mit der glorreichsten Periode der Geschichte unseres Vaterlands. Sollte es ge= fährlicher sein, ihren Vertretern einen Einfluß auf die Ordnung ihrer eigensten Angelegenheiten zu gestatten? Vielleicht etwa, weil sie mehr davon ver= stehen? (Heiterkeit.) Oder soll die Gefahr darin liegen, daß das Deutsche Reich nicht stark genug wäre, die Entwicklungskrankheiten dieser Organi= sationen, die allerdings nicht ausbleiben werden, zu überstehen? Aber wir sind stolz darauf, die stärkste Regierung im Innern wie nach Außen zu besitzen, und würde uns der Einwand von Angehörigen anderer Nationen entgegengehalten, so würden ihn alle mit Entrüstung zurückweisen. Ich begreife nicht diesen plötzlichen Kleinmut. Ich dächte, wenn irgend eine Regierung im stande ist, diese Entwicklungskrankheiten mit Gleichmut an= zusehen, so ist es die unsere. Weit entfernt, dadurch geschwächt zu werden, wird sie aus der Versöhnung der breiten Massen des Volks mit unserer gesamten nationalen Kultur und unserer politischen Gestaltung, welche als Resultat einer befriedigenden Ordnung des Arbeitsvertrages winkt, eine Stärke ziehen, die sie in Stand setzen wird, allen Stürmen der Zukunft mit den Kräften eines einigen Volkes zu begegnen.

(Lebhafter Beifall.)

Vorsitzender: Meine Herren, indem ich Herrn Brentano innigen Dank seitens des Vereins ausspreche, und nun den weiteren Herren Re= ferenten das Wort erteile, darf ich denselben wohl die Bitte ans Herz legen, doch dem schon ausgesprochenen Wunsche nachzukommen und nicht über eine Stunde zu reden. Herr Brentano hatte uns versprochen, in einer halben Stunde fertig zu werden und hat eine volle Stunde geredet; ich bitte, daß die Herren die vorgerückte Zeit nicht in gleicher Progression überschreiten.

Ich bitte jetzt den zweiten Referenten, Herrn Bueck, das Wort zu nehmen.

Korreferat

vom

Geschäftsführer des Centralverbandes deutscher Industrieller Bueck (Berlin)

über

Arbeitseinstellungen und die Fortbildung des Arbeits= vertrages.

Berichterstatter, Geschäftsführer des Centralverbandes deutscher Industrieller Bueck = Berlin: Meine Herren, ich werde versuchen, den Bänden gegenüber, die gegen die Ansicht, die ich hier vertrete, geschrieben sind, und dem etwas länger als vorausgesehenen Referat des Herrn Professor Brentano gegenüber die mir gesteckte Zeit einzuhalten.

Von den an der Spitze unseres Vereins stehenden Herren bin ich aufgefordert worden, die uns heute beschäftigende Frage vom Standpunkt der Arbeitgeber zu behandeln. Wenn ich versuche, diese Aufgabe zu erfüllen, so muß ich eine Einschränkung machen. Bekanntlich gibt es Arbeitgeber, die den weitgehendsten socialen Anschauungen auf diesem Gebiete huldigen; das beweist schon die Thatsache, daß es selbst unter den Socialdemokraten eine größere Anzahl Arbeitgeber gibt. Die, meine Herren, zu vertreten, ist nicht meine Aufgabe.

(Heiterkeit.)

Ich werde nur die Anschauung, und zwar die mit meiner persönlichen Überzeugung vollständig übereinstimmende Anschauung derjenigen, freilich sehr überwiegend größeren Zahl von Arbeitgebern vertreten, die zu den größten wirtschaftlichen und industriellen Vereinigungen sich zusammengethan haben, mit denen ich in inniger Beziehung stehe. Wenn ich dabei von den Anschauungen der deutschen Arbeitgeber sprechen werde, so ist das mit dieser Einschränkung zu verstehen, — was ich hiermit, um Einwendungen nach dieser Richtung zu begegnen, konstatieren möchte. Daß diese Anschauungen

9*

diametral denen entgegengesetzt sind, die Herr Professor Brentano hier vorgetragen hat, ist selbstverständlich.

(Große Heiterkeit.)

Meine Herren, ich spreche nur von meinem Standpunkt aus; ich habe,
wie gesagt, den Standpunkt der großen Masse der hier Anwesenden nicht
zu vertreten.

Meine Herren, die Anschauungen, denen ich entgegenzutreten habe,
kann ich kurz dahin nochmals zusammenfassen, daß der jetzige Arbeitsvertrag
Unvollkommenheiten enthält nach der Richtung hin, daß der Arbeiter sich
in einer Zwangslage befindet, und daß er infolge dessen die Bedingungen
acceptieren muß, die der Arbeitgeber bietet. Aus dieser Zwangslage entsteht ein fortgesetztes Gefühl der Unterdrückung, der Unselbständigkeit, des
Bewußtseins, daß — wie Herr Professor Brentano sich ausdrückt — eines
der wesentlichsten ethischen Momente in der Arbeiterfrage, das heiße Drängen des Arbeiters nach Selbstbestimmung nicht befriedigt wird; dadurch
entsteht Unbefriedigung bei den Arbeitern, Unzufriedenheit, und das führt
zu den revolutionären Strömungen, mit denen unsere Zeit zu kämpfen hat.
Daher muß der Arbeitsvertrag fortgebildet werden, wie uns das eben ausgeführt ist, nach der Richtung hin und mit den Mitteln, daß die Arbeiter
durch Organisation aus der Vereinzelung herausgehoben werden und dadurch zu der Kraft gelangen, ihre Arbeitsbedingungen selbst dem Arbeitgeber zu stellen und — nach Ihrer Ansicht — sie auch durchbringen zu
können.

Meine Herren, es ist dann, als Hauptgrundlage dieser Argumentation,
wesentlich auf die in England bestehenden Verhältnisse hingewiesen worden,
wo in den hauptsächlichsten Gewerben die Organisation der Arbeiter besteht
und zu den befriedigendsten Verhältnissen geführt hat.

Nun, meine Herren, kann ich mich von vornherein mit einem Teil
dieser Argumente vollständig einverstanden erklären. Auch die deutschen
Arbeitgeber erkennen es an, daß der freie Arbeitsvertrag, insofern als er
auf der Lehre beruht, daß der Verkauf oder die Vermietung von Arbeit so
zu behandeln ist, wie der Verkauf oder die Vermietung jeder anderen Ware,
etwas haltlos ist. Es beruht das eben auf dem nicht zu ändernden Umstande, daß die Arbeit als Ware von der Person des Verkaufenden, des
Anbietenden, nicht zu trennen ist. Das ist ja aber eine bekannte Thatsache, die ich hier nicht eingehender erörtern will. Wir erkennen an, daß
aus diesem Umstande eine gewisse Zwangslage für den Arbeiter entsteht, in deren
Folge er sich den Bedingungen des Arbeitgebers fügen muß. Ich erkenne
auch an, daß diejenigen, die dem Idealen zustreben, mit diesem Verhältnis

nicht einverstanden sind und es zu bessern wünschen. Ich behaupte aber, und es ist meine feste Überzeugung, daß das jetzige Vertragsverhältnis und die aus demselben hervorgehenden Übelstände untrennbar verbunden sind mit unserer Wirtschafts- und Gesellschaftsordnung. Daß Übelstände vorhanden sind, leugne ich also nicht; ich glaube aber behaupten zu können, daß sie in wesentlichem Maße gebessert worden sind und weiter gebessert werden können durch den allgemeinen Kulturfortschritt, in dem wir uns befinden, durch die größere Berücksichtigung der Arbeiterinteressen von seiten der Gesellschaft und durch das größere Verständnis des Staates für die Aufgaben, die er im Interesse der Arbeiter zu erfüllen hat.

Ich freue mich, daß Herr Professor Brentano in seinen Ausführungen zweimal betont hat, daß er der Überzeugung ist, es werde das Zeitalter der wirtschaftlichen Periode des überwiegenden beweglichen Besitzes noch einige Jahrhunderte dauern. Ich habe ihn in seiner Einleitung etwas anders verstanden und mich infolge dieser Erklärung vollständig geirrt; denn ich glaubte, indem Herr Professor Brentano in seiner Einleitung von der beginnenden Periode der prävalierenden oder prädominierenden Arbeiterinteressen sprach, daß er glaubte, hiermit gewissermaßen den Beginn einer neuen wirtschaftlichen und socialen Ordnung bezeichnen zu sollen. Ich sage, ich freue mich, daß er diese Ansicht nicht hat. Denn, meine Herren, das Prädominieren der Arbeiterinteressen betrachte ich als vollständig hervorgegangen aus den Grundlagen und aus denjenigen Verhältnissen, die eben unsere jetzige Wirtschaftsordnung herbeigeführt haben. Ich will durchaus nicht die großen ethischen Momente leugnen, die, wie beispielsweise die höhere Bildung, die Fortschritte in der allgemeinen Moral, das sich vertiefende und verbreiternde Gefühl der Verantwortlichkeit bei jedem Menschen, kurz und gut, unser höherer Kulturstand, wie ich es eben bezeichnete, — daß diese Momente wesentlich zur größeren Berücksichtigung der Arbeiterinteressen beigetragen haben, — wozu noch kommt, daß auch der Staat seine Aufgabe auf diesem Gebiete besser erkannt hat und diese Aufgabe auch besser ausführt. Aber, meine Herren, ein ganz anderer zwingender Grund ist noch vorhanden für die Berücksichtigung der Arbeiterinteressen.

Die Wirtschaftsperiode der überwiegenden Bedeutung des beweglichen Besitzes hat begonnen, indem der Mensch lernte, große gewaltige Naturkräfte zu fesseln und sich dienstbar zu machen, den Dampf und in neuerer Zeit die Elektricität. Diese Naturkräfte sind jetzt bei dem größten und wertvollsten Teile unserer Produktion thätig, und ganz außerordentlich große Kapitalien hat es erfordert, um diese Naturkräfte in den Dienst der Mensch-

heit zu stellen und sie auszunuhen. Diese Kapitalien erfordern gebieterisch
Verwertung, und diese Verwertung ist nur herbeizuführen durch die Kon=
tinuität der Arbeit und die willige und effektvolle Mitwirkung aller der
Faktoren, die bei dieser Verwertung beteiligt sind. Einen der bedeutendsten
Faktoren bilden aber die Arbeiter; und um ihre kontinuierliche und mög=
lichst effektvolle Mitwirkung herbeizuführen, dazu ist es erforderlich, daß
ihre Interessen in möglichst weitem Maße berücksichtigt werden. Aus
diesem Grunde geht auch hervor die außerordentliche Nachgiebigkeit, die die
Arbeitgeber im großen Ganzen selbst zu weitgehenden Forderungen der
Arbeiter gegenüber zeigen müssen; und aus diesem Moment glaube ich,
meine Herren, läßt sich auch argumentieren, daß der Gegensatz zwischen
Kapital und Arbeit nicht der große ist, wie ihn darzustellen jetzt gewisser=
maßen Modesache geworden ist. Ich behaupte also, meine Herren, daß in
dieser Beziehung der Gegensatz nicht vorhanden ist, sondern daß eben die
prädominierende Bedeutung der Arbeiterinteressen eine sehr hervorragende
Erscheinung unserer Zeit ist, aber, ich möchte sagen, auch ein Gebilde
unserer Zeit.

Nun, meine Herren, ich habe mir schon erlaubt zu sagen, daß ich die
Übelstände, die aus dem jetzigen Arbeitsvertrag hervorgehen, als absolut mit
unserer Wirtschaftsordnung verbunden erachte, absolut untrennbar von der=
selben, absolut untrennbar auch das Autoritätsverhältnis, in welches der
Arbeitgeber durch den Abschluß des Arbeitsvertrages dem Arbeiter gegen=
über tritt, — ein Verhältnis, welches Herr Professor Brentano vielleicht
nicht ganz richtig als Herrschaftsverhältnis bezeichnet. Denn, meine Herren,
auf Autorität auf der einen Seite und Unterordnung auf der anderen Seite
beruht unsere ganze bürgerliche Ordnung, und ich glaube, ohne dieselbe zu
zerstören, würde es nicht möglich sein, eine so bedeutende Klasse dieser bür=
gerlichen Gesellschaft, die Arbeiter, von allen mit der Unterordnung unter
die Autorität untrennbar verbundenen Beschränkungen des Selbstbestim=
mungsrechts zu befreien. Ich will es nicht weiter ausführen, ich will es
nur andeuten, meine Herren, daß es durchaus nicht als ein Kriterium der
arbeitenden Klassen anzusehen ist, daß ihre angebotene Arbeit von ihrer
Person nicht zu trennen ist; denn von dem Arbeiter an bis hinauf in die
höchsten Gesellschaftsklassen ist das gewöhnliche Verhältnis, daß der, der
nichts weiter hat als seine Arbeit — und dabei ist es ganz gleichgültig,
ob das körperliche Arbeit oder geistige ist —, sich den Bedingungen fügen
muß dessen, der seine Arbeit nimmt, und daß derjenige, der sie genommen
hat, in einem Autoritätsverhältnis ihm gegenüber steht. Also das ist kein

Kriterium der arbeitenden Klassen allein, das ist untrennbar mit unserer ganzen Wirtschaftsordnung und unserer Gesellschaftsordnung verbunden.

Nun, meine Herren, diese von mir hier kurz skizzirte Auffassung von unserer Wirtschafts- und Gesellschaftsordnung und deren Konsequenzen wird, wie wir es hier gehört haben, und wie wir es viel ausführlicher haben lesen können, von der Wissenschaft vollständig und absolut verworfen. Die Wissenschaft behauptet, daß die Mängel des Arbeitsvertrages in der mangelnden Gleichberechtigung, in dem Widerspruch zwischen dem Recht und der Wirklichkeit so bedeutend sind, daß sie geändert werden müssen. Die Wissenschaft behauptet, sie können geändert werden, wie ich mir ersthin schon auszuführen erlaubte, durch die Organisation der Arbeiter, und diese Organisation ist durchführbar mit Rücksicht auf die in England obwaltenden Verhältnisse, die uns gezeigt haben, daß in den bedeutendsten Gewerken bereits solche Organisationen bestehen, und durch dieselben die Gleichberechtigung der Arbeiter herbeigeführt ist. Nun, meine Herren, meine Hauptaufgabe heute wird darin bestehen, zu beweisen, oder wenigstens den Beweis zu versuchen, daß diese Auffassung den thatsächlichen Verhältnissen nicht entspricht.

Meine Herren, betrachten wir die Entwicklung der englischen Verhältnisse, so hat sich gezeigt, daß mit dem Auftreten der Maschinen- und Großindustrie, die sich in England viele Jahrzehnte früher entwickelt hat, als in den übrigen Ländern, die wir jetzt als Industriestaaten zu bezeichnen uns gewöhnt haben, sich die Arbeitsverhältnisse in grauenhafter Weise gestaltet haben. Herr von Schulze-Gaevernitz hat in einer wirklich meisterhaften Darstellung in dem ersten Kapitel seines neuen Werkes uns ein erschreckendes Bild dieser Zustände gegeben. Aber, meine Herren, sie hatten sich entwickeln können, weil der Staat, von den individualistisch-manchesterlichen Ideen vollständig befangen, seine Verpflichtung, irgend etwas im Interesse der Arbeiter zu thun, vollständig negierte und in seiner ja auch in Deutschland so oft vergötterten Selbstverwaltung Rechtsprechung und Verwaltung in die Hände von Interessenten in des Wortes verwegenster Bedeutung gelegt hatte, die, entsprechend einer viel niedrigeren allgemeinen Kulturstufe und speciell ihrem eigenen niedrigen Bildungsgrade, dieses in ihre Hände gelegte Recht und ihre Macht gegen die Arbeiter mißbrauchten. Die Unerträglichkeit dieser Zustände trieb die Arbeiter dazu durch Zusammenrottung und Rebellion eine Besserung ihrer Lage anzustreben und die Erfolge, die sie erzielten, führten sie dahin, aus der Zusammenrottung feste Organisationen zu bilden, zu denen die Keime ja auch schon von früher her vorhanden waren. Dieses Verhalten war notwendig, da der Staat

fortfuhr, die Gesetzgebung in den Händen interessierter Klassen zu belassen.
Die Gewerkvereine in England haben thatsächlich mit der Zeit eine solche
Macht erlangt, daß sie den Arbeitgeber gezwungen haben, diese Macht anzuerkennen, daß die Arbeitgeber mit den Arbeitern auf dem Fuße vollständiger Gleichberechtigung verhandeln, und daß, praktisch genommen, die
Arbeiter es sind, die den Arbeitgebern die Bedingungen des Arbeitsvertrags
diktieren.   Meine Herren, Herr Professor Brentano schildert uns diese Zustände mit den folgenden Worten:

„Die Gewerkvereine der gelernten Arbeiter, noch vor 20 Jahren
verpönt und um ihre Existenz ringend, sind von der herrschenden Klasse
als regelmäßiges Glied der bestehenden Gesellschaftsorganisation rezipiert
worden.   Sie gelten als Säule derselben; ihre Mitglieder gelten als
respectable, ihre Führer sind fashionable geworden.   Diese Auffassung
herrscht heute allgemein bei Whigs und Tories, bei Minister und Arbeitgeber."

Diesem apodiktischen Ausspruche des Herrn Professor Brentano setze
ich einen ganz ebenso entschiedenen Widerspruch entgegen.   Denn in weiten
Kreisen wird in ganz entgegengesetzter Weise über die englischen Gewerkvereine geurteilt und es wird meine Aufgabe sein, zu versuchen, diesen
Widerspruch hier auch durch Gründe zu bekräftigen.

Zunächst, meine Herren, muß man zugeben, was Herr Professor Brentano uns hier gesagt hat, daß mit der Macht der englischen Gewerkvereine
die furchtbaren Kämpfe zwischen Arbeit und Kapital sich vermindert haben
und ein friedlicher Zustand eintrat.   Es mag das zusammenhängen mit
den von mir ersthin dargelegten Motiven, daß die Arbeitgeber, um die
Kontinuität der Arbeit zu erhalten, die Grenzen der Nachgiebigkeit ungeheuer
weit hinausgerückt und dadurch zur Erhaltung des Friedens wesentlich beigetragen haben.   Ich behaupte aber, daß dieser friedliche Zustand ein Über-
gangsstadium ist, und daß die Organisation der Arbeiter, je weiter sie vor-
schreitet, zu Kämpfen viel schrecklicherer und viel vernichtenderer Art führen
muß, als sie in den schlimmsten Zeiten der unorganisierten Arbeit stattgefunden haben.   Meine Herren, als ich im vorigen Jahre mit einigen
Freunden in England war, da haben wir auch mit all den Vertretern der
Arbeiter verkehrt, die in den Schriften des Herrn Professor Brentano und in
den Schriften des Herrn Dr. von Schulze-Gaevernitz uns so häufig genannt
werden.   Mir fiel es aber auf, daß mit einer außerordentlichen Beflissenheit
das Wort reasonable eine große Rolle im Munde dieser Leute als Charak-
terisierung ihrer Handlungsweise oder der Handlungsweise der Organisation
spielte.   Wir hatten schon damals einen gelinden Zweifel, ob die Sache so

ganz richtig sei; und als ich mich in diesem Sommer wieder längere Zeit in England aufhielt, sind diese Zweifel bei mir vollständig gerechtfertigt erschienen. Meine Herren, gestatten Sie mir einiges über das reasonable Verhalten der Gewerkvereine Ihnen hier darzulegen.

Zunächst ist das Streben der Gewerkvereine darauf gerichtet, die Leistungen des Einzelnen wie der Gesamtheit herabzudrücken: der Gesamtheit durch eine fortwährende Kürzung der Arbeitszeit. Die uns sonst und auch jetzt eben von Herrn Professor Brentano als hoch bedeutsam und verständig bezeichnete trade union der miners in Durham, die in ihrem Mr. Burt einen der hervorragendsten, gemäßigtsten und liebenswürdigsten — —

(Zuruf: Der ist in Northumberland!) — Ich denke, nein!

(Widerspruch.)

— Es ist eigentlich kein großer Irrtum. Aber dieser Gewerkverein ist uns als einer der gemäßigtsten und bedeutendsten und bestorganisierten geschildert worden. Der hat vor ganz kurzer Zeit durch eine Abstimmung mit 30 000 gegen 8000 Stimmen beschlossen, statt der jetzt vorhandenen achtstündigen Arbeitszeit eine siebenstündige zu fordern. Die miners in den mittleren Grafschaften werden mit dem 1. Januar auch voraussichtlich in eine Bewegung eintreten für Verkürzung der jetzt achtstündigen Arbeitszeit. Das sind diejenigen Arbeiter, die noch am 1. August eine bereits im Frühjahr mit der damaligen Lohnerhöhung erkämpfte neue Lohnsteigerung von 5 Prozent zu einer Zeit erhielten, als das Kohlengewerbe schon nicht mehr auf der Höhe war, und die Coakesindustrie schon ganz darniederlag. Diese Bergarbeiter in den mittleren Grafschaften haben seit dem 1. Oktober 1888 sechsmal Lohnforderungen aufgestellt und sechsmal bewilligt erhalten und kommen jetzt wieder mit einer Verkürzung der Arbeitszeit. Es stimmt das überein mit der Ansicht, die mir gegenüber ausgesprochen ist, daß den Organisationen der Arbeiter gegenüber nicht zu genügen ist, sondern daß jede Bewilligung nur die Mutter einer neuen Forderung ist.

Meine Herren, das Streben, die Leistungen herabzudrücken, zeigt sich auch in dem Widerstand gegen die Accordarbeit. Die größte und bedeutendste Organisation, die der engineers, hat diesen Widerstand in ihrem Statut vollständig ausgesprochen; und wenn sie auch nicht stark genug ist, diesen Widerstand durchzusetzen, so tritt sie wenigstens gegen jede Erweiterung der Accordarbeit in bestehenden Werken und gegen ihre Einführung in neuen Werken auf. Der große Streik im vorigen Herbst in den Maxim-Nordenfeld-Works war gegen die Einführung der Accordarbeit mit gerichtet, wenn auch natürlich andere Dinge mitspielten. Meine Herren, als reasonable kann ich das doch nicht bezeichnen, wenn ein Gewerkverein dem einen,

älteren Werke wenigstens teilweise die Accordarbeit gestattet und sie dem
neuen Werke nicht gestatten will, also dieses Werk sozusagen in die Lage
versetzen will, überhaupt konkurrenzunfähig zu sein.

Meine Herren, es zeigt sich dieser Widerstand auch in dem Festhalten
der Gewerkvereine an ihrem Kampfe gegen die Maschinen. Wo die trade
unions, namentlich die engineers, in der Majorität sind, die Macht in
Händen haben, da gestatten sie dem Arbeiter nicht die volle Ausnutzung
der Maschinen; und wenn der einzelne Arbeiter es wagt, den gegebenen
Verhältnissen entsprechend das zu schaffen, was er mit seiner Maschine
schaffen kann, so wird er als masters man bezeichnet und mit Chikanen
schlimmster Art aus dem Werke gehetzt; und wenn er in ein anderes Werk
gehen will und dort seine Handlungsweise fortsetzt, dann geht es ihm ebenso.

(Zuruf: Beispiele!)

Vorsitzender: Ich bitte, den Herrn Redner nicht zu unterbrechen.
Es gibt eine bessere Diskussion, wenn die Herren lieber nachher das Wort
ergreifen.

Berichterstatter Bueck: Meine Herren, es zeigt sich das an einem besonderen Beispiele, was ich mir erlauben werde, hier zu geben, und ich will
auch de nNamen nennen, um Ihren Forderungen zu genügen. Die Maxim-
Nordenfeld-Works waren in schlechter finanzieller Lage. Es kam ein
neuer Direktor hin, ein tüchtiger Ingenieur, der in England sehr bekannt
ist, weil er große Stellungen in den Eisenbahnwerkstätten innegehabt hat,
und in dieser seiner Eigenschaft als Ingenieur in großen Eisenbahnwerkstätten
sehr häufig Gelegenheit gehabt hat, zwischen den Arbeitern und den Direk-
toren der Eisenbahngesellschaften im Interesse der Arbeiter zu vermitteln.
Der wollte das Werk rentabel machen; er fand mangelhaft konstruierte
Maschinen und — er hat mir die Papiere vorgelegt, die ganz genauen Berechnungen — er unternahm es, die einzelnen Thätigkeitsakte dieser Maschinen durch eine Verbesserung der Konstruktion zu vermehren, ohne daß
an die Leistungen des Arbeiters auch nur der geringste Mehranspruch erhoben wurde. Und diese Verbesserung der Maschinen, durch welche die
Leistung derselben vermehrt werden sollte, stieß auf den allergrößten
Widerstand seitens der Arbeiter. — Ich habe dieses Beispiel angeführt,
meine Herren, weil es verlangt wurde; ich wollte so in die Details hier
eigentlich nicht eingehen. — Meine Herren, alle diese Sachen stehen nicht
in den Statuten der Gewerkvereine; wenn man die vornimmt, die sehen
sehr harmlos aus, und ich muß gestehen, es gehört sehr große Arbeit und

Mühe dazu, um hinter diese — ich darf den vulgären Ausdruck wohl gebrauchen — hinter diese Schliche zu kommen.

Im Zusammenhang damit steht auch das Nivellieren der Löhne durch die Festsetzung eines dem Mitgliede des Gewerkvereins zu gewährenden Minimallohnes. Dieses Streben ist nun freilich nicht so sehr geeignet die Interessen der Arbeitgeber zu schädigen, wie es gerade die Interessen der Arbeiter selbst schädigt. Denn es liegt ja auf der Hand, daß der Arbeit-geber den Betrag, den er durch die Festsetzung des Minimallohnes dem leistungsunfähigen Arbeiter mehr geben muß, kürzt an dem Lohn des besten und geschicktesten Arbeiters. Meine Herren, auf meine Frage, ob die besten und geschicktesten Arbeiter das nicht einsehen, wurde mir gesagt: jawohl, das sehen sie ein, das sehen sie sehr deutlich ein, sie sind auch damit gar nicht zufrieden; aber die leistungsfähigsten Arbeiter sind diejenigen, die die Erfahrung hinter sich haben, in einem Alter von 35 bis 40 Jahren, vielleicht auch noch etwas darüber hinaus, die sind seit 15 bis 20 Jahren Mitglieder der trade unions und haben sich solche Rechte an den reichen Hülfskassenfonds derselben erworben, daß sie nicht nur nicht austreten können, im Gegenteil für ihr ganzes Leben an die trade unions gebunden sind, sondern daß sie, in vollständig berechtigter Rücksicht auf die dauernde Prästationsfähigkeit ihrer Kasse, auch darauf dringen müssen, daß die jungen Arbeiter immer wieder in die trade unions eintreten. Es ist also ein gewisser Zwang, der da unter den englischen Arbeitern herrscht, wie in vielen andern Dingen auch.

Meine Herren, dieses Nivellieren und diese Schädigungen sind sehr deutlich. Aber das ist nicht der springende Punkt. Den springenden Punkt erblicke ich darin, daß durch das Nivellieren der Arbeitslöhne der Trieb, sich auszuzeichnen, soviel als möglich zu erwerben, abgestumpft wird, und daß in einer Herabdrückung der Leistungen eine entschiedene Schädigung der ganzen Nationalwohlfahrt zu erblicken ist, die ich basiert erachte auf der höchstmöglichen Leistung jedes einzelnen in der Nation.

Aber, meine Herren, die Nivellierung der Löhne und der Widerstand gegen die Accordarbeit gehen mit Naturnotwendigkeit folgerichtig aus der Organisation der Arbeiter hervor. So einfach wie im Buchdruckergewerbe, auf welches in den Schriften des Vereins hingewiesen worden ist in Bezug auf die Ausbildung der Arbeiter und mit Rücksicht auf die ziemliche Gleichförmigkeit der Arbeiten selbst liegen die Verhältnisse in wenigen Gewerben, namentlich nicht in den großen Gewerben; das Beispiel erachte ich daher nicht als beweiskräftig. Denn, meine Herren, in den allergrößten Gewerben ist die Leistung und der Verdienst und die Art der Arbeit eine

außerordentlich verschiedene. Wollten Sie z. B. eine ganz Deutschland umfassende Organisation der Eisen- und Stahlarbeiter bilden, oder auch nur
über eine Provinz, so glaube ich nicht, daß es gelingen würde, eine allen
Verschiedenheiten der Leistung und des Lohnes entsprechende Lohnskala zu
entwerfen. Auch in Bezug auf die Accordarbeit würde ein solche Skala zu
entwerfen unmöglich sein. Fassen Sie beispielsweise die sogenannten mecha-
nischen Werkstätten ins Auge, in denen individuell von einander verschiedene Arbeiten, nicht in Masse einander gleichartige Stücke angefertigt werden; so mannigfaltig wie die Stücke, so mannigfaltig ist der Lohn und so
mannigfaltig sind die Verhandlungen, die jeder einzelne Arbeiter mit dem
Betriebsführer über die Höhe des Lohnes für das einzelne Stück führen
muß. Und, meine Herren, bei solchen Verhältnissen erklärt sich ja auch der
außerordentliche Widerstand, den die engineers in England der Accordarbeit
entgegenstellen; er geht mit Naturnotwendigkeit aus der Organisation und
ihren Principien hervor.

Außerdem ist mir auch noch nicht bekannt geworden, daß in Deutschland die Regulierung der Löhne durch Organisationen von Arbeitern gefordert worden ist. Wenn die englischen Arbeiter sich diesem Zwang unterwerfen, so, glaube ich, liegt es daran, daß die Gewohnheit, solchen Zwang
über sich ergehen zu lassen, sich schon von Generationen her auf den englischen Arbeiter vererbt hat, ein Zwang, der lediglich im Interesse der
immer sehr bedeutenden Mittelmäßigkeit liegt, der mittelmäßigen Arbeiter,
denen es vor allem darauf ankommt, sich unter allen Umständen einen gewissen Tageslohn ein für alle Mal zu sichern. Ich glaube nicht, daß
unsere deutschen Arbeiter, die an diesen Zwang nicht gewöhnt sind, jemals
darauf eingehen werden, sich des Rechtes zu begeben den ihren individuellen
Leistungen entsprechenden Lohn von dem Arbeitgeber zu fordern.

Und, meine Herren, die Festsetzung des Lohnes auf Seiten der Arbeitgeber durch Organisationen halte ich ebensowenig für durchführbar, schon
aus dem Grunde, weil es eine Reihe von Momenten gibt, die bestimmend
für die Lohnhöhe sind, die sich aber der Einwirkung der Organisation vollständig entziehen. Nehmen Sie beispielsweise an die Verschiedenheit der
gewohnheitsmäßigen Lebenshaltung auch unter unseren Arbeitern, die Verschiedenheit der Wohnungsmieten, die Verschiedenheit der Steuern, die größere oder geringere Neigung, sich fluktuierend zu bewegen oder seßhaft an
einem Orte zu bleiben: — meine Herren, das sind alles Momente, die der
Einwirkung durch die Organisation entzogen sind, die die individuelle Gestaltung der Löhne fordern.

Vor allem aber, meine Herren, ist auch das Bedürfnis nach Arbeitern das für die Lohnhöhe entscheidende. Es ist notorisch, daß in der Zeit wechselnder Konjunktur nicht alle Werke einer und derselben Branche gleichviel Arbeit haben; das eine, das viele Aufträge noch in seinen Büchern hat, wird vielleicht das Bedürfnis haben, durch eine Erhöhung der Löhne Arbeiter heranzuziehen, während das mit Arbeitsmangel kämpfende Werk vielleicht Arbeiter abstößt und schon aus diesem Grunde die Löhne herabsetzt. Hierüber durch Organisationen der Arbeitgeber, vielleicht per majora zu entscheiden, halte ich für vollständig ausgeschlossen; denn der Arbeitgeber kann sich nicht in Fragen majorisieren lassen, die für die ganze Leitung des Werkes und für die Rentabilität desselben entscheidend sind, und für welche er verantwortlich ist. Also, meine Herren, ich glaube, auch auf seiten der Arbeitgeber ist die Festsetzung der Löhne durch eine Organisation ausgeschlossen.

Aber, meine Herren, die Folgen der Nivellierung der Arbeitslöhne und der Herabdrückung der Leistungen werden von den gescheiten Führern der tradeunionistischen Bewegung auch vollständig anerkannt und deswegen, um die Arbeiter zu entschädigen, ist ein fortgesetzter Druck auf die Arbeitgeber, um die Löhne zu erhöhen, auch wieder eine Folge dieser ganzen Bewegung. Und, meine Herren, nach welchen Principien da verfahren wird, das hat uns Herr Dr. von Schulze-Gaevernitz sehr offen dargelegt, indem er uns mitteilt, daß einer der Arbeiterführer, Mr. Maudsley, von dem er sagt, er sei „einer jener Arbeiterführer, die neben den größten Kapitalisten Manchesters zu den mächtigsten Männern in Lancashire gehören", ihm gesagt habe: „meine Ansicht ist, daß der Lohn des Arbeiters das sein sollte, was er in ordnungsmäßigem und gesetzlichem Kampfe das Kapital zu bezahlen zwingen kann."

Meine Herren, das ist die Proklamation des rücksichtslosen Kampfes um Erhöhung der Löhne. Ich muß freilich gestehen, daß uns gegenüber sich die Führer der Arbeiterbewegung etwas anders ausgesprochen haben. Der Mr. Trow, der auch in den Schriften vielfach genannt ist, sagt: wir nehmen bloß, was wir brauchen, im übrigen lassen wir sehr gern dem Arbeitgeber den größten Profit. Ein Mr. Snow, der Sekretär der großen Union der Hochofenarbeiter im Norden von England, wies meinen Einspruch „ach, Sie nehmen doch so viel, wie Sie kriegen können", mit Indignation zurück; der Mann stellte sich, als wenn er beleidigt wäre und sagte: nein, wir nehmen nur das, was wir nach unserer Ansicht für eine uns zukommende Lebenshaltung bedürfen, im übrigen kümmern wir uns nicht darum, welchen Profit der Arbeitgeber nimmt. Nun, meine Herren, die Leute haben vielleicht instinktiv herausgefühlt, daß wir ihnen gegenüber eine

etwas andere Stellung einnehmen — denn wir hatten uns als Vertreter
der Arbeitgeber vorgestellt —, und haben sich daher etwas rücksichtsvoller
ausgedrückt, als Mr. Maudsley dem Herrn von Schulze-Gaevernitz gegenüber.

Meine Herren, dieses Streben, die Löhne zu erhöhen und hoch zu
halten, führt auch zu anderen Arten von Übergriffen der Arbeiter. So hat
beispielsweise am 28. August in Quaters Yard in London eine Vertretungs-
körperschaft von 30 000 Grubenarbeitern in Süd-Wales und Monmouth-
shire getagt, welche beschloß, die Produktion einzuschränken. Sie haben den
Beschluß gefaßt, daß vom 1. Januar ab nur 5 Tage in der Woche gearbeitet werden dürfe, — wobei nicht zu vergessen ist, daß sie schon einen
extraordinären Feiertag in jedem Monat an sich haben. Meine Herren,
einen solchen Beschluß betrachte ich als einen ganz entschiedenen Übergriff
der Gewerkvereine; denn die Produktion zu bemessen ist Sache des Arbeitgebers. Es ist noch gar nicht gesagt, daß dieser Beschluß nicht vollständig
im Gegensatz mit den wirtschaftlichen Interessen der ganzen Nation steht.
Ich könnte noch weitere aus dem Gewerkvereinswesen hervorgegangene sehr
ernste Übelstände hier anführen, mit Rücksicht auf die kurze, mir zur Verfügung stehende Zeit bescheide ich mich jedoch mit dem Gesagten.

Meine Herren, die Verhältnisse, welche ich hier geschildert habe, erklären auch den Widerspruch, der in England in sehr weiten Kreisen nicht
nur der Arbeitgeber, sondern auch anderer Leute gegen die gewerkverein-
schaftliche Bewegung vorhanden ist, und ich kann im Gegensatze zu Herrn
von Schulze-Gaevernitz behaupten, daß unter denen, die die trade unions
für eine Gefahr für die ganze bürgerliche Gesellschaft, namentlich aber für
eine Gefahr für die englische Industrie oder, richtiger gesagt, für das bisherige Übergewicht der englischen Industrie betrachten, sich viele befinden,
die in ihrer geistigen Kapazität sicher ebenso hoch stehen, wie die so viel
genannten Protektoren der Gewerkvereine unter den Industriellen.

Meine Herren, die gewerkvereinliche Bewegung ist, wie uns schon Herr
Professor Brentano gesagt hat, durch die Organisation der ungelernten Arbeiter in ein neues Stadium getreten. Ich will ihre Entwicklung hier
übergehen, weil, wie gesagt, meine Zeit beschränkt ist, und ich sehe mit
Schrecken, daß ich schlecht damit durchkommen werde; aber ich hoffe, Sie
werden mir vielleicht einige Minuten mehr schenken. — Ich will nur hervorheben, daß die alten Gewerkvereine infolge ihrer, ich kann fast sagen,
aristokratischen Abgeschlossenheit, infolge der verhältnißmäßig guten Lage,
in der sich die Mitglieder dieser Gewerkvereine befanden, infolge ihrer reichen
Hülfskassen, namentlich aber infolge ihrer absoluten Anerkennung des be-

stehenden Wirtschaftssystems von der Londoner Socialdemokratie aufs äußerste angegriffen wurden schon seit Jahren. Den Londoner Socialdemokraten war mit solchen Organisationen nicht gedient; das ihnen vorschwebende Ziel war die Schürung der Unzufriedenheit und Erbitterung der arbeitenden Klassen, die Zusammenfassung des gesamten Proletariats in Organisationen, deren Bestimmung der Angriff und der Kampf sein sollte. Hierfür aber waren die, im Gegensatze zur Socialdemokratie mehr konservativ gesinnten alten Gewerkvereine anscheinend nicht zu haben. Und diese Bewegung ist zum Ausdruck gelangt bei dem Dockarbeiterstreik des vergangenen Jahres. Die Verherrlichung dieses Streiks können Sie lesen in dem Werke des Herrn von Schulze-Gaevernitz. Ich kann seine Geschichtschreibung freilich nicht in allen Punkten als den Thatsachen entsprechend ansehen; aber in einem Punkte gebe ich ihm recht: daß die Dockgesellschaft in London in Ausnutzung der gegebenen Verhältnisse im Unrecht war, indem sie die Nachteile, die ihr aus ihren schlechten, mangelhaften, weit hinter den Anforderungen des modernen Verkehrs zurückgebliebenen Einrichtungen entstanden, abwälzen wollte auf die Arbeiter. Die gegebenen Verhältnisse waren aber die, daß sich seit undenklichen Zeiten alle arbeitslosen Menschen, die im Osten von London waren, an den Thoren der Dockgesellschaft versammelten, um gelegentlich Arbeit zu finden. Da waren gute und schlechte, auch viele arbeitsscheue Leute darunter, denen es durchaus nicht darauf ankam, dauernd Arbeit zu finden, denen vollständig damit gedient war, durch die Arbeit einiger Stunden ein vorübergehendes Bedürfnis zu decken, oder, wie John Burns sich ausdrückt, die Kosten eines Gelages zu bestreiten. Aber die Thatsache war, daß die Gesellschaft diese Sachlage benutzte, ihre ständigen Arbeiter nicht vermehrte, sondern den riesenhaft gestiegenen Verkehr nur durch solche zu den niedrigsten Löhnen angenommene gelegentliche Arbeiter befriedigte. Deswegen, meine Herren, wurde auch dieser Streik von der Sympathie der Bevölkerung aufs äußerste getragen; denn er versprach das Elend dieser Massen zu mildern, die wie ein Alp nicht nur auf London, sondern auf dem ganzen Lande lasteten. Wir werden sehen, in welcher Weise dieser Dockarbeiterstreik jetzt ausklingt.

Meine Herren, der Zweck und die Ziele dieser neuen Organisation bestanden darin, durch Erhöhung des Arbeitslohnes einmal die Lage der Arbeiter zu bessern und, durch Verkürzung der Arbeitszeit bis aufs äußerste, mehr Gelegenheit für Arbeit zu gewähren. Meine Herren, daß die verhältnismäßig gemäßigte Haltung der alten trade unions dem geistigen Leiter der neuen Organisationen nicht entspricht, das hat er noch kürzlich auf einer Versammlung, die am 25. vorigen Monats in Battersea York Road in

London stattfand, gesagt. Da sprach er von den Generalsekretären der alten
trade unions als von „fossilen Reaktionären, welche ihr Amt als Generalsekretär ihrer respektiven Gewerkvereine nur halten, um die Mitglieder zu
chloroformieren und ihr Gehalt zu ziehen". Das spricht nicht sehr für eine
außerordentlich gemäßigte Haltung dieses großen Arbeiterführers! Und,
meine Herren, die Nationalzeitung charakterisiert kürzlich in sehr treffender
Weise, besser als ich es könnte, den Standpunkt dieser neuen Gesellschaft,
indem sie sagt: „sie — die neuen trade unions — kennen kein Paktieren,
keine Versöhnung, keinen Waffenstillstand mit dem Kapital, so lange, als
nicht die Produktion der Arbeit den Arbeitern gehört." Das ist die alte
Marx'sche Theorie und zeigt, daß diese neuen trade unions ganz in socialdemokratischen Händen sich befinden. Ihr hauptsächlichstes Mittel zum
Kampf besteht in der aufs äußerste getriebenen Solidarität der einzelnen
Verbindungen und in dem Ausschluß der nicht gewerkvereinlichen Arbeiter.

Was diese Solidarität zu bedeuten hat, davon will ich ein kleines
Beispiel geben, nur weil Beispiele hier von mir verlangt worden sind.
Kürzlich streikten die Arbeiter auf einer Grube bei Newcastle; es gelingt
dem Arbeitgeber andere nicht gewerkvereinliche Arbeiter, sogenannte Blacklegs
heranzuziehen — und die Förderung notdürftig zu erhalten. Mit den so
geförderten Kohlen wird auch ein Schiff beladen. Da streiken aber die See-
und Feuerleute, indem sie sagen: wir fahren keine Kohlen, die von Blacklegs gefördert sind. Dem Kapitän gelingt es, andere Leute herbeizuziehen; die
Grube stellt die Ingenieure, das Schiff gelangt nach London und als es
am Quai anlegt, da sagen die Kohlenporters: wir tragen solche Kohlen
nicht; und wenn sie getragen worden wären, dann hätten gewiß noch die
Gasleute sich geweigert, sie zu verarbeiten. Das ist das Streiken aus
Sympathie; und ob das richtig ist, darüber werden wir vielleicht noch Gelegenheit haben zu sprechen.

Meine Herren, in dem Ausschluß der nicht gewerkvereinlichen Arbeiter
unterscheiden sich die neuen trade unions nicht von den alten, — oder umgekehrt ist es richtiger: die alten unterscheiden sich nicht von der Praxis
der neuen; denn wo die alten trade unions in der Lage waren, haben sie
auch den Ausschluß gefordert, aber, meine Herren, sie thaten es in der Absicht, die Außenstehenden an sich zu ziehen, — bei den neuen trade unions
ist das etwas anders geworden. Aber, meine Herren, welche Konsequenzen
dieses Ausschließen der anderen Arbeiter hat, das haben die Streiks gezeigt,
auf die auch Herr Professor Brentano angespielt hat, die erst kürzlich in Cardiff
und in Southampton stattgefunden haben. Meine Herren, in Cardiff genügte
eine Handvoll Eisenbahnarbeiter, um Zehntausende von Familien außer Brot

zu setzen; — und, meine Herren, ich glaube doch, daß die Eisenbahngesellschaften dasselbe Recht hatten, Kontrakte mit anderen Arbeitern zu schließen,
als die alten Arbeiter das Recht hatten, ihre Kontrakte zu kündigen und
ablaufen zu lassen. Die Eisenbahngesellschaft wurde aber durch Gewalt an
der Ausübung ihres Rechtes gehindert.

Und, meine Herren, solche Gewalt ist jetzt an der Tagesordnung in
einem Lande, welches wegen seiner gesetzlichen Zustände und wegen seiner
hohen Achtung der Gesetze seitens der Bevölkerung immer als Muster hingestellt wurde!

(Hört! hört!)

Diese Gesetze werden aber nicht mehr geachtet infolge der Schwächlichkeit
und der schwankenden Haltung der englischen Behörden. Meine Herren,
wenn es einem Teil der Arbeiter, die freiwillig ihre Arbeit aufgeben, gestattet sein darf, die anderen, die, vielleicht vom Hunger getrieben, sehnsüchtig
die Löhne nehmen möchten, die jene zurückweisen, zu vergewaltigen, so ist das
nicht mehr ein Kampf zwischen Arbeit und Kapital, sondern es ist ein Kampf
zwischen Arbeitern und Arbeitern, es ist ein Bruderkampf, der sein häßliches
Gesicht dadurch bekommt, daß er von den beschäftigten Arbeitern gegen die unbeschäftigten geführt wird, und der noch häßlicher wird dadurch, wenn man
bedenkt, daß John Burns selbst kürzlich gesagt hat: es stehen den 1 500 000
organisierten Arbeitern jetzt noch sieben Millionen unorganisierter Arbeiter
gegenüber. Meine Herren, da ist es vielleicht schon ganz richtig, was die
Times in Bezug auf diese Verhältnisse sagt. Die Times ist ja nun freilich
ein „Kapitalistenblatt", und ich bin zweifelhaft, ob es für mich zweckmäßig
ist, mich hier auf dasselbe zu beziehen; aber der Ausspruch ist charakteristisch. Sie sagt: „Die Hauptfrage ist jetzt nicht, wie viel die Arbeiter für
ihre Arbeit haben müssen, sondern ob sie berechtigt sein sollen, Andere zu
verhindern, das zu nehmen, was sie zurückweisen. Die Frage ist, ob ein
Mann, der es für gut befindet, mit seiner eigenen Arbeit zurückzuhalten,
berechtigt sein soll, einem anderen den Schädel einzuschlagen, der ängstlich
den Lohn sucht, den jener zurückstößt." Das ist das thatsächliche Verhältnis,
meine Herren, und daß das sehr richtig ist, wie hier gerufen wurde, möchte
ich mir erlauben zu bestreiten.

Aber, meine Herren, dem großen Manne, dem mächtigen Organisator, John
Burns war es vorbehalten, der staunenden Welt die neueste Phase der Entwicklung dadurch zu zeigen, daß er jetzt den Gewerkverein der Dockarbeiter geschlossen hat. Der Vorstand dieses Gewerkvereins sagte jüngst, 23 500 Mitglieder
sind bereits zu viel für die im Londoner Hafen vorhandene Arbeit. Wir
schließen daher unsern trade union, wir nehmen die Arbeit als unser Monopol

in Anspruch, und mag dann aus den anderen werden, was da wolle; sie
können verhungern.

Daß dieses selbstsüchtige Gebahren, so selbstsüchtig wie es im öffent=
lichen Leben vielleicht selten vorgekommen ist, einen schlechten Eindruck auf
die Massen machen muß, das haben John Burns und seine Adjutanten
selbst erkannt. Daher verweist er die Massen auf den etwas langsichtigen
Wechsel, daß, wenn die Arbeiter erst durch ihre Organisation die Majorität
in den gesetzgebenden Körpern erlangt haben werden, sie sorgen werden, daß
Kommunal= und Staatswerkstätten errichtet werden, in denen jeder Be=
schäftigungslose Arbeit bekommt und zwar zu denjenigen Löhnen, die von
den Gewerkvereinen festgesetzt sind. Das ist die große wirtschaftliche Weis=
heit dieses großen, mächtigen Organisators, um den deutsche Nationalöko=
nomen jetzt einen Glorienschein ausbreiten.

Meine Herren, ich glaube, daß die englischen Zeitungen, die kürzlich
ausgesprochen haben, John Burns ist entweder der Dupierte seiner eigenen
hirnverbrannten Pläne oder er ist ein Charlatan, der auf die Dummheit
seiner Zuhörer rechnet, doch nicht das Richtige getroffen haben. Ich halte
John Burns für einen eminent begabten, unheimlich zielbewußten, wüsten
socialdemokratischen Agitator. Denn, meine Herren, wenn er auf der von
mir schon erwähnten Versammlung in echt socialdemokratischer Weise den
5000 Zuhörern vorführt die Tausende von Landlords, wie sie sich Jäger
und Bediente halten, Stadt= und Landwohnung haben, in Luxus und
verschwenderischer Ausschweifung leben, und alles das durch den Schweiß
ihrer armen Arbeiter, und wenn er diesen 5000 ihm andächtig zuhörenden
ungelernten Arbeitern sagen kann: für Euch sind 200 Pfund viel zu wenig;
wenn ihr unseren Lehren folgt, dann müßt ihr 500 Pfund, also die Kleinig=
keit von 10 000 Mark im Jahr verdienen — dann sage ich: er ist ein
wüster socialdemokratischer Agitator. Und, meine Herren, wenn Herr
von Schulze=Gaevernitz in seinem Werk diejenigen, die eine solche Ansicht
von John Burns haben, nur mit Unwissenheit entschuldigen kann, so kann
mich das nicht abhalten, meine Ansicht hier offen auszusprechen und, meine
Herren, es Ihnen zu überlassen darüber zu urteilen, auf welcher Seite —
nun, ich will mich etwas höflicher ausdrücken — die Befangenheit des Ur=
teils liegt, ob auf meiner Seite oder auf der anderen. — Ich glaube zu
wissen, wo dieser Vorwurf hinzielte.

Meine Herren, die Situation ist aber eine ganz andere dadurch ge=
worden, daß diese neuen trade unions ganz entschieden mit ihren Ansichten
die alten trade unions zu beherrschen begonnen haben. Und da muß auch
ich auf den Kongreß der Gewerkvereine in Liverpool zurückkommen, dem

beizuwohnen mir freilich nicht vergönnt war; aber, meine Herren, ich habe wenigstens die stenographischen Berichte gelesen. Ich habe nun hier ein sehr umfangreiches Material, weil dieser Kongreß gerade zu meinem hauptsächlichsten Beweismaterial gehört, weniger die Beschlüsse als die Verhandlungen; aber die Beschlüsse sind auch interessant genug. Ich will indessen darauf verzichten, im Interesse der Zeit und will mir nur erlauben, einige kurze Daten anzuführen.

Meine Herren, zunächst wurde natürlich dem australischen Streik die größte Sympathie ausgesprochen, und dann kam man zur Besprechung der internationalen Bewegung. Ob ich die Reihenfolge richtig einhalte, weiß ich nicht; ich möchte aber in Bezug auf die internationale Arbeiterbewegung eins bemerken. Auf Seite 75/76 seiner Einleitung führt Herr Professor Brentano einen Artikel eines in England sehr bedeutenden Blattes, Standard, an, der sich in seinem Sinne für Organisation der Arbeiter ausspricht, aber nur für nationale und weiter sagt: „große internationale Organisationen, die von Schwätzern ins Leben gerufen werden, können nur Blutvergießen und Anarchie herbeiführen". Ich glaube aus dem Umstande, daß Herr Professor Brentano diesen Satz aufgenommen hat, schließen zu dürfen, daß er vielleicht im großen und ganzen diese Ansicht teilt. Nun, meine Herren, dann muß ich ihn aber doch darauf aufmerksam machen, daß die wegen ihrer großen Mäßigung viel gerühmten Führer der alten trade unions, die Herren Piccard, Burt, Fenwick und Crawford mit 36 anderen englischen Delegierten an dem internationalen Bergarbeiterkongreß in Jolimont am 20. Mai dieses Jahres teilgenommen und sich an dem Beschluß beteiligt haben, daß eine internationale Organisation der Arbeiter notwendig sei. Und, meine Herren, Piccard hat kürzlich noch in Cannock Shase in Staffordshire in einer von 5000 Grubenarbeitern besuchten Versammlung, auch die Notwendigkeit der internationalen Organisationen der Arbeiter ausgesprochen, und der Kongreß, in dem nach den Darlegungen des Herrn Professor Brentano die Übermacht auf der Seite der alten trade unions liegt, hat sich einstimmig für die internationale Organisation der Arbeiter erklärt, eine Organisation, die, wie ich annehmen darf, auch nach der Ansicht des Herrn Professor Brentano „zu Blutvergießen und Anarchie" führen muß.

Meine Herren, es wurde beschlossen, sämtliche Disciplinarstrafen in allen Fabriken durch Gesetz abzuschaffen; durch Gesetz sollen alle Staats- und Kommunalverwaltungen verpflichtet werden, öffentliche Arbeiten nur solchen Arbeitgebern zu geben, die trade-unions-Löhne zahlen. Meine Herren, solche Arbeiten sollen zu allererst — und das ist ja vielleicht ein verständiger Beschluß — den Arbeiterassociationen überwiesen werden. Alle Arbeiten, die angefertigt werden durch Blacklegs oder nicht zu trade-unions-Bedingungen, sollen boykottiert werden, sind überhaupt ausgeschlossen vom Verbrauch.

Von größtem Interesse sind zwei Beschlüsse, die sich auf die conspiracy and protection of property Act beziehen. Der eine sagt, daß alle Be-stimmungen aufgehoben werden sollen, welche die Aufstellung von Wacht-posten ungesetzlich machen. Nun, meine Herren, ist das Ausstellen solcher Wachtposten aber in England vollständig gesetzlich zulässig; gesetzlich ver-boten ist nur die Anwendung von Bedrohung, von Einschüchterung oder Zwang seitens dieser Wachtposten. Diese Bestimmungen sollen also ge-strichen, das Schädeleinschlagen soll gesetzlich legalisiert werden.

Meine Herren, von Wichtigkeit ist auch, wenigstens in meinen Augen, der Beschluß, die Einführung des Achtstundentages d u r c h G e s e tz zu er-streben; und wenngleich dieser Beschluß nur mit einer geringen Majorität gefaßt worden ist, so ist es doch erstaunlich, wenn man bedenkt, daß sich für diesen radikalen Beschluß auf dem letzten Kongresse in Dundee im vo-rigen Jahre nur eine Minorität von 11 resp. 18 Stimmen fand. Es zeugt das von einer außerordentlich schnellen Wandlung der Gesinnungen, selbst in den alten trade unions.

Der Burns'schen Idee von Staats- und Munizipalwerkstätten ist na-türlich auch Ausdruck gegeben; interessant ist weniger der Beschluß an sich als die Motivierung, welche er durch das parlamentarische Komitee erhalten hat, die darauf ausgeht, so viel als möglich die ländlichen Arbeiter zu or-ganisieren. Diese Motivierung lautet wie folgt: „In Anerkennung, daß keine trade union in ihrer Thätigkeit erfolgreich sein kann, bevor nicht die Blacklegs beseitigt sind, welche die Plätze der Unionisten einnehmen und mit Rücksicht, daß eine große Zahl Blacklegs aus ländlichen Distrikten mit schlechter Bezahlung kommen" 2c., müssen dieselben auch organisiert werden.

Nun, meine Herren, ich will das übrige unter den Tisch werfen; es sind 65 Beschlüsse gefaßt worden, von denen 45 Forderungen an die Re-gierung stellen. Ich glaube, das Vorgetragene genügt, um zu zeigen, daß ein radikaler Geist in dieser Versammlung mit großer Entschiedenheit do-miniert hat.

Meine Herren, es könnte mir vielleicht eingewendet werden, daß die neu hinzugekommenen Vertreter der neuen unions gewissermaßen die alten über den Haufen gerissen haben. Das ist nicht der Fall; denn in Bezug auf die W a h l e n hat sich herausgestellt, daß die alten trade unions voll-ständig in der Majorität waren. In die parlamentarische Kommission,

zum Vorsitzenden und zum Sekretär derselben wurden nur alte Trade-
unionisten gewählt, und Mr. Burns ist mit einer verhältnismäßig sehr
geringen Stimmenzahl nur hineingekommen, weil der Vertreter von Lancashire
aus Gründen, die Herr Professor Brentano angeführt hat, resignierte und
der nächstfolgende gleichfalls. Ob die anderen Mr. Burns erziehen werden,
oder ob Mr. Burns die anderen erziehen wird, das wird die Folge lehren.
Ich glaube, das letztere wird der Fall sein. Aber, meine Herren, wenn
bei diesem Übergewicht der alten trade unions im Stimmenverhältnis doch
eine solche Reihe radikaler Beschlüsse gefaßt worden sind, so glaube ich, im
Gegensatz zu den Ansichten des Herrn Professor Brentano, daß der socialdemokratische Geist der neuen trade unions die alten vollständig zu durch-
dringen beginnt.

Es geht das auch aus einer Äußerung des Mr. Burns hervor, die
ich doch noch anführen möchte. Er sagte in der Diskussion bei der Frage
der Wahl von Arbeitervertretern ins Parlament, daß nur solche Kandidaten
die Stimmen der Arbeiter haben sollen, die für ein solides s o c i a l d e m o -
k r a t i s c h e s , — er sagt nicht socialistisches, sondern socialdemokratisches --
Programm stimmen.

Nun, meine Herren, aus diesen Gründen bin ich der Überzeugung,
daß die Arbeiterorganisation fortdauernd nur den Krieg bedeutet. Und,
meine Herren, die jetzigen Vorgänge in der Welt sind so außerordentlich
lehrreich, daß Sie mir erlauben werden, doch noch mit einigen Worten auf
den australischen Streit, der jetzt augenblicklich spielt, hinzuweisen.

Meine Herren, Herr Dr. von Schulze-Gaevernitz — verzeihen Sie,
wenn ich ihn hier mehrmals nenne, aber sein großes Werk hat eine so
außerordentliche Bedeutung und tritt mit so bestimmten Ansichten hervor,
daß ich vielleicht von diesem Gesichtspunkte entschuldigt sein werde, wenn
ich mich mit diesem Buche weiter beschäftige — entwirft uns ein Bild der
australischen Zustände, und ich werde seine eigenen Worte in der Hauptsache gebrauchen. Er sagt:

Die Ziele der englischen Arbeiterbewegung sind in Australien verwirklicht; der Achtstundentag ist allgemein anerkannt und wird jährlich an
einem nationalen Festtage verherrlicht.

Die zu einer nationalen Föderation verbundenen Gewerkvereine stellen
die erste Macht in der jungen Gesellschaft dar.

Die Arbeiter sind zu einer sonst nirgend eingenommenen Bedeutung
gelangt.

Das von J. Burns aufgestellte Arbeiterprogramm, das sogenannte
London-Programm, ist durch die Gesetzgebung fast ganz durchgeführt.

Die Arbeiter sind die politisch maßgebende Klasse.

Es sind das nur Auszüge aus einzelnen Sätzen in dem Buche des Herrn Dr. von Schulze-Gaevernitz, in denen er sagt, daß die Herrschaft der Arbeiter und die staatssocialistische Gesetzgebung Zustände herbeigeführt hat, die vollständig befriedigen. Er bezeichnet dieselben „als in socialer Beziehung in hohem Grade wünschenswert und als geeignet zur Versöhnung aller politischen und socialen Gegensätze".

Meine Herren, und was sehen wir heute da? Einen Kampf, der seit fünf Wochen tobt zwischen Arbeitgebern und Arbeitern, in der Hauptsache der principiellen Frage wegen, ob die Nichtunionisten mitarbeiten sollen! Und, meine Herren, wenn die Arbeitgeber dort diesen furchtbaren Vernichtungskampf aufgenommen haben, so glaube ich, daß die Verzweiflung infolge der, von Herrn Dr. von Schulze-Gaevernitz als befriedigend dargestellten Zustände sie dazu gezwungen hat. Und welche Erscheinungen bringen sie hervor? Die Farmer, die ihre Wolle selbst an den Quai fahren wollen, weil die Karrenführer streiken, müssen durch die bewaffnete Macht geschützt werden; am Quai müssen Barrikaden errichtet werden, um die nicht gewerkvereinlichen Arbeiter gegen das Schädeleinschlagen zu schützen; und um unangenehme Zwischenfälle zu vermeiden, sieht sich die Behörde veranlaßt, die im freien Verkehr und Handel befindliche Schießmunition aufzukaufen. Meine Herren, das sind Zustände, die eintreten — ich sage, als Folge, — bei einer vollständigen Organisation der Arbeiter und Durchführung dieses Systems, wie es uns Herr Dr. von Schulze-Gaevernitz geschildert hat.

Daher sind die deutschen Arbeitgeber, meine Herren, soweit ich sie hier zu vertreten habe, von der Überzeugung durchdrungen, daß eine allgemeine Organisation der Arbeiter nicht den socialen Frieden, sondern den Kampf, die Herrschaft der rohen Gewalt, der selbstsüchtigsten Leidenschaften bedeutet, und daraus erklärt sich ihre ablehnende Haltung.

Meine Herren, um speciell auf diese Haltung nun zurückzukommen, so ist einmal noch niemals den deutschen Arbeitgebern eine Organisation im Sinne der englischen Gewerkvereine gegenübergestellt worden; sie haben noch nie Gelegenheit gehabt, mit Arbeitervertretern zu verhandeln, die ein wirkliches Mandat gehabt hätten, oder die auch nur annähernd eine Garantie hätten bieten können, daß das Resultat der Verhandlungen befolgt werden würde, und das wäre doch eine der wichtigsten Vorbedingungen. Aber die deutschen Arbeitgeber erkennen sehr wohl an, daß die Organisation der Arbeiter sich vollzieht; wir haben sie ja in den socialdemokratischen Fachvereinen, — und die zarte Unterscheidung des Herrn Professor Brentano zwischen Ideen und thatsächlichen Bestrebungen vermag ich nicht zu machen, ich vermag ihr nicht zu folgen. Ich weiß blos, daß, wo diese socialdemokratischen Fachvereine die Gewalt in Händen haben, es auch hier einen fortgesetzten, nicht zu beendigenden Kampf bedeutet. Meine Herren, die deutschen Arbeitgeber werden der Organisation der Arbeiter, soweit ich unterrichtet bin, keinen Widerstand entgegensetzen; aber niemals werden sie sich bereit finden, mit Vertretern dieser Organisation oder anderen, außerhalb stehenden Leuten zu verhandeln auf dem Fuße der Gleichberechtigung, wie sie hier verstanden wird. Niemals werden sie das thun, — soweit „niemals" überhaupt zu sagen ist,

(Heiterkeit) —

wenn nicht ein Zwang auf sie ausgeübt wird, der von verschiedenen Seiten ausgehen kann; — und ob diese Stellung der deutschen Arbeitgeber verdient, daß sie ausgelacht wird, das lasse ich dahingestellt, meine Herren!

Ähnliche Motive bedingen auch die Stellung der Arbeitgeber den Arbeiterausschüssen gegenüber. Ich könnte Ihnen an der Hand der Schilderungen, die uns von Herrn Professor Sering gemacht sind, zeigen, daß die gesetzliche Aufnahme der Arbeiterausschüsse teils ein frommer Wunsch bleibt, teils in ihrer Ausführung unmöglich ist. Übrigens muß ich bemerken, daß die ganze Frage der Organisation und der Arbeiterausschüsse beispielsweise bei dem größten Streik, den Deutschland im vorigen Jahre gesehen hat, als Ursache gar keine Rolle gespielt hat, soweit sich die Leute überhaupt über die Ursachen des Streiks klar gewesen sind; diese Bewegung ist erst von außen hereingetragen, und zwar die der Arbeiterausschüsse durch die Vertreter der deutschfreisinnigen Partei, die mit der sogenannten Kaiserdeputation verhandelt haben. Im Ganzen haben die Arbeiter noch nicht große Sympathie für die Arbeiterausschüsse gezeigt, und es ist bekannt, daß der Kongreß der Bergarbeiter in Halle sich entschieden dagegen ausgesprochen hat. Und das finde ich erklärlich, da bei alle den bisher gebildeten Ausschüssen die Frage der Lohnregulierung und der Regulierung der Arbeitszeit nicht offiziell zu den Befugnissen derselben gehört und nach dem Ausspruch des Herrn Kaplan Hitze auch unter keinen Umständen in die Kompetenz der Arbeiterausschüsse gelegt werden kann. Aber, meine Herren, ich verzichte auf nähere Beweise auch hier und will nur bemerken, daß auch Arbeitgeber, die ich hier vertrete, sich mit der Idee der Arbeiterausschüsse befreundet haben in dem Sinne, daß solche Vertretungskörperschaften aus den inneren Verhältnissen des Werkes herauswachsen; sie haben sich aber nicht damit einverstanden erklärt, wenn sie von außen in die Arbeiterschaft hereingetragen

werden, und wenn ihnen auch nur der Anschein eines Bestimmungsrechtes
gegeben werden sollte.

Meine Herren, in der Hauptsache werden sie ja gefordert mit Rücksicht
auf die Arbeitsordnungen; ich verzichte, darauf weiter einzugehen. Ich
konstatiere nur, daß auch wir jede gesetzliche Bestimmung begrüßen, die
jedem Werke vorschreibt, eine Arbeitsordnung zu erlassen, und die Formen,
unter denen sie bekannt gemacht werden muß. Ja, meine Herren, die Arbeitsordnung muß vorher den Arbeitern bekannt sein, denn sie ist auch Gegenstand des Arbeitsvertrages; aber sie zu erlassen ist das Recht des Arbeitgebers, der allein verantwortlich für das gewerbliche Unternehmen
dasteht. Und diese Verantwortung ist eine große! Lesen Sie die Statistik,
die jetzt von der zweiten Sektion der Bergwerksberufsgenossenschaft in Westfalen herausgegeben ist. Da werden Sie finden, in welch erschreckender
Weise namentlich die schweren Unfälle zugenommen haben, und, wie der
Vorstand der Sektionen ausspricht, deswegen, weil durch die Arbeiterstreiks
die Disciplin gelockert worden ist. Die Arbeitsordnung festzustellen ist
also nach der Ansicht der deutschen Arbeitgeber ihr Recht, und den Arbeitsvertrag zu schließen, ebenso; nicht zu schließen mit einer Organisation oder
in irgend einer anderen Weise bedingt, sondern in der Verhandlung zwischen
dem Arbeitgeber und dem einzelnen Arbeiter.

Meine Herren, ich habe schon hervorgehoben, daß diese Grundsätze und
Anschauungen von der Wissenschaft verworfen werden; aber ich muß noch
auf das zurückkommen, was ganz besonders Herr Professor Brentano betont
hat. Er sagt: sind wir denn nicht stark genug das zu ertragen? Würde
es nicht eine Schmach für uns selbst sein, wenn wir sagten, wir können
diese Arbeiterorganisation nicht vertragen? Meine Herren, dem gegenüber möchte
ich zu bedenken geben, daß, wenigstens soweit ich verstanden habe, in dieser
Beziehung die Anschauungen der sonstigen Wissenschaft etwas von den seinigen abweichen. So sagt beispielsweise Herr Professor Schmoller in seiner
hochbeachtungswerten Abhandlung „Über das Wesen und die Verwaltung
der großen Unternehmungen" in Bezug auf die Arbeiterausschüsse, die er
wärmstens befürwortet:

> „Keinenfalls dürfen wir gestatten, daß sie ganz in socialdemokratische
> Hände fallen; damit würden wir sofort in die socialdemokratische Revo-
> lution hereinfallen."

Nun, meine Herren, da liegt der Grund auch für unsere Arbeitgeber,
wenn sie sich den Arbeiterausschüssen gegenüber ablehnend verhalten. Richten
wir Arbeiterausschüsse durch die ganze Industrie ein, so thun wir die Arbeit der socialdemokratischen Propaganda. Denn, meine Herren, in den

Arbeiterausschüssen ist die Organisation gegeben und zwar in der Vereinigung derselben. Wo wir Arbeiterausschüsse in größerer Zahl, wie in dem Saarrevier, haben, war die erste Handlung, daß die Vertreter der einzelnen Ausschüsse am 4. Mai zusammenkamen und dieser Organisation einen allgemeinen Charakter gaben. Deswegen sind wir gegen die Arbeiterausschüsse, um nicht den ersten Schritt zur Organisation der gesamten Arbeiterschaft selbst zu thun; deswegen sind wir auch gegen die Fortbildung des Arbeitsvertrages, im Sinne des Herrn Professor Brentano.

Meine Herren, wir verkennen, wie ich schon im Eingange sagte, nicht die Unvollkommenheit des jetzigen Zustandes; wir weisen aber auch darauf hin, daß die Folgen dieses notwendigen Zustandes wesentlich gebessert worden sind und noch gebessert werden durch das Eingreifen des Staates und — um es kurz mit einem Worte des Herrn Professor Schmoller zu sagen — durch den Sieg der edleren und humaneren Anschauungen. Meine Herren, es ist ja in der letzten Zeit viel Scharfsinn und viel Geist aufgewendet worden, um zu beweisen, daß der Arbeitgeber an diesen edleren und humaneren Anschauungen keinen Teil hat, daß er sich in hohem Grade gegen die Arbeiter Tag für Tag versündigt. Meine Herren, kein Tag vergeht, ohne daß eine Schrift kommt, oder daß man einen Zeitungsartikel in die Hände bekommt, oder daß eine Rede gehalten wird, manchmal von außerordentlich hoher Bedeutung, die nicht ihre Tendenz gegen die Arbeitgeber richtet. Nun, meine Herren, es mag ja mancher Übelstand vorhanden sein, aber ich glaube, daß diejenigen sich viel mehr gegen die Arbeiter versündigen, die ihnen eine Gleichberechtigung und ein Selbstbestimmungsrecht in Aussicht stellen, welches sich absolut nicht mit unserer Wirtschafts- und Gesellschaftsordnung vereinbar erweist. Ich glaube, es versündigen sich diejenigen viel mehr gegen die Arbeiter, die Wünsche und Hoffnungen erregen, die zum Teil gar nicht und zum Teil nur ganz in dem Verhältnis zu den allmählichen Fortschreiten unserer ganzen Kulturzustände verwirklicht werden können. Ich glaube, es versündigen sich diejenigen viel schwerer gegen die Arbeiter, die sie verleiten ihre Hand nach Gebilden auszustrecken, die, wenn sie sie wähnen erfaßt zu haben, als Spiegelungen, als eine Fata Morgana sich erweisen, die ihnen nichts leistet. Meine Herren, es mag sehr verdienstlich sein, in scharfsinniger Gedankenfolge große Systeme aufzubauen, und ich habe mit hohem Interesse als vollständiger Ignorant in diesen Sachen die Systeme kennen gelernt, von denen uns Herr v. Schulze-Gaevernitz in seinem Werke eine Schilderung gibt. Aber, meine Herren, ich glaube doch, es wird etwas lange dauern, bis es, abgesehen von der „Religion der Menschheit", für die Handlungen der Menschen keine anderen

Motive mehr geben wird als lediglich nur sociale. Meine Herren, das System, das von den Positivisten als das System der Zukunft geschildert wird, mag eine neue schöne Welt bedeuten; aber ich möchte doch vorschlagen, wir bleiben noch etwas auf unserer Erde und suchen unsere Verhältnisse den realen Verhältnissen entsprechend zu bilden. Sehr viel hat noch zu geschehen, um das Los der Arbeiter zu bessern. Meine Herren, ich glaube aber, daß wir uns in einer Bewegung befinden, die mit vollständiger Bestimmtheit, wenn auch etwas langsam, zu dem Ziele führen wird, das der ganzen Bewegung, die Verhältnisse der Arbeiter zu bessern, vorschwebt. Stören Sie diese Bewegung nicht, meine Herren,

(Heiterkeit)

durch das Hineintragen von nicht zu verwirklichenden Systemen! — Mögen Sie mich immerhin auslachen, ich halte an meiner Ansicht fest und kann Ihnen vor allem versichern, meine Herren, daß auch die Arbeitgeber ihren Teil von dem Siege der edleren und humaneren Bestrebungen bekommen haben, und daß auch an dem Arbeitgeber die größere Bildung des Geistes und des Herzens nicht vorübergegangen ist, die doch im Grunde genommen unseren ganzen Kulturfortschritt bedeutet. Meine Herren, von diesem Standpunkt aus sehen Sie auch einmal den Arbeitgeber an und glauben Sie, daß er vollständig bereit ist, mit Ihnen Hand in Hand in diesem Sinne zu arbeiten — aber auch nur in diesem Sinne, meine Herren!

Entschuldigen Sie, daß ich Ihre Zeit so lange in Anspruch genommen habe.

(Lebhafter Beifall.)

Vorsitzender: Meine Herren, ich habe im Namen des Vereins dem Herrn Referenten Bueck bestens zu danken, und ich glaube, insofern diesen Dank um so nachdrücklicher aussprechen zu sollen, als er naturgemäß bei der Zusammensetzung unseres Vereins in der wenig angenehmen Lage war, gegen die aura popularis hier zu sprechen. Ich darf dem aber vielleicht hinzufügen eine Richtigstellung in Bezug auf die Frage, worüber vorhin gelacht wurde. Ich glaube es nicht auf dem Verein sitzen lassen zu sollen, daß hier gelacht wird, wenn ernsthaft die Überzeugung der deutschen Arbeitgeber ausgesprochen wird,

(Bravo!)

die wird immer mit Achtung hier aufgenommen werden. Soweit ich beobachtet habe, wurde gelacht, weil Herr Bueck seinem „Niemals" sofort ein Schwänzchen anhängte, wonach dieses „Niemals" doch nicht ganz so ernsthaft aufzufassen war, weil in menschlichen Dingen bei der historischen Entwicklung es überhaupt nicht leicht ein „Niemals" gibt.

Das Wort zur Geschäftsordnung hat Herr Referent Bueck.

Berichterstatter Bueck: Erlauben Sie mir eine kleine Bemerkung. Ich habe das Lachen auch durchaus nicht so aufgefaßt, als ob damit ausgedrückt werden solle, daß man über die Arbeitgeber oder deren Bestrebungen lache. Sollte aus meinen Worten eine solche Auffassung herzuleiten gewesen sein, so bitte ich um Verzeihung. In der freien Rede fällt wohl manchmal ein weniger überlegtes Wort, und es war jedenfalls nicht so gemeint, wie der Herr Vorsitzende es auffassen zu müssen geglaubt hat.

(Bravo!)

Vorsitzender: Ich erteile jetzt das Wort dem dritten Herrn Referenten, Reichstagsabgeordneten Stötzel.

Korreferat

von

Redakteur Stötzel (Essen)

über

Arbeitseinstellungen und die Fortbildung des Arbeits- vertrags.

Berichterstatter Reichstagsabgeordneter Redakteur Stötzel (Essen): Meine hochverehrten Herren! Ich schicke voraus, daß dasjenige, was ich sagen werde, geschieht im Interesse der Versöhnung und des gegenseitigen Übereinkommens in dem Versuche, einen gemeinschaftlichen Weg zu finden, um aus den gegenwärtigen Wirren heraus zu gelangen. Wenn irgend ein scharfes Wort meiner Ausführungen bei dem einen oder anderen anstoßen könnte, so bitte ich Sie, es nicht so aufzufassen, daß ich irgend jemand verletzen wollte, sondern meine Äußerungen geschehen nur im Interesse der Sache.

Ich werde mich dann bemühen — der Herr Präsident hat ja vorhin schon eine dahin gehende Mahnung gegeben — meinen Vortrag etwas ab- zukürzen, damit ich mit der vom Herrn Präsidenten bestimmten Zeit mög- lichst auskomme. Demzufolge werde ich mich auch nicht beschäftigen mit anderweitigen Zuständen, beispielsweise mit englischen; ich werde mich be- schränken auf unsere heimischen Zustände, und dabei möglichst auf das, was ich selbst mit erlebt und wahrgenommen habe, also auf die Darlegung der Dinge, wie sie sich in meiner unmittelbaren Nähe entwickelt haben. Ich glaube das um so mehr thun zu können, da nach den lichtvollen Dar- stellungen, die uns Herr Professor Brentano in der uns zugegangenen Schrift gegeben hat, es wohl überflüssig ist, eine nochmalige Schilderung der Entwickelung der heutigen Zustände hier vorzunehmen.

Zunächst möchte ich hervorheben, daß die Zustände, wie sie sich jetzt zwischen den Arbeitgebern und Arbeitnehmern entwickelt haben, äußerst

traurige sind; das Verhältnis hat sich mit der Zeit als ein ungemein ge=
spanntes gestaltet, und meine Überzeugung geht dahin, daß diese gegenseitige
Spannung gehoben werden muß, wenn nicht unser ganzes wirtschaftliches
Leben schwer geschädigt werden soll. Daß sich das so entwickelt hat, daß
der Arbeiter jetzt meistens dem Arbeitgeber nicht mehr in einem persönlichen
Verhältnis gegenübersteht, sondern daß ein sachliches Verhältnis eingetreten
ist, dazu hat viel beigetragen die Entwickelung unserer Produktionsverhält=
nisse. Aus den früheren einfachen Verhältnissen sind wir in die Großbetriebe
übergekommen; die Großbetriebe haben einfach die Form von Gesellschaften
angenommen, es sind Aktienunternehmungen geworden, und infolge dessen
steht der Arbeiter dem Arbeitgeber nicht mehr gegenüber von Person zu
Person, sondern es ist ein Verhältnis geworden von der Person zu der
Sache. Dem Arbeiter gegenüber steht vielfach gar nicht der eigentliche
Unternehmer, der Arbeitgeber; es ist der Beamte, der ihm gegenübersteht.
Dieser Beamte hat aber an erster Stelle die Verpflichtung, daß er das
Kapital, das seinen Händen anvertraut ist, für die Unternehmer fruchtbar
macht — das ist seine erste Aufgabe, die Sorge für das Wohl des Arbeiters
ist demgegenüber von untergeordneter Bedeutung. Mir hat einmal der
Leiter eines Werkes versichert: „Für mich kann der Arbeiter nur Sache
sein; würde ich persönlich ein Werk haben als mein Eigentum, so wären
die Verhältnisse andere, dann würden die Arbeiter mir gegenüberstehen als
eine Person, für deren Wohl und Wehe ich zu sorgen habe; in meiner
jetzigen Stellung aber bin ich nicht in der Lage, die Rücksicht auf den
Arbeiter zu nehmen, die ich sonst persönlich wohl gern nehmen würde.“
Diese Skizzierung des genannten Herrn dürfte wohl in sehr vielen Fällen
zutreffend sein, und da ist es leicht zu erklären, daß die Verhältnisse für
den Arbeiter zuletzt unerträgliche werden; seine Person ist eben gewissermaßen
zur Ware geworden. So ist die Sachlage jetzt.

Nun ist es natürlich, daß die Arbeiter ihrerseits suchen, aus diesem
Zustande herauszukommen, mit einem Wort, daß sie suchen, ihre Lage zu
verbessern; und ich bin nicht der Meinung, die der Herr Vorredner hatte,
daß, wenn die Arbeiter nach Organisation streben, es vielleicht in unserem
deutschen Vaterlande mal so weit kommen würde, daß das Schädeleinschlagen
gesetzlich legitimiert würde. Wenn ein jeder an seiner Stelle das seinige
dazu beiträgt, um versöhnend und helfend einzuwirken, so haben wir gewiß
ein Derartiges nicht zu befürchten.

Es ist aber auch sehr natürlich, daß die Arbeiter einen Einfluß auf
den Arbeitsvertrag zu gewinnen suchen. Das ist ein Bestreben, welches
sich von selbst aus den Verhältnissen heraus ergibt. Und es ist nicht richtig,

was der Herr Vorredner behauptet, daß bei uns solche Bestrebungen noch nicht hervorgetreten wären. O ja, bei uns wollen auch die Arbeiter durchaus eine Einwirkung auf den Arbeitsvertrag, und die Einwirkung, welche sie beanspruchen, geht stellenweise viel weiter, als bloß auf die Lohnfestsetzungen und Bestimmungen über die Arbeitszeit.

Ich kann aus meiner eigenen Erfahrung Ihnen hier mit einem Beispiel dienen. Seit Jahren kommen regelmäßig Arbeiter zu mir — ich nehme da auf die besonderen Verhältnisse der Bergarbeiter Bezug —, die bei eingetretenen Unglücksfällen darüber Klage erheben, daß ihnen gar keine Einwirkung darauf zuständе, wie die Zusammensetzung der Kameradschaften stattfinde. „Viele Unglücke" — so erzählen die Bergleute — „werden dadurch hervorgerufen, weil man uns junge, unerfahrene Kameraden, die nur erst ein halbes Jahr, oder noch nicht mal so lange auf der Grube beschäftigt sind, die mithin die Erfahrung des gereiften Bergmannes nicht haben, in solche Orte mitgibt, wo durch eine kleine Unvorsichtigkeit leicht ein Unglücksfall entstehen kann." Gerade durch diese unerfahrenen Leute, so behaupten die Bergarbeiter, werden viele Unglücke hervorgerufen, und dadurch werden andere unschuldige Mitarbeiter mitbetroffen, die mit ihrer Gesundheit und öfters mit ihrem Leben dasjenige büßen, was jene angerichtet haben. Ob die Beschwerden alle zutreffend sind, das vermag ich allerdings nicht zu beurteilen, weil mir die statistischen Unterlagen fehlen. Indessen ich hoffe, daß das Reichsversicherungsamt sich dieser Sache einmal annimmt und bei den jeweiligen Unglücksfällen konstatieren läßt, wie viel jüngere und unerfahrene Leute in dem betreffenden Ort oder Flöz mit beschäftigt waren, um dann auf Grund des gewonnenen Materials festzustellen, ob da die Klagen der Bergleute begründet sind. Es wird ja andererseits immer hervorgehoben, es sei vieles auf den Leichtsinn der Arbeiter zurückzuführen. Nun sagen die erfahrenen Bergleute aber: „Wir wollen gegen die Unerfahrenheit der jüngeren Arbeiter geschützt werden, und deshalb wollen wir eine Einwirkung darauf haben, wie die Kameradschaft zusammengesetzt wird. Wir müssen entweder, sei es durch einen Ausschuß, sei es durch ein anderes repräsentatives Kollegium, davor geschützt sein, daß man uns nicht etwa so zusammenlegen kann, daß wir Gefahr für unser Leben laufen." Und ferner wollen auch diese Bergleute eine Einwirkung haben auf die Ausbildung derjenigen, die angelernt werden. Das geht also noch weit hinaus über die Lohnfestsetzungen. Ich habe den Leuten gesagt: „Ihr seid ja durch die Behörden geschützt." Sie erklärten: „Wir sind es nicht in dem Maße, wie wir es wünschen und wie wir es verlangen können, sonst würden wir diese Forderungen nicht erheben."

Daß die Arbeiter nun einen Einfluß auf den Arbeitsvertrag haben wollen, ich meine, das kann man ihnen gar nicht verdenken. Sie wollen einmal helfen festsetzen die Lohnbedingungen, und sie wollen andererseits auch dagegen geschützt sein, daß man sie mir nichts dir nichts aus der Arbeit wegweisen kann, daß ein jeder der unteren Beamten einen langjährigen Arbeiter ohne weiteres vor die Thür setzen kann. Das letztere ist ja auch eine Klage, die die Arbeiter erheben. Und wie die Dinge jetzt liegen, haben die Arbeiter in Bezug auf willkürliche Entlassung gar keinen Schutz. Wenn sie ihrerseits Klage erheben, dann werden sie — das ist die gewöhnliche Folge — kurz abgewiesen; sie beschweren sich weiter darüber, daß man auf Klagen, welche sie erheben, gar nicht eingeht, und sind nun der wohl nicht unbegründeten Meinung, daß, wenn sie ihrerseits eine geschlossene Organisation hätten, dann allerdings die Sache besser werden würde.

Und ich glaube auch, daß angesichts der Bewegung, in der wir uns befinden, nichts anderes übrig bleibt, als auf diese Gedanken der Arbeiter einzugehen und ihre Wünsche nach dieser Richtung hin zu erfüllen. Das ist auch durchaus nicht eine Forderung, die man als eine socialdemokratische bezeichnen kann, — durchaus nicht! Diese Forderung stellen die Arbeiter im allgemeinen auf, das stellte sich beispielsweise schon im vorigen Jahre — worauf ich kurz verweisen will — bei dem großen Streik heraus: da waren alle die Arbeiter über die soeben bezeichneten Dinge einig und traten geschlossen für ihre Forderungen ein. Der Herr Vorredner befindet sich in einem großen Irrtum, wenn er noch glaubt, bei dem großen Bergarbeiterstreik sei die Bewegung von außen in die Arbeiterkreise hineingetragen worden. Nein, die Bewegung hat jahrelang unter den Arbeitern gegährt, und ich kann die Versicherung geben, gegenwärtig ist die Gährung eine so gewaltige, wie sie im vorigen Jahre vor Ausbruch des Streiks gar nicht war. Wer unter den Arbeitern steht, mit denselben verkehrt, der hat Gelegenheit die schärfsten Äußerungen zu hören von solchen Leuten, die im vorigen Jahre gar nicht mitgestreikt haben, oder von solchen, die nur gewissermaßen notgedrungen mitstreikten, weil sie an und für sich keine Wünsche hatten, aber die Kameradschaft mit ihren Mitarbeitern nicht brechen wollten. Alle diese früher so zurückhaltenden Arbeiter erklären heute: wenn es demnächst losgeht, dann werden wir mitthun, weil es so nicht weiter gehen kann, es muß entweder biegen oder brechen. Diese Erregung unter den Arbeitern ist aber nicht blos durch die Lohnfrage hervorgerufen, sondern auch durch andere Ursachen. Kein Mensch ist empfindsamer für die Kränkung seiner Rechte als wie gerade der Arbeiter. Wenn er in seinem Rechte sich verletzt fühlt, dann wird er erbittert, und diese Erbitterung ist eine viel

nachhaltigere, als wie etwa wenn er über einen zu geringen Lohn klagt.
Nach dieser Seite hin will ich Ihnen nur eines anführen, was allerdings
mit dem Arbeitsvertrag direkt nicht zusammenhängt, aber ein Beweis ist,
wie empfindsam die Arbeiter sind. Ein Arbeiter verunglückte und zwar zu
der Zeit, als das jetzige Unfallversicherungsgesetz noch nicht existierte. Dem
Arbeiter war von seinem Vorgesetzten befohlen, auf Kaisers Geburtstag
Dynamitpatronen auf der Halde abzufeuern, und die Patronen, da kein
Feuerzeug vorhanden war, am Schmiedefeuer anzuzünden. — Der Mann
weigerte sich dessen; es wurde ihm die Alternative gestellt: entweder du
steckst die Patronen am Schmiedefeuer an, oder du hast morgen deine Entlassung. Nun, der Arbeiter ist dem Befehle seines Vorgesetzten nach=
gekommen, und bei dieser Gelegenheit wurde dem Manne die rechte Hand
zerschmettert, weil die Patrone vorzeitig explodierte. Der Arbeiter ist von
der Grube abgewiesen worden mit seinen Ansprüchen auf Entschädigung und
ist auch vom Gericht abgewiesen worden, weil das Werk geltend machte,
es sei dieser Unfall nicht beim Betriebe geschehen, sondern außerhalb des
Betriebes. Ich kann versichern, daß erfahrene Bergleute sagten: das nennt
man aber doch das Recht geradezu in Unrecht verwandeln; wenn ich durch
das Lohnbuch nachweisen kann, daß ich an dem Tage im Auftrage des
Werkes gearbeitet habe, wenn ich nachweisen kann, daß mir das befohlen
ist, so muß das Werk auch entschädigungspflichtig sein. Das Vertrauen
der Arbeiter hat die Werksverwaltung durch diesen peinlichen Prozeß zum
großen Teil eingebüßt und ich kann aus persönlicher Erfahrung versichern:
das Vertrauen ist bei der Mehrzahl der dort beschäftigten Arbeiter noch bis
jetzt nicht zurückgekehrt. Wie versöhnend hätte nicht bei einer solchen Gelegenheit eine Arbeitervertretung wirken können.

Ich bin nun der Meinung, daß sich durchaus nicht die heillosen Zu=
stände entwickeln werden, die der Herr Vorredner befürchtet, wenn man
irgend welche Vertretungen der Arbeiterschaft zuläßt, die bei der Festsetzung
des Arbeitsvertrages mitsprechen. Der einzelne Arbeiter — das fühlen die
Leute wohl sehr gut heraus — ist dem Unternehmer gegenüber machtlos.
Die Arbeiter sagen sich: der Vertrag, den wir einzeln mit dem Unternehmer abschließen, das ist kein Vertrag, der zwischen zwei Faktoren abgeschlossen wird, die gleichberechtigt sind, sondern ein Vertrag, wo beide
Faktoren auf dem Papier zwar gleiche Rechte haben, aber thatsächlich ein
gleiches Recht nicht vorhanden ist; und um das thatsächliche Recht, die
Rechtswirkung zu erzwingen, deshalb wollen wir Vereinigungen haben, da=
mit uns unser Recht nicht verkürzt werden kann.

Nun hat ja der Herr Vorredner auch hervorgehoben, solche Vereinigungen würden von seiten der Arbeitgeber nicht bekämpft werden. Die Erfahrung hat gelehrt, daß das Gegenteil stattgefunden hat, was ich von ganzem Herzen bedauert habe. In den rheinisch-westfälischen Industrierevieren machte man während der großen Streikzeit die Erfahrung, daß gerade solche Arbeiter gemaßregelt wurden, die an und für sich durchaus tadellose Menschen waren, die auch nicht etwa Socialdemokraten waren — obwohl das auch kein Grund sein kann, einen Arbeiter zu maßregeln, — sondern man hat Arbeiter gemaßregelt, die ihrerseits die beste Absicht hatten, auf ihre Kameraden versöhnend einzuwirken, dabei aber eine Organisation der Arbeiter anstrebten. Es läßt sich leicht begreifen, daß bei solchen Maßregelungen unter den Arbeitern von Tag zu Tag das Mißtrauen wächst. Auf der anderen Seite sehen sie ja, daß die Verbindungen der Arbeitgeber fortbestehen; und noch vor ganz kurzer Zeit wurde in einer Versammlung von Arbeitern ein Brief verlesen, wo von einer Seite ganz trocken vorgeschlagen war: um das Interesse der Unternehmer und die Verzinsung des Kapitals besser zu fördern, sei es notwendig, daß so und so viel Tausend Bergleute demnächst außer Arbeit gesetzt würden, damit die Produktion eingeschränkt werde. Nun, wenn die Arbeitgeber ihrerseits solche Verbindungen schließen, kann man es den Arbeitern doch wohl auch nicht verwehren, ihrerseits zur Wahrung ihrer Rechte sich zu organisieren.

Und diese Organisationen werden kommen, ob die Arbeitgeber auch ihrerseits dem widerstreben, oder nicht. Es ist aber von großer Wichtigkeit, daß solche Organisationen ins Leben gerufen werden, die versöhnend wirken. Macht man es aber den Arbeitern jetzt unmöglich, solche Organisationen ins Leben zu rufen, dann werden sie später, vielleicht nach langem Kampfe dazu kommen; dann wird aber sehr wahrscheinlich die Organisation, die dann durchgeführt wird, sich viel mehr gegen die Arbeitgeber selbst richten: es wird nicht eine Organisation der Versöhnung sein, sondern eine Organisation des Kampfes, wenigstens vorläufig.

Ich halte es deshalb für verfehlt, wenn man sich gleich von vornherein auf einen ablehnenden Standpunkt den Wünschen der Arbeiter gegenüber stellte. Das ist, auch vom Standpunkt des Unternehmers, das allerverkehrteste, was man thun kann. Auch ist die Annahme unrichtig, daß die Organisation, welche die Arbeiter anstreben, eine socialdemokratische Erfindung sei. Darüber sind alle Arbeiter, sie mögen einer Partei angehören welcher sie wollen, unterschiedslos einig, daß sie organisiert werden müssen, wenn sie ihren Wünschen öfters auch nicht den richtigen Ausdruck zu geben wissen. Es fallen ja manchmal in solchen Arbeiterversammlungen

Worte, die etwas sehr schroff sind; nun, ich meine, das soll man solchem
Arbeiter nicht gleich so übelnehmen. Er hat das Gefühl, daß er dem
Kapital gegenüber wehrlos dasteht. Diesem Übelstande sucht er abzuhelfen,
und daß er dann manchmal ein Mittel anrät, was zu verwerfen ist, und
wodurch auch das zu erstrebende Ziel gar nicht erreicht wird, das ist
wohl leicht begreiflich. Er fühlt sein Unglück, aber er weiß diesem Gefühle den entsprechenden Ausdruck nicht zu geben, deshalb soll man die
Worte, die in Arbeiterversammlungen fallen, nicht immer gleich auf die
Goldwage legen.

Dann aber möchte ich auf eins noch aufmerksam machen, was ja bei
der Beurteilung unserer ganzen Arbeiterverhältnisse auch von einer großen
Tragweite ist. Wie der Versammlung wohl bekannt ist, stehe ich auf einem
Standpunkt, der von einer großen Anzahl der hier anwesenden Mitglieder
nicht geteilt wird. Aber ich möchte doch von diesem Standpunkt aus einen
Umstand betonen. Bei der Beurteilung unserer socialen Verhältnisse im
allgemeinen wird viel zu wenig Rücksicht genommen auf einen Faktor, der
von einer ganz eminenten Bedeutung ist, nämlich auf die religiöse Überzeugung oder — ich will mich anders ausdrücken — auf das Christentum.
Welche Wirkung dieser Faktor hat, davon konnte ich mich in meiner heimatlichen Umgebung überzeugen. Es wird vielleicht manchem verwunderlich
vorgekommen sein, daß die große Majorität der Bergleute des rheinisch-
westfälischen Reviers durchaus sich ablehnend gegen die Socialdemokratie
verhält. Nun, die Erklärung dieses Umstandes vermag ich den Herren zu
geben: die übergroße Mehrheit unserer Bergleute im rheinisch-westfälischen
Revier — ich spreche da nicht etwa blos von katholischen Bergleuten —
sind Leute, die noch auf einem streng christlichen Boden stehen, Leute von
ganz eminenter religiöser Überzeugung. Das ist es gerade gewesen, was
diese Bergleute abgehalten hat, zu den Socialdemokraten abzuschwenken,
und das ist auch mit ein Grund gewesen, warum gerade aus dem rheinisch-
westfälischen Bergarbeiterrevier sowenig Bergleute vertreten waren auf dem
Bergarbeitertag in Halle; die Mehrzahl unserer braven Bergleute hatte das
Gefühl, es könnten dort die socialdemokratischen Tendenzen zu sehr hervortreten, und deshalb sind sie fern geblieben; denn diese christlich überzeugten
Männer sind zugleich auch warme Patrioten. Ich will gar nicht davon
sprechen, welchen kulturellen Einfluß das Christentum auf die sociale Entwicklung hat, aber man soll bei der Beurteilung der wirtschaftlichen Zustände
diesen Faktor wenigstens nicht vergessen. Es trifft das auch bei der Beurteilung des Arbeitsvertrages zu. So sind die sämtlichen Arbeiter, Sie
mögen fragen welche Sie wollen, dafür, daß die Arbeitszeit beschränkt wird;

fie find namentlich alle dafür, daß fie möglichst eine ausgiebige Sonntagsruhe haben. Warum? Sie find nicht etwa blos deshalb dafür, damit
fie einen freien Tag haben, fondern die einen find dafür aus religiöser
Überzeugung, die anderen deshalb, weil fie den Ruhetag haben wollen. Es
deckt fich hier, wie bei fo vielen anderen Forderungen, Gottes Gebot mit
dem Naturgefetz. Das begreifen unfere Arbeiter fehr gut, wenn fie dem
auch nicht immer den richtigen Ausdruck geben können.

Ich meine, bei der ganzen Beurteilung unferer focialen Verhältniffe
foll man das nicht vergeffen. Deshalb — und da komme ich wieder auf
einen Einwand zurück, den der Herr Vorredner hervorgehoben hat, nämlich
darauf, daß in dem rheinisch-weftfälifchen Revier bei dem Streik die Bewegung unter die Bergleute durch die Socialdemokraten getragen worden
fei. Nein, fo ift es nicht, die Arbeiter find, wie ich fie gefchildert habe!
Von außen bedurfte es keiner Anregung, die Arbeiter haben ihre Klagen
fchon von Jahr zu Jahr erhoben, und haben die Erfahrung gemacht, daß
diefelben nicht berückfichtigt wurden. Unter diefen Klagen ift namentlich
die über die unwürdige Behandlung ftets in den Vordergrund geftellt
worden. Die Arbeiter fagen fich mit Recht: wir leiften doch unfere Arbeit,
wir find willig und bereit, unfere Arbeit zu leiften, dann foll man uns
aber anftändig behandeln. Es ift foviel von dem patriarchalifchen Verhältniffe zwifchen Arbeitgeber und Arbeiter die Rede. Ein patriarchalifches
Verhältnis möchten jetzt auch gern manche Unternehmer pflegen, aber in
der Weife, daß man auf der einen Seite nur Rechte fordert und auf der
anderen Seite nur Pflichten haben foll. Davon wollen aber die Arbeiter
natürlich nichts wiffen. Die vielen Klagen, welche darüber erhoben werden,
daß man fich mit den Arbeitern nicht vertragen könnte, kann ich meinerfeits
nicht glauben; gegen einen vernünftigen Zufpruch find die Arbeiter, fei es
nun daß man mit Ausfchüffen zu thun hat, fei es daß man in der Maffe
mit ihnen verhandelt, durchaus nicht unzugänglich. Ich kann Ihnen davon
einen Beweis liefern. Am 8. Dezember v. J. war in Effen eine große
Bergarbeiterverfammlung; es waren 6000 Bergleute da verfammelt. Ich
bin hingegangen, um den Leuten davon abzuraten, einen Streik, welcher
geplant war, zu beginnen. Ich habe vor diefen 6000 Männern, die fehr
erregt waren, nur eine Viertelftunde gefprochen, da hatte ich diefelben famt
und fonders überzeugt, daß es nicht wohl gethan fei, jetzt einen Streik zu
beginnen, fondern abzuwarten, wie es gehen würde.

Ich glaube auch nicht, daß die Arbeiter, falls fie organifiert find, die
Arbeitgeber etwa vergewaltigen würden; die Thatfachen bezeugen wenigftens
das Gegenteil. Ich habe die fefte Überzeugung, wenn irgend ein Unter-

nehmer, der seinerseits glaubt, nicht einen höheren Lohn zahlen zu können,
einer Arbeiterdeputation sagt: so und so viel wirft das Werk ab, ich bin
jetzt nicht imstande, einen höheren Lohn zu geben, ihr könnt einen oder zwei
wählen, denen werde ich die Rechnungen vorlegen, — ich wette darauf, die
Arbeiter verzichten darauf, die Rechnungen einzusehen; sie werden dem Unternehmer, ohne Einsicht in die Bücher genommen zu haben, Glauben schenken.
So weit ist es mit unseren Arbeitern doch noch nicht gekommen, daß sie
einem gütlichen Zuspruch nicht mehr zugänglich wären; aber es ist doch
wohl natürlich, daß die Arbeiter verlangen, daß sie das Recht, was man
ihnen durch das Gesetz zuweist, auch in Wirklichkeit haben. Denn das muß
man doch niemand mehr weismachen wollen, daß das Koalitionsrecht der
Arbeiter thatsächlich so besteht, wie das Gesetz es den Arbeitern gibt. Zu
einem großen Teile ist das Koalitionsrecht der Arbeiter ganz und gar illusorisch, indem es faktisch unmöglich gemacht wird. Da muß man sich
denn nicht wundern, wenn über Kontraktbruch geklagt wird, den die Arbeiter
beispielsweise bei Streiks begehen. Ich meinerseits kann auch nicht zugeben,
daß bei solchen Streiks allemal ein Kontraktbruch vorliegt; formell liegt
derselbe vielleicht vor; materiell ist er unter Umständen nicht vorhanden.
So war es bei dem großen gewaltigen Streik im vorigen Jahre; da lag
an manchen Stellen ein wirklicher Kontraktbruch nicht vor. Die Arbeiter
hatten vorher erklärt, wenn bis zu dem und dem Tage auf die Bedingungen,
welche wir gestellt haben, nicht eingegangen ist, dann werden wir die Arbeit niederlegen. Das wußte man ganz genau fast allenthalben. Nur war
die Kündigung der Arbeit nicht von den einzelnen Arbeitern, sondern von
einem Komitee im Namen der Arbeiter ergangen. Man machte nun seitens
der Werksverwaltungen den Vorwand: diese Vertreter erkennen wir nicht
an, — und insoweit ist es ja formell richtig: wenn man die Vertreter der
Arbeiter nicht anerkennt, dann war es ein Kontraktbruch, mit dem der
Streik begonnen wurde.

    Zum Schluß, meine Herren, möchte ich noch bemerken: thun wir un-
sererseits dasjenige, was wir können, um die Versöhnung mit herbeizuführen.
Von höchster Stelle aus ist allen Bürgern des Staates zugerufen worden,
in der jetzigen Zeitströmung helfend mit einzugreifen, damit die Schatten
gebannt werden, die drohend heranziehen. Ich habe die feste Überzeugung,
daß Friede und Versöhnung herbeigeführt werden kann, wenn man den Arbeitern entgegenkommt, und wenn man dasjenige, was sie von Gottes und
rechtswegen fordern können, ihnen zugesteht. Es werden sich auch die Arbeitgeber dadurch gar nichts vergeben, wenn sie den Arbeitern dasjenige,
was ihnen im Gesetz zugebilligt wird, in Wirklichkeit zu gewähren und diese

Rechte ihren Arbeitern nicht zu beschneiden suchen, wie das jetzt so häufig geschieht. Ich meine, es liegt doch im allgemeinen Interesse, einen zufriedenen Arbeiterstand zu schaffen. Ich halte es nicht für richtig, wenn gesagt wird: wenn dem Arbeiter etwas gegeben wird, dann steigt die Begehrlichkeit, er wird gar nicht mehr zu befriedigen sein. O nein, so liegt die Sache durchaus nicht. Einzelne Beispiele, die dafür angeführt werden, daß die Arbeiter ihrerseits ihre Forderungen steigern, sind nicht beweiskräftig genug, um darzulegen, daß es in der Gesamtheit mit den Arbeitern so stehen wird. Kommt man ihnen zeitig entgegen, dann wird man ein Verdienst davon haben; wenn es aber so weit kommt, daß man dasjenige, für dessen Gewährung die Arbeiter jetzt noch dankbar sein würden, ihnen geben muß, weil man notgedrungen dazu gezwungen ist, dann wird man auch keinen Dank mehr von den Arbeitern haben. Und daß in manchen Städten die Forderungen der Arbeiter gesteigert wurden, das rührt auch daher, daß die Arbeiter sich gewissermaßen tropfenweise ihr Recht erpressen mußten, und dadurch wurden sie allerdings nicht befriedigt, sondern wurde die Begehrlichkeit — wie man sich auszudrücken beliebt — gesteigert, nun noch mehr zu verlangen. Sorgen wir unsererseits dafür, daß wir bemüht sind, versöhnend zu wirken, und wir werden dann ein Werk thun, von dem nicht allein der Arbeiterstand Nutzen hat, sondern das zum Wohl für Staat und Gesellschaft gereicht.

(Lebhafter Beifall.)

Vorsitzender: Meine Herren, ich habe dem Herrn Referenten Stötzel bestens zu danken für das aus dem Leben gegriffene Stimmungsbild aus den deutschen Arbeiterverhältnissen, wodurch er unsere beiden ersten Referenten so glücklich ergänzt hat.

Ich schlage Ihnen jetzt vor, meine Herren, die Frühstückspause eintreten zu lassen.

(Zustimmung.)

Ich werde nach einer Viertelstunde die Sitzung wieder eröffnen und werde dann Herrn Grillenberger, wenn er anwesend ist, das Wort erteilen.

(Pause von 12 Uhr 25 Minuten bis 12 Uhr 50 Minuten.)

Vorsitzender: Darf ich vielleicht vor dem Wiedereintritt in die Verhandlungen noch eine Bemerkung machen. Wir haben ein gemeinschaftliches Mittagsessen irgendwo von Seiten des Ausschusses nicht in Aussicht genommen, um eben nach der größeren Pause rechtzeitig um 5½ Uhr wieder anfangen zu können. Es ist also den Herren überlassen, zu essen, wo sie wollen. Ich glaube aber, daß immerhin eine erhebliche Anzahl der Herren im Frankfurter Hof speisen wird. Jedenfalls ist zu wünschen, daß wir möglichst um 5¹/₂ oder spätestens 6 Uhr wieder anfangen können.

(Ruf: 5 Uhr!)

Wenn wir um 5 Uhr wieder anfangen, so ist zu hoffen, daß wir um 9 oder 9¹/₂ Uhr fertig werden und dann eine freie gemeinsame abendliche Zusammenkunft halten können.

Bezüglich der Herren, die sich zum Wort gemeldet haben, erlaube ich mir zunächst die Frage, ob Herr Grillenberger anwesend ist. Wir haben mit den Herren ausgemacht, daß er an bevorzugter Stelle zum Wort komme, und ich würde ihm deshalb jetzt das Wort geben.

(Pause.)

Wenn er, wie es scheint, nicht anwesend ist, so würden wir nach der Rednerliste beginnen können.

Ich darf da vielleicht die Bemerkung machen, daß fast sämtliche Herren, die sich gemeldet haben, sich mit der Bemerkung meldeten, daß sie eigentlich nicht darauf Wert legten, sofort zum Wort zu kommen, sondern bereit seien, auch später zu reden, mir also damit schon gleichsam eine gewisse Freiheit gegeben haben, die ich nur dazu benutzen möchte, um in unsere Rednerliste eine gewisse Abwechselung zu bringen, daß nicht mehrere Redner hinter einander von demselben Standpunkt sprechen.

(Sehr richtig!)

Wenn das also der Fall ist, so möchte ich fragen, ob Herr Kommerzienrat Freiherr v. Heyl jetzt geneigt ist, das Wort zu nehmen.

Geheimrat Freiherr v. Heyl: Ich muß sehr um Entschuldigung bitten, daß ich Ihre Aufmerksamkeit unmittelbar nach der Pause in Anspruch zu nehmen mir gestatte, umsomehr da ich lange Ausführungen nicht zu machen habe. Ich glaube aber, daß ich als Arbeitgeber doch in erster Linie das Recht habe, in meiner Eigenschaft als Mitglied dieses Vereins zu sprechen.

Wenn ich mir aber trotzdem gestatte, auch als Arbeitgeber gleichzeitig zu reden, so möchte ich dem Herrn Referenten Bueck aufrichtigen Dank aussprechen, daß er bei Vertretung des Arbeitgeberstandes, wenn auch als Repräsentant einer besonderen Gruppe, doch weit entfernt gewesen ist von einer einseitigen Interessenvertretung, und daß er auch die Neigung, die in dem deutschen Arbeitgeberstande vorhanden ist, in entsprechender Weise die Reichsregierung auf denjenigen Gebieten, die jetzt in Frage stehen, zu unterstützen, in richtiger Form zum Ausdruck gebracht hat.

Ich meine, daß hier zunächst in Frage kommt die Weiterentwicklung des Arbeitsvertrages. Ich glaube, daß Herr Bueck ganz besonders nach dieser Richtung hin die Bereitwilligkeit des Arbeitgeberstandes zugegeben hat, die Reichsregierung in vollem Maße zu unterstützen. Der freie Arbeitsvertrag, von dem Herr Professor Brentano in seiner sehr interessanten Arbeit mit Recht sagt, daß er als vollständig hinfällig erscheinen muß, hat zweifellos dahin geführt, daß viele Differenzen zwischen Arbeitgebern und Arbeitnehmern entstanden sind, und die Arbeitgeber müssen dankbar dafür sein, daß die Reichsregierung im Begriff steht, durch Gesetzgebung den Arbeitsvertrag in richtiger Weise zu entwickeln und zwar so weit zu entwickeln, daß möglichst wenig Differenzen aus dem Arbeitsvertrag überhaupt noch hervortreten können. Soweit meine Kenntnis reicht, ist bei der deutschen Großindustrie immer die Meinung vertreten gewesen, daß die Fabrikordnung, die ja doch im wesentlichen den Inhalt des Arbeitsvertrages darstellt, nicht einseitig von dem Arbeitgeber allein aufrecht erhalten werden kann. Sie mußte ja einseitig erlassen werden, meine Herren, da die Entstehung der meisten Fabrikordnungen mit der Begründung der Industrien zusammenfällt, und die Fabrikordnung nötig wurde, um eine gewisse Erziehung auch in den Arbeiterstand hineinzubringen, eine Erziehung, bei der, wie ich glaube, der Arbeitgeberstand in Deutschland auch manches Gute für unser Vaterland geleistet hat, was Herr Bueck ja auch mit Recht andeutete.

Wenn der Arbeitsvertrag in seinen wesentlichen Grundlagen durch das Gesetz fixiert ist, so bleibt nur übrig die Verhandlung über die Arbeitszeit und über die Lohnfrage.

Was die Verhandlungen über die Arbeitszeit anbelangt, so glaube ich, daß hier die Arbeiterausschüsse eine gewisse Berechtigung haben. Ich selbst bin aufgefordert worden von dem Verein für Socialpolitik — oder meine Firma vielmehr — Mitteilungen zu machen über das, was in meinem Hause von Arbeiterausschüssen eingerichtet sei; ich war erstaunt, meine Mitteilungen in diesem Hefte abgedruckt zu finden, weil ich glaube, daß mein Arbeiterausschuß überhaupt keiner ist; — er sollte wenigstens keiner sein. Ich persönlich bin nämlich der Meinung, daß die Gedanken, die Herr Bueck über die Arbeiterausschüsse im ganzen ausgesprochen hat, richtig sind; denn Arbeiterausschüsse zu bilden ohne Befugnis, ohne Kompetenz, halte ich für außerordentlich gefährlich. Auch führen die vagen Bestimmungen, die da in den Statuten enthalten sind darüber, daß der Arbeiterausschuß Beschwerden untersuchen soll, leicht dahin, daß die Beschwerden unterdrückt werden, daß der Arbeiterausschuß eine Organisation wird, die die Be-

schwerden der Arbeiter begräbt, ein Instrument gewissermaßen in der Hand
des Arbeitgebers, der dann durch den Arbeiterausschuß in der Lohnfrage
Manches niederdrücken und beseitigen kann. Ich glaube deshalb, daß, wenn
Arbeiterausschüsse oder Vertrauenspersonen gewählt werden sollen, in der
Fabrikordnung die Wahl nicht nur, sondern auch die Kompetenz ganz genau
zu bestimmen ist. Ich habe es so gemacht, daß ich in meiner Fabrik Vertrauenspersonen für einzelne Werkstätten herangezogen habe, welche befugt
sind, die über eine zehnstündige Arbeitszeit hinausgehenden Überstunden,
welche ab und zu nötig werden in jedem Betriebe, durch selbständige Be-
schlußfassung in Verbindung mit den Vertretern des Hauses festzustellen,
so daß also in dem Rahmen der Fabrikordnung gewissermaßen durch eine
Beteiligung der Arbeiter die Veränderungen der Arbeitsdauer auch innerhalb der Vertragszeit geregelt werden können. Wenn das möglich ist,
meine Herren, — und ich habe meine Vertrauensmänner in den letzten
sechs Monaten nach dieser Richtung hin geprüft und erprobt, — dann
bleiben in dem Arbeitsvertrag faktisch wenig Differenzen mehr übrig.

Dann kommen wir zu der Lohnfrage. Daß wir zur Regelung der
Lohnfrage den großen Apparat der englischen trade unions nach Deutschland
herübernehmen sollen mit allen den Konsequenzen, die Herr Bueck mit Recht
hervorgehoben hat, das halte ich nicht für richtig. Wenn die trade unions
in der Weise, wie es Herr Professor Brentano wünscht, nach Deutschland
herübergebracht werden, so wird die nächste Folge sein, daß die Familien-
thätigkeit aus der Großindustrie vollständig verschwindet. Denn darin hat
ja Herr Bueck ganz Recht, und darin stimme ich ihm vollständig bei: Familien, die seit Generationen in der Großindustrie Deutschlands arbeiten,
welche den Beruf nicht allein fortsetzen, um Geld zu verdienen, sondern
auch aus einem gewissen Pflichtgefühl heraus, unter die Herrschaft von
Arbeiterorganisationen stellen zu wollen, die aus dem Auslande importiert
sind, das ist unmöglich. Wenn die deutsche Gesetzgebung die Arbeiterorganisation in der Weise einführt, wie es Herr Brentano anstrebt, so wird
die nächste Folge sein, daß die Großindustrie ausschließlich nur noch von
Aktiengesellschaften betrieben wird und zwar deshalb, weil die Rücksichtslosigkeit, die dann notwendig wird, von dem Privatmann nicht ausgeübt
werden kann; dem Privatmann, dessen Familie seit Generationen einen
solchen Betrieb geleitet hat, widerstrebt eine derartige Rücksichtslosigkeit, wie
sie zwischen solchen Associationen nötig ist. Ich glaube deshalb, daß die
Ablehnung der Arbeitgeber, mit fremden Personen verhandeln zu sollen, von
welcher Herr Bueck gesprochen hat, eine allgemeine werden würde. Ob das
in den wissenschaftlichen Kreisen nicht vielleicht heute schon gewünscht wird,

das weiß ich nicht; ich habe das Gefühl, daß man sich in diesen Kreisen das gewerbliche Leben nicht so sehr an die Person, sondern an große internationale Organisationen gebunden denkt, die überhaupt den Arbeitgeber, wie er jetzt vor ihnen steht, überflüssig machen müssen. Denn daß die trade unions zu einer internationalen Association führen müssen, das ist doch ganz natürlich. Wir in Deutschland haben unsere Industrie zum Nachteil der englischen, welche unter der Herrschaft der trade unions steht, wesentlich entwickelt, weil überall da, wo die englischen unions die Löhne über Gebühr hinaufgetrieben hatten, wir in der Lage waren, den Engländern Konkurrenz machen zu können zum Vorteil unserer Arbeiter, zum Nachteil der englischen trade unions. Infolge dessen sind ja auch die trade unions bemüht, ihre Associationen auf einem internationalen Wege weiterzufassen, was ich nur durchaus konsequent finden kann. Wenn ich mich auf den Standpunkt des Herrn Professor Brentano gestellt denke, der glaubt, daß, wenn die Bewegung auf einem gewissen Punkte angelangt ist, wir den Frieden haben werden, so würde ich dieses Ziel notwendigerweise erst dann als erreicht ansehen können, wenn wir zu der internationalen Organisation des Arbeiterstandes gekommen sein würden; nur wenn man das will, kann man die trade unions aus voller Überzeugung unterstützen. Das wird aber Niemand wollen oder für ausführbar halten.

Meine Herren, daß die englischen Verhältnisse auf unsere deutschen durchaus nicht passen, ist verschiedentlich ausgeführt. Ich stimme Herrn Stötzel durchaus bei, daß die religiöse Grundlage, die in unserem deutschen Arbeiterstande teilweise noch vorhanden ist, einen sehr wesentlichen Faktor darstellt. Gerade dieser Faktor ist aber in England noch weit mehr in Wirkung als bei uns in Deutschland; denn bei uns ist keine wirtschaftliche Bewegung ohne den Einfluß einer politischen Partei, ohne politische Bevormundung denkbar. Wir haben Gewerkvereine in Deutschland, wir haben alles, was Herr Professor Brentano anstrebt, wir haben die englischen genau kopiert: — was haben wir für Erfolg gehabt? Ja, der Mißerfolg, den diese Gewerkvereine hatten, mag wesentlich dadurch herbeigeführt sein, daß sie einer bestimmten Partei angehörten und durch diese dirigiert waren; wenn aber die Arbeiterassociationen siegreich ihren Einzug bei uns halten und durch das Gesetz geschützt werden sollen, dann werden sie vielleicht als ganz harmlose Fachvereine erscheinen können, welchen man nicht nachweisen kann, daß sie socialistische Bestrebungen haben, sie werden aber die socialdemokratische Mission — die Herr Brentano ihnen nicht nehmen will — zum Ausdruck dadurch bringen, daß sie socialdemokratische Abgeordnete wählen, die dann im Parlament dafür sorgen werden, daß die durch solche

trade unions organisierten Wählerschaften dort das verlangen, was sie als
Vereinsmitglieder auf Grund der Reichsgesetze nicht fordern dürfen.

Meine Herren, ich will mich also dahin resümieren, daß ich Sie
warnen möchte, die englischen trade unions als direkt übertragbar auf
Deutschland oder deutsche Verhältnisse anzusehen. Wir haben schon erfahren, daß die Grütlivereine der Schweiz, die ja auch Ableger der trade
unions sind, auf ganz anderen Boden geraten sind als die trade unions, ich
meine, auf den politischen, und ich glaube, daß die Arbeiterassociationen
in Deutschland sofort eine Organisation der Wählermassen zu Gunsten der
Socialdemokratie darstellen würden.

Meine Herren, das waren im wesentlichen die Gesichtspunkte, die ich
vortragen wollte. Ich darf vielleicht zum Schluß noch hinzufügen und
meine Meinung dadurch bekräftigen, daß ich hier hervorhebe, daß in der
internationalen Arbeiterschutzkonferenz in Berlin im Winter von der Konferenz die Arbitrage acceptiert wurde zwischen Arbeitgeber und Arbeitnehmer, nicht aber die Arbitrage, die aufgebaut werden soll auf Organisationen der Arbeitgeber und Arbeitnehmer. Mr. D. Dale, den Herr Professor Brentano uns auch sehr rühmt, hat sich vergeblich bemüht, nicht nur
bei uns Deutschen, sondern bei den Vertretern anderer Staaten, die keine
Arbeitgeber waren, diese englische Einrichtung in unsere Beschlüsse hinein-
zudirigieren. In der Kommission waren ähnliche Beschlüsse gefaßt und
druckreif gemacht, die Mehrzahl der Vertreter aller Staaten aber waren
der Ansicht, daß die Einführung der trade unions in der Weise, daß man
sie als Empfehlung gegen Streiks anführen wollte, beseitigt würde und zwar
wesentlich aus den Gesichtspunkten, die von Herrn Bu?? vorgetragen sind.
Ich habe auch die Ehre gehabt, in den Kommissionen der Arbeiterschutzkonferenz in diesem Sinne zu sprechen, und ich habe die Auffassung, daß
diese Ansichten nicht nur im Interesse der Arbeitgeber, sondern auch der
Arbeiter ausgesprochen worden sind. Denn der Arbeitgeber ist ja durchaus
geneigt, mit den Arbeitern zu verhandeln; er wird auch, indem er sich auf
den Standpunkt der jetzigen Reichsregierung stellt, dazu geführt; er erkennt
den Arbeiter als vollständig gleichberechtigten Faktor mit Freuden an; aber
er wird der Reichsregierung weiter folgen wollen auf dem Wege, die Arbitrage zu lokalisieren, indem die Gewerbegerichte als Einigungsämter die
Differenzen in gewissen lokalen Abgrenzungen zu beseitigen suchen, wodurch
die Möglichkeit gewonnen wird, die persönliche Arbeit der Großindustriellen
auf die Dauer erhalten zu können und verhindert wird, daß die Arbeiter
in irgend einem Bezirk von einem Menschen, der ihre Verhältnisse gar nicht
kennt, von auswärts dirigiert werden. Ich bedauere, daß Herr Professor

Brentano diese Richtung, welche die Reichsgesetzgebung nehmen will, bekämpft hat, weil sie vollständig in den Rahmen der jetzigen Bestrebungen aller sachverständigen und maßgebenden Faktoren hineinpaßt.

(Bravo!)

Vorsitzender: Ich erteile jetzt das Wort dem Herrn Döblin, Vorsitzenden des Gehülfenverbandes der deutschen Buchdruckergewerbe. Ich darf vielleicht noch bemerken, daß ich alsdann Herrn Professor Neumann, der gegen Herrn Professor Brentano reden will, das Wort zu erteilen gedenke, und sodann Herrn Professor Munro aus Manchester, der wahrscheinlich für die englischen Gewerkvereine und zwar in englischer Sprache sprechen wird.

Döblin, Vorsitzender des Gehülfenverbandes der deutschen Buchdruckergewerbe: Meine Herren, wenn ich mir gestattet habe, das Wort zu erbitten, so ist es aus dem Grunde geschehen, um speciell über eine Organisation, die als die älteste und stärkste Deutschlands bekannt ist, die auch in den vorbereitenden Schriften des Vereins Erwähnung gefunden hat, einige Worte zu sagen. Es ist ein erfreuliches Zeichen für die organisierten Arbeiter, speciell die Buchdrucker, daß von Seiten der Wissenschaft in objektiver und, ich möchte sagen sympathischer Weise den Bestrebungen der Arbeiter Rechnung getragen ist. Meine Herren, seitens des Herrn Bueck wurde ausgeführt, man finde fortgesetzt Zeitungsartikel und höre Reden im Interesse der Arbeiter. Nun, speciell die Buchdruckergewerbe sind in einer eigenartigen Lage: gerade wir empfinden es, daß die Zeitungen, die Vertreter der öffentlichen Meinung, den Bestrebungen der Buchdrucker am wenigsten Beachtung schenken. Ich habe Zeitungen verschiedener Tendenz den letzten Rechenschaftsbericht unserer Betriebskasse, die mit einem Vermögen von 1¹/₂ Millionen rechnet, zugesandt; aber nicht eine Zeitung hat es der Mühe wert gehalten, davon Kenntnis zu nehmen. Es ist dies jedenfalls ein Beweis dafür, daß das Interesse der Unternehmer, wenn auch vielleicht auf andere Dinge, die das Interesse der Unternehmer als Buchdrucker nicht so speciell berühren, Rücksicht genommen wird, sich hier gefährdet glaubt, weil der Unterstützungsverein deutscher Buchdrucker auch die Hebung der Lage seiner Mitglieder bezweckt.

Meine Herren, ich darf wohl behaupten, daß der Unterstützungsverein versucht hat, ein Stückchen socialer Frage zu lösen; er hat ein Kapital verausgabt von ca. 3 Millionen in der Zeit seines Bestehens, und wir haben auch erreicht, daß unsere Herren Prinzipale mit uns in Unterhandlung getreten sind und seit 17 Jahren gemeinschaftlich Lohnfestsetzungen treffen.

Aber in welcher Weise geschieht dies? Die Herren finden sich dort ein, beraten den Tarif mit, und wenn sie nach Hause gehen, dann sind noch nicht
einmal die, die den Tarif mit geändert haben, bereit, ihn der Öffentlichkeit
gegenüber anzuerkennen, und das führt dahin, daß das Vertrauen der Arbeiter in den guten Willen der Unternehmer fortgesetzt immer mehr erschüttert wird. Gerade das Buchdruckergewerbe bietet die Voraussetzungen,
ein friedliches Verhältnis zwischen Arbeitgebern und Arbeitnehmern herbeizuführen; aber gerade in diesem Gewerbe finden wir, daß ein sehr mangel-
haftes Verständnis vorhanden ist.

Es ist hier so häufig betont worden, die Gewerkvereine seien gewissermaßen ein Produkt der Socialdemokratie. Nun, die vereinigten Buchdrucker
haben, so lange sie existieren, es verstanden, — und dieses ist bald 25
Jahre, — jede politische Erörterung aus ihrem inneren Vereinskreise fernzuhalten; sie haben es fertig gebracht, alles zu vermeiden, was dazu beitragen könnte, Angelegenheiten politischer Natur mit lediglich gewerkvereinlichen zu verquicken. Es herrscht in ihrer Organisation die größte Tole-
ranz; die verschiedensten politischen Anschauungen vereinigen sich in derselben;
aber der Verein verlangt von seinen Mitgliedern, innerhalb des Rahmens
des Vereins lediglich ihre Interessen als Arbeiter zu fördern. Trotzdem
haben wir erleben müssen, daß dieses berechtigte Streben, welches jedenfalls
im Interesse des Staates und der Kommunen liegt — denn durch die Un-
terstützungen, das muß man doch zugeben, werden Staat und Kommunen
entlastet, indem die Angehörigen dieser Organisation abgehalten werden, der
Vagabondage anheimzufallen — trotzdem sage ich, mußten wir es erleben,
von der Regierung angefochten zu werden und zwar mit der Motivierung,
daß die Organisation der Buchdrucker eine Versicherungsgesellschaft sei.
Also Bestrebungen, die lediglich humanitärer Natur sind, die lediglich darauf berechnet waren, von einem gewissen Ehrgefühl eingegeben, die Angehörigen des Buchdruckergewerbes nicht der äußersten Not zu überantworten,
sondern durch große Opfer sie schadlos zu halten, — dafür wurde seitens
der Regierung die Anschauung geltend gemacht, es sei dies eine Versicherungsgesellschaft, die den Nachweis liefern müsse, daß das, was sie in ihrem
Statut ausspreche, auch fortgesetzt ausgeführt werden könne. Nun, das
läßt sich ja wohl mathematisch in keiner Weise darthun, und es ist uns
ja auch gelungen — und da müssen wir gestehen, daß in diesem Falle uns
die öffentliche Meinung unterstützt hat, als darauf hingewiesen wurde, wieviel Kassen durch eine derartige Auslegung vernichtet werden würden —,

den Bestand des Unterstützungsvereins zu sichern. Wir wurden aber dazu angehalten, die staatliche Genehmigung nachzuholen.

Diese staatliche Genehmigung wäre ja sehr gut, wenn sie nicht nur eine gewisse Beaufsichtigung in sich schließen wollte, sondern auch unseren berechtigten Bestrebungen einen gewissen Schutz und ein gewisses Recht gewähren würde. Aber es ist dieses fortgesetzte Mißtrauen gegen Vereinbarungen der Arbeiter, welches dahin strebt, ein möglichst strenges Kontrolgesetz zu erlassen.

Nun, ich konstatiere ja, daß dies so sehr fühlbar bei uns sich nicht gemacht hat, da auch wohl die Regierung die Überzeugung gewonnen hat, daß die deutschen Buchdrucker es verstehen, politische von anderen Bestrebungen zu trennen. Dem verdanken wir jetzt eine ruhige Weiterentwickelung; der Verein zählt jetzt ca. 17 000 Mitglieder. Aber, meine Herren, die eine Erfahrung müssen wir machen: mit einem Verkehr der Arbeitgeber mit den Arbeitnehmern auf dem Standpunkt der Gleichberechtigung ist es nichts. Die Herren sind wohl geneigt, aus praktischen Interessen, eine sogenannte Tarifgemeinschaft mit den Gehülfen aufrecht zu erhalten; aber diese dient gerade dazu, die Interessen der Unternehmer zur Geltung zu bringen, insofern als sie Gelegenheit haben, die Forderungen der Gehülfenschaft durch Einreden u. s. w. zu reduzieren, und daher kommt es, daß die Lohnsätze der Buchdrucker mittelmäßig sind.

Es wurde ausgeführt von den Vertretern der Arbeitgeber, daß die Gewerkvereine gewissermaßen eine Disziplinlosigkeit unter den Arbeitern schaffen. Wir haben gerade die gegenteilige Erfahrung. In unserem Gewerkverein erkennt der Arbeitgeber den Arbeitnehmer als gleichberechtigt an; werden die Löhne gleichmäßig festgesetzt, so ist auch der Arbeitgeber an die Festsetzung gebunden.

Es würde aber erst ganz durchgeführt werden können, wenn die Herren Unternehmer das richtige Verständnis für die Situation hätten; und dies, meine Herren, behaupte ich, ist nicht der Fall. Bisher haben die Buchdrucker es fertig bekommen, wie ich schon betonte, jedes politische Element fernzuhalten; wenn aber die Arbeiter fortgesetzt darauf drängen müssen, diesen gemeinschaftlich vereinbarten Lohnfestsetzungen Durchführung zu geben, so weckt das in den Arbeiterkreisen das Gefühl, daß eine derartige gemeinschaftliche Festsetzung der Löhne nur dazu führe, die Arbeiter zu erschlaffen, und sie hindere, schnell vorwärts zu kommen. Und dies, meine Herren, sind die Konsequenzen des Vorgehens der Unternehmer. Man sagt so häufig, daß die sozialistischen Bestrebungen immer mehr Eingang finden. Nun, ich bin überzeugt, daß ein derartiges Vorgehen weit mehr für die sozialistischen

Bestrebungen agitiert, als sämtliche Agitatoren der Socialdemokratie selber, weil man den nötigen Ernst vermißt, das Vereinbarte auch durchzuführen.

Wir haben nun versucht, von den organisierten Prinzipalen, die sich auch in einer Vereinigung zusammenfinden, zu verlangen, daß die Herren mit uns gemeinschaftlich dahin wirken, daß das, was 17 Jahre besteht, auch zur Durchführung gelangen sollte. Der Vorstand der Organisation der deutschen Buchdruckervereine hat die Berechtigung dessen anerkannt und hat in 200 Zeitungen eine Abmachung publiziert, die zwischen den Vorständen der beiden Organisationen getroffen ist, und hat sich gegenüber den Behörden verpflichtet in einer Eingabe, in welcher er auf die Verhältnisse hinwies, und die Behörden, die Kultusminister u. s. w. aufforderte, Vorkehrungen zu treffen, daß seitens der Schulbehörde den Eltern nahe gelegt würde, ihre Söhne nur dort in Stellung zu geben, wo man den Tarif einhalte. Und hier glaubten wir, wir seien jetzt auf dem Wege, das von uns Erstrebte zur Wirklichkeit zu machen. Da fand die Generalversammlung der Prinzipale in Straßburg statt: da wurde einfach der Vorstand desavouiert. In den Zeitungen war erklärt, daß das Buchdruckergewerbe imstande sei, neue Bahnen einzuschlagen und eine friedliche Lösung der Verhältnisse herbeizuführen — die Zeitungen haben dies als eine neue Errungenschaft gepriesen, während es von der Gehülfenschaft schon seit 17 Jahren erstrebt wird. Die Straßburger Generalversammlung, wie gesagt, erklärte, eine Verpflichtung, das Vereinbarte durchzuführen, nicht anerkennen zu können, sondern schob die Frage auf eine spätere Zeit hinaus.

Hieraus sehen Sie, meine Herren, daß es absolut nicht möglich ist, das Vertrauen der Arbeiter zu wecken, im Verein mit den Unternehmern friedliche Verhältnisse zu schaffen; das erzeugt fortgesetzt Mißmut und drängt immer mehr dazu, daß auch selbst in den Kreisen der organisierten Buchdrucker die Stimmen laut werden, daß eine derartige Tarifgemeinschaft wertlos sei. Das sind die Folgen dieses Nichtworthaltens der Unternehmer.

Wir haben also nach dieser Richtung hin schlechte Erfahrungen gemacht, und was ich Ihnen schon sagte, daß die öffentliche Meinung wenig auf seiten der Gehülfen steht, bewies auch dieser Fall wieder. Die Zeitungen brachten lange Artikel über das Berechtigte, über das Notwendige der Vereinbarungen, welche wir mit dem Vorstande getroffen hatten, — und als diese abgelehnt waren in Straßburg, habe ich keine Zeitung gefunden, welche den Unternehmern irgend einen Vorwurf gemacht hätte. Es beweist das wieder, daß die öffentliche Meinung immerhin auch eine gewisse Klassenvertretung ist. Dies, meine Herren, trägt dazu bei, es der Leitung des Unterstützungsvereins zu erschweren, in bisheriger friedlicher Weise weiter zu gehen, und man wird immer mehr dazu gedrängt, zu versuchen, ob man nicht auf anderem Wege, sozusagen mit dem Rechte des Stärkeren, weiter kommt. Und ich bin ja auch überzeugt, daß das eintreten wird, wenn die Herren Unternehmer, speciell im Buchdruckergewerbe, den Verhältnissen nicht mehr Beachtung schenken.

Ich hörte heute sehr häufig Rheinland=Westfalen nennen. Auch in unserem Gewerkverein stellt sich dasselbe heraus: in Rheinland=Westfalen sind durchweg die schlechtesten Zustände. Die Herren verlangen einen Tarif, der auf das Jahr 1878 zurückgreift, bei den fortgeschritteneren Teuerungs= verhältnissen; außerdem schlägt man vor, eine Tarifkommission zu bilden, die zusammengesetzt ist aus 5 Gehülfenvertretern, 5 Prinzipalvertretern und einem Vorsitzenden — natürlich einem Prinzipal —, der in Zweifelsfällen den Ausschlag gibt. Das wagt man einer starken Organisation anzu= bieten!

Dann, wie in Anspruch genommen wird, daß Besitz und Intelligenz nur bei den Unternehmern vorhanden sei, charakterisiert sich auch hier bei den Buchdruckern. Ein Herr im Alter von 23 Jahren, Buchdruckereibesitzer, hat einen Tarif ausgearbeitet; der Herr verlangt, daß die Gehülfen erst mit dem Alter von 25 Jahren berechtigt sind, einen Vertreter für die Wahrnehmung ihrer Interessen zu wählen, erkennt es aber als vollständig richtig und korrekt an, daß er mit 23 Jahren imstande ist, den bedeutend älteren Gehülfen einen Tarif vorzulegen. — Meine Herren, das sind alles so Kleinigkeiten, die in ihrer Gesamtwirkung dazu führen, die Arbeiter etwas stutzig zu machen, und Sie werden daraus ersehen, daß es nicht die Schuld der Arbeiter ist, wenn sie auf friedlichem Wege nicht vorwärts kommen, sondern daß es überwiegend an dem mangelnden Verständnis der Herren Unternehmer liegt.

Es ist sehr eigentümlich, daß beispielsweise die Mitglieder des Unter= stützungsvereins der deutschen Buchdrucker, die gezwungen sind, so viele Opfer zu bringen, um die kolossale Anzahl von Arbeitslosen, die in unserm Gewerbe etwa 10% beträgt, in etwas schadlos zu halten, von vielen Ge= schäften gänzlich ausgeschlossen werden und nicht einmal Kondition erhalten; und es ist für mich interessant, daß speciell die Druckerei, wo auch die Schriften des Vereins für Socialpolitik hergestellt werden, dieselben Be= dingungen stellt. Meine Herren, man würde doch bedeutende Entrüstung zeigen, wenn ein Arbeiter zu einem Arbeitgeber käme und fragte, welcher Vereinigung er angehört. Liegt es denn auf der anderen Seite anders? Hat denn der Arbeiter für das, was er bekommt, mehr zu leisten als seine Arbeit? Kann denn der Unternehmer sich das Recht vindizieren, auch darüber noch zu bestimmen, was er außerhalb des Geschäfts zu thun hat, wo er hingehen darf, welche Lokale er besuchen darf, welcher Vereinigung er angehören darf? Meine Herren, das sind alles Mißstände, deren Abschaffung jedenfalls dazu beitragen würde, bessere Verhältnisse zwischen Arbeiter und Unternehmer herbeizuführen.

Ich habe mich darauf beschränkt, Ihnen ein kleines Bild über die Organisation der deutschen Buchdrucker zu geben, und will mir nur noch gestatten, auf einige Ausführungen des Herrn Bueck zurückzukommen.

Herr Bueck erklärt, die Arbeiterorganisationen bedeuteten einen fortwährenden Krieg. Nun, speciell bei uns hat sich gezeigt, daß das Gegenteil der Fall ist. Die deutschen Buchdruckergehülfen in der Organisation schufen 1873 einen Tarif; der wurde 1876 reduziert, 1878 reduziert und bestand nach dieser zweimaligen Reduktion noch 10 Jahre. Also wenn trotz inzwischen eingetretener günstiger Konjunktur keine Hand gerührt wurde, um das Vereinbarte zu durchbrechen, so ist jedenfalls erwiesen, daß Sinn für Ordnung vorhanden ist und speciell durch die Organisation hervorgerufen wird.

Dann ist davon die Rede gewesen, daß diese Gewerkvereine in gewissem Sinne Aufhebung der Disciplin bedeuten. Wir haben die Erfahrung gemacht, daß der Gewerkverein dazu beiträgt, auch Elemente mit radikaleren Anschauungen zu zähmen und sie zu bewegen, im Interesse der Selbsterhaltung alles fern zu halten, was einer Disciplinlosigkeit ähnlich sehen könnte.

Dann wurde ferner ausgeführt, daß in England die Arbeiter die Arbeitsordnung diktieren. Dem ist entgegenzuhalten, daß die englische Industrie — in dem Sinne ist es wohl nicht aufzufassen; denn ein gegenseitiges Verständnis ist wohl immer herbeigeführt — sich immer konkurrenzfähig gezeigt hat trotz der Freiheiten, die die Arbeiter dort genießen sollen.

Aber recht bezeichnend waren mir die Ausführungen über die Begehrlichkeit der Arbeiter. Da konstatierte der Herr, daß in einem Gewerk oder Bergwerk es die Arbeiter durchgesetzt hätten, sechsmal Lohnerhöhungen herbeizuführen. Meine Herren, das beweist doch jedenfalls, daß der Lohn derartig niedrig gewesen ist, daß die Arbeiter sechsmal bestrebt sein mußten, ihn zu erhöhen

(Bravo! Heiterkeit);

und es geht ferner daraus hervor, daß, wenn sie nicht dazu übergegangen wären, diese Erhöhungen zu fordern, sie jedenfalls den sechsmal niedrigeren Lohn noch jetzt gehabt hätten. Das glaube ich ja, daß vom Standpunkt der Herren Unternehmer derartige Organisationen, die imstande sind, für berechtigte Interessen einzutreten, nicht erwünscht sein können. Aber im Interesse der Arbeiter notwendig sind sie.

(Bravo!)

Dann bemerkte Herr Bueck, daß z. B. in England die älteren Arbeiter an diese Organisation gefesselt seien durch die verschiedenen Hülfskassen. Nun, ich bin der Meinung, daß dieses egoistische Gefühl die englischen Arbeiter nicht zusammenhält, sondern lediglich das Solidaritätsgefühl. Die Arbeiter haben erkannt, daß sie ohne diesen festen Zusammenhalt sich nicht helfen können, daß sie nur dadurch befähigt sind, in der Lohnfrage etwas zu erreichen, und das Gefühl haben, daß sie ohnmächtig sind, wenn sie von der großen Organisation sich loslösen.

Dann sagte Herr Bueck ferner noch, daß die Socialdemokraten in England die Gewerkvereine in der eifrigsten Weise bekämpften, also wünschten, daß die Gewerkvereine in das socialdemokratische Fahrwasser hineingeraten. Damit beweist er gerade, daß die Gewerkvereine ein Bollwerk gegen die Socialdemokratie sind. Ich meine deshalb, man thut nur gut daran, die Arbeiter in der Weise sich vereinigen zu lassen in dem Bestreben, die Bedürftigen zu unterstützen und überhaupt geregelte Verhältnisse in allen Gewerben zu schaffen.

Dann wurde ferner hinzugefügt, daß der jetzige Kampf ein Kampf der beschäftigten Arbeiter gegen die unbeschäftigten sei, also daß die Unbeschäftigten nicht arbeiten sollten, weil sie dieser oder jener Vereinigung nicht angehörten. Meine Herren, ich habe gerade das Empfinden, daß der jetzige Kampf um die Verkürzung der Arbeitszeit nicht ein Kampf gegen die Unbeschäftigten, sondern für sie ist. Daß das große Heer der Beschäftigungslosen — im Buchdruckergewerbe 10 % — untergebracht werden müßte, ist wohl klar. Man darf sich nur vergegenwärtigen, daß der Arbeiter, der zuletzt in eine Stellung tritt, bei mangelnder Arbeit zuerst dieselbe wieder verlassen muß; hieraus ergibt sich, daß große Massen von Arbeitern fortwährend die Landstraßen bevölkern und ohne Beschäftigung sind: alles dies infolge der kolossalen Ausbildung von Lehrlingen ohne Berücksichtigung der Verhältnisse des jeweiligen Gewerbes. Speciell die Buchdrucker sind verpflichtet, das, was sie nicht verschulden, nämlich die vielen Beschäftigungslosen, auf ihre Kosten zu erhalten, und da ist es umsomehr gerechtfertigt, diesem Zustand ein Ende zu machen.

Meine Herren, ich habe gefunden, daß man bedeutend mehr über England und Australien gesprochen hat, als über die deutschen Verhältnisse.

(Heiterkeit.)

Ich bin der Meinung, daß auch in Deutschland gute Früchte geschaffen werden können, wenn das volle Verständnis bei den Unternehmern vorhanden ist, wenn sie nicht in jedem Arbeiter einen Feind erblicken, sondern jemand, der dieselben Interessen wie sie hat, und wenn sie dem Grundsatz huldigen: leben und leben lassen! Meine Herren, wenn das bei den Unternehmern Platz greift, dann werden auch die Arbeiterorganisationen segensreich wirken.

(Beifall.)

Vorsitzender: Das Wort hat jetzt Herr Professor Neumann.

Professor Dr. Neumann (Tübingen): Meine Herren! Zunächst möchte ich mich meines geehrten Landsmannes Bueck in einigen Worten annehmen und möchte Sie auch davon zu überzeugen suchen, daß die Wissenschaft nicht allein einen Komplex von Gewerkvereinsfanatikern in sich schließt,

(hört hört!)

sondern daß im Gegenteil dort sehr verschiedene Ansichten herrschen, und vielleicht gelingt es mir, Sie auch davon zu überzeugen daß dort nicht nur das Wahre an sich erstrebt wird, sondern dies auch in einer Weise, die dem Gefühl beider Teile gerecht zu werden sucht.

Gerade in dieser Beziehung möchte ich nun zunächst Eines aussprechen, was mir vielleicht sehr verdacht werden wird, nämlich daß, wenn Herr Bueck sagte: von einer Gleichberechtigung zwischen Arbeitern und Arbeitgebern dürfe nie die Rede sein, er meines Dafürhaltens etwas gesagt hat, was nicht so zu verwerfen ist, als es scheint. Es ist ein eigentümliches Ding mit dem Worte „Gleichberechtigung"; vor allem kommt es doch darauf an, was man darunter versteht, und den Kern des Streits, um den es sich hierbei handelt, die Ursache jener Erhitzung der Gemüter, die sich an sie knüpft, möchte ich darin finden, daß man unter Gleichberechtigung eben sehr verschiedenes verstehen kann und zu verstehen pflegt. Der Lieutenant z. B., so kann man wohl sagen, steht mit seinem Chef, dem Hauptmann oder Oberst, auf dem Standpunkt der „Gleichberechtigung", und doch würde, wenn jener „gleiche Rechte" wie der Oberst verlangen wollte, der Oberst ihn sehr verwundert ansehen. So auch hier. Wenn man es den Arbeitgebern zum Vorwurf macht, daß sie die Gleichberechtigung der Arbeiter nicht anerkennen, so liegt der Grund dieses Vorwurfs zum großen Teil darin, daß man das Wort „Gleichberechtigung" hierbei in anderer Weise auffaßt, als es die Arbeitgeber im Grunde thun.

Namentlich habe ich nun aber bei demjenigen zu verweilen, was sozusagen grundlegend in diesen Dingen ist, bei dem Arbeitsvertrag, und mit Bezug auf ihn werde ich allerdings manches zu entwickeln haben, bezüglich dessen ich Herrn Bueck nicht wünschen kann, daß er meine Ansichten teilt.

Meine Herren, über die voraussichtlichen Folgen des freien Arbeitsvertrages hat sich im vorigen Jahrhundert bereits, zu einer Zeit, als diese Freiheit noch mehr in Aussicht stand, als verwirklicht war, und merkwürdigerweise gerade ein Jahr vor dem Erscheinen des für jene Freiheit grundlegenden Buches von Adam Smith, ein großer Nationalökonom in Worten ausgesprochen, die ich noch heute für zutreffend und beherzigenswert halte. Es war Necker, der in seinem Werke über den Getreidehandel von 1775 sich hierüber bereits in folgender Weise äußerte: „Man klagt, sagt er, über das Elend des Volkes, die Armen seufzen, ohne über die Ursachen nachzudenken, und die Reichen klagen die Regierungen an: „das arme Volk, wie schlecht wird es regiert!" „Aber — fährt Necker fort — im Grunde ist das Elend ihr, der Wohlhabenden, Werk; denn es ist die Folge des Umstandes, daß der Mittellose Arbeit suchen muß, um überhaupt zu leben, um nicht mit seiner Familie zu verhungern, während der bemitteltere Arbeitgeber der Arbeit regelmäßig nur bedarf, um a n g e n e h m e r zu leben." Meine Herren, in diesen Worten war der richtige Kern dessen, was man später „das eherne Lohngesetz" genannt hat, im wesentlichen bereits enthalten; alles andere, Zusammenhang der Arbeitskraft mit der Person, und was man sonst dem Verhältnis des Arbeiters zum Arbeitgeber charakteristisches nachsagt, wiegt nicht so schwer als Jenes. Und nur zweierlei hat sich seit jener Zeit zu Ungunsten der Arbeiter noch verändert. Erstens sind dieselben mit der Zunahme des Großbetriebes zweifellos abhängiger geworden als sie es früher waren, und zweitens und namentlich gilt heute nicht mehr was zu Neckers Zeiten galt, daß die Arbeiter seufzen, o h n e nach den Ursachen, nach den bezüglichen Zusammenhängen zu fragen. Im Gegenteil sie klagen diese an, und es scheint sich da zu bewähren das alte Wort, daß zwar Hunger und Elend oft in bewundernswerter Weise ertragen werden, daß aber auch die Geduldigsten, und häufig gerade die besten unter ihnen, nicht zu ertragen vermögen das nagende Gefühl eines ihnen und den ihrigen zugefügten U n r e c h t s.

In der That, um dieses Gefühl, um das nagende Gefühl zugefügten Unrechts handelt es sich. Dasselbe hat sich mehr und mehr verbreitet. Und es aufrichtig herauszusagen: es wäre Lüge oder Unverstand, zu sagen, daß es ganz unberechtigt ist. Nehmen wir selbst einen für den Arbeiter günstigen Fall: nehmen wir an, die Arbeiter seien in Vereinen straff organisiert, gebieten über bedeutende Mittel, wenn sie im Kampfe mit dem

Arbeitgeber stehen. Fragen wir was da entscheidet, so hören wir: die
Marktverhältnisse, das Verhältnis von Arbeitsangebot und Nachfrage. Indessen sieht man genauer zu, so ist unter diesen euphemistisch sogenannten
Marktverhältnissen zweifellos der bedeutendste Faktor: die Macht. Sind
die Arbeiter im Besitz größerer Mittel als der Arbeitgeber, dann tragen sie
den Sieg davon, und der Arbeitgeber muß sich höhere Löhne und niedrigen
eigenen Gewinn gefallen lassen. Steht die Sache aber anders, sind die
Arbeiter die Schwächeren — und das wird im allgemeinen zutreffen, außer
wenn die Tendenz des Marktes gerade eine „aufsteigende" ist, und andere
besonders günstige Verhältnisse vorliegen — dann sehen die Arbeiter vieles
den Arbeitgebern zufließen, was bei anderen Machtverhältnissen in ihre
Taschen geflossen wäre; dann sagen sie sich und sagen sich mit Recht: hätten
wir mehr Mittel gehabt, so würden wir den Sieg davon getragen haben,
jener Gewinn wäre uns zuteil geworden. Und nur unserer Not, unserem
Elend ist es zu danken, daß sich der Lohn so niedrig gestaltet.

Die Sache liegt aber noch schlimmer! Denn nehmen wir selbst an,
die Gewerkvereine seien nicht nur selber gut organisiert, sondern es sei auf
dieser Grundlage auch zustande gekommen alles dasjenige, was viele heute
gewissermaßen für die Lösung der socialen Frage halten, es seien also zustande
gekommen: Arbeiterkammern, Schiedsgerichte, Einigungsämter 2c., und fragen
wir nun: was würde in solchem Falle entscheiden, so kommen wir zu
gleich ungünstiger Lösung. Der Herr Referent hat uns ja selber belehrt,
daß auch da die Macht entscheidet. Er geht da meines Dafürhaltens sogar
zu weit. Er setzt uns nicht nur auseinander, daß thatsächlich die Macht
entscheide, sondern sagt auch: sie solle entscheiden, sie müsse entscheiden.
Alles andere, was man sonst wohl geltend mache, wie Rücksicht auf die
öffentliche Meinung, auf die Not der Arbeiter, auf gestiegene Lebensmittel-
preise u. s. w. — das alles, sagt er, seien „Fechterargumente"; der ökonomisch
„richtige" Lohn — so sind seine Worte — sei derjenige, der jener Macht
entspricht. Meines Dafürhaltens liegt darin eine Übertreibung. Ich glaube,
daß ein gerechter Schiedsrichter in diesem Falle nach den Principien der
Gerechtigkeit und Billigkeit zu entscheiden hätte, und jener Auffassung nicht
ganz beistimmen, sondern im Gegenteil sich sagen würde: du hast jedenfalls
die Verpflichtung, den wirklich gerechten Lohn zu bestimmen. Allerdings kann man da Manches entgegnen, so erstlich: Was ist denn gerechter
Lohn? Diese Frage ist in der That auch, gerade im Anschluß an Vorgänge der hier in Rede stehenden Art, z. B. in England in neuerer Zeit
vielfach erörtert worden; aber die Theorie ließ da im Stiche, sie sagte: Das
wissen wir nicht, und so tappte man im Dunkeln. Und daneben kam dann

noch ein zweites in Frage, was noch wichtiger ist. Ganz mit Recht konnte man nämlich sagen: Wenn jetzt ein Lohn festgesetzt wird, der nicht den beiderseitigen Machtverhältnissen entspricht — wie lange wird er zu halten sein? In der That ist das ein Einwand, dem ich durchaus Bedeutung zuerkenne; aber ich sehe andererseits gerade hierin eine Bestätigung der Annahme, daß es sehr bedenklich ist, jene Arbeiterkammern u. s. w. in diesen Dingen allein entscheiden zu lassen und von ihnen allein hier Hülfe zu erwarten. Thatsächlich versucht übrigens der Schiedsrichter in solchen Fällen auch sozusagen zu lavieren: er nimmt wohl Rücksicht auf die öffentliche Meinung, und nach englischen Erfahrungen namentlich auch darauf, ob die Arbeiter mit dem festzusetzenden Lohn leben können oder nicht; kurz und gut, es entsteht dann ein Vermitteln zwischen Macht und Recht. Aber im allgemeinen trägt hierbei — darin stimme ich mit Kollegen Brentano überein — die Macht den Sieg davon, und es bleibt der Gerechtigkeit regelmäßig nur ein kleines Plätzchen. Nur dann, wenn der Skandal minimaler Löhne sozusagen ein besonders großer ist, gelingt es wohl, diese Machtverhältnisse zu durchbrechen. Im allgemeinen nicht.

Dazu kommt nun aber noch eines, daß nämlich die Machtverhältnisse sich fort und fort verschieben, und zwar verschieben zu Ungunsten des einen Teils. Wohl ist der heute sehr verbreiteten Anschauung entgegenzutreten, daß die Lage der arbeitenden Klassen immer schlechter und schlechter würde. Sind auch der Statistik selbst (wie der Erkenntniß derselben seitens der Nationalökonomen) manche Mängel nachzusagen — soweit sind wir in diesen Dingen nicht zurück, daß wir nicht eine fortschreitende Verbesserung wenigstens großer Kreise der arbeitenden Bevölkerung nachzuweisen vermöchten. Im Gegenteil, wir können an der Hand der Statistik zweifellos darthun, daß, wie der allgemeine Wohlstand, so insbesondere auch die Lage der arbeitenden Klassen im Großen und Ganzen sich gehoben hat, gehoben in Folge gestiegenen standards of life; gehoben ferner in Folge großer Auswanderungen, namentlich aus den ländlichen Gebieten des Ostens, und gehoben namentlich auch durch vermehrte Nachfrage nach Arbeit in den Industriecentren des Westens. Aber ebenso zweifellos ist, — und ich möchte das alle diejenigen zu beherzigen bitten, die heute Gegner stärkerer Progression von Einkommens- und Erbschaftssteuern sind — ebenso zweifellos ist, daß sich gleichzeitig auch vollzogen hat und fort und fort vollzieht eine besonders starke Zunahme der großen und größten Vermögen, eine immer weitere „Zusammenballung" besonders umfangreicher Vermögen. Und Hand in Hand hiemit geht nun jene Zunahme des Großbetriebes, welche für den Arbeiter, wie wir doch alle wissen, sehr bedenkliche Folgen hat, trotz alles dessen, was in neuester

Zeit gesagt ist über die Möglichkeit, gerade durch den Großbetrieb zu stetigerer Produktion zu gelangen, die Möglichkeit bereitwilligeren humanen Entgegenkommens seitens gut situierter großer Arbeitgeber u. s. w. Diese Möglichkeiten stehen dahin. Aber jene Nachteile stehen fest, denn wie das oft gesagt ist, je größer das bezügliche Unternehmen ist, desto weniger hat der einzelne Arbeiter als einer von vielen, vielleicht hunderten beim Arbeits= vertrage mitzusprechen. Mit zunehmender Arbeiterzahl muß seine Bedeutung sinken. Er wird immer mehr zum sich fügenden Teil, es sei denn daß er in jenen Gewerkvereinen eine Stütze hat (deren Gegner ich durchaus nicht bin). So entstehen dann einerseits zwar jene Zustände, die zu den glänzendsten Lichtseiten unserer Kulturentwicklung gehören, jene Verhältnisse, in denen große, mächtige Arbeitgeber für ihre Arbeiter nicht nur viel zu thun ver= mögen, sondern — was ich besonders betonen möchte — in der That auch sehr viel thun. Ähnlich wie man von feudal=patriarchalischen Zuständen früherer Zeit spricht, kann man auch von modern=patriarchalischen Dingen reden, und sollte über sie nicht die Nase rümpfen, sondern im Gegenteil anerkennen, daß, wie in alter Zeit der große Lehnsherr oft viel für seine Leute that, ein ähnliches Streben auch in jenen Kreisen verbreitet ist und an Musterschöpfungen aller Art Früchte getragen hat, denen gegenüber was einst die feudale Aristokratie that, sich etwa verhält, wie der Bogen alter Zeit zur Stahlkanone.

In der That geschieht heute sehr viel in dieser Beziehung, auf großen Gebieten und in weiterer Ausdehnung, als es bei kleinen Unternehmungen früher möglich war. Aber andererseits ergibt sich aus eben denselben Zu= ständen auch jene Abhängigkeit der Arbeiter vom Arbeitgeber, die wohl nicht besser illustriert werden kann als durch jenes Zwiegespräch, das in England einst zwischen Bergwerksinspektoren und einem Bergwerksunternehmer statt= fand, dessen Anlagen allen sanitären Forderungen Hohn sprachen: „Was wollt ihr denn?" sagte dieser, als man ihn hierauf verwies, „zwinge ich denn meine Arbeiter, in die Grube zu gehen? steht es nicht in ihrem Belieben ob sie hineinfahren oder nicht?" Und darauf die Antwort: „Allerdings steht das in ihrem Belieben, geradeso, wie es in ihrem Belieben steht, zu verhungern, wenn sie nicht einfahren."

Einzeln ist der Arbeiter in diesen Dingen eben waffenlos. Und wer diesen Dingen gegenüber nicht einsieht, daß trotz aller Fortschritte im ein= zelnen in wahrhaft verhängnisvoller Weise zwei Tendenzen sich entgegen= arbeiten, eine, die mit zunehmender Aufklärung, Bildung und Gesittung der Arbeiter, diese immer empfindlicher macht gegen Druck und Abhängigkeit, und die andere, die mit Zunahme der Großbetriebe, Abschluß von Kartellen

u. s. w. diese Abhängigkeit zu steigern tendiert — der ist eben blind oder will nicht sehen und will alle Verantwortung dem Schwert überlassen, ohne zu erwägen, daß es ein klägliches Ding ist, sich allein auf Macht anderer verlassen zu müssen, und daß jenes Schwert, wenn gezogen, immer neuen Haß und neue Gefahren heraufbeschwören wird, die sich erst langsam und dann vielleicht in immer kürzerer Frist erneuern werden, bis die gute Einsicht siegt, oder Dinge eintreten, die hier besser unerörtert bleiben.

Diese ganze Größe der Gefahr, oder (loyaler und christlicher gedacht) den ganzen Umfang des ihr zu Grunde liegenden Jammers und Elends muß in's Auge fassen, wer in diesen Dingen den Frieden sucht durch Mittel, die beiden Teilen Opfer auferlegen. Denn in der That um Opfer handelt es sich, um Opfer dem Staate gegenüber und im Verhältnis von Arbeitgeber und Arbeiterverband.

Was Ersteres betrifft, so geht speciell bezüglich der Reform der Arbeitsordnung der Herr Referent, wie ich glaube, zu weit, wenn er in Abrede stellt, daß jene Vorschrift, wonach solche Arbeitsordnungen vor ihrem Erlaß den Arbeitern zur Äußerung vorgelegt werden müssen, ein Eingriff in die Freiheit des Arbeitsvertrags wäre. Ich halte solche Vorschrift für einen sehr erheblichen Eingriff, und ich möchte versuchen, das durch ein Beispiel zu illustrieren. Nehmen wir an, es ginge jemand darauf aus, Börsenpapiere oder Weizen zu kaufen, und das Gesetz legte ihm die Verpflichtung auf, alle seine bezüglichen Pläne zuvor erst vollständig darzulegen, so würde man darin sicherlich ebensowenig eine Begünstigung des Käufers als eine Verwirklichung der Verkehrsfreiheit, sondern im Gegenteil eine arge Beschränkung letzterer erblicken. Und ähnlich steht es hier; eine Beschränkung des Arbeitsvertrages ist mit jener Vorschrift meines Dafürhaltens verbunden. Aber wichtiger als diese Frage ist die andere, ob solche Beschränkung nicht geboten ist. Und diese Frage ist zu bejahen. Meine Herren, vor jetzt etwa 16 Jahren sind Dinge eben dieser Art, die Arbeitsordnungen und Fabrikreglements betreffend, in den Verhandlungen dieses Vereins bereits eingehend erörtert worden, und der Verein hat damals schon den Beschluß gefaßt, daß es sich empfehle, zu untersuchen, ob derartige Reglements nicht für jede Fabrik obligatorisch zu machen wären. Der Verein ging aber damals noch einen Schritt weiter und gab anheim, zu untersuchen, ob es nicht notwendig wäre, vorzuschreiben, daß alle solche Arbeitsordnungen, Fabrikreglements u. s. w. vor ihrem Erlaß durch Behörden geprüft würden. Dagegen läßt sich nun allerdings manches einwenden. Man kann sagen, das Gesetz könne helfen, indem es vorschreibe, was in solchen Reglements enthalten sein dürfe, und was nicht. Indes, wer sich der Dinge erinnert, die, wie z. B. die in manchen Reglements zu findenden ehrverletzenden Bestimmungen, für den Verein damals Anlaß waren, daß er eine Kontrole durch die Behörden in's Auge faßte, und wer sich dessen erinnert, was heute schon in dieser Beziehung hier berührt worden ist, der wird sich sagen, daß das Gesetz allein nicht ausreichende Hülfe schaffen kann. Wollen wir wirklich zufriedenstellendes haben, so muß ein Schritt weiter gegangen werden, als jetzt empfohlen wird: es muß, wie es ja z. B. in der Schweiz in erheblichem Umfange schon früher durchgeführt war, und jetzt nach eidgenössischem Gesetz allgemein gilt, jedes Fabrikreglement vor dem Erlaß behördlicher Genehmigung unterstellt werden.

Man wird allerdings zweitens einwenden: Wo sind die hierzu geeigneten Behörden? und wie können wir den Staat in solche Verantwortung hineinziehen? Indessen wird der Staat noch einen Schritt weiter gehen müssen, noch manches Opfer auch in d e r Richtung bringen müssen, daß er bei der Ernennung und Thätigkeit der Behörden die Beteiligten mehr als bisher mitwirken läßt.

Immer eingedenk der berührten großen Gefahren, und eingedenk vor allem der Mißstände, des Jammers und Elends, welche zu diesen Gefahren Anlaß geben — und ernstlich b e m ü h t helfend soweit die Hand zu bieten, als es nur möglich ist, ohne socialdemokratischen Irrungen zu verfallen wird man die Hand auch dazu bieten können, daß besondere Organe geschaffen werden, die speciell den Arbeiterinteressen zu dienen berufen sind, so neben den bestehenden landwirtschaftlichen Gewerbehandelsministerien noch besondere Arbeitsministerien, oder ein kaiserliches Arbeitsamt mit arbeitsstatistischem Bureau u. s. w. Das sind Dinge, die in anderen Staaten ja schon bestehen, und deren Rechtfertigung nach den gegenwärtigen Verhältnissen nicht so schwierig ist, als es erscheinen mag. Allerdings wird man sagen: Wir haben ja bereits Gewerbe-, Handels- und Landwirtschaftsminister, die wie die Interessen der Arbeitgeber so auch die der Arbeiter zu vertreten haben. Indes, wenn die Sache so einfach läge, daß man an sich entgegengesetzte Interessen mit einem Ministerium befriedigen könnte — dann möchte ich fragen, was denn Veranlassung gewesen ist, daß man z. B. neben dem Gewerbe- und Handelsminister so vielfach noch ein Landwirtschaftsministerium eingerichtet hat. Vor solcher Einrichtung hatte der Gewerbeminister natürlich auch das landwirtschaftliche Gewerbe zu vertreten, und doch hat man, weil dieses eben seine besonderen Interessen hat, in fast allen größeren Staaten es notwendig gehalten, zur Vertretung jener besonderen Interessen einen besonderen Landwirtschaftsminister einzusetzen. Und keineswegs wird man einwenden können, daß die Interessen von Arbeit-

gebern und Arbeitnehmern im allgemeinen weniger differieren als die von
Industrie und Landwirtschaft.

Neben solchem Arbeitsministerium wären dann aber auch andere Organe
für Arbeiterinteressen zu schaffen. Und so wäre es meines Dafürhaltens
auch keine socialistische und überhaupt keine schlechte Einrichtung, wenn man
z. B. in besonders industriereichen Gegenden den Bestrebungen der Arbeiter
in der Richtung entgegenkäme, daß man neben jenen Gewerbe- und Handels-
kammern, die sich selbstverständlich vorzugsweise aus Arbeitgeberkreisen er-
gänzen — noch Arbeiterkammern organisierte, die sich getrennt von
jenen zu besonderen Vertretungen der Arbeitnehmerinteressen zu gestalten
hätten, soweit es sich aber um gemeinsame Interessen des bezüglichen Gewerbes als solchen handelt, mit jenen Hand in Hand zu gehen hätten.
Darin kann ich nichts Gefährliches, nichts Verbitterndes finden. Haben
wir aber solche Arbeiterkammern, so dürfte auch nichts entgegenstehen, diese
mitwirken zu lassen bei Erwählung jener Organe, die den Fabrikinspektoren
bei Beaufsichtigung der Fabriken, Prüfung der Fabrikreglements u. s. w.
zur Seite stehen müßten.

Über Arbeiterausschüsse denke ich nun freilich anders. Wo sich
solche Einrichtungen frei entwickeln, wo sie aus bestehenden „patriarchalischen"
Verhältnissen (im guten Sinne jenes Wortes) und alter guter Tradition hervorgehen könnten, da soll der Arbeitgeber die Hand zu solchen Einrichtungen
bieten; und gelingt es, sie so ins Leben zu rufen — wer will dann sagen,
daß sie gefährlich wären? Etwas ganz anderes aber ist es, etwa durch
Gesetz vorschreiben zu wollen, daß Ausschüsse dieser Art in allen Fabriken
existieren müssen. Das würde (wo es an gutem Einvernehmen bisher fehlte)
mir etwa so vorkommen, als wenn man in Wehr und Waffen zwei er-
bitterte Feinde in ein Kämmerchen schlösse und nun erwartete, daß dieselben
dort zu verträglichen Engeln würden, während sie thatsächlich wahrscheinlich beitragen würden, den Umfang unserer Kriminalakten in bedenklichster
Weise zu steigern.

Und in gewissem Sinne ähnlich steht es mit jenen Schiedsgerichten
und Einigungsämtern. Wo Aussicht ist, daß sie durch freiwilliges Zuthun
beider Teile zustande kommen und in Anspruch genommen werden, soll
man sie begünstigen, und es ist meines Dafürhaltens ein beachtenswertes
Symptom, daß in Deutschland bisher so wenig Einrichtungen dieser Art
sich zu befestigen vermochten. Vielleicht mit Schamröte wird es der deutsche
Kulturhistoriker einst verzeichnen, daß, während sich in England solche Einrichtungen schon seit den 60er Jahren in buntester Mannigfaltigkeit in
vielen Gewerben entwickelt haben, hervorgehend aus den besten Absichten

der Arbeitgeber — bei uns in Deutschland es in dieser Beziehung bisher nur
zu einem Versuch dieser Art gekommen ist, und dieser noch dazu ein
halber war und blieb, da soll man Wandel schaffen. Indessen diese
Einrichtungen obligatorisch zu machen, davon verspreche ich mir sehr wenig;
denn dann müßte man ja auch vorschreiben, wie sie im einzelnen einzurichten sind und wie sie funktionieren sollen. Und doch müssen sie, um überhaupt erfolgreich wirken zu können — wie gerade die Erfahrungen in England erweisen — nach dem Charakter der Parteien, nach der Art der bezüglichen Gewerbe, nach dem Stande der auf beiden Seiten vorhandenen
Mittel, nach der Gestaltung ähnlicher früherer Vorgänge u. s. w. sich im
einzelnen durchaus verschieden gestalten. Wie nun der Herr Referent
dazu kommen kann, gegenüber solchen Organen, die nach dieser Vielgestaltigkeit ihrer Einrichtung und ihrer Thätigkeit beinahe undefinierbar erscheinen,
die von ihm vertretene Stellung einzunehmen und zu verlangen, das
Gesetz solle denjenigen Gewerkvereinen gewisse Vorrechte einräumen, welche
an sich undefinierbare Einrichtungen dieser Art (ohne übrigens an ihre
Entscheidung gebunden zu sein) anerkennen — das ist mir nicht ganz verständlich gewesen. Ich selber sehe keine Möglichkeit ein, derartige Einrichtungen, die sich eben in so eigenartiger Weise bald so, bald so entwickeln
müssen, obligatorisch zu machen und sehe ebensowenig die Möglichkeit ein,
von der Anerkennung solcher unbestimmbaren Einrichtungen die Erteilung
gesetzlicher Privilegien abhängig zu machen.

Darf ich nun noch zwei Worte über die Gewerkvereine selber sagen?

Vorsitzender: Sie haben bereits eine starke halbe Stunde gesprochen.

Professor Dr. Neumann: Dann muß ich eben darauf verzichten zu
sagen, was ich sagen wollte, und will nur noch bemerken, daß ich über
diese Vereine nicht so den Stab breche, wie es vielleicht nach dem von mir
Gesagten angenommen werden könnte. Mit Bezug auf viele Dinge, die
im allgemeinen staatlichem Einfluß entzogen sind, wie z. B. die Bestimmung
der Lohnhöhe, halte ich die Gewerkvereine für eine Notwendigkeit, aber
freilich nicht für eine ganz erwünschte, eher möchte ich sagen für eine traurige Notwendigkeit, und das von dem Gesichtspunkte aus, daß sie eben
einseitige Interessenorganisationen sind, ihrer Natur nach nur die Interessen
und Forderungen der Arbeiter zum Ausdruck bringen, und es hierbei an
Mitteln fehlt, im Kampfe etwas anderes als die Macht entscheiden zu
lassen. So bleibt in der That nichts anderes übrig, als diesen Gewerkvereinen mit Vorsicht gegenüberzutreten. Und deshalb ist es gut, daß man

diese Organisationen nicht mehr in den Staatsorganismus „eingliedern", ihre Organe nicht mehr als offizielle, als Staatsorgane anerkennen will. Das ging in der That zu weit.   Der Herr Referent steht heute auf einem ganz anderen Standpunkt, und ich begrüße darin einen sehr wesentlichen Fort= schritt, dem in der Herabstimmung seiner Anschauungen von den Gewerkvereinen vielleicht noch andere Fortschritte folgen werden.   Ob diesen Vereinen juristische Persönlichkeit beizulegen sein möchte, halte ich für eine offene Frage. Die bezüglichen Voraussetzungen müßten, wie ich glaube, andere sein, als die vom Referenten proponierten. Indessen so oder so: immer wollen wir festhalten, daß in diesen Gewerkvereinen, gerade weil sie nur jeweilige Machtverhältnisse zum Ausdruck bringen, keineswegs eine vollkommene Lösung dessen zu finden ist, was wir im Auge haben, wenn wir den „Frieden" suchen. Immer wird neben diesen naturgemäß zur Verfolgung ihrer Interessen berufenen Vereinen noch Raum bleiben für eine ersprießliche Thätigkeit des Staats und seiner Behörden. Und so glaube ich, daß auf dem Wege, den man „bureaukratischer Socialismus" genannt hat, noch vieles zu thun ist, ja daß man nicht einmal, wie es seitens des Referenten geschieht (wenn ich ihn richtig aufgefaßt habe), von den Gewerkvereinen, Schiedsgerichten u. s. w. die wichtigste Förderung in socialen Dingen zu erwarten hat, sondern gerade dem Staate noch die größten Aufgaben in der Richtung zu lösen bleiben, die durch unsere Arbeiterversicherung mit Reichszuschuß ein= geschlagen ist.   Und wo sollten diese Aufgaben besser gelöst werden können, als in einem Lande, welches sich festerer Staatsgewalt erfreut, wie wenig andere, und treuer, zuverlässiger, hochgebildeter Beamten, wie keines auf der Erde — unter dem Schutz von Kaiser und Reich!

(Lebhafter Beifall.)

Vorsitzender: Meine Herren! Die Rednerliste ist ganz erheblich angewachsen und deshalb möchte ich für die weiteren Reden um möglichste Einschränkung bitten.

Ich erteile jetzt dem Herrn Professor Munro das Wort.

Professor Munro (Manchester): Ich war erstaunt von der Angabe zu lesen, daß England am Vorabend einer Revolution stehe.   Sie hatte noch nicht begonnen zu der Zeit, als ich England verließ, vor zehn Tagen.   Frieden herrschte in allen industriellen Mittelpunkten.   Zu sagen, daß England vor einer Revolution stände, weil in Cardiff, Southampton und London Ar= beiterausstände stattgefunden hatten, die mit einigen Unruhen verbunden waren, wäre geradeso, wie wenn jemand aus den ebenfalls bewegten Strikes

in Westfalen den Zusammenbruch des Deutschen Reiches hätte prophezeien
wollen. In England sind wir gewohnt, bei politischen und socialen Bewegungen von oben nach unten zu blicken; in Deutschland blickt man von
unten nach oben. In England gehen politische und sociale Reformen vom
Volke aus. Nicht so in Deutschland. Infolge dessen kann eine Bewegung
in Deutschland revolutionär erscheinen, welche in England ein natürliches
Moment der Entwickelung ist.

Ich hörte heute ferner mit großem Erstaunen die Angabe des
Herrn Bueck, daß die Einigungsämter vorübergehende Einrichtungen gewesen
seien und heute im Begriffe wären, zusammenzubrechen. Während der letzten
10 Jahre habe ich die Fortschritte der Einigungsämter studiert und zögere
nicht, zu sagen, daß eines der großen charakteristischen Kennzeichen der gegenwärtigen Arbeiterbewegung in England die Ausdehnung dieser Ämter ist.
Es ist wahr, daß in einigen Streikes ihre Vermittelung zurückgewiesen wurde.
Aber alle die alten Einigungsämter blieben bestehen und halten wöchent-
liche Sitzungen zur Regelung von Streitigkeiten. Außerdem wurde ein
bedeutendes Einigungsamt von der Londoner Handelskammer nach vorheriger
Besprechung mit den Arbeitervertretern errichtet. In Manchester hat der
Vorstand der Handelskammer und der Gewerkvereinsverband (Trades Coun-
cil) ebenfalls ein Einigungsamt errichtet, und zur Zeit, als ich England
verließ, war Sir William Thomas Lewes, der Vertreter des Marquis von
Bute, des größten Grubenbesitzers in Wales, der selbst ein großer Arbeitgeber und Vorsitzender der Dockgesellschaft ist, eben daran, ein Statut für
ein großes Einigungsamt der Schiffs- und Hafengewerbe zu entwerfen.

Was die Stellung der Gewerkvereine in Bezug auf die Einführung
neuer Maschinen anbelangt, welche Herr Bueck durch Bezugnahme auf die
Maxim'sche Kanonenwerkstätte erläuterte, so kenne ich nicht die besonderen
Umstände dieses Falles. Allein die Gewerkvereine sollten beurteilt werden
nach ihrer Thätigkeit in den großen Zweigen der Industrie und nicht nach
einem einzelnen Falle in einem verhältnismäßig schwachen Unternehmen.
In der Baumwollindustrie wird jede Steigerung der Produktion, welche
die Folge von verbesserten Maschinen ist, zwischen Arbeitgebern und Arbeitnehmern geteilt. Ohne ein solches Verfahren würde jede Verbesserung nur
den Arbeitern zugute kommen, welche bei verbesserten Maschinen als Akkord-
arbeiter den alleinigen Vorteil haben würden. Herr Bueck meinte, daß die
Gewerkvereinler gegen Akkordarbeit eingenommen wären. Es ist schwer,
dies mit der Thatsache zu vereinigen, daß die Akkordarbeit in den Haupt-
industrien überwiegt, in welchen die Gewerkvereine existieren. Die Baum-

wollspinner und -Weber werden nach der Elle bezahlt, die Arbeiter in den Kohlen- und Eisenwerken nach der Tonne, die Maurer nach dem Quadratfuß, die Schneider nach dem Stück, und auch bei den Maschinenbauern überwiegt der Stücklohn. Der größte Streit, der je in der Baumwollindustrie vorkam, war entstanden, weil die Arbeiter die Akkordarbeit eingeführt wissen wollten.

Es ist gesagt worden, daß der Tradeunionismus die Einschränkung der Produktion begünstige. Es ist in der That wahr, daß in einigen Gewerben, besonders in den Bergwerken, dieses Verfahren befürwortet worden ist in der Hoffnung, es würden dadurch höhere Löhne und regelmäßigere Beschäftigung herbeigeführt werden. Allein die Arbeitgeber waren es, welche den Gedanken einer solchen Produktionsbeschränkung bei den Arbeitern hervorriefen. So z. B. durch ihr Vorgehen in der sogenannten Saltunion oder durch die gegenwärtig in England im Gange befindlichen Verhandlungen zwecks Vereinigung der chemischen Industrien in eine einzige Gesellschaft, um auf diese Weise die Produktion zu verringern. Wir hatten in England den Eindruck, daß auch die Kartelle und Trusts in Deutschland ebenfalls als einen ihrer Hauptzwecke die Beschränkung der Produktion hätten. Da aber in England die Tendenz besteht, den Arbeitern die gleichen Rechte wie den Arbeitgebern zuzugestehen, so dachten einige Gewerkvereinler, daß, wenn es dem Arbeitgeber erlaubt wäre, die Produktion in seinem Interesse zu beschränken, der Arbeiter dieses Recht von seinem Standpunkte aus auch hätte. Thatsächlich ist wenig oder keine Beschränkung von Seiten der Arbeiter in England eingeführt worden.

Es wurde ferner gesagt, daß die Gewerkvereinler niemals zufrieden gestellt werden können, und man bezog sich auf die Thatsache, daß den englischen Bergleuten in diesem Jahre viele Lohnsteigerungen zuteil geworden sind, daß sie aber heute noch mehr verlangten. Herr Bueck hat jedoch unterlassen, dem Kongreß mitzuteilen, daß diese Lohnsteigerungen eine Folge der großen Preissteigerung der Kohlen waren. Trotz dieser Lohnsteigerungen haben die Grubenbesitzer große Gewinne gemacht. In dem Bergbau schwanken die Löhne mit den Preisen, und wenn die Preise steigen, gehen auch die Löhne in die Höhe. Jede Steigerung von 6 d per Tonne in den Löhnen entspricht daher zugleich einer entsprechenden Vermehrung des Unternehmergewinnes. Arbeitgeber und Arbeitnehmer betrachten sich als eine Art von Teilhaber an einem Gesamtgeschäft und daher steigen und fallen die Löhne mit dem Gewinne und den Preisen.

Hat der Socialismus in England Fortschritte gemacht? Was London

anbelangt, so ist die Frage zu bejahen; in Bezug auf das übrige Land
aber nicht. Die Schwierigkeit, über Socialismus zu sprechen, liegt in der
Thatsache, daß der Ausdruck Socialismus so viele Auslegungen zuläßt.
Gestern hörte ich dahingehende Vorschläge, daß in Ostpreußen die ländlichen
Arbeiter zu Grundeigentümern gemacht werden sollen. Ein solcher Vorschlag würde von vielen Landeigentümern in England als Socialismus be-
trachtet werden. Ich verstehe unter Socialismus im deutschen Sinne des
Wortes die Verstaatlichung der gesamten Produktionsmittel. Ein solcher
Vorschlag hat im Norden Englands keine Fortschritte gemacht. Ich habe
in England Versammlungen geleitet, in welchen hervorragende Socialisten,
wie W. Morris Ansprachen hielten; aber diese Herren erzielten keinen Eindruck. In die kleinen Industrieorte um Manchester herum kommen jeden
Samstag socialistische Redner und halten auf dem Marktplatze Vorträge.
Die Arbeiter kommen auch, um sie zu hören und mit ihnen zu debattieren;
aber die Redner haben niemals Erfolge bei ihrer Zuhörerschaft erzielt.
Selbst Beschlüsse zu gunsten einer Bodenverstaatlichung werden gefaßt.
Allein sie hatten nur die Bedeutung, die Bestrebungen für eine Landreform
zu fördern. Wo immer die Gewerkvereine stark sind, ist der Socialismus
schwach, und umgekehrt.

Daher betrachten wir in England die Gewerkvereine als einen der
Hauptgründe, weshalb der Socialismus keine wirklichen Fortschritte außerhalb Londons gemacht hat. Daß in London Fortschritte stattfanden, erklärt sich aus den besonderen wirtschaftlichen Verhältnissen der englischen
Hauptstadt, die vielleicht in mancher Hinsicht mit denen Deutschlands ver-
gleichbar sein mögen. Hier lebt eine große Zahl von Leuten unter Bedingungen, welche keine Möglichkeit der individuellen Verbesserung und
keine Möglichkeit, ihre Lage durch Gewerkvereine zu heben, bietet. Unser
Gesamteindruck in England ist aber der, daß die Gewerkvereine England
vor einer bösartigen Ausgestaltung des Socialismus gerettet haben. Die
Arbeiter im Norden — und der Norden ist der Mittelpunkt des industriellen Lebens in England — haben die feste Überzeugung, daß alle notwendigen politischen Reformen durch die Thätigkeit ihrer Gewerkvereine
durchgesetzt werden können.

Es soll nicht geleugnet werden, daß die Gewerkvereine manche Fehler
gemacht haben. Aber es liegt in der menschlichen Natur, zu irren. Man
sollte doch wohl zu ihrer Beurteilung nicht vorübergehende Mißgriffe ins
Auge fassen, sondern ihre dauernden Erfolge. Im Norden von England,
wo die Industrie zur höchsten Entwicklung gelangt ist, sind die Löhne am

höchsten, die Armensteuern am geringsten; die tüchtigsten Arbeiter leben dort und sind zufrieden, in ihren Gewerkvereinsorganisationen sich bethätigen zu können, in welchen sie auf die Förderung der verschiedensten Aufgaben der socialen Reform hinwirken. Es gibt unter den Arbeitern in Manchester eine Vereinigung zur Verbreitung von Abendschulen, welche den Zweck gewerblicher Fortbildung verfolgen. Diese Bewegung ist von den Gewerkvereinen ausgegangen. Sie beruht sicher darauf, daß die Leute in ihren Organisationen eine reichere praktische Erfahrung und weitere Gesichtspunkte erhalten haben.

Vor zwanzig Jahren bestand Deutschland einen schweren Krieg, der viel edles deutsches Blut kostete und viel Elend über das Land brachte. Aber wenn Sie heute zurückblicken und ermessen, daß Ihre nationale Größe und die Errichtung des deutschen Reiches auf diesem Kriege von 1870 beruht, so vergessen Sie die Opfer und die Thränen jener Zeit und verweilen nur bei dem großen Erfolge. So vergessen auch wir die Opfer, welche uns die Gewerkvereine zeitweilig auferlegt haben und freuen uns des gewonnenen Ergebnisses. Es sind in Deutschland bewundernswerte und schöne Werke geschrieben worden über die Thätigkeit der Gewerkvereine in England, wie erst jüngst das Buch des Herrn von Schulze-Gaevernitz. Allein sie können in ihrer vollen Bedeutung doch erst erkannt werden durch ein sorgsames Studium in England selbst. Ich möchte daher gerne den Vorschlag machen, daß der Verein seine nächste Sitzung in Manchester abhalten wolle. Die großen Mittelpunkte des Lebens der englischen Gewerkvereine könnten von hier aus von Ihnen besucht werden, und Sie würden selbst die großen Erfolge der Gewerkvereine überblicken können. Sollte aber jemand Anstand nehmen, den gefürchteten Gewerkvereinsführern gegenüberzutreten, so könnten wir sie ringsum im Saal in Käfigen absondern; sie würden zur Beruhigung ängstlicher Gemüter gewiß hineintreten. Allein ich kann Sie versichern, daß dies nicht nötig sein würde. Vielmehr würden Sie ein gutes Lancashire-Willkommen erhalten, ein Willkommen, so herzlich, wie es kein anderes in der Welt ist.

(Beifall.)

Vorsitzender: Meine Herren, Ihr Beifall hat dem Herrn Professor Munro den warmen Dank des Vereins bereits ausgesprochen. Er darf überzeugt sein, daß seine Rede hier großen Eindruck hinterlassen hat; er darf ebenso überzeugt sein, daß wir schon von vornherein erfreut waren, ihn zu sehen, schon auf Grund der weitverbreiteten Sympathie, die wir für England haben. Wir haben sie nicht bloß auf Grund des Gefühls der Stammesverwandtschaft, sondern wesentlich auch, weil von seiten aller Parteien in Deutschland die großen und freien Institutionen Englands stets bewundert und studiert worden sind. Und daß sie das gethan haben, daß wir sie immer wieder studieren, dafür hat der Herr Professor Munro den lebendigsten Beweis in unserer Versammlung, die von dem ältesten Mitglied, Herrn Geheimrat von Gneist an, bis zu den jüngsten anwesenden Herren, so viele Mitglieder zählt, die ihre wichtigsten Studien in England gemacht haben.

(Bravo!)

Damit schließe ich diese Sitzung und bitte die Herren, möglichst präzis um 5 Uhr wieder hier anwesend zu sein.

(Schluß der Sitzung gegen 2³/₄ Uhr.)

Dritte Sitzung.

Sonnabend den 27. September 1890,
nachmittags 2 Uhr.

Vorsitzender: Ich eröffne die Sitzung und erlaube mir zunächst die Frage anzuregen, ob diejenigen Herren, die etwa morgen noch hier sind, vielleicht irgendwo sich treffen könnten. Es bietet sich vielleicht Gelegenheit, im Laufe der Sitzung sich hierüber zu verständigen.

Wir fahren jetzt in unserer Debatte fort und ich gebe zunächst Herrn Frommel-Augsburg das Wort.

Kommerzienrat Frommel (Augsburg): Meine Herren! Der Herr Redner, der die Diskussion unserer Sitzung vor der Pause beschlossen hat, hat sich in sehr warmer Weise für die Verhältnisse der englischen Gewerkvereine, der trade unions, ausgesprochen, und ich muß zugeben, daß er es in sehr überzeugender Weise gethan hat. Ich muß aber auch die Behauptung aufstellen, daß er gerade für sein Thema eigentlich den dankbarsten Gegenstand gewählt hat, indem er speciell auf die trade unions der englischen Baumwollenarbeiter exemplifiziert hat. Es ist kein Zweifel, daß wohl von allen englischen Gewerkvereinen diejenigen der Baumwollenarbeiter, der Spinner und Weber mit die besten und vorteilhaftesten Beispiele liefern. Ich will auch gar nicht in Abrede stellen, daß, wenn solche Verhältnisse, wie sie in England bestehen, bei uns in Deutschland wären, vielleicht manches für uns auch recht gut passen könnte; aber ich möchte Sie vor allem darauf aufmerksam machen, daß gerade in der Textilindustrie, und namentlich in der Baumwolleninduftrie ein ganz fundamentaler Gegensatz zwischen den englischen und den kontinentalen Verhältnissen überhaupt, speziell aber den deutschen Verhältnissen, besteht. In England hat sich seit alter Zeit schon, seitdem es überhaupt Großindustrie gibt, die Industrie fast überall auf bestimmte Distrikte beschränkt. Sie finden in England eine Einteilung der Industrie in verschiedene Bezirke, wie sie vielleicht in der ganzen Welt nicht mehr zu finden ist. Wenn Sie berücksichtigen, daß die englische Baumwolleninindustrie auf einen Umkreis von vielleicht 15—20 Quadratmeilen beschränkt ist, daß sie eigentlich außerhalb der Grafschaft Lancashire, mit einigen Ausnahmen für Spezialitäten, so gut wie gar nicht besteht, so werden Sie schon daraus erkennen, daß dort für die Gewerkvereine ein ganz anderes Terrain ist, als wir es in Deutschland haben. Ich darf Ihnen dabei aufführen, daß in einem einzigen kleinen Distrikt, in der Stadt Olham, ca. 14 Millionen Spindeln laufen: das ist so viel, als in ganz Deutschland, Frankreich und Österreich etwa zusammengenommen; daß ferner gerade die Spezialitäten der verschiedenen Klassen der Baumwolleninindustrie immer wieder in einigen ganz speziellen Centren gepflegt werden. Wenn Sie nach Olham kommen, so hören Sie eigentlich nur von einigen ganz wenigen Garnnummern reden; Sie finden da Fabriken, die jahraus jahrein eine oder zwei Nummern spinnen. Und diese Fabriken arbeiten für den Markt von Manchester und verkaufen ihr Garn direkt an den Abnehmer auf der Börse. In Deutschland liegt das Verhältnis ganz entgegengesetzt. Erstens ist unsere Baumwolleninindustrie in ganz Deutschland ungeheuer zerstreut; wir haben einige Centren, aber selbst diese verdienen im Verhältnis zu der englischen Situation kaum diesen Namen. Die elsässische Industrie konzentriert sich hauptsächlich in der Umgegend von Mülhausen; wir haben in Sachsen, wir haben in Gladbach einige Centren; aber in der Hauptsache ist die deutsche Baumwolleninindustrie über das Land zerstreut, und namentlich in Süddeutschland ist die Zerstreuung eine Konsequenz davon, daß man überall natürliche Motoren gesucht hat, daß man sich von Anfang an wenigstens ganz oder vorzugsweise auf Wasserkraft eingerichtet hat und diese Wasserkraft hat benützen müssen, wo sie zu finden war. Sie finden durch Bayern, Württemberg und Baden eine große Menge Einzeletablissements, mitunter von ziemlicher Bedeutung, zerstreut, und in diesen Etablissements sind die Arbeiter nicht in dem gleichen Maße, wie in England reine Fabrikarbeiter; bei sehr vielen verbindet sich damit teilweise noch ein kleinerer Betrieb der Landwirtschaft. Natürlicherweise ist es schon an und für sich viel schwieriger, eine Einheitlichkeit der Behandlung, sowohl was Arbeitszeit wie Löhne betrifft, herbeizuführen; außerdem aber arbeiten unsere deutschen Baumwollenetablissements fast nur für eine ganz bestimmte Kundschaft, die wenigsten arbeiten für den offenen Markt, sie haben keine eigentliche Börse für Garn oder Gewebe, und das hat wieder zur Folge, daß in jeder Spinnerei ein ganz enormes Sortiment Platz greifen muß. Unsere Spinnereien, mit wenigen Ausnahmen, arbeiten gleichzeitig in groben, mittelfeinen und feineren Garnnummern; ferner kommt dazu, daß die deutsche Spinnerei namentlich ihre Maschinen und ihre ganze Einrichtung viel teurer bezahlen muß, als es in England der Fall ist. Ich kann Ihnen da anführen, daß die englischen modernen Spinnereien zu einem Preise von 20—25 sh — also sagen wir Mark — per Spindel entstehen, während in Deutschland eine Spinnerei unter 40 Mark per Spindel kaum errichtet werden kann, in vielen Fällen aber der Preis auf 50, 60 Mark geht. — Ich erlaube mir, Ihnen alle diese technischen und speciellen Details vorzuführen, weil sie doch zur Beurteilung der Sachlage gehören. — Daß in England es sehr leicht ist für die Gewerkvereine, feste Normen aufzustellen, das ist ja begreiflich; für Deutschland wäre das kaum möglich. Ich glaube nicht, daß es mit dem besten Willen einer Vereinigung von Arbeitgebern und Vertretern von etwa zu bildenden Gewerkvereinen gelingen könnte, eine feste Skala für Löhne aufzustellen, weil eben die Verhältnisse der Etablissements in den verschiedenen Landesteilen so grundverschieden sind, daß eine Gleichheitlichkeit oder auch nur Annäherung eigentlich ganz unmöglich ist. Es trifft eben da zu, was überhaupt bei den trade unions sich herausgestellt hat: Eines schickt sich nicht für alle. Die trade unions haben in England viel Gutes geschaffen, ich glaube nicht, daß sie in Deutschland, wenigstens in der Textilindustrie — und ich bitte mir zu gestatten, daß ich mich an diese hauptsächlich halte, weil mir da die Verhältnisse vertraut sind — durchführbar sind.

Aber selbst in den trade unions der englischen Baumwolleninbustrie sind auch Verhältnisse oft maßgebend, die jedenfalls doch höchst eigentümlicher Natur sind. Ich weiß aus ganz positiver Quelle — es ist mir vor zwei Jahren, als ich in Olham war, versichert worden —, daß schon in Spinnereien Streiks ausgebrochen sind aus dem bloßen Grunde, weil der Spinnereibesitzer andere Baumwolle in sein Etablissement eingeführt hat, als den Arbeitern genehm war, daß sie gestreikt haben, weil sie im Hof der Spinnerei ostindische Baumwolle gesehen haben und sie glaubten, mit amerikanischer Baumwolle besser zu fahren, und haben verlangt, man solle bloß amerikanische Baumwolle spinnen. In den Mitteilungen unseres Vereins glaube ich im vorigen Jahre mal die Angabe gelesen zu haben — es ist mir noch von anderer Seite bestätigt worden —, daß im vorigen Herbst, als in Liverpool einige Spekulanten einen sogenannten Corner gebildet haben, um Baumwolle maßlos in die Höhe zu treiben, verschiedene

Spinnereibesitzer von ihren Leuten gezwungen worden sind, die Arbeit einzustellen, um den anderen, die unfreiwillig die Arbeit eingestellt haben, zu
helfen, den Corner zu brechen. Nun, meine Herren, das geht denn doch
weiter, als es sich mit dem richtigen Betriebe eines industriellen Etablissements verträgt. Stellen Sie sich einen Arbeitgeber vor, der die Situation
richtig erfaßt hat — und Sie werden mir doch zugeben, daß der Arbeitgeber nicht bloß von Tag zu Tag leben darf, er muß auch die kaufmännischen Konjunkturen ins Auge fassen — und da denken Sie sich, der
Mann hat beobachtet, daß seit drei Jahren fast regelmäßig die Baumwollen-
preise im Winter und Frühjahr fallen und gegen den Herbst zu steigen,
daß die Knappheit der Vorräte von den Spekulanten maßlos ausgebeutet
wird. Der Mann hat sich nun Vorräte hingelegt in der Absicht, einen
Nutzen davon zu haben, aber auch, um seinen Arbeitern die Arbeit zu ermöglichen, um sie nicht in den Fall zu setzen, von heute auf morgen auf
der Straße zu liegen. Jetzt wird der Mann von seinen Leuten gezwungen,
die Arbeit einzustellen und sitzt nun mit seinen Vorräten fest. Ja, das ist
doch ein Verhältnis, wie ich es wirklich nicht als ein rationelles bezeichnen
kann, und ich muß offen gestehen, daß solche Schattenseiten, die auch bei
einer tüchtigen und guten trade union vorkommen können, uns in dieser
Beziehung doch einigermaßen stutzig machen.

Daß die englische Baumwollenindustrie ferner durch diese Uniformität
in den Produkten eine große Leichtigkeit hat, ihre Produkte zu verkaufen,
das ist ja vollständig richtig. Aber in Deutschland, wo wir diese Uniformität nicht einführen können wegen der Zerstreutheit der Industrie und
wegen der Notwendigkeit, mit der Kundschaft zu arbeiten und nicht mit
dem öffentlichen Markt, wird es ganz unmöglich sein, wenn eine Übereinkunft zwischen Arbeiter und Arbeitgeber eintreten soll, dieselbe auf anderem
Wege zu führen, als durch direkte Verständigung mit den Leuten selber;
mit einem Arbeiterausschuß, aber nicht mit einem Gewerkverein. Und
in dieser Beziehung muß ich auch gestehen, stehe ich der Frage der Arbeiterausschüsse nicht so bedenklich gegenüber, wie viele meiner Kollegen.
Wir haben in Bayern mit den Ausschüssen in unsern Krankenkassen und
mit den Ausschüssen in den Pensionskassen, wo sie existieren, keine unan-
genehmen Erfahrungen gemacht. Wo ein Arbeiterausschuß aus den Verhältnissen in gesunder Weise herauswächst, da habe ich gar keine Bedenken
dagegen, und ich glaube sogar, daß der Arbeitgeber das Möglichste thun
soll, um solche Bestrebungen zu fördern. Eines nur muß ich ganz entschieden perhorreszieren: durch Gesetz können die Arbeiterausschüsse nicht eingeführt werden; denn damit würden wir nur eine maßlose Agitation in die

Sache bekommen. Aber für eine freiwillige Einrichtung von Arbeiterausschüssen bin ich meinen Kollegen gegenüber stets eingetreten und glaube
auch, daß, wenigstens wie die Verhältnisse in unserer Industrie liegen, wir
mit denselben recht gut zurechtkommen können.

Daß dann die Arbeitsordnungen von einem solchen Ausschuß durch-
gesehen, und Erinnerungen gegen denselben vorgebracht werden, dagegen läßt
sich auch nicht viel einwenden. Bedenklich ist mir allerdings die gesetzliche
Bestimmung, die eingeführt werden soll, daß der Arbeiter unter allen Umständen zu hören ist; denn da gar kein Mittel vorhanden ist, um seinen
Einwendungen auch wirklich Erfolg zu sichern, so kann es kommen, daß
durch diese „Anhörung" der Arbeiter der Zustand eher etwas verschlimmert
als verbessert wird. Was ich als vollständig richtig ansehe, ist, daß die
Behörden die Arbeitsordnungen zu prüfen und eventuell darauf aufmerksam
zu machen haben, wo Bestimmungen etwa darin sind, die gegen das Gesetz
verstoßen. Das ist eine Vorkehrung, die z. B. in Bayern schon vor dem
Jahre 1870 allgemein war; bis zum Jahre 1870, wo die deutsche Gewerbeordnung in Bayern eingeführt wurde, mußten dort alle Fabrikordnungen der Polizei vorgelegt werden und wurden mit dem Visum des
Polizeiamtes versehen ausgehängt. Das läßt sich ja vollständig rechtfertigen;
denn ich gebe zu, in den Fabrikordnungen können Bestimmungen sein und
sind wohl auch hier und da Bestimmungen gewesen, die gegen den guten
Geist vollständig verstoßen, und die auch gegen das Gesetz verstoßen. Bedenklich aber, wie gesagt ist es, da, wo keine Arbeiterausschüsse bestehen,
den Arbeitgeber zu zwingen, solche ad hoc zu bilden, oder der großen Masse
seiner Arbeiter die Sache zur Beurteilung zu überlassen. Denn da ist der
Agitation kaum zu entgehen.

In der heutigen Diskussion ist vielleicht noch nicht genügend betont
worden, daß im allgemeinen die Arbeitgeber der Gewerbegesetzgebung viel
wohlwollender und viel entgegenkommender gegenüberstehen, als es nach den
Diskussionen in der Öffentlichkeit den Anschein hat. Ich kann mit positiver
Bestimmtheit behaupten, daß die Einführung der Krankenversicherung, namentlich die Einführung der Unfallversicherung — vielleicht in minderem
Grade, aber doch auch immerhin die Einführung der Invaliditäts- und
Altersversicherung — von sehr vielen Arbeitgebern mit Freuden begrüßt
worden ist. Mängel gibt es überall, und ich fürchte sogar, daß bei der
Invaliditäts- und Altersversicherung diese Mängel noch in ziemlichem Maße
sich herausstellen dürften; trotzdem aber würde ich dem Vorschlag nicht zustimmen können, jetzt die Einführung dieser Gesetzgebung hinauszuschieben.

(Bravo!)

Wir haben das Gesetz, und wir müssen es jetzt einführen; wenn wir sehen, daß es Mängel in sich birgt, lieber in Gottes Namen dann in einigen Jahren eine Remedur eintreten lassen, auf die Gefahr hin, daß dann die Lasten auch etwas höher werden. Aber nichts wäre bedenklicher, als gegenwärtig das Gesetz zurückzustellen; denn das würde dem Arbeiter mit mehr oder weniger Recht Mißtrauen einflößen und ihn sagen lassen: man führt uns die ganze Geschichte nur als ein Traumbild vor, und wenns zur Ausführung kommen soll, dann wirft mans auf die Seite.

(Bravo!)

Ich möchte dann noch einigen Ausführungen des dritten Herrn Referenten entgegentreten. Herr Stötzel hat heute einen Hauptmangel der modernen Einrichtungen, der Verhältnisse der Arbeiter darin zu finden geglaubt, daß er sagte: die Industrie geht immer mehr aus dem Besitz der Privaten in den Besitz von Aktiengesellschaften. Es ist das ja ein Argument, was in der Öffentlichkeit sehr viel gebraucht wird. Man geht von der Auffassung aus: eine Aktiengesellschaft ist eine Rechenmaschine, und der betreffende Direktor hat nichts zu thun, als möglichst viel Dividende zusammenzukratzen. Ich muß Ihnen offen gestehen, der Direktor einer industriellen Aktiengesellschaft, der blos diesen Teil seiner Aufgabe erfaßt, scheint mir in einem sehr bedauerlichen und bedenklichen Irrtum zu sein. Ich bin selber Direktor einer Aktiengesellschaft: ich habe meinen Aktionären nie ein Hehl daraus gemacht, daß ich mich gerade der Aktiengesellschaft gegenüber als den natürlichen Anwalt der Arbeiter ansehe,

(Bravo!)

daß ich verpflichtet bin, der Gesellschaft alle diejenigen Opfer zuzumuten, die billigerweise verlangt werden können zum Besten der Arbeiter. Es ist auch in einer der letzten Schriften des Vereins in etwas abschätziger Weise über diese patriarchalischen Einrichtungen gesprochen worden, und ich hätte gewünscht, daß man da doch etwas milder geurteilt hätte. Wenn es hier heißt, daß „der Arbeitgeber auch durch Wohlfahrtseinrichtungen die Berechtigung seiner Herrscherstellung zu beweisen sucht, indem er aus eigener Initiative oft in großartigster Weise seinen Arbeitern mehr gibt, als wozu er gesetzlich oder kontraktlich verpflichtet ist", so, glaube ich, liegt doch dem eine falsche Auffassung zu Grunde. Nicht um die Berechtigung der Herrscherstellung zu beweisen, geschieht das, sondern das geschieht, weil der Arbeitgeber sich seiner Verpflichtung, seiner Verantwortlichkeit seinen Leuten gegenüber in höherem Grade bewußt ist, als es vielleicht andere sind, die nicht die gleichen Wohlfahrtseinrichtungen treffen. Gerade bei Aktiengesellschaften kann ich Ihnen ein Beispiel anführen, — Sie werden mir vielleicht

verzeihen, wenn ich da auf meine Vaterstadt zurückgreife. Wir haben in
Augsburg eine ziemlich ausgedehnte Textilindustrie: Baumwollspinnerei,
Kammgarnspinnerei u. s. w. Das sind fast ausnahmslos Aktiengesellschaften.
Und doch wage ich zu behaupten, daß bei uns — und nicht erst in neuerer
Zeit, sondern schon vor 20 und 30 und 40 Jahren — mehr geschehen ist
für den Arbeiter, als in vielen anderen Teilen Deutschlands in der Textilindustrie von den Privaten geschehen ist. Ich will da gegen niemand persönlich angehen; aber ich behaupte: wenn in den kleineren sächsischen Fabrik-
städten, wo ja fast gar keine Aktiengesellschaften existieren, schon vor 30 und
40 Jahren Wohlfahrtseinrichtungen getroffen worden wären, wie wir sie in
Augsburg haben, wäre die socialdemokratische Bewegung in Sachsen nie so
rasch emporgekommen.

(Sehr richtig!)

Und ich kann dies durch Ziffern beweisen. Denn trotz aller Verhetzung
und Agitation haben es bei einer Arbeiterbevölkerung von 12—15 000 die
Socialdemokraten das letzte Mal in der Wahl zum erstenmal auf ca. 4000
Stimmen gebracht, während in früheren Wahlen ihre Stimmenzahl zwischen
1200 und 1600 schwankte. Ich will damit keineswegs behaupten, daß bei
solchen Wohlfahrtseinrichtungen, also namentlich bei Pensionskassen, bei
Bauten von Arbeiterwohnhäusern, die den Arbeitern zu sehr billiger Miete
überlassen werden, bei Krankenkassen, wie wir sie in Bayern schon seit dem
Beginn der 50er Jahre besitzen, der Dank der Arbeiter immer gleich in
greifbarer Form erfolgte. Man macht manchmal recht schwere und unangenehme Erfahrungen! Aber wer diese Einrichtungen trifft, um Dank zu
haben, der hat auch schon seinen Dank dahin!

(Sehr wahr!)

Wer diese Einrichtungen trifft, muß von der Überzeugung ausgehen: das
thust du, um deiner Verpflichtung gerecht zu werden.

(Bravo!)

Die Folgen zeigen sich mit der Zeit, nicht auf einmal; in der ganzen Arbeiterschaft tritt ein besserer Ton ein, und es kann bei solchen Wohlfahrtseinrichtungen nicht ausbleiben, daß der Arbeitgeber in beständigem lebendigem
Verkehr mit seinen Leuten bleibt und infolgedessen auch über Mißstände,
die sich in der Fabrik zeigen, unterrichtet wird und in der Lage ist, ihnen
abzuhelfen.

Was der dritte Herr Referent über die Sonntagsarbeit gesagt hat,
das gebe ich vollständig zu, und ich kann mich da auf die Beschlüsse des
Centralverbandes deutscher Industrieller berufen, der bereits vor 4 oder 5
Jahren

(Zuruf: 1885!)

auf seiner Versammlung in Köln erklärt hat: wir perhorreszieren jede pro-
duktive Arbeit am Sonntag, ausgenommen da, wo sie absolut nicht zu
vermeiden ist.   Sie können einen Hochofen über Sonntag nicht kalt stellen,
Sie können eine Glashütte, vielleicht auch eine Papierfabrik nicht abstellen,
aber Sie können in weitaus der Mehrzahl der industriellen Etablissements
eine vollständige Sonntagsruhe herstellen, und ich muß sagen, die gesetzliche
Bestimmung, die in die Gewerbeordnungsnovelle in dieser Beziehung eingefügt ist, kann ich nur gutheißen, wenn auch vielleicht in Bezug auf Anfang und Ende der Arbeit für manche Industrien etwas zu schroffe Bestimmungen getroffen sind; die beruhen aber meistenteils auf Kommis-
sionsbeschlüssen.

Was die Mißbräuche betrifft, die von seiten der Arbeitgeber gegen die
Arbeiter geübt worden sein sollen oder geübt worden sind, so ist uns heute
ein sehr drastisches Beispiel mit einer Dynamitpatrone mitgeteilt worden,
die an einem Schmiedefeuer entzündet wurde.   Nun muß ich offen gestehen,
mir war der ganze Vorgang so rätselhaft, daß ich ihn absolut nicht verstehen kann.   Wir haben doch jetzt das Unfallversicherungsgesetz, und vor
dem Unfallversicherungsgesetz hatten wir ja das Haftpflichtgesetz, und es
kommt doch auch dem Arbeitgeber nicht in der geringsten Weise zu, zu entscheiden, ist das ein Betriebsunfall oder nicht; dazu sind die Berufsgenossenschaften, dazu ist das Schiedsgericht, und dazu war früher das gewöhnliche
Gericht befugt.   Wie also ein armer Mensch, der durch eine ganz gewissen-
lose Anordnung seiner Vorgesetzten um seine gesunden Gliedmaßen gekommen
ist, vor Gericht sein Recht nicht finden soll, das ist mir einfach unerfindlich,
und ich hätte recht sehr gewünscht, daß über diesen Fall die genaueren
Daten gegeben wären; denn der Fall erschien mir so kraß, daß ich mir
nicht denken kann, daß er sich so ereignet haben sollte.   Unsere deutschen
Gerichte entscheiden nicht zu Gunsten des Arbeitgebers, wenn er nicht vollauf in seinem Rechte ist.

(Sehr wahr!)

Meine Herren, ich habe so ziemlich alles gesagt, was ich in der Frage
zu sagen hätte.   Ich kann es nur begrüßen, wenn der sociale Friede nach
Möglichkeit gefördert wird, und wenn unsere heutigen Verhandlungen einen
Faktor dazu bilden.   Das ist ganz unleugbar, daß jede Förderung der
Wohlfahrt der Arbeiter, die durch Streiks erreicht wird, immer zu teuer
erkauft ist, und zwar zu teuer für den Arbeiter und, wenn der Arbeitgeber
Recht behält, selbst für diesen.   Ich glaube nicht, daß aus einem Streik
für irgend einen der beiden Teile ein wirklicher Nutzen erwachsen wird.   Ich
glaube, daß selbst, wenn der Arbeiter eine erhebliche Besserung seiner Lage

durch einen Streik erreicht, die Opfer, die er dabei hat bringen müssen, — und wenn ich mich hier auch in einem Gegensatz zu Herrn Professor Munro befinde, — doch zu groß sind im Verhältnis zu dem was erreicht wird. Daß das Gesetz Vorschriften machen muß, um Mißbräuche abzuschaffen, das ist ganz richtig; daß der Arbeitgeber das Seinige thun muß, um die Beschwerden der Arbeiter zu kennen und ihnen gerecht zu werden, das ist mit vollständiger Sicherheit zu vertreten; ich kann aber nicht glauben, daß dies auf dem Wege einer mehr oder weniger gewaltsam eingeführten oder gar gesetzlich beschlossenen Bildung von Gewerkschaften zu erreichen ist. Das mag vielleicht notdürftig in einzelnen Industriezweigen geschehen; in der großen Mehrzahl unserer Industrien in Deutschland, glaube ich aber, wird damit sehr wenig erreicht. Das aber glaube ich aus meiner Erfahrung allen Arbeitgebern ruhig empfehlen zu können: seht zu, daß ihr in ruhigen Zeiten mit euren Arbeitern euch verständigt und einen Ausschuß der Arbeiter an die Hand bekommt, mit dem ihr verhandeln könnt; nicht einen solchen, der unter dem Druck der Agitation in unruhiger Zeit gewählt ist, sondern der in ruhiger Zeit auf dem Posten berufen ist: mit dem wird sich auskommen lassen.

(Lebhafter Beifall.)

Stellvertretender Vorsitzender Professor Dr. Gierke: Ich erlaube mir, ein soeben aus Nürnberg eingelaufenes Telegramm zu verlesen. Dasselbe lautet:

„Durch unaufschiebbare Geschäfte zu erscheinen verhindert.

Reichstagsabgeordneter Grillenberger."

Das Wort hat jetzt Herr Professor Dr. Schmoller.

Professor Dr. Schmoller-Berlin: Meine Herren! Ich trete sehr ungern aus der Reserve heraus, die mir eigentlich als Vorsitzendem auferlegt ist. Ich halte es aber doch für meine Pflicht, offen hier für meine Ansicht einzutreten, umsomehr, da sie mehrfach angegriffen worden ist in Schriften, die im Namen des Vereins herausgegeben worden sind.

Die Kernfrage, über die wir hier reden, ist einfach die, ob für die Fortbildung des Arbeitsvertrages, so wie die Dinge heute in Deutschland liegen, die möglichst genaue Kopie der englischen Gewervereine das richtige Mittel ist. Ich bin nun auch heutzutage mit dem Herrn Brentano vollständig darüber einig, daß die Entwicklung der englischen Gewervereine eine weit über England hinausgehende vorbildliche Bedeutung für alle civilisierten Staaten hat. Ich habe mich immer darüber gefreut, daß er sich ganz in den Dienst der Propaganda für die englischen Gewerkvereine gestellt, auch seine Schüler zu ähnlicher Arbeit veranlaßt hat; ich würde mich noch mehr über seine Agitation gefreut haben, wenn aus dieser Schule schon praktische Arbeiterführer hervorgegangen wären, wenn wir es schon zu Arbeiterführern im Sinne der englischen Gewerkvorstände dadurch gebracht hätten. Ich würde auch unbedingt, wenn wir heute durch irgend ein künstliches Zaubermittel es dahin bringen könnten, daß wir morgen oder übermorgen englische Gewerkvereine wie in Lancashire hätten, mich mit Freuden damit einverstanden erklären. Das Schwierige des Problems liegt für mich, meine Herren, in dem Übergange, in dem Übergange aus unseren jetzigen Zuständen in die neue Situation. Was ich voll acceptiere, ist, ich möchte sagen, der Grundgedanke, — was ich etwa ablehne, ist die Kopie der englischen Institution, und was ich ebenso ablehne, ist die Erklärung, daß die Kopie dieser englischen Institution das einzige oder das weitaus wichtigste Heilmittel sei. Denn das wichtigste Heilmittel, meine Herren, die Grundfrage liegt unendlich viel tiefer: die Grundfrage des Problems liegt in der Bevölkerungsbewegung und in dem sittlichmoralischen Niveau der unteren Klassen im Verhältnis zu den mittleren und oberen Klassen.

Meine Herren, die Frage, ob wir in Deutschland die englischen Gewerkvereine kopieren können, ist von einem der hervorragendsten Kenner der englischen Zustände vor einigen Jahren behandelt worden, und er hat die Antwort gegeben, diese Kopie sei unmöglich. Er sagt: Wir können die Dinge nicht der naturgemäßen Entwicklung wie in England überlassen; wir können hier auf dem Kontinent nicht die Klassenkämpfe austoben lassen wie in England; wir können nicht die harten Erfahrungen des Lebens ebenso an unserm Körper austoben lassen wie in England. Vor allem in Deutschland — sagt er —, mit unseren bedrohten Grenzen, mit unseren schweren inneren Kämpfen, kann das nicht der naturgemäßen Entwicklung überlassen bleiben; hier muß notwendig eine Abkürzung dieses Erziehungsprozesses stattfinden, es muß eine zielbewußte Leitung in diese Entwicklung eingreifen, eine zielbewußte Leitung von oben, von seiten der Herrschenden. Meine Herren, das ist ganz mein Standpunkt. Derjenige aber, der das gesagt hat, ist Herr Brentano, der vor zwei Jahren in einer Abhandlung in Conrads Jahrbüchern eben diese von mir angeführten Worte ausgesprochen hat. Er hat damals darauf hingewiesen, daß das Richtige in Deutschland wäre, die ganze Ordnung des Arbeitsverhältnisses den Berufsgenossenschaften zu übertragen, d. h. den Arbeitgebern und der Vertretung der Arbeiter innerhalb dieser Berufsgenossenschaften. Ja, meine Herren, das entspricht so ungefähr meinen Anschauungen.

Was die Kopie englischer Institutionen betrifft, so hat mich oftmals die Analogie von einer Reihe derartiger Übertragungen in den letzten Jahren beschäftigt. Meine Herren, seit Montesquieu England bereist hat, hat fast jeder Schriftsteller, der eine solche Reise gemacht hat, wenn er heimgekommen ist, ein Buch geschrieben, in dem er bald englisches Parlament, bald englische Friedensrichter, bald englische Hilfskassen, bald sonst etwas auf Deutschland zu übertragen empfohlen hat.

(Zwischenruf: „Ich nicht!" — Heiterkeit.)

Meine Herren, wir haben jedesmal, ich möchte sagen, den Geist dieser Institutionen übertragen, haben aber jedesmal etwas anderes geschaffen und zwar zum Glück und Segen für unsere Verhältnisse. Wir haben nicht den englischen Parlamentarismus angenommen, wir haben nicht das englische Hilfskassenwesen angenommen, sondern wir haben eine staatliche Hilfskassengesetzgebung mit großem Segen und großen Vorteilen gegenüber den englischen Experimenten geschaffen. Das ist, glaube ich, auch auf diesem Felde unsere Aufgabe, wir müssen auch auf diesem Felde uns anschließen an unseren Volkscharakter, an unsere Zustände, an unsere staatlichen Überlieferungen. Und, meine Herren, gerade das, was in den letzten 10, 15 Jahren geschehen ist, das können wir nicht ungeschehen machen. Wir können nicht die große Hilfskassengesetzgebung und die Organisation der Berufsgenossenschaften und alles derartige plötzlich als nicht vorhanden betrachten; wir können nicht die Eigenschaft der Deutschen, daß sie, wie Herr Professor Munro sagte, bei jeder neuen Entwicklung nach oben sehen, plötzlich ignorieren und sagen: diesmal wollen wir nur nach unten sehen, wie es die Engländer machen.

Also, meine Herren, ich glaube, wir bleiben unserer Situation, unsern Institutionen, unsern Traditionen treu, wenn wir zwar voll anerkennen, daß nach der heutigen Lage der Dinge der Arbeitgeber und der Arbeiter mit einander verhandeln müssen, wenn wir aber dabei suchen, andere Formen, möglichst Formen zu finden, die nicht so große Gefahr bieten, die vor allem in der augenblicklich für Deutschland doch viel schwierigeren Situation, als die englische es ist, uns eine gewisse Gewähr des Gelingens geben. Wir müssen vor allem, wenn wir hier Rezepte vorschlagen, meine Herren, daran denken, was in einem deutschen Reichstag überhaupt möglich ist, was mit unseren heutigen Parteien, was auch mit den Arbeitgebern heute möglich ist. Meine Herren, wir haben gestern so sehr betont, die Inkommunalisierung der Rittergüter sei ganz unmöglich, weil unsere gesamten Gutsbesitzer dagegen seien. Machen wir also doch keine Vorschläge heute, von denen wir sicher sein können, daß die Gesamtheit der deutschen Arbeit-

geber fie a limine ablehnt.   Wir müffen doch darauf auch einige Rückficht
nehmen, wir müffen fuchen etwas vorzufchlagen, wenn wir praktifch fein
wollen, was Ausficht hat auf ein Gefetz, ja was Ausficht hat auf Begün-
ftigung durch die augenblickliche Verwaltung u. f. w., überhaupt, was eine
Möglichkeit der Durchführung hat.

Nun, meine Herren, fteht ja das eine feft in Bezug auf die Arbeiter:
fie wollen fich organifieren, vereinigen, ihre Wünfche durch Vertretungen
ausfprechen; diefe Tendenz vollzieht fich, ob wir wollen oder nicht.

(Sehr richtig!)

Das können wir nicht hindern.   Dagegen hilft es nicht, wenn wir, wie vor
einiger Zeit Dr. Beumer begann, nur immer rufen: wir wollen die Sache
nicht.   Das ift der Standpunkt des Amtmanns bei Fritz Reuter: „'nen Prozeß
will ik nich hebben."   Ja, meine Herren, der Prozeß hängt fchon, Stellung
müffen wir nehmen.   Da fage ich zuerft, das Wichtigfte wäre, das fo unendlich
viel mildere Mittel der Arbeiterausfchüffe in den einzelnen Fabriken wirklich
ernftlich in die Hand zu nehmen; das ift ein unendlich viel milderer Schritt
als die Schaffung von Gewerkvereinen.   Das Weitere ift: was thun wir da,
wo bereits Arbeiterorganifationen vorhanden find?   Und da fage ich nun,
meine Herren: ohne weiteres heute plötzlich ein Arbeitervereins- oder Ge-
werkvereinsgefetz geben, das diefen Arbeiterverbänden freiefte Bahn gibt, das
allen Arbeitern, auch den landwirtfchaftlichen Arbeitern, diefe freie Bahn
eröffnet, das halte ich im Augenblick nicht für angezeigt.   Wohl aber würde
ich es für richtig halten, daß, wenn wir z. B. ein Reichsarbeitsamt errichten, diefem die Kompetenz gegeben wird, gewiffen Arbeiterverbänden, die
fchon vorhanden find, unter gewiffen gefetzlichen Bedingungen Lebensfähigkeit
und gewiffe Rechte zu verleihen, aber nur für eine einzelne Induftrie, nur
für die Induftrie, wo das zunächft als ausfichtsvoll erfcheint; fo z. B. die
deutfchen Buchdrucker, die ich dann auch durch ein Specialgefetz über Lehrlings-
wefen in ihren Beftrebungen unterftützen würde.   Ebenfo würde ich es für voll-
ftändig möglich und ausführbar halten, daß wir die deutfchen Bergarbeiter
organifieren.   Ich habe fchon im Jahre 1874 auf das Dringendfte verlangt, daß
wir die Gefamtheit der Knappfchaften umwandeln müffen in eine Arbeitervertretung gegenüber den Werkbefitzern.   Das ift heute noch mein Standpunkt.
Schaffen wir doch zum Zweck von Verhandlungen mit der gefamten Ar-
beiterfchaft in den Bergwerken zunächft Vertretungen der einzelnen Werke,
aus denen dann größere Vertretungen werden, und fehen wir, daß wir
folchen Vertretungen in dem Maße, als fie fich vernünftig führen, gewiffe
Rechte erteilen.   Wenn wir fo für einzelne der großen Induftrien vorbildlich etwas gutes gefchaffen haben, dann ift fchon unendlich viel gewonnen,

und das ist nichts, was den ganzen deutschen Arbeitgeberstand in Furcht versetzt, wie die Vorschläge, die von Herrn Professor Brentano ausgegangen sind.

Außerdem aber, meine Herren, wenn ich sage, wir müssen dieser ganzen Bewegung von Anfang an ein Bett graben, das durch gesetzliche Schranken, durch Rechtsschranken eingeengt ist, so leitet mich dabei noch ein anderer Gesichtspunkt. Meine Herren, das Ideal, das Herrn Professor Brentano und seine meisten Schüler beherrscht, ist ja nicht erschöpft in den Gewerkvereinsverbänden; es beruht ebenso sehr auf den Verbänden der Arbeitgeber, und die kulminieren in den Trusts, in den Kartellen, in den Ringen und in allen diesen großen Organisationen. Weniger Herr Brentano als seine Schüler haben, mit einem gewissen Vergnügen teilweise, an einzelnen Punkten das letzte Wort ausgesprochen: Ruin aller Kleinindustrie, Befreiung von dieser kleinen erbärmlichen Industrie! Meine Herren, was ist die Konsequenz von alle dem? Riesenmonopole auf der einen Seite und geschlossene, mit der Zeit wahrscheinlich erblich werdende Arbeiterkasten auf der anderen Seite, — das ist die letzte Konsequenz; ein großer Teil unserer gesamten heutigen freien Konkurrenz, ein großer Teil unserer gesamten heutigen individuellen Freiheit ist damit einfach aufgehoben. Meine Herren, das ist das Verdienst der Rede des Herrn Bueck, daß er uns gezeigt hat, welcher Terrorismus von den Gewerkvereinen ausgehen wird.

(Sehr richtig!)

Meine Herren, wer für Gewerkvereine ist, der muß sich klar werden, daß sie viel Segen stiften, daß sie aber auch alle Mißbräuche des Zunftwesens wiederherstellen können.

(Sehr richtig!)

Es sind einfach nationale Zünfte, nationale Zünfte mit dem numerus clausus der Personen. Meine Herren, nur wenn ein numerus clausus eingeführt wird, wird der standard of life derer, die sich abgeschlossen haben, erhöht. Ja, meine Herren, denken Sie doch an die Buchdrucker: sie klagen, daß 3000, 4000 Gesellen zu viel vorhanden sind. Gut, ich bin dafür, daß ein beschränkendes Lehrlingsgesetz eingeführt wird, was hier Abhülfe schafft! Aber diese 3—4000 werden auch dann brotlos sein, nur nicht als Buchdrucker, sondern als ungelernte Arbeiter. Jede solche Einschränkung, die den einen Stand etwas emporhebt, erhöht den ungeheuer schweren Druck, der auf dem Rest der Arbeiter lastet! Und daher auch das einfache Geheimnis, warum der ungelernte Arbeiter durch die Blüte der Gewerkvereine gelernter Arbeiter ins socialistische Lager getrieben wird. Es gibt bei starker Bevölkerungszunahme, wie auch Herrn Brentano gegenüber Burns (Schulze-Gaevernitz II.

480) andeutete, keinen anderen Ausweg als zuletzt Schließung der Gewerk=
vereine und Kommunal- oder Staatsbeschäftigung für den Rest der Arbeiter.
Freilich, meine Herren, dürfen wir wegen zukünftiger Gefahren im Moment
nicht zu ängstlich sein. Auch ich sage: wenn wir durch die rechte Organi=
sation aus der obern Hälfte der Arbeiter jetzt einen neuen Mittelstand schaffen,
so ist das wichtiger und wertvoller als die Vermeidung der möglichen Not,
die dadurch in den untersten Klassen entstehen kann. Aber ich sage das nur
mit einer großen Reserve. Wenn wir das Unternehmertum legitimieren zum
Riesenmonopol und den Arbeiter legitimieren zu geschlossenen Arbeiterverbän=
den, dann, meine Herren, können wir diese Dinge nicht dem freien Spiel
des Vereinswesens überlassen.

(Sehr richtig!)

Das sind Dinge, die der Staat und die Gesetzgebung in der Hand haben
muß. Wenn wir diese Dinge nicht sofort rechtlich ordnen, wenn nicht die
gesetzgeberische Thätigkeit und die Verwaltung fortwährend die Klinke in die
Hand nimmt, um dem Monopol seine Grenzen zu setzen, dem Monopol
der Unternehmer und des Kapitals wie der Gewerkvereine, dann kommen
wir in ganz entsetzliche Zustände, in Zustände, die mit dem ägyptischen
Kastenwesen und den spätrömischen Zünften durchaus auf einer Linie stehen.
Und daher, meine Herren, bin ich auch in gar keiner Weise erschreckt, wenn
Herr Brentano uns als büreaukratische Socialisten verhöhnt. Die Büreau=
kratie, meine Herren, ist eben der Ausdruck für die Gesamtinteressen, für die
Gesamtinteressen, die hier im Namen des Staates, im Namen der Gesell=
schaft, vor allem auch im Namen der Konsumenten, meine Herren, in Acht
genommen werden müssen. Die Konsumenten sind mir zuletzt das Wich=
tigste, und die Bestrebungen der Kartelle und Gewerkvereine haben das Er=
gebnis, daß sowohl Unternehmer wie Arbeiter gut fahren, und der Konsu=
ment die Zeche bezahlen muß. Also meine Herren, das ist mein Standpunkt:
der Staat hat hier große und schwerwiegende Pflichten.

Meine Herren, Herr Brentano sagt, einen Gewerkverein kann man
nicht von oben machen. Gewiß nicht! Aber zwischen einem Gewerkverein, der
nur auf Grund eines möglichst kurzen Vereinsgesetzes in die gesellschaftlichen
Kämpfe egoistisch eingreift, und einem von oben gemachten Gewerkvereine gibt
es Hunderte und Tausende von Mittelgliedern, und eines davon habe ich
im Auge. Herr Brentano spitzt seine Gegensätze so zu, daß die Wirklich=
keit, die in der Mitte liegt, nicht berührt wird. Ich will nicht, daß der
Staat künstlich, wo es nicht paßt, Gewerkvereine einführe; ich will nicht,
daß irgend ein unfähiger Geheimrat den Lohn dekretieren soll; aber ich sehe
nicht ein, warum nicht Formen gefunden werden können, rechtliche Formen,

wobei die Interessenten möglichst ihre Interessen genau auseinandersetzen, wobei aber die letzte Entscheidung dann doch immer wieder, sei es von irgend welchen Organen der Selbstverwaltung oder von Beamten, im Interesse der Gesamtheit gefällt wird. Und so, hoffe ich, können wir vorankommen, ohne daß so heftige Friedensstörungen stattfinden, wie sie in England stattgefunden haben, und wie sie, glaube ich, bei uns noch in viel größerem Maße stattfinden würden, so heftige Friedensstörungen, von denen ich wirklich ernstlich zweifelhaft bin, ob sie unsere Industrie ertragen kann. Man hat früher schon von anderer Seite darauf aufmerksam gemacht, daß diese schwersten sogenannten Flegeljahre England durchgemacht hat zur Zeit der absoluten Suprematie seiner Industrie. Ja, meine Herren, sind wir in der Lage, solche Flegeljahre durchzumachen? ist es nicht möglich, daß wir unsere ganze Industrie dadurch verlieren? Das sind die Bedenken, weswegen ich einen zu offenen Kampf, eine zu gewaltsame Störung des Friedens nicht für wünschenswert, nicht für heilsam, nicht für segensreich halte.

Und noch eins, meine Herren: Gewerkvereine sind nur möglich, wie eben Herr Frommel gezeigt hat, in Großindustrien mit ganz übereinstimmenden technischen und Lebensbedingungen. Die Gewerkvereine haben segensreich in England nur in einer bestimmten Anzahl von Industrien gewirkt; sie haben sich gänzlich unfähig gezeigt in einer ganzen Anzahl Industrien: sie haben sich gänzlich unfähig gezeigt für alle Kleinindustrien, für alles Handwerk u. s. w. Auch bei uns, meine Herren, sind ja vor allem die Störungen in der Kleinindustrie, wo der 16=, 20=, 22jährige Arbeiter dem kleinen Meister gegenübersteht, das, was häufig am drückendsten empfunden wird. Mit der Gewerkvereinsorganisation kommen wir also nicht überall durch.

Und zuletzt, meine Herren, was ist denn die Ursache, daß der eine Arbeiter ist, der andere Fabrikant? Die letzte Ursache der Klassendifferenz ist immer eine auf Jahrhunderte lange Geschichte zurückgehende Verschiedenheit der persönlichen geistigen und körperlichen Eigenschaften. Die läßt sich nicht plötzlich beseitigen. Wo wir also einen noch sehr zurückgebliebenen Arbeiterstand haben, da müssen wir auch damit rechnen, da müssen wir ihn so behandeln, wie es seinen Eigenschaften entspricht. Wir haben noch viele Verhältnisse, z. B. die ganzen Güter unseres deutschen Ostens, wo ein sogenanntes patriarchalisches Verhältnis noch das einzig richtige und heilsame ist: stören wir das nicht, wenigstens nicht voreilig! Auch innerhalb des patriarchalischen Verhältnisses gibt es große Fortschritte. Vor allem wünsche ich diesen Fortschritt in der formalen äußeren Behandlung der Arbeiter. Da ist auch das Schlagwort von der Gleichberechtigung am allerwahrsten und am allerrichtigsten; aber mit diesem Schlagwort der Gleichberechtigung und mit der gesetzlichen Einführung des freien Arbeitsvertrages hat man im übrigen die

Menschen nicht gleich gemacht. Nur in dem Maße, als es uns gelingt, die unteren Klassen sittlich, geistig, technisch, kaufmännisch zu erziehen und zu heben, gelingt alle sociale Reform.

Meine Herren! Es findet in der Geschichte eine wechselnde sociale Bewegung statt: zeitweise eine zunehmende Differenzierung, dann steigt die Abhängigkeit der unteren von den oberen Klassen; dann wieder eine segensreiche Abschwächung der Differenzen, zumal in Zeiten wirtschaftlichen und nationalen Aufschwungs. Es handelt sich dann vor allem um den Prozeß geistiger und sittlicher Hebung der unteren Klassen; der kann befördert werden durch die richtige Organisation der Arbeiter, andererseits haben alle Vereins- und andern Organisationen nur Erfolg, wenn sie an diese innere Umbildung sich anschließen, ohne das sind sie resultatlos.

Diese wenigen Bemerkungen nur wollte ich machen.

(Lebhafter Beifall.)

Stellvertretender Vorsitzender Professor Dr. Gierke: Das Wort zur Geschäftsordnung hat Herr Staatsminister a. D. Freiherr von Roggenbach.

Staatsminister a. D. Freiherr von Roggenbach-Schopfheim: Die Uhr sagt, daß es 6 Uhr ist, und wenn wir die Rednerliste ansehen und ferner erwägen, daß wir den Herren Referenten noch das Wort gestatten müssen, die auch wohl einige Zeit in Anspruch nehmen werden, daß ferner unser Herr Präsident Zeit haben muß, das Resumé zu machen, so glaube ich, daß die Usance früherer Versammlungen auch jetzt am Platze wäre, daß man die Herren bitten würde, ihre künftige Redezeit auf ein bestimmtes Maß einzuschränken. Das waren in früheren Fällen 10 Minuten. Ich beantrage, daß den künftigen Rednern nur 10 Minuten zur Rede verstattet werden.

Stellvertretender Vorsitzender Professor Dr. Gierke: Ich frage, ob Widerspruch gegen diesen Vorschlag des Herrn v. Roggenbach erhoben wird.

(Zuruf: Rednerliste!)

Zum Wort gemeldet sind noch die Herren Simons, Dr. Beumer, Dr. Thiel, Dr. Rentzsch, Lenfing, Professor Degenkolb und Dr. Reismann.

Ich darf konstatieren, daß dem Vorschlage des Herrn Freiherrn von Roggenbach ein Widerspruch nicht entgegengesetzt wird, daß also die Versammlung demselben zustimmt.

Das Wort gebe ich jetzt Herrn Simons.

Fabrikbesitzer Simons - Elberfeld: Gestatten Sie mir einige Worte vom Standpunkte eines Arbeitgebers, der mit den Mitgliedern der verschiedensten Parteien seiner Zeit eingetreten ist für Koalitionsfreiheit der Arbeiter, der auch gewillt ist, die Konsequenzen in Zukunft zu ziehen, soweit die Arbeiter sich auf den Standpunkt der Gesetzlichkeit stellen und die Koalitionsfreiheit nicht in den Koalitionszwang verwandeln wollen.

In dieser Beziehung möchte ich nur eine abweichende Ansicht von dem dritten Herrn Referenten äußern. Ich glaube, es ist von seiner Seite ein Mißverständnis, wenn er meint, daß der große Bergarbeiterstreik nicht auf einem Kontraktbruch beruht. Vielleicht nicht, wenn man es von einem einseitigen Standpunkte ansieht, dann kann man sagen, die Leute haben gedacht, sie hätten die formelle Berechtigung dazu. Aber thatsächlich, wenn wir auf dem Standpunkt stehen, wie die Wissenschaft und auch die Praxis ihn feststellt, so hatten sie keine Berechtigung. Sie hatten keine gültige Organisation, sie haben die Kündigungsfrist nicht eingehalten und haben damit eine Anzahl anderer Arbeiter veranlaßt, diesem bösen Beispiele zu folgen. Das halte ich für ebenso volkswirtschaftlich falsch wie unrichtig im Interesse der Arbeiter selbst. Wenn wir überhaupt zu besseren Zuständen für die Arbeiter kommen sollen, so muß dieses das Erste sein, was die Arbeiter im Auge halten sollten. Wenn wir die Bewegungen in England verfolgen, so werden wir finden, daß die Einigungsämter nur dadurch möglich sind, daß stets eine gewisse Zeit vorhanden ist, um eine Verständigung zwischen Arbeitgeber und Arbeitern herbeizuführen. Bei einem Streik ohne Kündigung tritt sogleich die Verbitterung ein. Und was ist die Folge? Die Vorteile kommen nicht den Arbeitern und nicht den Arbeitgebern in erster Linie zugut, sie kommen dem Börsenspiel zugut, meist zum Nachteil der ganzen übrigen Gesellschaft.

Meine Herren, ich bin in dieser Beziehung ein großer Verehrer des Vorbildes von England, aber noch mit mir selbst nicht einig, was von den englischen Organisationen für uns möglich ist. Ich möchte nur wünschen, daß unsere Arbeiter verschiedene Principien der Engländer direkt annehmen. Das erste Princip ist dasjenige, daß sie überhaupt ein besseres Verständnis für das Kapital haben. Als Schulze den deutschen Arbeitern sagte: „Her mit dem Kapital! ist das richtige Losungswort für euch," — da antworteten sie: Weg mit dem Kapital! Die Engländer haben wohl verstanden, daß das Kapital ein mächtiger Hebel ist nicht blos für den Kapitalisten sondern auch für die Arbeiter selbst, und daß diese von dem Kapital ebensogut ihren Vorteil haben wie die Arbeitgeber. Auch in anderer Beziehung bieten die Engländer uns ein Vorbild: in der Art und Weise der gegenseitigen freundlichen und höflichen Behandlung. Ich möchte in dieser Beziehung nicht an die Arbeiter allein appellieren, sondern auch an die Arbeitgeber. Ich glaube, die Weise, wie eine Sache sachlich hingestellt werden kann, ist uns heute aus dem beredten Munde eines Engländers gegeben. Wenn in dieser Art mit den Arbeitern gesprochen wird, und wenn unsere Arbeiter den Ton einhalten, den wir in den stenographischen Berichten der englischen Einigungsämter finden, so wird von vornherein eine Einigung leichter sein. Anders ist es ja bei uns gewesen, wo wirklich viele Arbeiter sich von vornherein in einem Gegensatz in jeder Beziehung mit dem Arbeitgeber betrachten; sie haben es nicht verstanden, daß der Arbeitgeber sehr häufig Verpflichtungen übernommen hat auf Grund früherer Bedingungen, und daß es eine Schädigung des allgemeinen Gewerbes betrifft, wenn sie diese Basis plötzlich über den Haufen werfen. Deshalb sollten sie sich das merken, was die Engländer thun, wenn die englischen Arbeiter fühlen oder glauben zu fühlen, daß eine Erhöhung der Löhne am Platze ist; dann werden sehr häufig mit den Arbeitgebern Termine von 3—6 Monaten vereinbart bis zum Eintritt der Erhöhung. —

Ich möchte aber glauben, daß diese trade unions — und darin bin ich mit dem Herrn Vorredner ganz einverstanden — in Deutschland nicht ausführbar sind für die nächste Zeit, deshalb nicht, weil die Schwierigkeit in Deutschland nicht auf dem eben berührten Gebiet allein besteht, sondern in unserer ganzen geographischen Lage begründet ist. Wir haben eine solche Verschiedenheit von Arbeitsbedingungen in unserem Vaterlande, wie sie kaum größer gedacht werden kann: die westlichen Arbeitslöhne und die östlichen Arbeitslöhne sind in einer Menge von Industrien außerordentlich verschieden, und wir haben bei uns im Westen seltener einen Gegensatz zwischen Arbeitgeber und Arbeitnehmer gehabt, als vielmehr einen Kampf gegen den niedrigen Lohn, für den im Osten gearbeitet wird. Ich habe mit Verwunderung von dem Herrn Vertreter der Buchdrucker gehört, daß gerade in Bezug auf die Buchdrucker ein umgekehrtes Verhältnis vorliegt. Es entzieht sich das meiner Beobachtung; ich möchte aber glauben, daß die Konsequenzen, die der Herr zieht, irrig sind. Ich glaube nicht, daß er recht thut, wenn er sagt, daß, wenn alle Prinzipale nicht gutwillig einlenken, die Gehilfen genötigt sein werden, sie zu zwingen; damit kommt es immer zu der Kraftprobe, die wir vermeiden wollen. Wir wollen ja — und da stehe ich mit allen den Herren Vorrednern auf demselben Standpunkt — wir wollen vor allem die Einigung der Arbeiter und Arbeitgeber. Das ist die Quintessenz, die wir anstreben müssen in möglicher und geeigneter Weise.

Ich glaube, daß in Zukunft die Vertreter der Arbeiter sich mehr nach lokalen Verhältnissen als nach allgemeinen trade-unions-Verbindungen richten sollten. Denn bei uns sind die lokalen Verhältnisse die maßgebenden, und die lokalen Verhältnisse sind auch gestützt auf bereits vorhandene Organisationen: wir haben die Berufsgenossenschaften, deren segensreiche Wirksamkeit wir nicht genug anerkennen können. Gerade die Berufsgenossenschaften geben uns Gelegenheit mit den Arbeitern zu verkehren. Wir haben mit den Arbeitern das Wichtigste, was den Menschen im allgemeinen angeht, gemeinsam verhandelt, wir waren die Gefahren zu vermindern bestrebt, die ihn bedrohen, und wir haben mehr erreicht in einem Jahre als früher in zwanzig und dreißig. Wir sollten doch auch von diesem einmal Bestehenden ausgehen und sollten — darin bin ich verschiedener Meinung mit einzelnen, die die Arbeitsämter einstellen wollen — wir sollten diese wirken lassen, bevor wir neue Organisationen ins Leben rufen. — Meine Herren, ich habe durchaus nichts gegen Arbeiterausschüsse; im Gegenteil, ich habe Arbeiterausschüsse in manchen Fabriken gerne begrüßt, und erkenne ihre segensreiche Wirksamkeit an. Aber für einen Teil der älteren Fabriken eignen sie sich deshalb nicht, weil in diesen Arbeiterausschüsse in patriarchalischer Weise thatsächlich bestehen. In solchen Fabriken sind Arbeiterausschüsse schwierig einzuführen durch freie Wahl; und die bisherige Gepflogenheit, daß der Fabrikbesitzer mit den Arbeitern privatim verhandelt, hat ja manches für sich. Im allgemeinen habe ich nur mit Bedauern zu konstatieren, daß die Stellung der Regierungen in dieser Beziehung eine sehr unsichere ist. Wenn die Regierung vorschlägt, daß überall da, wo keine Arbeiterausschüsse sind, die Arbeiter gehört werden sollen, so ist das ein Ausdruck von so unbestimmter Bedeutung, daß er jedenfalls auf den Arbeiter nur schädlich wirken kann. Sollen die Unternehmer ein vielköpfiges Arbeiterparlament berufen oder sollen sie sich mit einem Scheinverfahren begnügen, das nicht demjenigen entspricht, was sich die Arbeiter unter dem Gesetz vorstellen? Ich meine, bestimmte Formen sind nötig, und ich hätte lieber gewünscht, daß der Arbeiterausschuß für obligatorisch erklärt würde, als solch eine unbestimmte Fassung, die zu verwerfen ist. Ich glaube aber auch — und dieser Glaube hat sich in letzter Zeit durch den Widerstand der Arbeiter sowohl wie der Meister gegen Ausschüsse verstärkt —, daß diesen Organisationen nicht die Zukunft im großen und ganzen gehört. Die wichtigsten Punkte, die die Arbeiter interessieren: die Festsetzung des Lohnsatzes sowie der Arbeitszeit, sind abhängig von Einflüßen allgemeiner internationaler Natur. Arbeiterausschüsse können nur in verhältnismäßig bescheidenen Grenzen arbeiten; für die großen Gesichts-

punkte werden immer die großen Kraftmittel dann und wann angewendet
werden.

Ich bin in Bezug auf einen Punkt kaltblütiger als die meisten
Herren der Wissenschaft und der Regierung. Wenn aus dem Faktum, daß
mehr socialistische Stimmen in den Reichstagswahlen vorkommen, gleichsam
den Arbeitgebern ein Vorwurf gemacht wird, so halte ich das für vollkom=
men unrichtig. Die socialistische Bewegung ist im Augenblick noch in ihrer
Kindheit, und es gehen mit der socialistischen Bewegung eine ganze Menge
Elemente, die gar nicht wissen, was sie sind. In unserem Wahlkreis haben
wir einen socialistischen Kandidaten, der wird immer unter dem Namen
eines Arbeiterkandidaten gewählt, und es sind ein großer Teil der Arbeiter,
die socialistisch wählen, keine wirklichen Socialdemokraten. Es ist nicht gut,
darin überhaupt kleinlich zu sein; wir müssen einen größeren Stand=
punkt einnehmen, und der Standpunkt, den Herr Professor Munro heute
morgen ausgesprochen hat: in England ist schon der ein Socialist, der über=
haupt von Landerwerb spricht, — der ist gewissermaßen auch für unsere
Arbeiterwelt richtig, welche die Verbesserung ihres Loses durch die Social=
demokratie zu finden meint. Ich denke, darin müssen wir einen höheren
Standpunkt einnehmen, und ich verkenne nicht, obgleich ich die Wege, Ziele
der Socialdemokratie verurteile, daß die Organisation der Socialdemokratie
in letzter Zeit vorteilhaft wirkte — indem die Führer der Socialdemokratie
am 1. Mai gegen den beabsichtigten Ausstand sprachen, der entschieden zum
Nachteil der Arbeiter ausgeschlagen wäre. Sie haben es natürlich in ihrem
eigenen Interesse gethan, aber wir sind doch mancher Verbitterung und
manchen Kämpfen dadurch aus dem Wege gegangen.

Meine Herren, ich bin der festen Überzeugung, daß das Interesse des
Arbeitgebers und des Arbeiters ein einheitliches ist, daß es in Zukunft auch
mehr und mehr so sein sollte und daß wir den drohenden Gefahren, die
uns jetzt dadurch bevorstehen, daß wir einen großen Teil unseres Exports
nach Nordamerika verlieren werden, gemeinschaftlich zu begegnen haben.
Ich glaube, daß alle diese Fragen, die heute berührt worden sind, auch
die Fragen der Überproduktion rc. am besten gelöst werden können durch eine
Verständigung zwischen Arbeitgeber und Arbeitnehmer, daß ausgehend von
kleineren Verbänden vielleicht größere Verbände sich bilden; aber das Ge=
fühl muß lebendig sein, daß das Interesse beider in erster Linie ein ge=
meinsames ist.

Stellvertretender Vorsitzender Professor Dr. Gierke: Ich gebe jetzt
das Wort dem Herrn Dr. Beumer.

Generalsekretär Dr. Beumer-Düsseldorf: Meine Herren, ich beginne mit der für Sie vielleicht tröstlichen Versicherung, daß ich die zehn Minuten nicht einmal in Anspruch nehmen werde, falls die Versammlung dies nicht wünschen sollte. Ich bin mir nämlich bewußt, daß ich in zehn Minuten die Aufgabe, die ich mir gestellt hatte, zu lösen eigentlich überhaupt nicht imstande bin. Sie richtet sich gegen einen ganzen der vier oder fünf Bände, welche uns der Verein für Socialpolitik als Vorbereitung für die heutige Versammlung überreicht hat und an welchen man diejenigen, die sie unter dem Arm trugen, hier auf der Straße auch äußerlich erkannte, daß sie zu unserer Zunft gehören. Dieser Band sind die Studien zur rheinisch-westfälischen Bergarbeiterbewegung von Dr. Karl Oldenberg. Sie führen uns ja eigentlich von dem zur Erörterung stehenden Thema ab, und ich will also, falls die Versammlung nicht wünscht, daß ich in die Einzelheiten der Besprechung dieser Schrift eintrete, sehr gern auf das Wort verzichten. Ich will mich dann darauf beschränken, namens der rheinisch-westfälischen Bergwerksindustrie, deren Interessen ich zum Teil zu vertreten die Ehre habe, hier gegen die Veröffentlichung dieses Buches Protest eingelegt zu haben, respektive gegen die Richtigkeit der in diesem Buche niedergelegten Ansichten.

Wünschen Sie, daß ich mich wenigstens über ein paar kleine Punkte ausspreche, so sehe ich Ihrer Zustimmung entgegen.

Ich halte nämlich dieses Oldenbergsche Buch, meine Herren, als ein im praktischen wirtschaftlichen Leben stehender Mann offen gestanden, für typisch und charakteristisch für die Gefahren, in die uns die theoretisierende nationalökonomische Schriftstellerei allmählich hineinführt.

(Heiterkeit.)

Ich kann nur sagen, daß das Buch anscheinend mit Sachkenntnis geschrieben ist und doch fast auf jeder Seite den thatsächlichen Verhältnissen des rheinisch-westfälischen Bergbaues widerspricht. Man kann eben nicht, wie Herr Dr. Oldenberg es gethan hat, auf Grund einer mit meisterhaftem Fleiß gesammelten Masse von Lesefrüchten ein Urteil über eine Industrie abgeben, die man nicht aus der eigenen Anschauung kennt. Um über die Bergarbeiterbewegung des vorigen Jahres ein sachgemäßes Urteil zu fällen, mußte Herr Dr. Oldenberg — und das scheint er nicht gethan zu haben — sich in das rheinisch-westfälische Revier selbst begeben, dort in die Gruben einfahren, nicht allein die Arbeiter, sondern auch die Arbeitgeber verhören. Daß das ganze Buch den Eindruck macht, daß die Arbeitgeber beim rheinisch-westfälischen Arbeiterstreik Unrecht gehabt haben und die Arbeiter Recht, das wird mir keiner in dieser Versammlung bestreiten. Herr Dr.

Oldenberg fällt ja auch sein Urteil über die Litteratur. Das Buch meines hochverehrten Freundes Natorp: „Der Ausstand der Bergarbeiter im niederrheinisch-westfälischen Industriebezirk" bezeichnet er als eine mit oberflächlicher Argumentation verfaßte Parteischrift, die Broschüre „eines alten Gewerken", die bei Riesel in Hagen i. W. erschienen, und wahrscheinlich von Herrn Funcke verfaßt ist, als ein kannegießerndes Schriftchen, das für den Zweck objektiver Aufklärung wertlos sei, dagegen die Tremonia des Herrn Lambert Lensing als ein reichhaltiges Resumé der Leistungen dieser wichtigen ultramontanen Arbeiterzeitung, von der er vielleicht auch nicht gewußt hat, daß sie im Februar des Jahres 1877 wörtlich schrieb:

> Die rheinisch-westfälische Industrie, der in erster Linie ehrliche Menschen nottun, ruht zum größten Teil in den Händen von Ignoranten, Strebern und Tyrannen, die nur unsere Arbeiter korrumpieren.

Das schrieb er nicht etwa bei der Wahlbewegung, sondern bei Besprechung der Kohlentarifverhandlungen im preußischen Abgeordnetenhause. Aber Herr Dr. Oldenberg sagt auch von den Arbeitgebern, daß sie von ihren eigenen Bedürfnissen am wenigsten verstehen; auf Seite 4 seiner Lesefrüchte heißt es:

> Man erhält (in der amtlichen Denkschrift über die Bergarbeiterenquete) ein Augenblicksbild von photographischer Treue, nicht mehr; und schon deshalb mit gutem Grunde, weil notorisch Männer des praktischen Lebens, Arbeiter und Arbeitgeber, selbst die schlechtesten Zeugen über ihre Vergangenheit sind, weil sie von den allmählichen Wandlungen der Zustände, die sie durchlebt, in der Regel kaum eine Ahnung haben.

Ich weiß nicht, ob Herr Dr. Karl Oldenberg das Vergnügen und die Ehre hat, mit den rheinisch-westfälischen Industriellen so viel umzugehen, wie ich das Vergnügen und die Ehre habe; hätte er das, dann würde er die diesen Herren eigne große Summe historischen und nationalökonomischen Wissens mit Freuden anerkennen und vielleicht bescheiden sagen, von solchen Männern kann man eminent viel lernen. Ich habe wenigstens in den letzten siebzehn Jahren, in denen ich mich in der rheinisch-westfälischen Industrie bewege, eminent viel von diesen Leuten gelernt. Er würde sie dann von einem höheren Standpunkt aus beurteilen und würde seine Ansichten über diese im praktischen Leben stehenden Männer nicht in dieser Art in den Schriften des Vereins für Socialpolitik veröffentlicht haben, weil er gegenüber diesen Männern des praktischen Lebens zu der Ansicht gekommen wäre, daß man sozusagen ein kleines nationalökonomisches Wissen auch dann noch sein eigen nennen kann,

wenn man nicht auf einem Lehrstuhl oder in der Redaktionsstube national=
ökonomischer Jahrbücher sitzt.

(Heiterkeit.)

Meine Herren, die technischen Kenntnisse des Herrn Dr. Oldenberg
stehen nun allerdings für mich auf einer Stufe, die so niedrig ist, daß ich
nur das eine hervorheben will, daß beispielsweise die Einführung der Wasser=
haltungsmaschinen, der besseren Ventilation u. s. w. dazu beigetragen haben
soll, die Kohlen billiger zu fördern. Ja, meine Herren, daß man unter=
irdische Wasserhaltungsmaschinen auf Zechen anlegt, das thut man einfach des=
halb, weil man die Zechen nicht — wie der technische Ausdruck lautet — ver=
saufen will. Also ist, wenn man durch die unterirdischen Wasserhaltungsmaschinen,
welche ein Produkt der Neuzeit sind, das Wasser leichter herausbekommt,
als mit der Pumpe oder der Schöpfstelle, das nicht eine Ersparnis am
Preise der geförderten Kohle, sondern weil wir mit der Förderung tiefer
steigen mußten, haben wir Gott sei Dank die Fortschritte der Technik be=
nutzen können, aber in erster Linie um Vorsichtsmaßregeln zu treffen, die
sehr viel Geld kosten.

Der Grundfehler dieser Schrift des Herrn Dr. Oldenberg beruht unter
anderem weiter darin, daß er den Bergmannsstand von Westfalen als einen
Organismus ansieht — auf der anderen Seite allerdings gibt er zu, daß
eine große fluktuierende Bevölkerung auch dort vorhanden sei — während der
Bergmannsstand der Neuzeit in Rheinland=Westfalen nicht ein Organismus,
sondern ein Konglomerat ist. Wenn Herr Dr. Oldenberg bekannt wäre
mit dem Zustand der niederrheinisch=westfälischen Reviere, so würde er wissen,
daß man den Bergarbeiterbezirk in drei Zonen einzuteilen hat: in die alten
Reviere, in denen der Bergarbeiter meist noch Grundbesitzer ist, in die zweite
Zone nördlich von der Ruhr bis zur Emscher, wo teilweise durch Ar=
beiterhäuser u. s. w. erträgliche Zustände geschaffen sind, und in die dritte
Zone nördlich von der Emscher, wo eine ganz fluktuierende Bevölkerung vor=
herrscht.

Andere Irrtümer des Herrn Dr. Oldenberg bestehen darin, daß er sagt,
ein großer Teil der Bewohner der Zechenhäuser sind Grubenbeamte. Das
ist einfach unrichtig; es ist das von den Grubenbeamten ein so verschwin=
dender Teil, daß er gar nicht in Betracht kommen kann.

Dann aber vor allen Dingen weiß Herr Dr. Oldenberg nicht, wie die
Schicht in Westfalen berechnet wird. Er rechnet eine Sechs= bis Zwölf=
stundenschicht. Wir kennen nur eine Achtstundenschicht unter Tage und eine
Zwölfstundenschicht über Tage, und danach sollte sich die Berechnung des
Lohnes ergeben. Herr Dr. Reismann aus Düsseldorf hat in den Conrad'=

ſchen Jahrbüchern dieſe Anſichten des Herrn Dr. Oldenberg eingehend
widerlegt.   Herr Dr. Oldenberg freilich bezeichnet dieſen Aufſatz als eine
„mit mehrfachen Mißverſtändniſſen beſchwerte" Ausführung.   Er bezieht ſich
da auf eine Verfügung des Miniſters vom Oktober 1887, nach welcher nicht
mehr die Schicht, ſondern das Tagewerk gerechnet werden ſoll.

Stellvertretender Vorſitzender Profeſſor Dr. Gierke: Die zehn Minuten
ſind jetzt abgelaufen.   Ich meine, es wird doch wohl nicht Zeit ſein, alle
dieſe Einzelheiten auszuſprechen.

Generalſekretär Dr. Beumer: Sie wollen mir dann nur freundlichſt
geſtatten, Ihnen zu ſagen, daß, wenn dieſe paar Dinge nicht genügt haben,
— was ich nicht verlangen kann — um Ihnen die Überzeugung zu verſchaffen,
daß dieſe Schrift des Vereins für Socialpolitik thatſächlich nur den Proteſt
der mit dem rheiniſch-weſtfäliſchen Bergarbeiterweſen bekannten Männer
finden kann, an einer anderen Stelle eine eingehende Widerlegung ver-
ſucht werden muß.   Nur die Viertelminute wollen Sie mir noch geſtatten,
daß das am Schluß ausgeſprochene Urteil, daß unter Umſtänden die
Zechenbeſitzer in die Möglichkeit kommen könnten, Ausſtände künſtlich herauf-
zubeſchwören, um die Kohlenpreiſe künſtlich in die Höhe zu treiben, mir von
befreundeten Leuten der ruhigſten Denkart als frivol bezeichnet worden iſt.
Ich ſpreche das Urteil nicht nach: ich ſage, Herr Dr. Oldenberg hat es
auch nicht ausgeſprochen, ſondern hat nur an die Möglichkeit gedacht; es
heißt ja bei ihm überhaupt immer: es möchte vielleicht, dürfte, könnte
u. ſ. w.   Das, meine Herren, kann nur Jemand ſchreiben, der thatſächlich
die Verhältniſſe unſerer Bergwerke nicht kennt, denn ein einziger Tag koſtet
Tauſende und auf großen Zechenunternehmungen Hunderttauſende — —

Stellvertretender Vorſitzender Profeſſor Dr. Gierke: Die Viertelminute
iſt nun aber auch um.

Generalſekretär Dr. Beumer: Ich habe eine Zeche befahren nach dem
Arbeiterſtreik, in welcher in wenigen Tagen allein 75 000 Mark durch Zu-
bruchgehen der Strecken verloren gegangen waren.

Stellvertretender Vorſitzender Profeſſor Dr. Gierke: Das Wort hat
Herr Geheimrat Dr. Thiel.

Geheimer Oberregierungsrat Dr. Thiel-Berlin: Meine Herren, es iſt
eigentlich zu viel verlangt, über die uns hier beſchäftigenden Gegenſtände in
zehn Minuten ſprechen zu wollen, das iſt ganz unmöglich.   Man kann
bloß einzelne Widerſprüche und Bedenken anmelden, aber nicht begründen.

Was zuerst den verehrten Herrn Vorredner betrifft, so denke ich, wird Herr Dr. Oldenberg Manns genug sein, sich allein zu verteidigen. Ich habe aus den gegnerischen Ausführungen nichts Wesentliches gegen die Tendenz der angegriffenen Schrift entnehmen können, denn die behaupteten Irrtümer, selbst wenn sie zuzugeben wären, beziehen sich auf minder wichtige Nebensachen und treffen die Hauptsache nicht. Was aber die Hauptsache betrifft, so will ich hier nur Zeugen gegen Zeugen stellen und mitteilen, daß ich erst vor kurzem eine Unterhaltung mit dem Abgeordneten Dr. Hammacher gehabt habe und dabei fand, daß dieser gründliche Kenner der westfälischen Verhältnisse in der Beurteilung der dortigen Sachlage auf einem Standpunkt stand, welcher sich von dem des Herrn Dr. Oldenberg nur sehr wenig unterscheidet.

Zur Sache selbst möchte ich mich hauptsächlich gegen einige Ausführungen wenden, die der Herr Referent Bueck gemacht hat, um wenigstens einen Widerspruch anzumelden, wo ich seine Ausführungen nicht genügend konkludent finde.

Was zunächst die englischen Verhältnisse angeht, so fiel mir heute zufällig in einem gewiß unverdächtigen Blatte, der Kölnischen Zeitung, eine Notiz aus England in die Hand, worin mitgeteilt wird, daß der politische Sekretär der India Office, also doch wohl ein höherer Beamter, in einer Versammlung in Cardiff dringend zur Bildung von Gewerkvereinen aufgefordert habe. Ich führe das bloß an, um zu zeigen, daß die Engländer, wie wir ja auch schon von Herrn Professor Munro gehört haben, doch den Ruin der Industrie in dieser Entwicklung der Gewerkvereine nicht sehen. — Doch lassen wir die Engländer das mit sich ausmachen.

Herr Bueck hat sich viel Mühe gegeben, auszuführen, daß die Organisation der Arbeiter in feste Verbindungen für uns nicht passe, die Gründe aber hat er nicht angegeben. Er hat bloß gesagt, die Arbeitgeber hätten eine unüberwindliche Abneigung gegen diese Sache und sie würden sich nicht darauf einlassen. Aber selbst wenn er Gründe angegeben hätte, warum er auf diesen Weg nicht geht, dann hätte man vielleicht doch billig erwarten können, daß er daneben angebe, wie es dann gehen solle, wie die großen brennenden Fragen, und vor allem die Feststellung des Arbeitslohnes geregelt werden solle. In der Beziehung hat er uns bloß auf das Wohlwollen der Arbeitgeber und auf die steigende Kulturentwicklung tröstend hingewiesen. Hier tritt nun, wie ich glaube, ein Mangel seines Raisonnements zu tage. Es ist ja gar kein Zweifel, daß die Mehrzahl der Arbeitgeber von Wohlwollen für ihre Arbeiter erfüllt ist; aber trotzdem haben sie sehr häufig gesagt, wenn es sich um Wohlfahrtseinrichtungen für die Arbeiter handelt: das möchten wir sehr gerne machen, aber das können wir nicht wegen der internationalen Konkurrenz, wir würden damit die Bedingungen, unter denen wir arbeiten, so erschweren, daß wir auf dem auswärtigen Markte nicht mehr konkurrenzfähig wären. Jede solche Wohlfahrtseinrichtung ist gleich einer Verteuerung des Preises der Arbeit und schädigt uns gegenüber einer Konkurrenz, welche solche Verpflichtungen nicht hat, wir müssen deshalb zu unserem Bedauern auf die Einführung solcher Einrichtungen verzichten. Wenn dieses Raisonnement richtig ist, dann müßte man eigentlich doch auch zugeben, daß die inländische Konkurrenz dieselben Wirkungen wie die ausländische Konkurrenz haben müsse, daß also ein Arbeitgeber z. B. höhere Löhne nicht bewilligen kann, wenn die Konkurrenz im Inlande billigere Löhne zahlt. Aus diesem Motiv haben wir ja bei unserer ganzen Arbeiterschutzgesetzgebung uns auch nicht verlassen auf das Wohlwollen der einzelnen Arbeitgeber, sondern wir haben den Versicherungszwang und die Beitragspflicht für alle eingeführt, um für alle die gleichen Kosten der Arbeit herzustellen. Wenn das richtig ist, so kann man auch nicht annehmen, daß der Arbeitslohn befriedigend reguliert werden könne allein durch das Wohlwollen der einzelnen Arbeitgeber besonders in den Industrien, in welchen der Arbeitslohn unter den Produktionskosten eine große Rolle spielt und in welchen die Konkurrenz eine sehr scharfe ist, die also nicht Monopolindustrien einzelner Werke sind. Ganz besonders in Zeiten niedergehender Konjunkturen wird sich dies zeigen. Da reicht das Wohlwollen des einzelnen Arbeitgebers nicht aus, um den Arbeiter zu schützen, weil selbst der allerwohlwollendste Arbeitgeber sich schließlich, um überhaupt noch konkurrieren zu können, richten muß nach dem, was sein Konkurrent thut. Und deswegen sage ich, wir müssen Mittel und Wege finden, um die Lohnhöhe für gleiche Industrien gleichmäßig zu regulieren.

Wie soll das nun geschehen? An eine Festsetzung der Lohnhöhe durch den Staat denkt doch Keiner, es bleibt also nichts übrig, als eine solche Regelung anzustreben durch die Organisationen der Arbeiter selbst, denen natürlich Organisationen der Arbeitgeber gegenüberstehen müssen. In den Verhandlungen beider Teile wird sich dann dasjenige herausfinden, was unter den gegebenen Verhältnissen möglich ist und dem werden sich beide Teile auch am ehesten fügen, weil es alle gleichmäßig trifft. Speciell der Arbeitgeber hat ja weit weniger Interesse an absolut niedrigen Löhnen als daran, daß er nicht höhere Löhne als seine Konkurrenten zahle. Diese Gleichmäßigkeit der Löhne kann aber nur durch umfassende Organisationen gesichert werden. Wir werden also, ob gern oder ungern, schon allein um der Lohnfrage willen zu Organisationen sowohl der Arbeitgeber wie der

Arbeitnehmer kommen müssen. In dieser Beziehung stehe ich vollständig auf dem Brentanoschen Standpunkt.

Nun hat Herr von Heyl gesagt, ja, wenn das so eingerichtet ist, wenn der Arbeitgeber nicht mehr mit dem einzelnen Arbeiter zu thun hat, sondern nur noch mit der Genossenschaft, dann ist keine Freude mehr an der ganzen Geschichte, dann wird das zunächst die Konsequenz haben, daß diejenigen Geschäfte, die von alters her in bestimmten Familien sind, aus der Hand der Familien herausgehen und in die Hände von Aktiengesellschaften kommen, und dann wird sich die Lage der Arbeiter entschieden verschlechtern, weil die persönlichen Beziehungen zwischen Arbeitgebern und Arbeitnehmern fortfallen. Ich kann zunächst nicht recht einsehen, warum, wenn in dieser Beziehung zwischen Arbeitgebern und Arbeitnehmern eine Änderung eintritt, wenn der Arbeiter das als Recht beansprucht und erkämpft, was ihm jetzt aus Wohlwollen zu teil wird, warum das die ganze Sache so vergiften sollte, daß der Fabrikant, der Arbeitgeber keine Freude mehr an seinem Geschäfte haben würde. Jeder Fabrikant hat doch mit ganz anderen Widerwärtigkeiten zu kämpfen, wie oft begegnet ihm eine illoyale Konkurrenz, welche Sorgen macht ihm die Beschaffung seines Rohmaterials, der Absatz seiner Produkte, das Vermeiden fauler Kunden, alles das kann ihn viel mehr ärgern und schädigen, als wenn er seinerseits geschützt und gestärkt durch die Organisation seiner Berufsgenossen mit einer Organisation der Arbeiter paktieren muß über die Arbeitsbedingungen und die Lohnhöhe. So gut wie heute jeder Fabrikant mit seinen Lieferanten und Kunden als gleichberechtigten Kontrahenten verhandelt und sich dadurch sein Geschäft nicht verleiden läßt, so gut wird er in Zukunft auch mit den Lieferanten von Arbeit, den Arbeitern bezw. deren Vertretern unterhandeln können. Mir als Beamten liegt da eine Analogie nahe. Wenn man irgend wen in Bezug auf die Regelung seiner gesamten dienstlichen Verhältnisse auf das Wohlwollen verweisen könnte, so wäre es der Beamte. Wir haben durch Jahrhunderte vortreffliche und wohlwollende Regenten gehabt, und man hätte wohl sagen können, die Beamten stehen sich am besten, wenn man sie auf das Wohlwollen ihrer Vorgesetzten verweist. Aber unsere ganze Rechtsentwicklung ist eine entgegengesetzte gewesen. Mit größter Mühe und großen Kämpfen und vielen Anstrengungen ist es erreicht worden, daß das Dienstverhältnis der Beamten jetzt ein klares Rechtsverhältnis geworden ist, man hat die Beamten nicht auf das Wohlwollen hingewiesen, sondern ihnen Rechte gegeben und dadurch erst ein gedeihliches Verhältnis und gewiß nicht eine Schädigung der Leistungen der Beamten herbeigeführt. Nun wird natürlich das Verhältnis zwischen Arbeitgebern und Arbeitnehmern

stets ein anderes bleiben müssen wie das zwischen Staat und Beamten;
allein, soviel dürfte doch aus dieser Analogie hervorgehen, daß, selbst wenn
der Arbeitgeber in seiner Herrschaft über den Arbeiter ebenso beschränkt
wäre, wie es heute der Staat gegenüber seinen Beamten ist, daß damit
eine das Geschäft total verleidende Vergiftung der beiderseitigen Beziehungen
nicht verbunden zu sein brauchte.

Aber selbst wenn Herr von Heyl recht hätte, wenn die Geschäfte aus
der Hand der alten Familien herausgehen würden, wäre diese Drohung so
schrecklich? Wieviel große industrielle Geschäfte bleiben denn überhaupt
lange in derselben Familie? Und haben wir nicht in den vortrefflichen
Ausführungen des Herrn Frommel gehört, daß der Arbeiter auch bei der
anderen Form des Geschäfts, bei der unpersönlichen Aktiengesellschaft, häufig
sehr viel besser fahren kann als bei dem Verhältnis zum persönlichen Arbeitgeber? Der Grund liegt ja auch nahe: die Direktion einer Aktiengesellschaft kann sehr viel eher geneigt sein, aus den Mitteln der Gesellschaft
Wohlthaten zu geben, als der einzelne Fabrikbesitzer, der viel leichter von
der Vorstellung beherrscht wird, daß alles, was er den Arbeitern über das
absolut Notwendige hinaus zuwendet, seinen persönlichen Gewinn verringert.
Ähnliche Empfindungen mögen ja die Aktionäre noch stärker haben, allein
die haben ja bekanntlich auf die Geschäftsgebahrung zumal einer tüchtigen
Verwaltung gegenüber wenig Einfluß. Ich kann also in keiner Beziehung
in der von Herrn von Heyl eröffneten Perspektive einen Grund gegen die
Organisation der Arbeiter finden.

Nun ist die Frage diskutiert worden, wie soll organisiert werden? und
da möchte ich mir auch noch erlauben, einen Widerspruch anzumelden gegen
Herrn Professor Schmoller. Ich fürchte, daß die Ausführungen, die er gemacht hat, ihm so ausgelegt werden, daß von den Seiten, die jeder Organisation der Arbeiter mißgünstig gegenüberstehen, gesagt wird, Professor
Schmoller habe klar bewiesen, daß es mit der ganzen vorgeschlagenen Organisation nichts ist. Ich weiß ja sehr wohl, daß das nicht seine Ansicht
ist; und wenn man seine Worte gedruckt liest, wird man gewiß seine be-
dingte Zustimmung zur Organisation schärfer erkennen, als es heute beim
Anhören seiner Worte wenigstens bei mir der Eindruck gewesen ist. Das
möchte ich aber sagen, die große kulturhistorische Perspektive der allmählichen
Ausgestaltung der Arbeitgeber- und der Arbeiterorganisationen bis zu Kasten
und Monopol u. s. w. schreckt mich absolut nicht, denn wenn wir an solche
Verhältnisse mit der Anforderung herantreten wollten, Organisationen und
Einrichtungen zu schaffen, die für Zeit und Ewigkeit dauern und alle üblen
Folgen beseitigen, also in jeder Beziehung hieb- und stichfest sein sollen,

dann würden wir überhaupt nichts machen können. Die Menschheit lebt in allen diesen Dingen eigentlich nur von der Hand in den Mund; und was in späteren Zeiten, wenn diese Organisationen sich ausgelebt haben, zu geschehen hat, das wollen wir getrost den Menschen überlassen, die nach Hunderten von Jahren vielleicht durch Revolution, vielleicht durch Reformen das ins Gleiche bringen müssen, was wie die alten Zünfte vielleicht dann aus Vernunft Unvernunft und aus Wohlthat Plage geworden ist. Heute müssen wir so oder so organisieren und dies Zugeständnis ist es, dessen klaren Ausspruch ich an den Deduktionen des Herrn Professor Schmoller vermißt habe. Läge die Sache so, daß wir überhaupt keine Koalitions-freiheit hätten, daß wir keine Arbeiter hätten, in denen schon sehr begehr-liche Strömungen vorhanden wären, dann ließe sich ja darüber reden, und ich meine, eigentlich hätte Herr Professor Schmoller zu der Konklusion kommen müssen: man müsse das Koalitionsrecht wenn nicht aufheben so doch sehr einschränken. Das hat er nicht gethan; ich weiß auch, daß das nicht seine Absicht ist. Aber wie liegt denn die Sache heute? Wir haben die Koali-tionsfreiheit, die Arbeiter kennen ihre Rechte und sind nur zu bereit, sie rücksichtslos auszuüben, sei es zur Verbesserung ihrer wirtschaftlichen Lage, sei es zu weitergehenden politischen und socialen Zwecken bis zum vollstän-digen Umsturz der gegenwärtigen Gesellschaftsordnung. Will man also die Koalitionsfreiheit nicht aufheben, so muß man versuchen, Organisationen zu schaffen, in denen die Bestrebungen der Arbeiter, soweit sie sich irgend mit unserer Gesellschaftsordnung vertragen, eine offene und darum minder ge-fährliche Bethätigung finden können. Auf solche Organisationen wird man auch einwirken und dieselben zur Zügelung anarchischer Strömungen be-nutzen können. Will man solche Organisationen dauernder und daher kon-servativer Natur nicht, so bleibt nur noch der Mißbrauch der Koalitions-freiheit in thörichten die Arbeiter wie die Industrie gleichmäßig schädigenden, von unverantwortlichen Folgen angestifteten Streiks und der gefürchteten Organisation der Socialdemokratie entgeht man dadurch doch nicht, die wird mit und ohne Gewerkvereine, offen oder heimlich oder beides zugleich bestehen. Also die Frage ist nicht ganz so, wie Herr Professor Schmoller sie gestellt hat: können wir in unserer exponierten Lage mit dem Kontinent solche Kämpfe aushalten? Wir müssen sie aushalten, ob wir wollen oder nicht, wenn wir nicht, wie gesagt, zu dem Mittel schreiten wollen, die Ko-alitionsfreiheit aufzuheben oder einzudämmen, wozu doch wenig Aussicht. Wir müssen also vorgehen, um wenn irgend möglich durch Zusammenfassen der Massen in geordneten Verbänden den Excessen vorzubeugen, zu denen bei dem gegenwärtigen Zustande der Gesellschaft die undisciplinierte Menge

nur zu geneigt ist. Gewiß können solche Organisationen auch zu staats-
feindlichen Zwecken mißbraucht werden, allein nachdem man einmal so weit
gegangen ist, die Koalitionsfreiheit und das allgemeine Stimmrecht zu
geben, kann man in dem Lande der allgemeinen Wehrpflicht sich nicht
dabei beruhigen, daß man die Sache laufen lassen könne, da ja schließlich
doch die Armee für Aufrechterhaltung der staatlichen Autorität und der
Gesellschaftsordnung sorgen werde. Gerade hierin würde man sich unheil-
voll täuschen, wenn es nicht gelingen sollte, den Drang der Massen nach
Verbesserung ihrer Lage und Hebung ihrer ganzen socialen Stellung rechtzeitig in geordnete Bahnen zu lenken.

Nun gebe ich allerdings Herrn Professor Schmoller absolut Recht: wir
können nicht solche Organisationen einfach von oben herunter dekretieren.
Aber auf der anderen Seite ist doch auch für uns infolge unserer ganzen
politischen Entwicklung die Fähigkeit und Neigung, selbständig und ohne
Mitwirkung der Obrigkeit vorzugehen, eine sehr gering entwickelte. Ich
möchte ihm aber darin beitreten, daß man die Sache stückweise angreifen
muß, und ich stimme ihm auch darin bei, daß gerade die Bergarbeiter die
geeignetsten Elemente zur Inangriffnahme dieses Werkes socialer Organisation sind, weil wir hier von alters her noch feste Verbände, Knappschaften ꝛc.
mit wichtigen und durch die neue Wohlfahrtsgesetzgebung nicht ganz absor-
bierten Aufgaben haben. Lassen Sie uns hier anfangen und zunächst einmal einen wichtigen Teil der Arbeiter auf einem Gebiet, wo jede Störung
tief in alle gewerblichen Verhältnisse eingreift, richtig organisieren, dann wird
sich schon finden, was weiter geschehen soll.

Wenn wir die Reform an die Bergarbeiter anknüpfen, dann können
wir auch hier am ehesten noch etwas thun, was nach meiner Ansicht Herr
Professor Brentano nicht genügend betont hat. Ich stehe absolut auf dem
Standpunkt, daß wir neben den Rechten der Arbeiter auch die Pflichten
derselben entschieden betonen müssen, und ich habe deswegen auch nicht die
geringste Teilnahme für die Streiks, die mit einem Bruch des Arbeitsvertrages begonnen werden; ich möchte da die empfindlichsten Strafen eintreten lassen; diese sind aber nur durchführbar, wenn wir nicht dem einzelnen Arbeiter nachlaufen müssen, sondern wenn wir uns an die Korporation halten können, sei es daß dieselbe civilrechtlich haftbar gemacht
wird für die von ihren Mitgliedern angerichteten Schäden, sei es daß sie
die Bestrafung der kontraktbrüchigen Arbeiter übernimmt, indem sie ihnen
die bei ihr erworbenen Benefizien ganz oder teilweise entzieht. Ich halte
den Kontraktbruch für etwas so Verwerfliches, daß ich, um ihn zu verhindern, selbst vor der Einführung von Arbeitsbüchern nicht zurückschrecken

würde, schon um deswillen, um dann auch den Arbeitgeber, der kontrakt-
brüchige Arbeiter angenommen hat, kriminalrechtlich strafbar machen zu
können, da er sich dann ja nicht mehr entschuldigen könnte, er habe nicht
wissen können, daß die Betreffenden kontraktbrüchig seien. Ich weiß sehr
wohl, daß man davon eigentlich gar nicht reden darf — Arbeitsbücher
sind ja etwas ganz Entsetzliches; aber ich glaube, es wäre möglich, sie einzuführen ohne die Mißbräuche, die man damit mit Recht oder Unrecht
verbunden erachtet. Hierbei möchte ich mich auch noch gegen eine Ausführung des Herrn Professor Brentano wenden. Er spricht sich in seinem
gedruckt vorliegenden Referat gegen die Bestimmung in der Gewerbeordnungsnovelle aus, wonach jede Aufforderung zum Kontraktbruch strafbar
sein soll, weil dann jeder strafbar werden würde, der überhaupt zum Streik
auffordert, sofern dann bei diesem Streik ein Kontraktbruch vorkommen
würde. Das kann ich nicht einsehen. Ich glaube, daß jemand, der bloß
zum Streik aufgefordert hat, nicht ohne weiteres straffällig wird, selbst
wenn dieser Streik mit einem Kontraktbruch verbunden war. Das Gericht
wird doch immer in der Lage sein zu unterscheiden, ob der Agitator nur
den Streik oder auch den Kontraktbruch intendiert hat, oder ob letzterer,
wie in manchen Fällen der gegen den Willen der Führer verfrüht aus-
brechenden Streiks, nur eine faktische, aber nicht eine beabsichtigte Begleit-
erscheinung des Streiks war. Es ist doch ein leicht zu konstatierender
Unterschied, ob jemand für Arbeitsniederlegung im allgemeinen oder für
Arbeitsniederlegung mit einem solchen Termin plaidiert hat, daß damit ein
Kontraktbruch notwendig verbunden sein müßte.

Ich muß mit diesen unzusammenhängenden und wenig ausführlichen
Bemerkungen schließen, weil es unmöglich ist, diese gewaltige Materie in
der Kürze der Zeit eingehender zu erörtern.

(Beifall.)

Stellvertretender Vorsitzender Professor Dr. G i e r k e: Ich möchte geschäft-
lich mitteilen, daß die Zusammenkunft heute Abend nicht in dem verab-
redeten Lokal Palais-Restaurant stattfinden kann, weil der Saal anderweitig
vergeben ist, daß sie dafür stattfinden wird im Frankenbräu am Goetheplatz.

Das Wort hat jetzt Herr Dr. Rentzsch.

Generalsekretär Dr. R e n t z s c h (Berlin): Auch ich, meine Herren, beginne mit dem Bedauern, daß mir blos 10 Minuten zur Verfügung stehen,
weil mir dadurch die Möglichkeit abgeschnitten ist, Herrn Stötzel gegenüber

mit den Beweisen auftreten zu können, die seinen Behauptungen gegenüber
meiner Ansicht nach nötig sind. Er sagt, es herrscht tiefe Erbitterung in
Arbeiterkreisen. Ich glaube, daß das bei den Bergarbeitern der Fall sein
mag, weil er mit denen näher bekannt ist und die Verhältnisse ganz genau
kennt; ich glaube, daß es auch der Fall ist bei allen denen, die von Social=
demokraten aufgehetzt worden sind, und das ist eine große Zahl. Ich weiß
aber bestimmt, daß noch größere Teile in den industriellen Bezirken vor=
handen sind, wo diese schroffe Verbitterung nicht besteht. Im übrigen ist
ja zuzugeben, daß bei den etwa 200 000 industriellen Betrieben mit ca.
12 Millionen Arbeitern — die Ziffern sind nicht genau — mancherlei
vorkommt, was nicht in der Ordnung ist, und namentlich ist das ja auch
am allermeisten mit beklagt von den Industriellen selbst. Im großen
ganzen aber, wenn man zur Beurteilung der industriellen und Arbeiter=
verhältnisse in Deutschland kommt, muß man einen Vergleich mit den
Nachbarländern ziehen, und da lehrt uns die Erfahrung, daß es bei uns
in Deutschland keineswegs so schlecht bestellt ist. Das schließt ja, meine
Herren, nicht aus — und diese Empfindung teile ich mit Ihnen allen —
daß überall da, wo die bessernde Hand angelegt werden kann, dies auch
energisch geschehen muß, und diese Ansicht wird auch geteilt von weitaus
der größten Zahl der Industriellen. Es ist ein eigentümlicher Zug der
germanischen Nationen, daß das patriarchalische Verhältnis im guten Sinne,
das heute schon erwähnt worden ist, sich verpflanzt hat bis in späte
Zeiten und daß nach der Richtung hin weder von romanischen noch
noch von slavischen Nationen — immer im großen ganzen — soviel für
das materielle und geistige Wohlbefinden der Arbeiter gethan wird als
gerade von den germanischen. In Frankreich sind solche Verhältnisse schon
selten geworden; sie gelten noch in Mülhausen, das ist aber doch Deutsch=
Elsaß; sie gelten für Österreich, sie gelten für die Schweiz, und sie würden
auch für England gelten, wenn nicht dort das frühe Aufkommen des
Manchestertums den Gegensatz von Arbeitgeber und Arbeitern rascher ge=
schaffen hätte und wenn das laissez faire dort weniger rasch zur Geltung
gekommen wäre. Ich könnte dafür sehr viele Beispiele vorbringen; ich will
nur eins erwähnen. Noch ehe die Invaliditätsgesetzgebung dem Reichstag
vorgelegt wurde, ja, noch ehe es überhaupt bekannt war, daß die Regierung
sich mit der Ausarbeitung derartiger Gesetze beschäftige, konnte ich bereits
durch statistische Erhebungen konstatieren, daß allein in der Eiseninbustrie
und im Maschinenbau mehr als 200 vorwiegend große Werke schon seit
100, 60, 50, 20 Jahren eine Altersversicherung ihrer Arbeiter eingeführt

haben, teilweise zu Sätzen, die die Vorschläge der Regierungsvorlagen und die Beschlüsse des Reichstags weit überstiegen. Es wurde ermittelt, daß ⅔ sämtlicher Arbeiter der Eisenindustrie bereits gegen die finanziellen Nachteile des Alters versichert waren. Was ferner von der deutschen Industrie geschieht an freiwilligen Leistungen für Schulen, für Krankenunterstützungen — die sind ja jetzt gesetzlich geworden — für Arbeiterwohnungen, für Intelligenz und andere Zwecke zu Gunsten der Arbeiter, das geht weit in die Millionen. Es wurde von Herrn Stötzel ferner behauptet, daß die Löhne außerordentlich niedrig seien. Meine Herren, wir alle wünschten, sie möchten recht hoch sein, und die Industriellen selbst haben mir sehr vielfach gesagt, daß, wenn sie überhaupt anfangen müßten zu rechnen und sich in ihren Einrichtungen knapp zu halten, die Löhne das letzte sei, bei dem sie an Einschränkung dächten, weil ihnen selbst daran liegt, das Befinden ihrer Arbeiter durch einen möglichst auskömmlichen Lohn so angenehm als möglich zu machen. Es hat ja auch die Erfahrung bestätigt, daß in den letzten Jahren die Löhne der Bergarbeiter allein um ca. 40% gestiegen sind; dasselbe gilt von der Eisenindustrie. Die Löhne werden auch fortgezahlt, trotzdem jahrelang keine Dividenden zu zahlen sind, und wenn irgend möglich werden sie in derselben Höhe forterhalten. Daß hierbei die ausländische Konkurrenz mit maßgebend ist und daß wir, wenn andere Nationen wie Belgien, Frankreich, England die Kosten der Krankenversicherung, der Unfallversicherung, der Altersversicherung nicht zu tragen haben, die blos die deutsche Industrie allein zu tragen hat, nicht mehr imstande sind, durch höhere Löhne die Erzeugnisse unserer Industrie auf dem Weltmarkt konkurrenzfähig zu halten, das werden Sie ja selbst einsehen und haben wir nur zu wünschen, daß die Lohnsätze möglichst hoch gehalten bleiben.

Nun ist von der Behandlung der Arbeiter die Rede gewesen. Es ist ja möglich, daß der Arbeiter hier und da nicht so behandelt wird, wie es wünschenswert wäre; das ist aber ungefähr dieselbe Klage, die wir hören von dem Sergeanten, wie er die Rekruten drillt und sie ebenfalls keineswegs gut behandelt. Es ist das gewiß nicht empfehlenswert, aber man muß doch bedenken, daß die Rekruten manchmal widerwillig sind, daß ihnen das rechte Verständnis abgeht. So sehr eine solche Behandlung auch verurteilt wird und so sehr ihr vorgebeugt wird, sie wird immer und immer wiederkehren und nur von der steigenden Intelligenz ist zu erwarten, daß derartige Vorkommnisse schließlich seltener werden. Im großen und ganzen glaube ich aber doch behaupten zu können — und ich bin fest überzeugt, daß es sich so verhält — daß die Arbeiterverhältnisse in Deutschland ebensogut

und beffer find als in allen anderen induftriellen Ländern, was nicht aus=
schließt, daß sie sobald als möglich beffer gemacht werden können.

Ich wende mich jetzt zu Herrn Profeffor Brentano. Seine Rede ift
mir außerordentlich lichtvoll erschienen und obgleich ich in fehr vielen
Punkten ihm nicht beistimme, so habe ich doch daraus fehr viel gelernt.
Befonders gefallen hat mir seine Wendung, daß er es für nötig halte, die
Entwicklung und Fortbildung und Ausbildung des Arbeitsvertrags voll=
ftändig der freien Vereinbarung, event. der Zukunft zu überlaffen,
wie sie sich den Verhältniffen entsprechend von selbst herausbilden wird. Meine
Herren, es war das ein goldenes Wort und damit kann auch die Induftrie
meiner Anficht nach zufrieden sein. Ich fürchte nämlich, daß durch die Gesetz=
gebung Wege eingeschlagen werden, die sich später als unheilfam erweisen.
Die Sache brennt übrigens durchaus nicht, sondern laffen Sie sie erst kochen
und gar werden. Es ift fehr wünschenswert, daß heute von den vielen
Vorschlägen, die erschienen find, auch noch nicht einer Gesetzeskraft erlange,
bis wir erst wiffen, wie der rechte Weg einzuschlagen ift. Der Vorschlag
des Herrn Profeffor Schmoller ift praktisch, aber er geht, fürchte ich, auch
viel zu weit; ebenso der des Geheimen Oberregierungsrat Thiel, daß wir,
sowie wir Unglück sehen, sofort herbeiftürmen und zu helfen suchen. Diese
Hilfe, wenn sie nicht entsprechend gut und praktisch ift, kann außerordentlich
nachteilig werden; denn die verkehrten Wege, die dann eingeschlagen find,
laffen sich nicht ohne weiteres rückgängig machen.

Nun ift allerdings Herr Profeffor Brentano seinem Programm nicht treu
geblieben. Es soll alles der Zukunft und der eigenen Entwicklung überlaffen
werden. Dann sagt aber Herr Profeffor Brentano: Dagegen würde ich der Mei=
nung sein, daß die Sache der Ausfperrung der Arbeiter doch dem Ausschuß
überwiesen werde. Ja, meine Herren, darauf kann ich absolut nicht eingehen.

(Widerspruch des Profeffors Brentano.)

— So habe ich es verftanden.

(Erneuter Widerspruch.)

— Dann habe ich also nicht nötig, mich weiter darüber zu verbreiten.
Aber die kurze Bemerkung wollen Sie mir noch geftatten, daß mir allein
jetzt 8, 10, 12 Fälle bekannt geworden find, in denen irgend ein Arbeiter
aus einem Werk entlaffen worden ift, weil er träge war oder widersetzlich
oder nicht die entsprechende Fähigkeit zur Ausführung der Arbeit besaß,
und daß dann, weil er Mitglied und Sprecher und Führer eines derartigen
socialdemokratischen Fachvereins war, die sämtlichen Mannschaften kündigten
und durchaus den Arbeitgeber zu zwingen versuchten, den Arbeiter, der
durchaus nicht brauchbar war, wieder anzuftellen. Solche Erscheinungen

sind bei uns in Deutschland schon vorgekommen; sie geben das Vorbild dessen, was wir zu erwarten haben, wenn Arbeiterausschüsse, in den Händen der Socialdemokraten befindlich, in der Industrie ein entschiedenes Wort mitzureden hätten. Meine Herren, in der Richtung stehe ich vollständig auf dem Standpunkt meines Kollegen Bueck, indem ich sage, die vollständige Gleichheit der Feststellung des Arbeitsvertrags zwischen Arbeitgeber und Arbeiter ist nach der Richtung hin, wie sie heute vielfach gewünscht wurde, durch Vertrauensleute, nicht durchführbar. Es ist schon von Herrn Professor Neumann hervorgehoben, warum das nicht möglich wäre; doch gestatten Sie mir, einen anderen Grund hier anzuführen. Der liegt darin, daß der Gleichheit der Rechte, der vollständigen Rechtsgleichheit, auch gegenüberstehen muß eine vollständige Gleichheit in der Erfüllung der Pflichten. Schön! Das soll vom Arbeiter erfüllt werden; Sie wünschen das, und Herr Geheimrat Thiel hat sogar Strafe darauf setzen wollen. Meine Herren, wie wollen Sie das praktisch durchführen? Das läßt sich theoretisch zwar aussprechen, praktisch ist es aber absolut undurchführbar. Herr Professor Schmoller hat ja selbst schon hinzugefügt, daß in das Gesetz auch noch hineinkommen sollte die Bestimmung, daß Korporationen der Arbeitnehmer und Arbeitgeber gleichfalls mitwirken sollten, und Sie haben gesagt, daß bei etwaigen Kontraktbrüchen Strafen aus den Kassen gezahlt werden sollen. Nun ist es notwendig, daß, wenn eine derartige Vereinbarung stattfindet, die Verhältnisse vollständig homogen und für alle gleichmäßig sein müssen, während doch für eine ganze Anzahl von Gewerken große leistungsfähige Kassen nicht durchführbar sind. Ich will zugeben, für den Bergbau mag dies scheinbar möglich sein, und ich will als günstigstes Beispiel annehmen, daß die sämtlichen Bergleute zu einer derartigen Kasse vereinigt wären, oder wenigstens die von Rheinland-Westfalen. Das sind ungefähr 200 000 Mann, die alle jedes Jahr in der Lage sein sollen, 10 Mk. zu zahlen, das sind in 3 Jahren 6 Millionen Mark. Wenn der Vertrag nicht gehalten wird, so muß dafür auch eine Strafe festgesetzt sein; das ist ja die Verpflichtung, die aus dem Vertrage folgt, und die auch einzuhalten ist. Halten die Industriellen den Vertrag nicht, so ist die Gefahr für die Arbeiter, daß sie sich an dessen Vermögen nicht schadlos halten können, verhältnismäßig gering. Sie können in einen Konkurs mit verwickelt werden, schließlich werden sie aber, der Regel nach, im Besitze des ihrigen sein. Ganz anders bei den Arbeitern — und indem ich das ausspreche, bin ich weit entfernt von einer Geringschätzung der Arbeiter; aber sie sind nicht in der Lage, finanziell groß leistungsfähig zu sein, selbst wenn sie 6 Millionen im

Besitz hätten. Meine Herren, als im vorigen Jahre 120 000 Arbeiter in Westfalen streikten, da schätzte ein einziges, nicht gar zu großes Eisen- bergwerk, das bei diesem Kohlenstreik gar nicht einmal direkt, sondern nur zu einem kleinen Teile, und zwar für seine verhältnismäßig geringe Kohlenförderung, beteiligt war, seinen Verlust allein auf 900 000 Mk. Die Richtigkeit kann ich nicht beweisen; ich habe aber auch keinen Grund, daran zu zweifeln. Wo bleiben nun angesichts solcher Verluste eines einzigen Werkes 6 Millionen Mark, meine Herren? Sie sagen, der Arbeiter soll bestraft werden. Schön! Wollen sie ihn einstecken? Ich glaube nicht. Und wie wollen sie 200 000 Bergleute einstecken? wie soll das möglich sein? — Wollen Sie sie auspfänden? Ja, pfänden Sie 200 000 Bergleute aus und sehen Sie, was da herauskommt! Meine Herren, das ist ein Messer ohne Griff. Sie wollen Vertragsgleichheit haben, aber Sie bedenken nicht, daß bei beiden die Verpflichtungen und die Rechte nicht gleiche sein können, und Sie geben dem Arbeiter in die Hand eine gute Damascenerklinge mit einem goldenen Griff, und den Industriellen ein kleines Kinderpeitschchen, was klappt und auch klatscht, aber als Waffe nicht zu brauchen ist. Herr Professor Brentano, ich habe Ihre Schriften — ich glaube, ich habe sie alle — mit großem Interesse, mit großer Bewunderung gelesen, und dabei hat mir immer besonders imponiert der stark entwickelte Rechtssinn, den Sie an den Tag gelegt haben. Ich hoffe, daß auch in dieser, für die Industrie so wichtigen Frage Sie und Ihre Gesinnungsgenossen die Pflicht der vollständigen Gleichheit neben der gleichen Berechtigung werden zur Anerkennung bringen helfen.

(Lebhafter Beifall.)

Stellvertretender Vorsitzender Professor Dr. Gierke: Herr Redakteur Lensing hat das Wort.

Redakteur Lensing (Dortmund): Meine Herren, es trifft sich sehr glücklich, daß ich mich frühzeitig genug zum Wort gemeldet habe, um auf die Rede des Herrn Dr. Beumer persönlich einiges erwidern zu können.

Herr Dr. Beumer hat Ihnen gesagt, daß die „Tremonia" im Jahre 1887 einen Artikel gebracht habe, der, wenn man die einzelnen Stellen liest, ganz furios klingt. Die Citierung der Stelle, der Umstand, daß der Herr die Stelle überhaupt hier heute vorlas, ist mir wiederum ein Beweis für die Art des Kampfes, wie er von gewissen Leuten geführt wird. Es ist gerichtsnotorisch und festgestellt, daß diese Stelle im Jahre 1887 in der „Tremonia" allerdings gestanden, daß aber die „Tremonia" formell diese Stelle desavouiert hat, daß die Stelle zu einer Zeit in der Zeitung gestanden hat, als ich durch eine Freiheitsstrafe verhindert war, an der „Tremonia" mitthätig zu sein, zu einer Zeit, als der damalige verantwortliche Redakteur schwerkrank darniederlag, und es ist blos durch einen ganz unglücklichen Umstand möglich gewesen, daß von einem gelegentlichen Mitarbeiter dieser Artikel, ohne daß er die redaktionelle Korrektur passiert hat, in die Zeitung hineingekommen ist. Das ist an Gerichtsstelle dargelegt worden, und es ist Freisprechung erfolgt.

Ich hatte nun vor, als ich mich meldete, über die Broschüre des Herrn Dr. Oldenberg einiges zu sagen, allerdings nicht in dem Sinne, wie es Herr Dr. Beumer gethan. Ich meinerseits wohne in dem rheinisch-westfälischen Industriebezirk, bin dort seit 15 Jahren in der Arbeiterbewegung mit thätig, kenne also einigermaßen den Zustand in unserem rheinisch-westfälischen Kohlenrevier; ich kenne die Arbeitgeber, mit denen ich verkehre, und kenne ganz genau die Arbeiter, ihre Bedürfnisse und ihre Wünsche. Da muß ich sagen, daß die Broschüre des Herrn Dr. Oldenberg in einer im wesentlichen zutreffenden Weise den Zustand vor dem Streik und während desselben richtig schildert, abgesehen von einigen kleinen Irrtümern — das sage ich auch — aber es ist eine fleißige, gut zusammengesetzte Arbeit über den Streik und die Ursachen des Streiks. Nur das eine habe ich meinerseits gegen die Ausführungen des Herrn Dr. Oldenberg hier zu sagen, daß mich in dieser Broschüre der politische und religiöse Gegensatz, wie er sich leider in unserem Vaterlande seit vielen Jahren in so heftiger Weise geltend macht, in einer mir nicht sehr angenehmen Weise zum Ausdruck gebracht wird. Wenn der Herr Dr. Oldenberg von mir und von anderen katholischen Redakteuren spricht, dann spricht er in der Regel von demagogischen Hetzern, von ultramontanen Volksaufwieglern, oder in ähnlichen Ausdrücken. Das kommt daher, daß die Herren ihre Kenntnis über uns lediglich schöpfen aus gegnerischen Blättern und die Blätter, die wir selbst redigieren, nicht tagtäglich lesen. Ich behaupte dasselbe auch von den nationalliberalen Großindustriellen unserer Gegend, daß sie uns angreifen ohne genaue Kenntnis der thatsächlichen Verhältnisse oder wenigstens der Artikel, die wir selbst schreiben. Ich habe wiederholt solche Leute, die mich angegriffen hatten, gefragt: „Lesen Sie denn mein Blatt oder meine Broschüre über den Streik?" Ich erhielt regelmäßig die Antwort: „Nein, aber wir haben in der Rheinisch-Westfälischen oder in der Kölnischen Zeitung dies und jenes gelesen."

Meine Herren, in der Broschüre des Herrn Dr. Oldenberg bin ich als Freund von Bunte-Schröder-Siegel bezeichnet, das ist auch eine thatsächliche Unrichtigkeit. Ich habe in Dortmund, als der große Streik begann,

eine Versammlung von Arbeitern besucht und fand dort eine Reihe von
Leuten wie Bunte, Schröder, Siegel, die sogenannten Kaiserdeputierten, in
ziemlich vernünftiger Weise die Arbeitersituation auseinanderseßend. Ich
stellte mich den Leuten vor, sie sind dann zu mir gekommen und haben
mich wiederholt um Rat gefragt; sie haben nicht den Eindruck gemacht,
daß sie Socialdemokraten waren. Ich habe aber bei weitem nicht daran
gedacht, mich ihnen irgendwie aufzudrängen oder für meine politische Partei
da etwas herauszuschlagen, sondern ich habe immer nur gesagt, bei dem
Gegensaß, wie er bei uns damals bestand zwischen Arbeitgebern und Arbeit=
nehmern: ohne jegliche Organisation der Arbeiter ist das Ende dieser Dinge
gar nicht abzusehen. Und dieser Umstand spricht in der heutigen Diskussion
für die Herren, die eine wirkliche Organisation der Arbeiter wollen. Ich
habe damals praktisch empfunden wie schlimm es ist, wenn die Arbeiter
unorganisiert in einen solchen Kampf eintreten. Es war absolut gar keine
Organisation vorhanden, und das veranlaßte mich einen Bergwerksdirektor
zu bitten, an der Konferenz teilzunehmen mit den Arbeitern Bunte, Schröder
und Siegel, die mir damals als die einflußreichsten Personen in dem Streik
erschienen. Das ist meine ganze Thätigkeit, soweit sie in die Öffentlichkeit
gedrungen ist. Später, als ich sah, daß die Leute socialdemokratische
Tendenzen verfolgten, habe ich mich nicht weiter um sie bekümmert.

Es ist unrichtig, wenn Herr Bueck in seinem Vortrage gesagt hat, bei
den Verhandlungen sei von deutschfreisinniger Seite zuerst die Frage der
Arbeiterausschüsse angeregt, im übrigen hätten die Leute selbst gar nicht
daran gedacht. Ich konstatiere, daß bei den Verhandlungen die Leute in
ganz energischer Weise die Arbeiterausschüsse forderten; daß aber die Ver=
tretung der Arbeitgeber dann in Essen ohne weiteres die Forderungen der
Bergleute ablehnte und dadurch von neuem eine große Erbitterung in
unseren Arbeiterkreisen hervorrief. Das ist der thatsächliche Verhalt. Meine
Herren, wenn Sie das Verhältnis zwischen Arbeitgeber und Arbeitnehmer
regulieren wollen, so, meine ich, ist bei der heutigen und auch gestrigen
Diskussion, namentlich aber bei der heutigen, nicht genügend betont —
Herr Stößel hat es ja einigermaßen gethan — der sittliche Einfluß, wie
er vom Arbeitgeber dem Arbeiter gegenüber ausgeübt werden soll; es ist
namentlich nicht der christlich=religiöse Einfluß in genügender Weise in den
Vordergrund gezogen. Was kann es dem Arbeiter alles nützen, wenn er
4, 5, 10 Mk. verdient, sonst aber ein ziemlich liederlicher Mensch ist, wenn
er nicht weiß mit dem verdienten Lohn umzugehen? Ich meine, es muß
alles zunächst daran gesezt werden, die Religion, das Christentum wieder
unserem Arbeiterstand in ganz intensiver Weise zurückzugeben. Die Mit=

wirkung der Kirche ist bei der Lösung der socialen Frage eines der ersten und wichtigsten Erfordernisse. Ja, meine Herren, wenn Sie die Geschichte des Bergarbeiterstreiks durchgehen und sich fragen: wie ist es denn gekommen, daß in einer solchen Weise dort 120 000 Leute plötzlich ausstanden? — dann wird bei der Beantwortung dieser Frage die Sachlage nicht in der richtigen Weise beurteilt. Wer bei uns in der Industriegegend wohnt und mit objektivem Auge die herrschenden Verhältnisse beobachtet hat, dem mußte es klar sein, daß es über kurz oder lang zur Explosion kommen würde. Denn alle die Wünsche der Arbeiter, wie sie formuliert sind in zahllosen Resolutionen und in Volksversammlungen, sind einfach ignoriert, und kurz vor dem Streik, bei den Versammlungen in Essen und Bochum, hat man alle diese Resolutionen damit ignoriert, daß man die anwesenden Vertreter und Delegierten der Bergleute nicht als legitimiert erachtete. Fernerhin erachte ich als wichtigsten Mißstand für das Verhältnis, wie es sich angebahnt hat zwischen unsern Arbeitern und Arbeitgebern, den, daß das Vertrauen, die Liebe, die christliche Nächstenliebe in praktischer Weise nicht geübt wird. Der Arbeiter hat zu dem Arbeitgeber nicht mehr das Vertrauen; und das resultiert wesentlich aus den Zuständen, wie sie sich nach der religiösen und namentlich nach der politischen Seite in unserer Gegend ausgebildet haben. Bei uns glaubt vielfach der Arbeitgeber, daß er auch den Arbeitnehmer in politischer Beziehung bevormunden müsse. Bei Reichstagswahlen erleben wir es jeden Augenblick, daß die Arbeitgeber in unerhörtester Weise die Wahl zu beeinflussen suchen oder den Arbeiter durch künstliche Machinationen zu bewegen suchen, in ihrem Sinne zu wählen.

(Hört!)

Dann, meine Herren, erinnere ich Sie an den sogenannten Germaniaprozeß, wie er vor Gericht verhandelt ist. In diesem Germaniaprozeß ist konstatiert erstens, daß die Zeche Germania eine 9stündige Schicht statt einer 8stündigen einführte und die Arbeitsordnung dahin änderte, daß durch Anschlag bestimmt wurde: von heute an wird die und die Arbeitsordnung eingeführt, und wer nicht damit einverstanden ist, wird entlassen; es ist ferner konstatiert, daß die Zeche Germania 200 Wagen einführte, ohne den Arbeitern etwas zu sagen, die 13 Ctr. enthielten, während die alten nur 10 Ctr. faßten.

Stellvertretender Vorsitzender Professor Dr. Gierke: Ich muß den Herrn Redner darauf aufmerksam machen, daß seine Zeit abgelaufen ist.

Redakteur Lensing: Ich werde sofort schließen. Also ich ziehe das Facit dahin: nicht die Arbeiterorganisationen allein können es machen,

sondern der Friede in politischer und religiöser Beziehung ist nötig, um
bessere Verhältnisse herbeizuführen. Es muß von oben herab ein gutes
Beispiel gegeben werden dem Arbeiter, daß er wieder Vertrauen zum Arbeitgeber habe; denn nur durch gegenseitiges Vertrauen, durch Pflege von
Familiensinn kann die Lösung dieser wichtigen Frage einem guten Ende
entgegengehen.

(Bravo!)

Stellvertretender Vorsitzender Professor Dr. Gierke: Das Wort hat
Herr Professor Degenkolb.

Professor Dr. Degenkolb (Tübingen): Meine Herren, gestatten Sie
mir die wenigen Bemerkungen, die ich Ihnen unterbreiten möchte, wegen
ihrer Kürze von meinem Platze aus vorzubringen.

In dem schönen, ich möchte sagen, künstlerisch anmutenden Referat des
Herrn Kollegen Brentano schien mir ein besonders hervorragendes Element
zugleich der Stärke aber auch der Schwäche, das Stichwort zu sein, um
welches sich eigentlich das ganze Referat, das gedruckte wie das ungedruckte,
dreht. Dieses Stichwort ist das Postulat: Umwandlung des formell freien
Arbeitsvertrages in eine Wirklichkeit. Das Element der Stärke, welches
in diesem Stichwort enthalten ist, liegt in seiner Einfachheit; die Schwäche
aber scheint mir darin zu liegen, daß dieses Stichwort eine doppelte Ver-
wechslung enthält; es gibt meiner Ansicht nach in dem was es
erstrebt, für Freiheit aus, was Unfreiheit ist, und es gibt in seiner Begründung für Recht aus was nicht Recht ist, sondern nach den Wünschen
des Herrn Kollegen Brentano erst Recht werden soll.

Was den ersten Punkt betrifft, die Freiheit, so beziehe ich mich einfach
auf das, was schon von anderen Herren Rednern gesagt worden ist, namentlich
auf das, was Herr Schmoller sagte. Was ist denn die Unfreiheit, gegen
welche sich der Tadel des bestehenden Zustandes kehrt? Es ist eine wirtschaftliche Unfreiheit, es ist die thatsächliche Machtlosigkeit des einzelnen
Arbeiters gegenüber dem Arbeitgeber! Und was ist die Freiheit, die nun
an die Stelle jener Unfreiheit im Sinne des Herrn Brentano treten soll? Das
ist die Aufopferung der individuellen Freiheit des Arbeiters zu Gunsten
seiner Absorbierung durch die Korporation. In diesen Genossenschaften, in
diesen Gewerkvereinen und in ihrem, mit Notwendigkeit sich entwickelnden
Terrorismus geht die individuelle Freiheit des Arbeiters notwendig verloren.
Wenn dies nun aber die Wirklichkeit der Zukunft sein würde, dann ist ja
doch auch schon gegeben, daß in jener Übergewalt des Vereins nicht die

Realisierung eines Postulats der Freiheit liegen kann, denn das Postulat der Freiheit kann immer nur eine individuelle Freiheit, kann nicht lediglich die Emanzipierung von Klassen bedeuten.

Nun frage ich aber zweitens: wo steht in unserer wirklich bestehenden Rechtsordnung irgend etwas von einer Zusicherung wirtschaftlicher Freiheit, wie sie Herr Brentano aus dem bestehenden Rechte herleiten will? Herr Brentano beruft sich auf den Satz der Gewerbeordnung, wonach die Festsetzung der Verhältnisse zwischen Arbeitgeber und Arbeitnehmer Gegenstand freier Übereinkunft ist. Dieser Satz besagt nichts weiter, als daß der Arbeitervertrag sich nach den allgemeinen Grundsätzen des Vertragsrechts richtet, ohne im allgemeinen durch besondere rechtliche Schranken modifiziert zu werden. Herr Brentano macht daraus eine Zusicherung wirtschaftlicher Freiheit, wirtschaftlicher Selbständigkeit des Arbeiters, Befreitsein von dem thatsächlichen wirtschaftlichen Zwang, sich den Bedingungen des Arbeitgebers zu fügen. Von solcher Freiheit sagt jener Satz der Gewerbeordnung von sich aus nichts. — Es fließen also bei Herrn Brentano zwei ganz verschiedene Freiheitsbegriffe: rechtliche Freiheit und wirtschaftliche Freiheit in einander, und dies ist sehr bedenklich. Meine Herren, ich halte es für sehr bedenklich, wenn man das, was man von der Zukunft wünscht, wenn man Postulate, die vielleicht in dem Gebot socialpolitischer Notwendigkeit liegen mögen, als Inhalt schon bestehenden Rechtes oder als logische Konsequenz schon bestehender Zusicherung des positiven Rechtes hinstellt. Was geschieht dadurch! Es wird einmal notwendig eine Verleitung dazu gegeben, Postulate, Anforderungen an die Gesellschaft und den Staat auf den Scheingrund eines Rechts zu stützen, welches man in Wahrheit noch gar nicht hat. Und es wird das leicht zu einer Maßlosigkeit der an den Staat gestellten Anforderungen führen. Wie groß die Gefahr einer Rechtsverwirrung ist, hat sich aus einer anderen Stelle unserer Diskussion ergeben. Nach dem, was Herr Stötzel sagte, kommen wir soweit, von zweifellosen Kontraktbrüchen zu sagen: ja, es war ein Kontraktbruch, eigentlich aber war es doch keiner, nämlich: weil der Arbeiter das so für Recht hält. Das sind solche Beispiele der Rechtsverwirrung, wo man subjektive Zukunftsrechtsideale mit dem bestehenden Rechte verwechselt.

Meine Herren, in unserer Zeit kommt sehr viel darauf an, daß wir das bestehende Recht in seiner Klarheit hinstellen. Ich will über die Frage, ob wir unser Recht ändern sollen, ob nicht, und nach welchen Richtungen wir es ändern sollen, in keiner Weise absprechen; aber ich möchte noch auf einen anderen Nachteil hinweisen, welcher daraus entspringt, daß man das, was nicht Recht ist, fälschlich als Folgesatz unseres schon bestehenden Rechts

ausgibt. Worin liegt das Heil unserer Entwicklung? Das Heil liegt
doch, unserer gemeinsamen Überzeugung nach, nur in dem guten Willen aller
Klassen, sich versöhnlich zusammenzufinden in dem einträchtigen Wirken zu
einem gemeinsamen Ziele. Nun, meine Herren, wenn der gute Wille der
Gesellschaft da ist, wenn der gute Wille auch der besitzenden Klassen, der
gute Wille auch unter den Arbeitgebern besteht, das Recht zu Gunsten der
Arbeiter zu reformieren und hierbei Opfer zum Besten des Arbeiterstandes
zu bringen: so wird der Segen dieses guten Willens im Keime erstickt,
wenn auf Grund der geschilderten Rechtsverwirrung die Arbeiter und ihre
Führer sagen: Ihr gebt uns nichts, was wir nicht vorher schon von Rechtswegen hatten. Beiden Klassen, nicht blos den Arbeitgebern, sondern auch
den Arbeitern, raubt man damit ein ethisches Gut; im Arbeiter erstickt
man die sympathische Anerkennung dessen, was aus freiem, gutem Willen
für ihn geschieht.

Und, meine Herren, Sie werden es schließlich einem Juristen nicht
verdenken, wenn er für die Reinhaltung des bestehenden Rechts in die
Schranken tritt. Ich müßte meine Wissenschaft verachten, glaubte ich nicht
an die absolute Notwendigkeit für Staat und Gesellschaft, jeder Zeit klar
zu unterscheiden, was wirklich Recht ist und was nur ein erträumtes Recht
ist — wenn auch vielleicht von noch so verlockendem Inhalt.

(Bravo!)

Stellvertretender Vorsitzender Prof. Dr. Gierke: Herr Dr. Reismann
hat das Wort.

Dr. Reismann (Düsseldorf): Meine Herren, ich hatte die Absicht,
dem Herrn Abgeordneten Stötzel etwas länger zu erwidern. Ich muß
natürlich darauf im Hinblick auf die mir bewilligten 10 Minuten verzichten;
ich glaube aber doch mich in die Notwendigkeit versetzt zu sehen, als Stellvertreter des Geschäftsführers des Bergbauvereins für Rheinland-Westphalen,
Herrn Stötzel zu fragen, „wann, wo und von welchem Direktor geschah
jene Brutalität mit der Dynamitpatrone?"

Ich muß auch verzichten, Herrn Lenfing auf seine Ausführungen zu
antworten; ich glaube, sie werden allein schon dadurch widerlegt, daß er
um die Beantwortung der Frage sehr verlegen sein würde: welcher Berg-
arbeiterverband — und ich wende mich hier auch gegen den Herrn Geheimrat Thiel — soll denn derjenige Verband sein, welchen wir anzuerkennen
haben als die Repräsentation der Bergarbeiter?

Wenn mein Kollege Dr. Beumer einen Artikel aus der Tremonia vorgelesen hat, und Herr Lensing erwidert hat, er sei unschuldig, denn er habe damals eine Freiheitsstrafe verbüßt, dann möchte ich mir gestatten, im Anschluß daran Herrn Redakteur Lensing zu fragen, wie viele Freiheitsstrafen er bereits zu verbüßen Gelegenheit hatte.

(Lebhafte Unruhe. Ruf: eine!)

Dann freue ich mich, das zu hören.

(Wiederholter Zuruf: Bismarckbeleidigung!)

Stellvertretender Vorsitzender Prof. Dr. Gierke: Ich möchte doch den Herrn Redner darauf aufmerksam machen, daß diese Frage wohl nicht ganz am Orte war.

(Beifall.)

Dr. Reismann (Düsseldorf): Ich wollte mich dann mit kurzen Worten wenden zur Frage der Arbeiterausschüsse. Mich hat damals die Frage der Arbeiterausschüsse, als sie angeregt wurde — und ich habe sie zuerst gehört von meinem geehrten Lehrer Herrn Prof. Schmoller —, ungemein sympathisch berührt. Ich habe in letzter Zeit gerade gegenüber den Bestrebungen, diese Arbeiterausschüsse einzuführen, Gelegenheit gehabt, mich näher nach ihnen zu erkundigen, und zwar speciell im Saarrevier und im Glabbacher Revier, und bin da vielfach zu anderen Resultaten gekommen, als ich gehofft hatte. Wenn die Herren, welche zuerst die Arbeiterausschüsse befürwortet haben, der Ansicht waren, man könne sie einführen, indem man ihnen zur selben Zeit die Behandlung der Lohnfrage entziehe, so kann ich heute derselben Ansicht nicht mehr sein. Im Saarrevier ist die Lage die gewesen, daß sofort in der ersten Sitzung die Leute hervorgetreten sind mit Lohnfragen: sie wollten eine kleine Erhöhung. Der Direktor schlägt sie zuweilen ab; zuweilen ist er in der glücklichen Lage, sie bewilligen zu können. In diesem Punkte würden unzweifelhaft die Grubendirektoren durch den Herrn Minister sehr thatkräftig unterstützt sein.

Es scheint also danach, daß es nicht möglich sein wird, die Frage ganz fern zu halten, und das stimmt auch durchaus mit der aprioristischen Anschauung, die ich immer gehabt habe. Denn ich verstehe wirklich nicht, wie die Leute mit einer derartigen Interessenvertretung zufrieden sein sollen. Man möchte mir einwenden, die Glabbacher haben es ja nicht. So viel ich weiß, nach dem Buche des Herrn Dr. Sering, hat der Ausschuß bei Molls u. Meer die Bestimmung, daß Lohnfragen behandelt werden dürfen. So viel ich von Arbeitern gehört habe, kommen jedoch auch da Lohnfragen nicht vor, und ist auch dort faktisch das Statut identisch mit dem

bei Franz Brandts, Peter Busch u. s. w. Wenn so Lohnfragen scheinbar
ausgeschlossen sind, so gehen doch die Arbeiterausschüsse in Gladbach hervor
aus den Krankenkassen. Außerdem hat man in allen Fabriken eine Hülfskasse,
in welche die Strafgelder und einzelne Beiträge hineinfließen, und diese werden verwaltet von den Leuten, und die Leute kümmern sich viel mehr um
die Kasse, als um andere Sachen. Also auch hier ist eine rein finanzielle
Leistung entschieden die Hauptsache.

Bei der Kürze der Zeit unterlasse ich es auf die guten Seiten der
Arbeiterausschüsse einzugehen, weil sie von verschiedenen Seiten schon hervorgehoben sind. Ich will auch die wichtige Frage der Werkmeister nicht
berühren, obgleich die von den Arbeiterausschüssen an die Wand gedrückt
werden und damit sehr unzufrieden sind. Ich muß grundsätzlich daran festhalten, daß bei uns im Ruhrrevier die Leute Ausschüsse gar nicht wollen.
Für die theoretische Untersuchung der Frage verweise ich auf meinen Freund
Dr. Oldenberg. Er sagt, daß nirgendwo die Arbeiter hervorgetreten wären mit
der Forderung nach Arbeiterausschüssen, und er glaubt, dies Moment sei hineingetragen durch die Herren Baumbach und Schmidt.

Wir haben aber bei Behandlung der Frage hauptsächlich zu fragen:
wird es gelingen, durch diese Arbeiterausschüsse den großen Arbeiterverband der Gewerkvereine zu hindern? Denn wenn der kommen sollte,
würde kein Industrieller bereit sein, noch einen Arbeiterausschuß einzurichten.
Nun ist dafür sehr charakteristisch die Antwort, die ich im Saarrevier
überall erhalten habe. Ich habe gefragt: was haltet ihr von Arbeiterausschüssen. Da wurden sie durchgehends gelobt. Wenn ich dann fragte:
wozu braucht ihr euren Rechtsschutzverein? Da haben sie mir gesagt: der
Ausschuß ist für den Direktor, aber der Rechtsschutzverein, der ist für uns,
den haben wir uns selber geschaffen. Und ich glaube, die Herren Dasbach
und Stötzel werden mir ohne weiteres zugeben, daß an eine Aufgabe des
Rechtsschutzvereins vor der Hand gar nicht zu denken ist.

Was nun aber speciell Gladbach anbetrifft, so liegt das günstiger.
In Gladbach ist die soziale Temperatur milde; da können die Arbeiterausschüsse noch wirken. Ich behaupte aber, daß auch hier die Arbeiterausschüsse nicht immer gut gewirkt haben. Denn wenn ich zugeben will,
daß nach meinen Erfahrungen und Untersuchungen in Saarbrücken die Arbeiterausschüsse wirklich mit Ernst aufgenommen sind, so sind sie es in
Gladbach nicht. Es ist umgekehrt der Fall: die Arbeiter haben persönlich
darüber Klage geführt, daß sie durch den Vorstand an die Wand gedrückt
werden; sie wünschen Franz Brandts und seine Beamten als die allein
Maßgebenden; sie sagen, der einzelne könne jetzt nichts machen, in den

Vorstand würden immer dieselben gewählt u. s. w. Ich glaube hiermit zu konstatieren, daß auch hier die Leute nicht das erreicht haben, was sie zu erreichen hofften, daß sie wohlwollend und unparteiisch und gerechter behandelt werden. Sie haben mir versichert: der Vorstand und die auf der Wiegekammer und auf den Kontoren, das ist ein „Klumpp" — so war der Ausdruck — und wenn das nicht der Fall wäre, dann würden wir mit den Herren reden können. — Um kein Mißverständnis zu erregen, will ich erklären, daß die Herren Franz Brandts u. s. w. persönlich gelobt wurden.

Stellvertretender Vorsitzender Prof. Dr. Gierke: Ich muß mir erlauben, den Redner auf die 10 Minuten zu verweisen.

Dr. Reismann (Düsseldorf): Im allgemeinen sind die Arbeiterausschüsse doch nicht von dem Erfolg begleitet gewesen, den man erhoffte. Es wäre Zeit, daß hierüber eine ordentliche und gediegene Untersuchung durch Befragung der Arbeiter stattfände.

Stellvertretender Vorsitzender Prof. Dr. Gierke: Herr Prof. Sering hat das Wort.

Prof. Dr. Sering (Berlin): Meine Herren, ich muß zunächst unsern Ausschuß in Schutz nehmen gegen den Vorwurf, der in den Worten des Herrn Vorredners zu liegen scheint, als wären wir bei der Sammlung des Materials bezüglich der Arbeiterausschüsse nicht in unparteiischer Weise vorgegangen.

(Dr. Reismann: Ich habe das keineswegs gesagt oder behaupten wollen.)

Jedenfalls ist doch die objektive Glaubwürdigkeit unserer Berichte in Zweifel gezogen worden. In der That bin ich ja nicht in der Lage gewesen, mich durch Rundreisen zu unterrichten, sondern habe mich bei der Kürze der mir zu Gebot stehenden Zeit begnügen müssen, ausschließlich Stimmen von Arbeitgebern über die auf ihren Werken bestehenden Ausschüsse zu sammeln. Aber, meine Herren, sind denn diese Arbeitgeber hier Partei gewesen in dem Sinne, daß sie irgend ein Interesse gehabt hätten, nur die guten Wirkungen jener Institution hervorzuheben? Meine Herren, wir haben im Verlauf des heutigen Tages verschiedene Redner gehört, die sich als Vertreter der Mehrheit der deutschen Arbeitgeber einführten, und sie alle sind auf's schroffste gegen die Arbeiterausschüsse aufgetreten. Wenn nun auf

der anderen Seite eine größere Zahl von hervorragenden Arbeitgebern,
Männer, welche Hunderte und Tausende von Arbeitern beschäftigen, sich nach
langjährigen Erfahrungen, die sie mit dieser Institution gemacht haben, mit
aller Wärme der Überzeugung für dieselbe begeistern, so meine ich denn
doch, eine solche Sammlung derartiger Gutachten von derartig hervorragenden Industriellen verdiene einiges Zutrauen und wäre recht sehr geeignet, für die Arbeiterausschüsse moralisch zu wirken.

Dasjenige, was heute morgen Herr Bueck ausführte als die Meinung
des größten Teils der deutschen Arbeitgeber, steht in der That — glücklicherweise muß ich sagen — in einem schroffen Gegensatze zu den Gutachten, die ich die Freude hatte zu sammeln, ferner auch in einem großen
Gegensatz zu verschiedenen Äußerungen derjenigen Arbeitgeber, die wir heute
zu hören Gelegenheit gehabt haben — der Herren Frommel, Simons u. s. w.
Diese Herren haben zwar gleichsam ihre Verbeugung gemacht vor den Äußerungen des Herrn Bueck: er habe sich warm der Interessen der Arbeitgeber
angenommen, aber in materieller Hinsicht haben sie doch Ansichten ausgesprochen, welche, wie mir schien, den Ausführungen des Herrn Bueck ge-
radenwegs entgegengingen.

Die ganze Frage, die wir heute hier behandelt haben, läuft ja wesentlich darauf hinaus: wie verhalten sich die Arbeitgeber zu den Organisationen,
welche wachsen, welche emporkommen, ohne daß die Gesetzgebung oder die
Privaten überhaupt irgend etwas dagegen thun könnten? Vielfach ist heute
in dem Sinne gesprochen worden, als ob es sich darum handele, Gewerkvereine von außen her zu schaffen oder emporkommende Gewerkvereine nieder-
zudrücken. Die einzige praktisch wichtige Frage ist die: wie verhalten sich
unsere deutschen Arbeitgeber und ev. die Gesetzgebung zu den mit elementarer Gewalt empordrängenden Organisationen der Arbeiter? Da muß ich
nun gestehen: wenn in der That Herr Bueck die Ansichten der Mehrheit
der deutschen Arbeitgeber vertreten hat, so erscheint mir deren Stellung-
nahme tief zu beklagen. Anstatt dem Drange nach Selbstbestimmung in
den arbeitenden Klassen Rechnung zu tragen, statt nach Mitteln zu einem
friedlichen Einvernehmen zu suchen, hat Herr Bueck der Arbeiterschaft den
Fehdehandschuh hingeworfen, indem er erklärte: wir werden niemals anders
als gezwungen mit Vertretern der Arbeiter Verhandlungen führen. Diese
Worte haben uns wieder einmal vor Augen geführt, wie tragisch die großen
Umwandlungen in der Geschichte sich zu vollziehen pflegen, wie selten die
herrschenden Klassen inmitten solcher Umwälzungen begreifen, um was es
sich eigentlich handelt, sie erinnern nur allzu lebhaft an das Verhalten des
Adels vor der französischen Revolution. Hätten die Machthabenden jener

Zeit auf die Stimmen unbeteiligter Philosophen und Staatsmänner gehört, ihre Zeit verstanden, die Emanzipation des dritten Standes freiwillig zugestanden, so wäre es nicht zu jener furchtbaren Explosion gekommen, welche die französische Geschichte für immer geschädigt hat.

Meine Herren, Herr Bueck hat zunächst die Gründe für seine ablehnende Stellung gegenüber allen Fach- und Gewerkvereinen entwickelt; auf diesen Punkt will ich nicht eingehen, weil ich wohl erwarten darf, daß Herr Brentano dazu noch das Wort ergreifen wird.

Dann aber hat sich Herr Bueck sehr lebhaft auch ausgesprochen gegen die Arbeiterausschüsse. Die Gewerkvereine sind eine Organisation, die vom Arbeiter gemacht ist; ihnen gegenüber handelt es sich für den Arbeitgeber nur um die Frage: können wir uns mit den Leuten vertragen oder werden wir von ihnen unterdrückt oder unterdrücken wir sie? Ein viertes gibt es nicht. Die Arbeiterausschüsse aber sind von Arbeitgebern selbst geschaffen worden, und hier fragt es sich, ob der Erfolg zur Nachahmung ermutigt oder nicht. Jene Arbeitgeber, welche Ausschüsse ins Leben riefen, haben sich gesagt: es ist ein elementarer Drang vorhanden bei der Arbeiterschaft, daß sie befragt werde und mitrede bei den Angelegenheiten, die ihre eigenen Angelegenheiten sind — die Frage, die Herr Prof. Degenkolb angerührt hat, ob die bestehende Gesetzgebung den Arbeitern die Stellung von gleichberechtigten Kontrahenten habe einräumen wollen oder nicht, kommt dabei gar nicht in Betracht. Es handelt sich um psychische Kräfte, um elementare Gewalten, mit denen jeder nationalökonomisch Denkende rechnen muß. Also eine Anzahl von Industriellen, welche ihre Zeit begreifen, haben zu ihren Arbeitern gesagt: Wir wollen Euch entgegenkommen, wir geben Euch Organe in die Hand, Ihr könnt Vertrauensmänner wählen, mit denen wollen wir sprechen, über Arbeitszeit, Fabrikordnung, Akkordlöhne beraten und ihnen Gelegenheit geben, die exakte, gerechte Durchführung des so zustande gekommenen Arbeitsvertrages zu überwachen. Der Erfolg dieses Vorgehens ist ein glänzender gewesen; das ist das Resultat unserer kurzen Publikation, und ich möchte doch darauf hinweisen, daß Herr Bueck dieses Resultat als nicht vorhanden angesehen hat. Er führte aus, die Arbeiter machen sich nichts aus den Ausschüssen, denn die wichtigsten Fragen — Arbeitszeit und Arbeitslöhne — würden dort nicht behandelt. Die werden allerdings dort behandelt — die Frage der Arbeitszeit ganz regelmäßig schon deshalb, weil ihre Normierung meist einen Bestandteil der Fabrikordnung bildet, auch die Lohnfrage wird in einer Reihe von Werken herangezogen: bei Peters in Neviges, bei Heinrich Frese in Berlin, auf „Glückhilf" u. s. w. Aber auch in den Werken, welche glauben, im Interesse

eines dauernden guten Einvernehmens die Lohnfrage außerhalb des Rahmens
des Arbeiterausschusses fallen lassen zu sollen, gibt es Dinge genug, welche
wohl die beiden Parteien auseinander zu bringen geeignet sind, wenn sie
sich nicht entschließen können, sie friedlich zu beraten. Dahin gehören
namentlich die mannigfachen Bestimmungen, die in der Fabrikordnung ihre
Zusammenfassung zu finden pflegen. Dagegen hat sich nun aber gerade
Herr Bueck ausgesprochen, daß der Arbeitgeber mit seinen Leuten über die
Fabrikordnung verhandelt. Er sagt, das ist ein souveränes Recht des Arbeitgebers, festzusetzen, unter welcher Ordnung die Leute zu arbeiten haben.
Er allein trage die Verantwortung für diese Anordnungen, für die Unfall-
verhütungsvorschriften 2c. Meine Herren, haben die Arbeiter nicht auch ein
ungemein großes Interesse an diesen Vorschriften, wer leidet denn z. B.
mehr unter den Unfällen, als sie selber? Es ist sehr verständlich, wenn
allseitig bezeugt wird, daß alle derartige Bestimmungen, die mit Hülfe
eines Arbeiterausschusses zustande gekommen sind, mit ganz anderem Interesse aufgenommen und ganz anders befolgt werden, als wenn sie einseitig
von oben her diktiert worden sind.

Endlich hat Herr Bueck seinen Trumpf ausgespielt und gesagt, die
Ausschüsse würden keine andere Wirkung haben, als der Socialdemokratie
die Wege zu bereiten. Ich komme dieser Befürchtung gegenüber wiederum
mit dem Hinweis auf Thatsachen, auf die Erfahrung, daß nach allen Gutachten bisher gerade das Gegenteil der Fall gewesen ist. In den Centren
unserer Socialdemokratie, in Linden-Hannover, im Königreich Sachsen, in
Berlin haben human denkende, hochsinnige Arbeitgeber es fertig gebracht,
daß sie mit ihren Arbeitern zu einem überaus herzlichen Einvernehmen gelangt sind, indem sie ihnen in vertrauenerweckendem Entgegenkommen die
Hand boten.

Und nun, meine Herren, komme ich zum Schlusse meiner 10 Minuten
— die ich hoffentlich noch nicht überschritten habe —

Stellvertretender Vorsitzender Prof. Dr. Gierke: Sie stehen gerade
an der Grenze.

Prof. Dr. Sering (Berlin): Meine Herren, ich glaube, wir sollten
nicht auseinander gehen, ohne den energischen Vorsatz, wo immer wir Gelegenheit haben, es den Arbeitgebern dringend ans Herz zu legen: kommt
den Arbeitern entgegen, versteht den Zug der Gegenwart, verschließt Euch
nicht der ungeheuern Verantwortlichkeit, die der hervorragende Besitz und
die führende Stellung in der Industrie einschließen.

Ich glaube, daß die Frage der socialpolitischen Erziehung der Arbeit=
geber — die Herren wollen mir den Ausdruck nicht übel nehmen, — ich
meine, daß die Beeinflussung der Gesinnung der Arbeitgeber in dieser
Richtung mindestens ebenso wichtig ist, wie die Frage der Beeinflussung
der Gesinnung der Arbeiter. Wir werden niemals die Arbeiter der Social=
demokratie entreißen, wenn es uns nicht gelingt, die Arbeitgeber von jenem
Standpunkt einer unbeschränkten — Fabrik=Feudalität kann ich nicht ein=
mal sagen, sondern einer absoluten Fabrik=Souveränität abzubringen.

(Lebhafter Beifall.)

Stellvertretender Vorsitzender Professor Dr. Gierke: Das Wort hat
Herr Kaplan Dasbach=Trier.

Kaplan Dasbach=(Trier): Meine Herren, ich würde mich in so
später Stunde und nach einer so vollständig erschöpfenden Debatte nicht
zum Wort gemeldet haben, wenn nicht einer der Herren Vorredner auf
mich provozirt und gewünscht hätte, daß ich Auskunft geben soll, ob der
Rechtsschutzverein an der Saar sich auflösen werde in Folge dessen, daß
auf ministerielle Verfügung hin dort Arbeiterausschüsse durch die Bergleute
gewählt worden sind. Ich kann darüber nur meine Privatmeinung äußern,
und die geht dahin: ich glaube nicht, daß es geschehen wird. Diese meine
Antwort wird wohl dem Herrn Fragesteller nicht gefallen, aber er möge
auch meine Gründe hören.

Der Rechtsschutzverein wäre in Folge der Wahl der Arbeiterausschüsse
wahrscheinlich aufgelöst worden, wenn diese Wahl in der Weise geschehen
wäre, und wenn den Arbeiterausschüssen eine solche Thätigkeit möglich
gewesen wäre, wie Se. Majestät der Kaiser es beabsichtigt hat, als er die
Wahl solcher Ausschüsse anordnete. Wie ich aber schon an anderer Stelle
dargelegt habe, ist vor der Wahl mancher Arbeiterausschüsse eine Wahl=
kreisgeometrie getrieben worden, welche einer Anzahl von Leuten, die für
die Wahl als Vertrauensmänner in Aussicht genommen waren, die Wähl=
barkeit raubte. Es ist das zwar von einem höheren Beamten der Berg=
werksverwaltung im Abgeordnetenhause bestritten worden; indessen habe ich
dem Herrn Minister eine Liste von 15 Namen vorgelegt und beigefügt,
auf welchen Gruben und in welchen Steigerabtheilungen diese Leute früher ge=
arbeitet hatten, und in welchen Steigerabtheilungen sie am 1. März, 3 Tage
vor der Wahl, angelegt wurden. Im Statut steht, daß zum Mitglied des
Arbeiterausschusses jeder nur von derjenigen Steigerabtheilung gewählt
werden kann, in welcher er arbeitet. Es sind ungefähr zehn bisherige

Vertrauensmänner in eine einzige Steigerabteilung zusammengelegt worden, sodaß also diese Abteilung nur einen von diesen 10 Vertrauensmännern wählen konnte und die anderen Abteilungen andere Leute zu wählen genötigt waren. — Es ist meine Zusammenstellung offenbar für richtig befunden worden, denn ich bin bis heute ohne Antwort darauf geblieben. — Auf einer Grube existiert gar kein Arbeiterausschuß, und einige sind ge= wählt worden von zwei bis drei Bergleuten, weil in Folge der Erbitterung, die durch diese Wahlkreisgeometrie entstanden war, die Leute sich der Wahl enthalten haben, obwohl ich ihnen geraten hatte, Teil zu nehmen, da sie dennoch brauchbare und wählbare Leute finden würden. Die Schuld der Erbitterung lag an denjenigen, die jene Wahlkreisgeometrie getrieben haben. Ich bedaure, daß solche Klagen auch gegen manche Mitglieder des Beamten= tums gerichtet werden müssen; sie verstehen es nicht, den Arbeitern so entgegenzukommen, daß diese Vertrauen zu ihrem Brotherrn und zu dessen Beamten schöpfen.

Ein anderer Grund, weshalb der Rechtsschutzverein bestehen bleiben wird, ist der Geist, in welchem leider manche Arbeiterausschüsse behandelt werden. Ich will als charakteristisches Beispiel nur eins erzählen. Die Mitglieder eines Arbeiterausschusses wurden zu einer Sitzung eingeladen, nachdem sie eine Bruttoschicht von 9—10 Stunden verfahren und einen Weg von ungefähr einer halben Stunde von der Grube gemacht hatten. Die Sitzung hat vier Stunden gedauert: — es sind den Leuten keine Stühle angeboten worden, es waren für sie keine im Zimmer vorhanden; sie sprachen mit Entrüstung von der vierstündigen „Stehung". Der Herr Minister hat die Thatsache für richtig anerkannt; es war ihm aber gesagt, dies sei nur ge= schehen, weil die Leute in der ersten Sitzung es abgelehnt hätten, Stühle zu benutzen. Ich habe mich erkundigt: der Thatbestand ist folgender. Den Leuten waren in jener ersten Sitzung Stühle angeboten worden, und sie hatten sie auch benutzt. Nachdem sie einige Minuten gesessen hatten, trat der Herr Direktor in das Beratungszimmer; sie standen alle höflich auf, und man hat es unterlassen, sie aufzufordern, sich wieder zu setzen; infolge dessen sind sie in der ersten Sitzung stehen geblieben. Das hat den Vor= wand gegeben, in der zweiten Sitzung, d. h. in der vierstündigen „Stehung" ihnen keine Stühle mehr anzubieten. — Man wird mir sagen, dies sei nur ein einzelner Fall. Meine Herren, wenn eine solche Behandlung überhaupt v o r k o m m e n kann, dann ist es sehr weit gekommen, und ich bedaure, daß dieser Direktor heute noch dort im Amte ist; denn er verdiente versetzt zu werden. — Ich bedaure sehr, daß ich diese Angelegenheit hier hinein= ziehen muß.

Allerdings ist das richtig, daß diese Arbeiterausschüsse auch über die Lohnfrage sprechen. Aber sie thun es doch in der Weise, daß sie berechnen, wieviel die Haushaltung das Jahr hindurch kostet, und indem sie sagen: „Wir müssen so viel verdienen, daß die Haushaltung bestritten werden kann." Meine Herren, wenn man sich gegen solche Berechnungen eines Arbeiterausschusses wehrt, wenn man das den Leuten übel nimmt, dann verdient man nicht, Arbeitgeber zu sein. Denn der Arbeiter hat ein Recht — und wenn es heute nicht in unseren Gesetzsammlungen steht, dann kommt es ihm kraft des Naturrechts zu und muß in das Gesetzbuch aufgenommen werden —, er hat ein Recht, soviel Lohn zu beanspruchen, als er zu einem menschenwürdigen Dasein und zur ordentlichen Ernährung einer Familie nötig hat; und eigentlich sollte er auch noch im stande sein, einen Sparpfennig zurückzulegen, — dann hätten wir nicht diese kostspielige und umständliche Alters und Invaliditätsversicherung nötig gehabt. Sie finden in den Drucksachen, die uns hier gratis gegeben worden sind, in der „Kaufmännischen Presse" die jährlichen Ausgaben eines Frankfurter Handlungsgehülfen zusammengestellt. Ich denke mir, die Thätigkeit der Arbeiterausschüsse müßte in dieser Weise eingerichtet sein: sie müßten bei Heller und Pfennig nachweisen, wieviel der Arbeiter zur Bestreitung seines Haushalts nötig hat. Dies thun mir gegenüber die Setzer meiner Druckerei; sie legen mir ihr jährliches Budget vor, damit ich ersehe, welchen Lohn sie brauchen. Ich muß mich darnach richten, wenn ich es meinen Arbeitern möglich machen will, ein menschenwürdiges Dasein zu führen. Meine Herren! Die Rede, welche Herr Generalsekretär Bueck hier gehalten hat, ist von einer Seite bedauert worden. Ich meinerseits begrüße diese Rede; denn ich war darauf gefaßt, alle Gründe, die nur auf der ganzen Welt zur Rechtfertigung des Vorgehens der Arbeitgeber im rheinisch-westfälischen Bezirk aufzutreiben wären, heute hier zu hören, und zu meinem Erstaunen hat der Herr zwar sehr viel über England gesprochen, aber von allem, was er über deutsche Verhältnisse sprach, ist nur ein einziger Satz etwas wert, und der ist wenig wert. Der Satz lautet: „Die Übelstände — die er ja auch beklagt —, sind mit unseren socialen und gesellschaftlichen Verhältnissen untrennbar verbunden; sie können gebessert werden und sie sind gebessert worden durch den Fortschritt der Kultur und der Humanität." Es ist leider heute hier zu wenig thatsächliches Material erörtert worden; Herr Kollege Lenfing hat nur 10 Minuten Zeit gehabt, — es wäre ihm ja möglich gewesen, eine Fülle von Material über die Behandlung, welche die Arbeiter im rheinisch-westfälischen Bezirk sich haben gefallen lassen müssen, hier vorzulegen, und gerade diese Thatsachen, meine Herren, diese Behandlung, die nicht nur vereinzelt, sondern

16*

maſſenhaft vorgekommen iſt, ſie war ein noch wirkſamerer Beweggrund zum Streik, als die Lohnfrage. Ich ſchöpfe meine Erfahrungen allerdings nur aus dem Saarrevier; was dort vorgekommen iſt, wurde durch ein richter- liches Urteil gegen die Trieriſche Landeszeitung feſtgeſtellt. Der Angeklagte hat durch die Zeugen nachgewieſen, daß in der That eine ganz rückſichts- loſe Behandlung von Bergleuten in ſehr zahlreichen Fällen vorgekommen iſt. Die Behauptungen des genannten Blattes über die frühere Behandlung der Bergleute wurden vom Richter als hinreichend bewieſen angenommen, obgleich nur 30 Zeugen vorgeladen wurden, damit nicht die Verhandlung übermäßig ausgedehnt würde. Ähnliches iſt auch in Weſtfalen der Fall geweſen; es ſind ja dort ſogar noch nach dem Streik die auffallendſten Dinge vorgekommen. Die Arbeitgeber haben früher und jetzt noch den Ar- beitern bei der Reichstagswahl Stimmzettel gegeben, die ſehr leicht erkenn- bar waren; obgleich in hundert Proteſten im Reichstag dagegen Beſchwerde geführt worden war und die öffentliche Meinung längſt dieſes Verfahren verurteilt hatte, haben ſich die dortigen Arbeitgeber nicht geſcheut, bei jeder folgenden Reichstagswahl wiederum die Arbeiter ſo zu tyranniſieren. — Als Herr Lenſing ſoeben dieſe Wahltyrannei erwähnte, wurde gerufen: „Auch der Kaplan treibt Wahltyrannei!“ Darauf muß ich antworten: es hat noch kein Kaplan einen Arbeiter wegen der Abſtimmung entlaſſen. Was er thut, beſchränkt ſich auf die gewöhnliche Agitation, die wir in der Preſſe und in den Wahlreden betreiben wie jeder andere Staatsbürger. Wir hören nicht auf, Staatsbürger zu ſein, wenn wir in den geiſtlichen Stand eintreten.

Stellvertretender Vorſitzender Profeſſor Dr. Gierke: Ich muß den Herrn Redner an den Ablauf der Zeit erinnern.

Kaplan Dasbach (Trier): Es iſt behauptet worden, daß die ſocial- politiſchen Beſtrebungen unſere Geſellſchaft in ſehr große Gefahren ſtürzen werden. Meine Herren, ich fürchte, daß das ablehnende Verhalten mancher Arbeitgeber noch viel größere Gefahren heraufbeſchwören wird. In der Broſchüre des Herrn Dr. Oldenberg, die ich nicht überall billige, ſteht in- haltlich folgende bemerkenswerte Ausführung: „Nachdem die ſog. Kaiſer- deputation beim Kaiſer geweſen war, fanden drei verſchiedene Sitzungen der rheiniſch-weſtfäliſchen Arbeitgeber ſtatt, und jedesmal haben ſie eine ab- lehnende Antwort beſchloſſen, und jedesmal war die Folge eine weitere Aus- dehnung des Streiks.“ Hätten ſie freiwillig die Konzeſſionen gemacht, zu denen ſie ſich ſpäter gezwungen ſahen, ſo würden ſie Dank geerntet und den

Streik verhütet haben. Wir werden aber der Socialdemokratie entgegen-
arbeiten, wir werden es vermeiden, Socialdemokraten zu erziehen, wenn wir
uns bestreben, innerhalb der Grenzen der Möglichkeit die berechtigten
Wünsche der Arbeiter zu befriedigen. Das ist ja noch nicht bewiesen, daß
die Industrie nicht imstande sein soll, leistungsfähig zu bleiben auch dann,
wenn sie Arbeitslöhne zahlt, welche den Arbeitern einen menschenwürdigen
Lebensunterhalt gewähren; sie soll das eben auf die Ware schlagen, was
notwendig ist, um den Arbeitern einen solchen Lohn zu geben. Thatsächlich
aber — wenigstens wird es vielfach behauptet und ist nicht widerlegt
worden — ist nach dem Streik infolge der Lohnerhöhung ein viel höherer
Prozentsatz auf die Kohlen geschlagen worden, als notwendig war, um die
eingetretene Erhöhung des Lohnes zu decken.

Stellvertretender Vorsitzender Professor Dr. Gierke: Die Rednerliste ist
erschöpft; ich schließe die Diskussion und gebe den Herren Referenten, und
zwar zunächst dem Herrn Stötzel das Schlußwort; bitte aber auch die
Herren Referenten, auf die vorgerückte Stunde Rücksicht zu nehmen.

Berichterstatter Reichstagsabgeordneter Stötzel (Essen): Ich hätte
auf das Wort verzichtet, wenn nicht verschiedene Bemerkungen von einigen
Rednern gefallen wären, die ich noch beantworten muß; ich werde mich im
übrigen aber ganz kurz fassen.

Von dem Gange der Debatte hier bin ich außerordentlich befriedigt,
— ich spreche dies offen aus; denn alles, was ich hier gehört habe, liefert
mir den Beweis, daß Bereitwilligkeit dafür da ist, auf die Gedanken, die
der Ausschuß zur Debatte gestellt hat, näher einzugehen, und darüber
freue ich mich. Wenn wir in der Weise draußen weiter wirken, dann
zweifle ich nicht daran, daß wir einen Boden finden, auf dem eine gemeinsame Verständigung möglich sein wird. Wenn wir auch nicht alles erreichen, was viele von uns anstreben, — ich meinerseits bin dankbar für
jeden Schritt, der auf diesem Gebiete vorwärts gemacht wird.

Was die Ausführung des Herrn Dr. Beumer anbelangt, welcher
meinte, daß, wenn man die Ansichten der Theoretiker in die Praxis über-
setze, es schließlich außerordentlich schlimm stehen würde, so bin ich der ganz
entgegengesetzten Meinung. Wenn ich auch nicht mit allem einverstanden
bin, was sie Kathedersocialisten vorbringen, so gestehe ich doch zu, daß sie für
die Frage, die uns gegenwärtig beschäftigt, außerordentlich viel gethan haben,
und ich meinerseits bin ihnen dafür sehr dankbar. Ich erkläre hier, daß ich
die Schriften des Herrn Professor Brentano stets mit dem größten In-

teresse gelesen habe und zwar schon deshalb, weil aus jeder Zeile derselben
der warm teilnehmende und zur Hülfe bereite Menschenfreund hervor-
leuchtet;

(Bravo!)

und das hat mich immer außerordentlich angenehm berührt. Von welcher
Seite das Gute gebracht wird auf diesem Gebiete, das ist mir an und für
sich gleichgiltig; wenn nur die Hülfe geboten wird, bin ich zur Mitarbeit
bereit.

Nun hat der Herr Dr. Reismann und auch ein anderer Herr dasjenige, was ich bezüglich der Dynamitpatronen ausgeführt habe, wohl
falsch verstanden. Herr Dr. Reismann forderte mich entrüstet auf, ich
möchte den Direktor angeben. Ich habe durchaus nicht gesagt, daß der
Direktor den Leuten befohlen habe, an dem Schmiedefeuer die Zündschnur
anzustecken; der Direktor hat nur befohlen, es soll auf Königs Geburtstag
geschossen werden; er war ja Morgens um 5 überhaupt nicht auf der
Grube. Wenn der Direktor das befohlen hätte, dann wäre die Sache für
den Verunglückten günstig gewesen, dann hätte der Mann — die Sache
ist im Jahre 1878 passiert — civilrechtlichen Anspruch an den Direktor
gehabt. Den Befehl hat ein untergeordneter Beamter erteilt, der in seiner
Brutalität auf die Einwendungen der Leute nicht hörte. Und da es nun
einmal gewünscht wird — ich thue das nicht gern, es berührt draußen
unangenehm, solche Namen von Gruben oder Werken zu nennen —, bin
ich gewissermaßen dazu genötigt. Es war eine Grube des Kölner Berg-
werksvereins; es ist am 22. März 1878 passiert; wenn ich nicht irre, da-
tiert die Reichsgerichtsentscheidung aus dem Spätherbst des Jahres 1879.
Der Prozeß hat lange gedauert; das Gericht hat nur aus dem Grunde den
Anspruch abgewiesen, weil der Unfall nicht bei dem Betriebe passiert ist.
Dem Gericht habe ich keinen Vorwurf gemacht.

Über die Arbeiterausschüsse kursieren gewöhnlich irrige Vorstellungen.
Herr Dr. Reismann sagt: die Arbeiterausschüsse, wie sie beispielsweise bei
Brandts und bei den anderen Herren in Glabbach wären, hätten an und
für sich nicht viel zu bedeuten. Darauf erwidere ich dem verehrten Herrn:
schaffe er Arbeitgeber wie Brandts, wie Peters und ähnliche Arbeitgeber,
und ich bin der festen Überzeugung, die Arbeiter werden weitere Ausschüsse
nicht verlangen, als wie sie an diesen Stellen vorhanden sind; sie werden
damit zufrieden sein.

Bezüglich der Rechtsschutzvereine macht man sich ganz falsche Vorstellungen. Diese Rechtsschutzvereine haben außer der Thätigkeit, die sie
entwickeln bezüglich der Vertretung der Arbeiter den Unternehmern gegenüber,

ein anderes Gebiet, welches etwa neun Zehntel ihrer Thätigkeit einnimmt; und diese Thätigkeit erstreckt sich darauf, den Leuten in Unfallangelegenheiten die Schriftstücke anzufertigen, Reklamationen, Eingaben ꝛc. zu machen, was der einfache Arbeiter häufig nicht kann; deshalb muß ein solches Büreau existieren, wo die Leute das unentgeltlich haben können. Sie wirken wohlthätig für die Arbeiter und schädigen durchaus nicht etwa die Arbeitgeber.

Was nun die Besorgnis betrifft, die mehrfach geäußert worden ist, daß bei der Begehrlichkeit der Arbeiter diese doch nicht befriedigt werden würden: — ja, meine Herren, den Standpunkt, den ich in dieser Beziehung einnehme, fasse ich in ganz kurzen Worten zusammen. Die hauptsächlichste Quelle der wirtschaftlichen Schäden ist der Egoismus. Ich habe nun die Überzeugung: einen wirklich brauchbaren Regulator des menschlichen Egoismus werden wir in anderer Beziehung nicht finden, den finden Sie nur in der christlichen Überzeugung; wenn wir nicht in den Furchen, die durch die zehn Gebote und durch das sittliche Sittengesetz gezogen sind, weiter arbeiten, dann bringen wir niemals eine Socialpolitik zu Wege, mit der wir den menschlichen Egoismus in seine gesunden Grenzen zurückzudämmen vermögen.

(Bravo!)

Stellvertretender Vorsitzender Professor Dr. Gierke: Der Herr Referent Bueck hat das Wort.

Berichterstatter Bueck (Berlin): Meine Herren, gestatten Sie mir zunächst, eine Sache zu berühren, die mir nicht gerade angenehm ist; aber da Herr Lensing von der „Tremonia" sich gemeldet hat, so muß ich mich mit ihm auch noch beschäftigen. Ich glaube, daß mein Freund und Kollege Dr. Beumer dadurch schlecht ad absurdum zu führen war, daß, während ein solcher verhetzender Artikel erschien, der eine Redakteur eine Strafe verbüßte und der andere krank war. Herr Dr. Beumer hat auch nicht von den Redaktionen, sondern nur von der Zeitung gesprochen.

Meine Herren, das Werk des Herrn Dr. Oldenberg habe ich nur sehr flüchtig gelesen; ich weiß nicht, ob sehr viele Irrtümer darin sind, aber ich wäre bereit, sie alle zu vergeben für den einen Ausspruch, mit dem er diese Presse charakterisiert hat, die Herr Lensing vertritt. Und wenn Herr Lensing sagt, daß er die Explosion unter den Kohlenarbeitern schon jahrelang vorausgesehen hat, dann glaube ich ihm das, denn er ist jedenfalls der aufmerksamste Leser seiner „Tremonia" gewesen.

Stellvertretender Vorsitzender Professor Dr. Gierke: Darf ich den Herrn Redner bitten, sich an die Sache zu halten!

Berichterstatter Bueck (Berlin): Auf Herrn Dasbach werde ich nicht weiter eingehen; die Kritik meiner Ausführungen könnte mir vielleicht einige Veranlassung geben, aber ich halte sie nicht für wichtig genug.

Herr Stötzel hat einige Bemerkungen gemacht, auf die ich eingehen muß. Mein hochverehrter Freund Herr Kommerzienrat Frommel hat eigentlich schon das Genügende in Bezug auf die Aktiengesellschaften gesagt. Wenn Herr Stötzel bemerkt, daß eine Aktiengesellschaft eigentlich nur zum Verdienen da ist, und daß ein einzelner Direktor ihm gesagt habe, er behandle die Arbeiter nur als Sachen, dann ist das so ein räudiges Schaf unter den Arbeitgebern gewesen, und räudige Schafe gibt es in allen Ständen. Ich bin der Überzeugung, meine Herren, daß im Durchschnitt so viel für die Arbeiter nicht geschieht seitens der Privatwerke wie seitens der Aktiengesellschaften. Es ist ja auch von Herrn Dr. von Schulze-Gävernitz gesagt worden, daß die Aktiengesellschaften absolut keine Fühlung mit ihren Arbeitern haben. Ich kann ganz das Gegenteil versichern; ich kann sagen, daß ich große Aktiengesellschaften kenne, wo jedermann jederzeit zu dem ersten Direktor hingehen und seine Beschwerde vorbringen kann.

Herr Dasbach hat gesagt, ich sollte behauptet haben, daß die Arbeiter keine Organisation gefordert hätten. Das habe ich nicht gesagt; ich habe nur gesagt, sie haben keine Arbeiterausschüsse gefordert.

Die Dynamitangelegenheit ist wohl genügend erörtert worden; ich sollte aber meinen, daß man solchen extraordinären Fall nicht vorbringen darf, ohne die Details in ausgiebigster Weise mitzuteilen: wer die Befehle gegeben hat und was dem Manne eigentlich befohlen worden ist.

Herr Stötzel hat sehr oft Bemerkungen gemacht, die recht verbindlich der Socialdemokratie gegenüber waren, und hat in seiner ersten wie in seiner zweiten Rede die Religion als ein durchaus notwendiges Mittel zur Erhaltung des guten Sinnes der Arbeiter bezeichnet und gemeint, auch bei den Arbeitgebern wird es wohl ebenso notwendig sein. Ich stimme in diesem Punkte mit Herrn Stötzel ganz überein; wenn er aber seine Sympathien den Socialdemokraten in so ausgiebiger Weise entgegengetragen hat, so möchte ich ihn doch auf die in Berlin neu beginnende Agitation für den Austritt aus der Kirche hinweisen, die darauf gerichtet ist, dem Arbeiter seinen Gott und seine Religion zu rauben und ihn zum Werkzeug der Umsturzbestrebungen zu machen. Ich glaube also, seine Sympathien stimmen mit seiner religiösen Auffassung der Verhältnisse nicht überein.

Es ist sodann von ihm wie auch von anderen Rednern.von der brutalen Behandlung der Arbeiter gesprochen worden. Meine Herren, wer den Bericht der königlichen Untersuchungskommission gelesen hat, wird finden, daß einzelne Vergehen in dieser Richtung begangen worden sind. Vollkommene Verhältnisse werden Sie in Ihrem Leben nicht schaffen, auch wenn Sie Ihre Zukunftspläne durchgesetzt haben. Im übrigen aber bestätigt der Bericht, daß die Anschuldigungen der Arbeiter in den meisten Fällen ungerechtfertigt gewesen sind.

Meine Herren, ich wende mich zu Herrn Döblin. Derselbe hat zuerst gesagt, daß ich mich darüber beschwert haben soll, daß jetzt alle Tage Reden gehalten werden oder Schriften oder Zeitungsartikel erscheinen zu Gunsten der Arbeiter. Das habe ich nicht gesagt; das wäre auch höchst verwerflich von mir, wenn ich eine solche Gesinnung hätte. Ich habe nur gesagt, daß solche Schriften erscheinen, die in der Hauptsache gegen die Arbeitgeber gerichtet sind. Das wollte ich richtig stellen.

Ich habe auch nicht gesagt, wie Herr Döblin behauptete, daß die Gewerkvereine die Disziplin stören, sondern ich habe von dem Mangel an Disziplin und Störung der Disziplin nur gesprochen im Zusammenhange mit den streikenden Bergarbeitern und habe gesagt, daß in der Streikperiode und nachher die Disziplin sich derart gelockert hat, daß die Unfälle im Bergwerk sich in grauenhafter Weise vermehrt haben.

Herr Döblin hat es dann eigentlich nicht für richtig von mir gefunden, daß ich darauf hingewiesen habe, in den Kohlenrevieren in den Midland Counties in England seien sechsmal die Löhne erhöht worden und hat gemeint, dann würden die Leute es wohl auch nötig gehabt haben. Nun, meine Herren, wenn mit diesen Lohnforderungen die Arbeiter den Arbeitgebern nicht zu nahe getreten wären, mit anderen Worten, wenn sie sie nicht zu weit getrieben hätten, dann würden die Arbeitgeber nicht einen Streik im Frühjahre haben entstehen lassen, den sie sieben Tage ausgehalten haben; dann aber mußten sie nachgeben und zwar deswegen, weil immer einzelne Werke sind, die einen solchen Streik finanziell nicht aushalten können und nachgeben müssen. Da hat sich aber jetzt, um endlich einmal ein Mittel zu ergreifen, um sich wehren zu können, zwischen den Grubenbesitzern der mittelländischen Grafschaften eine vollständige Versicherungsgesellschaft gebildet, die einzig und allein den Zweck verfolgt, die Arbeitgeber, die eine schwache Hand haben, durch Geldmittel zu unterstützen, damit endlich mit Erfolg diesem Auftreten der Bergarbeiter begegnet werden kann. Die Statuten dieser Aktiengesellschaft habe ich hier und bin gern bereit, sie vorzulegen; es macht überhaupt in dieser Richtung die Agitation der Arbeitgeber in England außerordentliche Fortschritte, was auch beweist, daß wir den schwersten Kämpfen noch entgegengehen werden.

Meine Herren, Herr Döblin und auch Herr Dasbach haben, teilweise unter dem Beifall der Versammlung, scherzhafte Bemerkungen darüber gemacht, daß ich so viel über England und Australien gesprochen habe. Daß es den Herren nicht angenehm war, das gebe ich zu, das kann ich auch verstehen; denn da liegen meine hauptsächlichsten Argumente, mit denen ich die Ansicht, die hier zu bekämpfen war, auch bekämpfen konnte. Ich glaube, daß es den Herren angenehmer gewesen wäre, wenn ich über die englischen Verhältnisse nicht informiert gewesen wäre.

(Heiterkeit.)

Meine Herren, gestatten Sie nun, daß ich mich zu unserem verehrten Gast, Herrn Professor Munro, wende. Die kleine Übertreibung bei der Einleitung seines Vortrages, als ob ich annähme, England stehe vor einer socialen Revolution, schreibe ich entweder seiner mangelnden Kenntnis unserer Sprache zu, oder es war vielleicht, meine Herren, eine, wie wir gesehen haben, ganz geschickte rhetorische Wendung bei der Einleitung seiner Rede; sie hat ja vielen Erfolg gehabt. Sie werden das aber selbst nicht aus meinen Worten herausgehört haben. Im übrigen aber, meine Herren, möchte ich doch konstatieren, daß der Herr Professor Munro, der seine Rede damit begann, daß er es als seine Aufgabe betrachte, die irrtümlichen Auffassungen, die hier — und damit meinte er doch wohl nur mich — über die englischen trade unions verbreitet worden sind, zu widerlegen — ich möchte hier konstatieren, daß zwar Herr Professor Munro mit einer außerordentlichen Energie und Überzeugungstreue Gutes von den trade unions gesagt hat, daß er aber keine meiner Anschuldigungen widerlegt hat. Das einzelne Beispiel von den Nordenfeld Works hat er mißverstanden, denn der Herr wies auf Lancashire hin und sagte: wie soll der Arbeiter nicht, wenn der Arbeitgeber verbesserte Maschinen anschafft, ebenso gut einen Groschen in die Tasche stecken, wie der Arbeitgeber! Das ist eine zweifelhafte Doktrin, meine Herren, aber eine Frage, die ich nicht weiter erörtern will. In den Nordenfeld Works richtet sich der Widerstand der Arbeiter überhaupt gegen die Verbesserung der Maschinen. Das paßt also nicht.

Im übrigen hat ja Herr Professor Munro nur noch Zustände geschildert, die ich als der Vergangenheit angehörig bezeichnet habe. Ich weiß sehr wohl, daß die englischen trade unions die Bollwerke gegen die Socialdemokratie gewesen sind; das gehört aber, wie gesagt, der Vergangenheit an.

Sie sind es heute nicht mehr, denn der socialdemokratische Geist durchdringt sie, wie ich glaube unwiderleglich nachgewiesen zu haben.

Meine Herren, gestatten Sie mir, mich zu den Arbeiterausschüssen zu wenden und nur mit ein paar Worten noch. Ich würde es vielleicht nicht gethan haben, wenn nicht gerade zwei der hervorragendsten Mitglieder unserer Versammlung — unser Herr Vorsitzender und Herr Professor Sering, der ja auch am Vorstandstisch sitzt, — warme Worte in dieser Beziehung gesprochen hätten. Meine Herren, ich habe mich ja sehr reserviert heute Morgen ausgedrückt, indem ich vollständig anerkannte, daß auch unter den Arbeitgebern, die ich ja im allgemeinen zu vertreten habe, solche vorhanden sind, die den Arbeiterausschüssen geneigt sind. Also wenn Herr Professor Sering auf diesen Umstand hingewiesen hat, dann hat er ja nur etwas bestätigt, was von mir schon vollständig gesagt worden ist. Aber ich wiederhole hier nochmals, meine Herren, daß der übergroße Teil der Arbeitgeber die augenblickliche Gefahr der Arbeiterausschüsse nicht so hoch anschlagen würde, wenn er nicht von der Überzeugung durchdrungen wäre, — sagen Sie meinetwegen von der irrtümlichen und ganz verkehrten Überzeugung —, daß eben die allgemeinere Bildung der Arbeiterausschüsse der erste Schritt zur allgemeinen Organisation der Arbeiter sein würde und der wollen wir unter keinen Umständen eine Förderung zu teil werden lassen.

Herr Professor Schmoller hat dann vorgeschlagen und ein anderer Herr auch — ich glaube Herr Geheimrat Thiel — man möge vorläufig mit der Organisation der Grubenarbeiter beginnen, welche für wünschenswert gehalten wird. Ich glaube, meine Herren, in keinem anderen Gewerbe sind die Arbeiter so wenig reif für solche Organisationen wie die Grubenarbeiter, namentlich in der Aufregung, in der sie augenblicklich sind. Meine Herren, wenn beispielsweise eine große Arbeiterversammlung im Bergrevier damals auf die einmalige Empfehlung eines — ich will den Mann nicht charakterisieren, er ist tot — eines Litteraten beschließen konnte, daß sämtliche Bergwerke zu gunsten der Arbeiter und Beamten enteignet werden müßten — ich will nicht ausführen, wie sehr das zu ihrem eigenen Nachteil sein würde —, wenn sie auf eine solche Rede hin solche unsinnigen und doch wichtigen Beschlüsse fassen sollten —, dann sage ich, es sind noch Kinder, die wie Kinder über ihre Interessen denken und urteilen; und solche Arbeiter in erster Reihe zu organisieren würde nicht möglich sein, unter den heutigen Umständen schon gar nicht; sie würden auf einen, ich glaube, unbesiegbaren Widerstand der Arbeitgeber gerade in diesem Gewerke stoßen.

Im übrigen ist viel hier von menschenwürdigem Dasein gesprochen, welches die Grubenarbeiter erhalten sollen. Es ist festgestellt durch ein authentisches Aktenstück die bekannte Äußerung des Oberbergamtes in Dortmund, daß solche Redensarten auch voll in das Gebiet der Redensarten gehören. Übrigens bemerke ich, daß die Löhne schon vor dem Streik sehr wesentlich gestiegen waren, und auf der anderen Seite hat die außerordentliche Steigerung der Kohlenpreise erst n a c h dem Streik statt- gefunden, und dann sind die Löhne auch wieder entsprechend erhöht worden. Einem Herrn — ich glaube, es war Herr Dasbach —, der meinte, daß die Arbeitgeber die Preise gesteigert haben, muß ich erwidern, daß nach meiner Auffassung das Angebot und die Nachfrage die Preise reguliert haben. Aber ich kann mich vielleicht in dieser wirtschaftlichen Auffassung eines Besseren von Herrn Dasbach belehren lassen.

Meine Herren, ich weiß ja, daß ich nicht alles hervorheben kann, was hier gegen mich gesagt worden ist; wenn ich also einen Teil der Sachen übergehe, so bitte ich, nicht anzunehmen, daß ich nicht darauf antworten könnte. Im Interesse Ihrer Zeit will ich darauf verzichten. Ich habe blos noch ein paar Bemerkungen des Herrn Geheimrats Thiel zu beantworten.

Meine Herren, auch er hat ja gegen mich namentlich einen Zeitungs- artikel angeführt, aus welchem hervorgehe, daß die trade unions außer- ordentlich große Lobredner haben. Das habe ich nicht in Abrede gestellt; ich habe nur in Abrede gestellt die Richtigkeit der Behauptung des Herrn Professors Munro, daß die Befriedigung eine allgemeine sei. Es sind hervor- ragende und wohlmeinende Arbeitgeber, die auf einem entschieden entgegen- gesetzten Standpunkt stehen.

Meine Herren, er hat mir dann zum Vorwurf gemacht, daß ich zwar sehr viel bekämpft, aber nur als Mittel zur Besserung auf das Wohlwollen der Arbeitgeber und auf die Einwirkung — was wir mit einem Worte zusammenfassen können — der Kultur verwiesen habe. Meine Herren, wenn Sie die wirtschaftliche Bewegung, die mit dieser Frage zusammenhängt, verfolgen, so können Sie zwei Linien sehen, die, wenn auch mit einigem Auf- und Abwärtsschwanken, sich doch jede im Endpunkte ganz direkt nach einem Ziele bewegen. Die eine Linie ist das seit dem Jahre 1865 ein- getretene Sinken der Preise, und die andere ist das Steigen der Arbeits- löhne. Und wenn solche Schwankungen gewesen sind, von denen ich ersthin sprach, dann sind bei der heruntergehenden Konjunktur in den allermeisten Fällen die Löhne nicht in dem Grade gesunken wie die Preise, sondern sie haben von der vorhergehenden Steigerung immer noch einen Teil behalten. Und, meine Herren, gerade über diese Frage habe ich eine Statistik hier, die ganz vorurteilsfrei von mir gesammelt ist und vollständig beweist, daß

von 1865 bis 1890, immer mit Schwankungen, die Preise ganz außerordentlich gesunken sind, und daß auf der anderen Seite sehr wesentliche
Steigerungen der Löhne eingetreten sind. Ich habe heute Vormittag darauf
verzichtet, ich verzichte auch jetzt darauf, Ihnen diese Statistik vorzulegen;
ich bitte mir aber zu glauben. In meiner Stellung, in der ich mich hier
befinde, werden Sie mir nicht zutrauen, daß ich etwas sage, wovon ich nicht
überzeugt bin.

Meine Herren, wäre diese Bewegung möglich gewesen, wäre es möglich
gewesen, daß sich eine ganz entschiedene Tendenz entwickelt hat nach der
Richtung hin, daß von Jahr zu Jahr und von Periode zu Periode
der Arbeitgeber einen größeren Teil von dem Resultat des Zusammenwirkens von Kapital und Arbeit dem Arbeiter abtritt? Meine Herren,
würde sich die Lage der Arbeiter wirklich so haben gestalten können, wie
sie sich gestaltet hat, und von der wir behaupten können, daß — blicken
wir zurück in der Geschichte bis in die entferntesten Perioden — noch nie
eine Zeit bestanden hat, die für die Arbeiter so günstig gewesen ist, wie
heute, — hätte sich das alles entwickeln können auch ohne das Wohlwollen der Arbeitgeber? Ich glaube nicht. Wenn nicht das Wohlwollen der Arbeitgeber bei allen diesen Dingen so außerordentlich mitgewirkt hätte und ebenso die Segnungen unserer allgemeinen Kultur, dann
hätte das alles nicht in die Erscheinung treten können in der befriedigenden
Weise, in der es in die Erscheinung getreten ist. Meine Herren, Herr
Professor Sering hat sehr eindringlich bedauert, daß die Arbeitgeber ihre
Zeit nicht verstehen. Ich glaube, ich kann ihn beruhigen: die Arbeitgeber
verstehen ihre Zeit, es sind sehr gebildete darunter, und gerade diejenigen,
die die größten Anfeindungen zu bestehen haben, stehen auf einer sehr viel
höheren Bildungsstufe —
(Zwischenruf des Herrn Professor Sering: Ich habe nicht den leisesten Zweifel!)
— Dann werden Sie auch nicht bezweifeln können, daß sie ihre Zeit verstehen. — Und wenn Herr Professor Sering auf die französische
Revolution verwiesen hat, so habe ich auch manches davon gelesen;
darnach aber glaube ich doch, daß die Träumereien, die Pläne, die
Systeme, die Projekte, die von unklaren Denkern und von schwärmerischen
Philosophen vor der Revolution unter die Massen geworfen sind, in der
schlimmsten Zeit zu den Greuelthaten ausgemünzt wurden, die wir an der
französischen Revolution beklagen. — Meine Herren, es könnte vielleicht
eine Anzüglichkeit in meinen Worten vermutet werden; die hat nicht darin
liegen sollen. Ich wollte nur eine Thatsache konstatieren. — Und wenn
Herr Professor Sering meinen letzten Trumpf angeführt hat, so hat er ihn

doch nicht ganz richtig aufgefaßt: denn mein letzter Trumpf gegen die
Arbeiterausschüsse war eben, daß sie die Förderung der Organisationen der
Arbeiter bedeuten, gegen die ich mich nochmals auf das entschiedenste aus-
sprechen muß.

Ich werde damit, im Interesse Ihrer Zeit, schließen, meine Herren.

Stellvertretender Vorsitzender Professor Dr. Gierke: Der Herr Referent
Professor Dr. Brentano hat das Wort.

Berichterstatter Geheimer Hofrat Professor Dr. Brentano (Leipzig):
Meine Herren! Gleich meinem Vorgänger an diesem Platze, Herrn Bueck,
empfinde ich die große Schwierigkeit, am Schlusse eines für uns so an-
strengenden Tages noch zu sprechen. Die Pfeile, die auf uns abgeschossen
worden sind, auf ihn wie auf mich, waren sehr zahlreich, und beinahe
möchte auch ich so wie er sagen: wenn ich einige gegen mich gerichtete Bemerkungen unberücksichtigt lasse, glauben Sie ja nicht, daß ich darauf nicht
antworten könnte.

(Heiterkeit!)

Doch genug der Einleitung. Bei der Fülle der Angriffe habe ich mir
dieselben etwas gruppiert und eine Anzahl derselben vorweg unter den Tisch
geworfen, weil sie mir im Vergleich zu anderen weniger bedeutend erschienen
und es zu so später Stunde unmöglich ist, alle zu berücksichtigen. Die
Angriffe, die mir geworden sind, bestehen ferner teils in Detailbemerkungen,
teils in Angriffen auf meine ganze principielle Auffassung. Ich will zunächst
das Unerheblichere erledigen: die Detailbemerkungen. Darunter sind solche,
die wiederum allgemeinerer Art sind, und mit diesen möchte ich beginnen.

Herr Direktor Frommel aus Augsburg hat mir einen Vorwurf
gemacht, der mich schmerzlich berührt hat: ich hätte an einer Stelle meines
gedruckten Referates denn doch zu abschätzig über die Wohlfahrtseinrichtungen
der deutschen Großindustriellen gesprochen, insofern ich sie lediglich als einer
gewinnsüchtigen Absicht des seiner Herrscherstellung bewußten Arbeitgebers
entsprungen hingestellt habe. Ich glaube, wenn er den Anfang meiner
hierauf bezüglichen Ausführungen noch einmal ansehen würde, würden ihm
doch vielleicht die Bedenken, denen er bei seinem Vortrage Ausdruck gegeben,
als nicht ganz berechtigt erscheinen. Ich habe da gesagt, die hervorragende
wirtschaftliche Stellung habe im Arbeitgeber ein autokratisches Gefühl von
Macht und Würde entwickelt mit allen Schattenseiten aber auch mit allen
Lichtseiten des Herrschergefühls, und ich habe, ganz wie er es getan hat,
die Wohlfahrtseinrichtungen als eine Äußerung dieser Lichtseiten hingestellt.

Wenn Jemand eine hervorragende Stellung im Leben einnimmt, so hat er auch eine dieser entsprechende Pflicht, und ich habe die Wohlfahrtseinrichtungen hingestellt als eine Äußerung des Pflichtgefühls, welches mit der Herrscherstellung kommt. Ich bedauere es, wenn er mich nicht so verstanden hat; aber es war meine Absicht, dies zum Ausdruck zu bringen.

Nun eile ich zu Herrn Bueck, der mich gleichfalls in ein paar Punkten von allgemeinerer Bedeutung mißverstanden hat. Indeß will ich nicht allzulange bei ihnen verweilen; wir können dies vielleicht einmal persönlich miteinander ausmachen.

(Zwischenruf des Herrn Bueck: Wird mir ungeheuer angenehm und ehrenvoll sein.)

Er hat mich nämlich eines Widerspruchs zwischen den Bemerkungen meines gedruckten Referates und meinen heute gesprochenen Äußerungen bezichtigt. In dem gedruckten Berichte spräche ich davon, daß eine Ära der prädominierenden Arbeiterinteressen begonnen habe im Gegensatz zu einer früheren Periode der überwiegenden Berücksichtigung der Interessen des beweglichen Besitzes; in meinem heutigen Referate hätte ich so gesprochen, als ob die kapitalistische Produktionsperiode noch 200—500 Jahre zu dauern habe. Ich glaube, daß Herr Bueck zu überzeugen wäre, daß darin kein Widerspruch liegt. Die kapitalistische Produktionsperiode kann nämlich sehr wohl noch 500 Jahre dauern und trotzdem können wir während ihrer Fortdauer in ein Stadium der besonderen Berücksichtigung der Arbeiterinteressen eingetreten sein.

Er hat mich sodann in einem weiteren Punkte mißverstanden. Er hat dagegen polemisiert, daß ich von dem Arbeitsverhältnis als einem Herrschaftsverhältnis gesprochen habe, und dagegen geltend gemacht, Autorität muß sein. Gewiß! Autorität muß sein. Allein Herr Bueck hat nicht verstanden, was ich mit meiner Bezeichnung des Arbeitsvertrags als eines Herrschaftsvertrags gesagt habe. Ich habe gesagt, infolge der Untrennbarkeit der Arbeit von der Person des Arbeiters übe derjenige, der die Arbeitskraft miete, gleichzeitig und zwar notwendig eine gewisse Herrschaft über das persönliche Leben des Arbeiters. Ohne Arbeiterschutzgesetzgebung sei es der Willkür des Arbeitgebers überlassen, dieser Herrschaft die Grenze zu ziehen. Die Arbeiterschutzgesetzgebung dagegen sei die zweckentsprechende Regelung des Arbeitsvertrags soweit es ein Herrschaftsvertrag sei, indem es nun nicht mehr der Willkür des Arbeitgebers überlassen sei, wo er seiner Herrschaft über die Person des Arbeiters die Grenze ziehen wolle, sondern hier unternehme es das Gesetz, im Interesse sittlicher und anderer Rücksichten, festzustellen, innerhalb welcher Grenzen der Arbeitgeber seine Herrschaft über das persönliche Leben der Arbeiter zur Geltung bringen dürfe.

Außerdem lag der Schwerpunkt der Ausführungen des Herrn Bueck in einer Fülle von Detailangriffen, die sich sämtlich auf die englischen Gewerkvereine bezogen. Fast hatte es den Anschein als handele es sich hier nicht um deutsche, sondern um englische Arbeiterangelegenheiten, als wären wir das englische Parlament und hätten über die Erteilung von Privilegien an englische Gewerkvereine zu beschließen. Dadurch nötigt Herr Bueck auch mich, auf englische Verhältnisse näher einzugehen, da er seinen diesbezüglichen Ausführungen so großes Gewicht beigelegt hat.

Herr Bueck hat eine Stelle aus meinem Aufsatze angeführt, den Herr Dr. von Schulze-Gävernitz in seinem Werke Zum socialen Frieden abgedruckt hat, und die Richtigkeit derselben bestritten. Ich habe dort gesagt, wie sehr mir in diesem Frühjahre die Wandlung aufgefallen sei, die in den 18 Jahren, seit ich zum letztenmale dort gewesen sei, in der Beurteilung der Gewerkvereine eingetreten sei. Damals, in den Jahren 1868—1872, — das war die Periode, in der ich mich dort aufhielt, — kämpften die Gewerkvereine um ihre gesetzliche Anerkennung; sie waren nichts weniger als so brav gewesen, wie Herr Bueck heute glaubt; sie hatten eine vielfach verbrecherische Vergangenheit hinter sich und waren noch vielfach recht rauhbeinig. Sie erlangten die gesetzliche Anerkennung im Jahre 1872 und darauf ist ihre gesellschaftliche Anerkennung gefolgt. Ich habe diese Behauptung belegt, aber Herr Bueck hat meine Belege nicht angeführt. Ich habe darauf verwiesen, wie man einen ihrer Führer zum Unterstaatssekretär gemacht habe; man zählt jetzt 11 oder 14, — ich bin der genauen Ziffer im Augenblicke nicht sicher, — Gewerkvereinssekretäre, denen die Regierung das Amt des Friedensrichters übertragen hat. Meine Herren, darin liegt gewiß eine Anerkennung. Und zwar haben die Regierungen der beiden Parteien, der Tories wie der Whigs, diesen Gewerkvereinssekretären das wichtige Amt übertragen. Eine Anzahl von ihnen hat man ferner zu Fabrikinspektoren gemacht; der Präsident des englischen Arbeitsamts, Herr Burnett, war früher Generalsekretär des Gewerkvereins der vereinigten Maschinenbauer. Und in ganz ähnlicher Weise hat sich die Haltung der Presse ungemein geändert. Gerade aus Anlaß der Verhandlungen des Kongresses zu Liverpool konnte man es erleben, wie die Blätter, die früher gegen alles, was Koalition hieß, mit allen Blitzen gewettert hatten, wie der Standard und selbst die Times fortwährend den neuen Gewerkvereinen die alten, gegen die sie eben vor 20 Jahren so geeifert hatten, als ein Muster vorhielten. Meine Herren, Herr Geheimrat Thiel war so freundlich, die neueste Bestätigung meiner Darlegung vorzuführen in dem Ausspruche des Sir John Gorst, des Unterstaatssekretärs für Indien und britischen Abgesandten zur Berliner Arbeiterschutzkonferenz. Allein ich glaube, vor allem hat die Rede des Herrn Professor Munro es unnötig gemacht, daß ich bei diesen Details allzusehr verweile. Nur einiges möchte ich noch vorbringen, ein paar Punkte, die infolge der eigentümlichen Art und Weise, wie diese Rede hier im deutschen wiedergegeben worden ist, für diejenigen, die nicht englisch verstanden, unter den Tisch gefallen sind.

Darunter befindet sich ein Punkt, den Herr Bueck soeben nochmals berührt hat. Allerdings glaube ich, wenn er seine Erörterung von heute morgen liest und dann die Worte, die er heute abend gesprochen hat, so wird er finden, daß er von zwei verschiedenen Dingen als identisch gesprochen hat. Heute morgen machte er die Angabe, daß im vorigen Jahre in der Grafschaft Durham eine sechsmalige Lohnerhöhung stattgefunden habe, und darauf hat auch Herr Professor Munro erwidert, — es ist blos bei der Übersetzung verloren gegangen —; heute Abend sprach er von den Midland Counties —

(Berichterstatter Herr Bueck: Ich sprach auch heute morgen davon.)

Herr Professor Munro hat, ebenso wie ich, Durham verstanden. Aber einerlei. Es haben nämlich in einigen Midland Counties, wie in Durham, früher Lohnskalen bestanden. Ein Lohnskala besteht in der Festsetzung eines bestimmten Verhältnisses, in dem der Lohn auf- und abschwankt mit dem Schwanken der Preise; wenn der Preis um einen Schilling steigt, so steigt der Lohn um einen Penny, resp. 3 Pence oder um wie viel vereinbart sein mag, und sinkt der Preis, so sinkt der Lohn proportional. Solche Lohnskalen hatten früher in Durham bestanden, sie hatten früher auch in einigen Midland Counties bestanden, und aus Ursachen, die Sie in der Abhandlung Auerbachs im 45. Band unserer Schriften erörtert finden, sind sie formell in Verfall geraten. Allein das Princip hat sich praktisch so gut bewährt, daß es in Durham praktisch nach wie vor von beiden Parteien gehandhabt wird und in den Midland Counties suchen es die Gewerkvereine aufrechtzuerhalten. Als nun im vorigen Jahre die Kohlenpreise stiegen, gingen entsprechend dem Usus die Gewerkvereine zu den Arbeitgebern und sagten ganz konsequent: Die Preise sind um so und soviel gestiegen, also verlangen wir eine entsprechende Lohnsteigerung. Dann wird über die Feststellung der Preise paktiert, und je nachdem man sich über diese geeinigt hat, steigt oder sinkt der Lohn. Also dieses sechsmalige Verlangen nach Lohnerhöhung war nichts anormales, ebensowenig wie die sechsmalige Erhöhung der Kohlenpreise etwas anormales war; es lag darin nichts exorbitantes; es war dies keine Beeinträchtigung der Arbeitgeber; es ging dies aus von der Auffassung, daß die gesamte Arbeiterschaft einen Anteil haben soll an der Besserung der Konjunktur, ganz ebenso wie sie an der Verschlechterung der Marktlage teilzunehmen gezwungen ist.

Ein zweiter Punkt, meine Herren, den ich berühren möchte, ist der: Herr Bueck hat gesagt: nun seht einmal, was diese Gewerkvereinler für Kerle sind! Er citierte darauf aus dem Buche des Dr. von Schultze-Gävernitz eine Stelle, wonach Mawdsley, der als Sekretär der Baumwollspinner allgemein gerühmt wird, gesagt hat: „Gerechter Lohn ist das, was der organisierte Arbeiter dem Arbeitgeber abnötigen kann." Darüber hat sich Herr Bueck ungemein entrüstet. Ich will zuerst über diese Entrüstung sprechen und dann noch einiges andere beifügen.

Ich möchte nämlich zuerst doch fragen: ist Herr Bueck auch so entrüstet, wenn, sagen wir, die deutschen Eisenindustriellen sagen: „Was ist ein gerechter Preis? Gerechter Preis ist derjenige, welchen wir, die im Walzeisenverband organisierten Arbeitgeber, nach Lage des Marktes unseren Abnehmern abnötigen können" —?

(Sehr richtig!)

Herr Bueck möge nicht meinen, daß ich dies hier anführe, weil ich über eine solche Auffassung etwa entrüstet wäre. Ich bin nicht darüber entrüstet; aber ich bin der Meinung, daß auch Herr Bueck nicht darüber entrüstet sein sollte, wenn die Arbeiter die gleiche Auffassung wie die Arbeitgeber hegen, denn was dem einen recht ist, ist dem anderen billig.

(Sehr gut!)

Nun aber kommt noch etwas nach. Herr Bueck hat diesem Citate hinzugefügt, daß die Gewerkvereinssekretäre ihm und seinen Genossen, die mit ihm in England waren, gegenüber sich allerdings weit vorsichtiger als gegen Herrn Dr. von Schultze-Gävernitz geäußert hätten; es sei dies auch begreiflich, da sie sich ihnen von vornherein als Vertreter der Arbeitgeber zu erkennen gegeben hätten. Da hat er Herrn Trow citiert, der die Zumutung einer ähnlichen Auffassung wie der von Mawdsley geäußerten, mit Entrüstung zurückgewiesen habe. Herr Bueck hat ja heute einen schweren Tag gehabt, und ich will es ihm daher nicht übelnehmen, wenn ihm in der Hitze des Gefechts ein kleiner Gedächtnisfehler passiert ist. Nämlich in dem Berichte, den er im vorigen Jahre aus England geschrieben hat, steht folgender Satz: „Mr. Trow bezeichnete es fast mit cynischer Offenheit als das mit äußerster Konsequenz verfolgte Hauptziel der Arbeiterorganisationen, mehr und mehr

von dem Gewinne der Arbeitgeber für die Arbeiter und für deren Wohl-
ergehen zu erlangen".

(Zwischenruf des Herrn Bueck: Ich habe nicht von Herrn Trow, sondern
von Herrn Snow gesprochen.)

Nun gleichviel ob Snow oder Trow. Sie haben an die Äußerung
Mawdsleys die allgemeine Bemerkung geknüpft, Ihnen gegenüber hätten
sich die Gewerkvereinssekretäre, im Bewußtsein Vertreter von Arbeitgebern
vor sich zu haben, vorsichtiger ausgedrückt und andere Angaben als gegenüber Herrn Dr. von Schultze-Gävernitz gemacht. In der citierten Stelle
aber reden Sie von der cynischen Offenheit, mit der ein Gewerk-
vereinssekretär Ihnen gegenüber ganz dieselbe Auffassung wie die Mawdsleys äußert.

(Große Heiterkeit!)

Nun noch ein letztes und dann komme ich auf etwas anderes zu
sprechen. Herr Bueck hat auf die wenigen Bemerkungen, die ich in meinem
Referate über den Verlauf des Liverpooler Kongresses gemacht habe, erwidert:
er habe leider nicht den Vorzug gehabt, dem Kongreß zu Liverpool selbst
beizuwohnen; er habe aber den stenographischen Bericht gelesen, der diese
Verhandlungen mit photographischer Treue wiedergebe. Ich muß sagen,
daß ich ihn beneidet habe, als ich dies hörte. Ich bin erst vor drei Tagen
aus London zurückgekommen. Einer meiner letzten Gänge dort war zu
Herrn Fenwick, dem Sekretär des parlamentarischen Ausschusses der Gewerkvereine gewesen, um mir den stenographischen Bericht über den Kongreß zu
Liverpool geben zu lassen. Allein ich erhielt die Antwort: wir haben keinen
stenographischen Bericht, denn wir haben in Liverpool keine Stenographen
gehabt. Unser Bericht wird in der Weise zusammengestellt, daß wir sämtliche Zeitungen nehmen, welche Berichte veröffentlicht haben, und daraus
den offiziellen Bericht, den wir als richtig anerkennen, zusammenstellen;
dieser Bericht aber kommt erst im nächsten Monat heraus. Ich kann also
nur annehmen, daß Herr Bueck entweder hintergangen worden ist, oder eine
der Zeitungen, aus denen der offizielle Bericht zusammengestellt werden wird,
in der Hand gehabt hat, und da es sich dementsprechend nur um ein un-
offizielles Dokument, das von parteiischem Standpunkt aus berichtet, handeln
kann, erklären sich auch einige Irrtümer in dem, was Herr Bueck über die
Verhandlungen des dortigen Kongresses berichtet hat. Ich will nur einen
unter diesen Irrtümern hervorheben; über andere, wie den, daß nicht etwa
die neuen Gewerkvereine die alten niedergestimmt hätten, sondern daß die
alten Gewerkvereine selbst socialistisch geworden seien, hat ja schon Professor
Munro gesprochen, und ich komme umsoweniger darauf zurück, als ja die

17*

feindseligen Auseinandersetzungen, die seit Liverpool zwischen den Alten und Neuen stattfinden, ihn handgreiflich widerlegen. Allein auch die Neuen auf dem Kongresse sind nicht in das socialdemokratische Lager übergegangen. Herr Bueck hat allerdings angeführt, der bekannte socialdemokratische Antrag auf Verstaatlichung und Municipalisierung aller Betriebe sei vom Kongresse angenommen worden. Ich ziehe daraus nur den Schluß, daß der Bericht, den Herr Bueck an der Hand gehabt hat, ein absolut falscher war; denn gerade dieser Antrag ist mit einer Majorität von 363 gegen 55 verworfen worden. Er kam gleich am zweiten Tag zur Verhandlung. Es handelte sich darum, daß die Arbeiter da, wo sie die Majorität hätten, darauf sehen sollten, Arbeiter als Abgeordnete in das Parlament zu entsenden. Darin waren alle einverstanden. Da erhob sich der Schotte Macdonald, ein Schneider und ausgesprochener Socialdemokrat, und stellte unter dem furchtbarsten Tumult der Majorität den Antrag, es sollte diesen Arbeiterabgeordneten das imperative Mandat gegeben werden, für die Verstaatlichung und Verkommunalisierung sämtlicher Produktionsmittel sowie aller Kommunikationsanstalten einzutreten. Der Antrag wurde von Burns unterstützt, aber mit 363 gegen 55 Stimmen abgelehnt. Als ich des abends mit Burnett nach Hause ging, sagte dieser: nun werden die Socialdemokraten Ruhe geben, nachdem sie gleich am ersten Tage eine tüchtige Tracht Schläge erhalten haben. Das war nun freilich nicht der Fall. Allein ich führe es nur an, um zu zeigen, wie völlig die Niederlage war. Damit fallen denn auch alle Schlüsse, die Sie (zum Berichterstatter Bueck gewendet) aus diesem angeblichen Beschlusse gezogen haben.

Im übrigen muß ich nachdrücklichst betonen, daß ich weit entfernt bin, zu behaupten, daß die englischen Gewerkvereine allezeit „reasonable" seien. Ganz im Gegenteil habe ich allezeit geltend gemacht, daß ihre Mitglieder nicht anders seien als unsere Arbeiter. Ich habe stets gegen die Auffassung polemisiert als ob die Dummheit das Privileg einer Nation sei; sie ist aber auch nicht das Privileg einer Klasse. Herr Bueck hat uns heute gesagt, es gäbe räudige Schafe auch unter den Fabrikanten; glauben Sie, ich würde behaupten es gebe keine unter den Gewerkvereinen? Glauben Sie ich wäre bereit, alle die Dummheiten zu leugnen, die da gemacht worden sind und noch gemacht werden? Aber ich halte es für völlig unzulässig, wenn wir uns alle für sündhaft erklären, von den Arbeitern zu verlangen, daß sie Engel seien.

(Heiterkeit.)

Was ich behauptet habe ist dies, daß diese Arbeiterorganisationen, seitdem sie staatlich und gesellschaftlich anerkannt worden sind, Schritt für

Schritt Fortschritte gemacht haben in der Vernünftigkeit. Dafür spricht alles, was an Zeugnissen der Arbeitgeber in den Industrien, in denen die Anerkennung der Gewerkvereine durch die Arbeitgeber stattgefunden hat, bekannt geworden ist. Herr Bueck hat ganz Recht: nicht alle englischen Arbeitgeber sind für die Gewerkvereine; erst kürzlich haben sich die Arbeit= geber in Southampton auf das energischste dagegen verwahrt, daß sie mit Gewerkvereinen irgend etwas zu thun hätten. Allein hier handelt es sich überall um Gewerbe, in denen die ganze Gewerkvereinsorganisation jungen und jüngsten Datums ist; und was ich behaupte ist selbstverständlich nicht das, daß ich für solche Verhältnisse ein Verhalten der Arbeitgeber gegen die Gewerkvereine ähnlich dem zu Southampton leugne, ich sage blos: laßt die Arbeiter zu, sich in ihren Organisationen mit den konkreten Verhältnissen ihres Gewerbes zu beschäftigen; als Resultat wird dann die Entwicklung dazu führen, daß diese Leute Vernunft annehmen, die Bedingungen erkennen, von denen die Existenz ihres Gewerbes abhängt, und geneigt werden, die Lebensinteressen ihrer Arbeitgeber zu respektieren, und so führt diese Ent= wicklung schließlich auch zur vollständigen Anerkennung der Arbeiter= organisationen durch die Arbeitgeber selbst.

Meine Herren, ich habe auf diese Details eingehen müssen, da Herr Bueck auf sie eingegangen ist; es sei mir gestattet, noch im Interesse eines Mannes, der heute oft genannt und angegriffen worden ist, des Herrn von Schulze-Gävernitz, eine kleine Berichtigung beizufügen. Herr Bueck hat ihn heute der Behauptung beschuldigt, überall, wo ein Betrieb in die Hand einer Aktiengesellschaft übergehe, da werde das Los der Arbeiter naturgemäß schlechter, denn es fehle hier die persönliche Fühlung zwischen Arbeitgeber und Arbeiter. Ich glaube, daß Herr Bueck sich da geirrt hat. Herr von Schulze-Gävernitz führt in seinem Buche eine Fülle von Beispielen des Gegenteils an, — ich brauche nur an das von ihm geschilderte Verhältnis zwischen Arbeit= gebern und Arbeitern in der Firma Mather & Co. zu Salford oder in den Betrieben des Herrn Dale in Darlington oder in den Consett - Works zu erinnern, — die deutlich zeigen, daß jeder solcher Gedanke ihm vollstän= dig fern liegt. Er hat sogar im Gegenteil ausgeführt, daß die Form der Aktiengesellschaft dazu führe, daß die Arbeiter vielfach Aktionäre würden, und daß dies sehr dazu beigetragen habe, ihnen das Verständnis für die Bedingungen des Industriebetriebs zu eröffnen.

Nun, meine Herren, komme ich zu den Gegnern, die sich gegen meine principiellen Ausführungen gewendet haben, und als solche möchte ich be= sonders bezeichnen Herrn Kollegen Degenkolb, Herrn Kollegen Neumann, Herrn Kollegen Schmoller, auch verschiedene der Herren Fabrikanten, die

heute gesprochen haben, und im Referate des Herrn Bueck kam natürlich
auch ein entgegengesetzter Standpunkt zum Ausdruck. Um etwas Ordnung
in die Sache zu bringen, möchte ich zuerst mit dem beginnen, was an der
Schwelle unserer Erörterungen steht, mit der vom Gesetz ausgesprochenen
Freiheit des Arbeitsvertrages.

Wenn ich Herrn Kollegen Degenkolb recht verstanden habe, so bestritt er, daß das Gesetz dem Arbeiter die Freiheit des Arbeitsvertrags verspreche, und dem entsprechend bestritt er, daß bei der heutigen Regelung des
Arbeitsvertrags ein Widerspruch bestehe zwischen Recht und Wirklichkeit. Wenn
dies wirklich der Gedanke war, dem er Ausdruck geben wollte, so möchte ich
ihn doch auf das Gesetz verweisen, das diese Materie regelt: es ist dies der
§ 105 unserer Gewerbeordnung. Hier heißt es einfach: Die Festsetzung der
Verhältnisse zwischen den selbständigen Gewerbetreibenden und den gewerblichen Arbeitern ist, vorbehaltlich der durch Reichsgesetz begründeten Beschränkungen, Gegenstand freier Übereinkunft. Ich meine, da ist dem Arbeiter die Freiheit des Arbeitsvertrags versprochen, und wenn nun diese
Freiheit nicht verwirklicht wird, so besteht meiner Auffassung nach allerdings
ein Widerspruch zwischen Recht und Wirklichkeit. Ich könnte abgesehen von
diesem § 105 auch noch eine Anzahl von Verordnungen verschiedener deutscher Regierungen anführen, welche Arbeiter, die um Einmischung in den
Arbeitsvertrag baten, direkt darauf verwiesen haben, da Freiheit des Arbeitsvertrags bestehe, möchten sie ihr Begehren bei ihren Arbeitgebern
geltend machen. Ich denke da z. B. an die Buchdrucker, deren Geschichte
mir im Augenblick besonders geläufig ist. In einem Streite mit ihren
Prinzipalen wandten sie sich in den sechziger Jahren an eine deutsche Regierung und baten, die Regierung möge für sie eintreten. Sie bekamen
einfach zur Antwort: das geht nicht mehr; wir haben seit Einführung der
Gewerbeordnung Freiheit des Arbeitsvertrags; ihr könnt ja machen, was
ihr wollt. Sie sehen, da ist allerdings dem Arbeiter die Vorstellung beigebracht worden, daß der Arbeitsvertrag in voller Freiheit zwischen Arbeitgeber und Arbeiter geregelt werden solle, und da dies nicht stattfindet oder
nur in den seltensten Fällen stattfindet, so empfindet der Arbeiter einen
Widerspruch zwischen Wirklichkeit und Recht.

Nun hat Herr Kollege Degenkolb weiter ausgeführt, daß diese Freiheit
aber doch nicht verwirklicht werden könne dadurch, daß man den Arbeitsvertrag feststellen lasse durch Organisationen von Arbeitgebern und Arbeitern; im Gegenteil entstehe dadurch die furchtbarste Gebundenheit; die individuelle Freiheit höre da ganz auf. Ja ich verstehe vollständig, daß der
Jurist, der die Verhältnisse blos formal betrachtet, so denkt; uns National

ökonomen ist diese Auffassung allerdings unzugänglich. Denn wir kennen diese Argumente als alte Bekannte; wir wissen, daß die angebliche Preisgebung der persönlichen Freiheit stets geltend gemacht wurde, so oft die Arbeiter in Koalitionen oder Arbeiterschutzgesetzen gegenüber dem Arbeitgeber Schutz suchten, und wir wissen, daß die Arbeiter von der Freiheit, die ihnen da gepredigt wurde, nie etwas wissen wollten, daß sie darin vielmehr die äußerste Sklaverei sahen, und daß sie umgekehrt in dem, was Herr Kollege Degenkolb als die Freiheit ausschließend hinstellt, dasjenige erblickten, was ihnen die Freiheit garantiert. Denn die Verschiedenheit der Interessen der Arbeiter unter einander tritt weit zurück gegen die Gemeinsamkeit ihrer Interessen gegenüber dem Arbeitgeber; sie sagten sich daher, wenn wir unsere Interessen gegenüber dem Arbeitgeber gemeinsam zur Geltung bringen, so kommt dies auch dem Einzelnen zu gute, während wir bei jener angeblichen individuellen Freiheit in Wirklichkeit unsere Freiheit verlieren.

Kollege Neumann hat dann aufgegriffen, daß ich gesagt habe, die Arbeiter strebten nach Gleichberechtigung. Darf ich vielleicht wiederholen, was ich glaube, gesagt zu haben? Ich habe gesagt, die Bestrebungen der Arbeiter in Bezug auf den Arbeitsvertrag seien zweierlei: einmal strebten die Arbeiter nach Verwirklichung der ihnen von der Gesetzgebung in dem soeben citierten Paragraphen zuerkannten Gleichberechtigung, und zweitens erstrebten sie diese Gleichberechtigung zu dem Zwecke, um den bestmöglichen Preis je nach Lage des Marktes zu verwirklichen.

(Professor Neumann: Das habe ich gar nicht berührt.)

Nein, das Letztere haben Sie nicht berührt, aber das Erstere. So habe ich es wenigstens verstanden.

(Professor Neumann widerspricht.)

Wenn Kollege Neumann sagt, nicht über die Gleichberechtigung der Arbeiter gesprochen zu haben, so lasse ich selbstverständlich alles fallen, was ich auf das, was ich seinen Erörterungen in dieser Beziehung entnommen habe, erwidern wollte; ich glaubte allerdings, in diesen Ausführungen den Schwerpunkt seiner Bemerkungen erblicken zu sollen.

Dann hat er mir weiter den Vorwurf gemacht, ich verlange, der Lohn solle festgesetzt werden, — meine Herren, solle festgesetzt werden — nach der Marktlage. Er hat gesagt, dieses „soll" drücke nach meiner Auffassung einen ethischen Befehl aus, und was ich verlange, sei doch im Widerspruch mit aller Ethik. Ich erlaube mir, Herrn Kollegen Neumann darauf aufmerksam zu machen, daß er mich mißverstanden hat. Wenn er mir die

Ehre anthun will, mein Referat nochmals im Zusammenhang zu lesen, so wird er finden, daß ich sage: wenn der Schiedsspruch haltbar sein soll, so muß er genau entsprechend der Marktlage, d. h. entsprechend den sich aus dieser ergebenden Machtverhältnissen der Parteien gefällt wer=den; wird der Lohn nicht in Übereinstimmung mit der Marktlage fest=gestellt, so ist die Folge, daß er nicht haltbar ist.

(Professor Neumann: Das habe ich selbst gesagt.)

Ja, ich habe es aber vorher in dem Referate gesagt, gegen das Sie sich gewendet haben, und Ihre Angriffe richten sich gegen mich, als ob ich eine andere Auffassung hegte. Also bin ich wohl berechtigt, mich gegen dieses Mißverständnis zu verteidigen. — Ich würde in dem Satze: der Lohn soll nach der Marktlage festgesetzt werden, dieses „soll" niemals im ethischen Sinne verstehen; aber auf der anderen Seite möchte ich als Na=tionalökonom Ihnen zurufen: 1) geben Sie mir klare anerkannte Principien der Gerechtigkeit für die Lohnregelung, und zwar geben Sie sie mir in klei=ner, leicht erkennbarer Münze ausgeprägt, so daß jedermann in jedem Falle weiß, was sie unter den gegebenen Verhältnissen verlangen, dann will ich auch den Lohn nach Ihrem Gesichtspunkte der Gerechtigkeit festzustellen suchen. So lange dies nicht geschehen ist, weiß ich nicht, wonach ich mich richten soll. Und 2) nachdem Sie mir diesen verständlichen Maßstab ge=geben haben, dann geben Sie mir auch das Mittel an, wie ich diesen absolut gerechten Lohn aufrecht erhalten und durchführen soll, auch wenn er mit der Marktlage nicht in Übereinstimmung ist. So lange Sie diese beiden Forderungen nicht erfüllen, bleibe ich der bescheidene Mensch, der im Staube kriecht und sich an die wirtschaftlichen Verhältnisse des Marktes hält.

Zu einer weiteren Verteidigung werde ich durch eine Bemerkung des Herrn Generalsekretär Rentzsch aufgefordert. Er hat an mich appelliert, ich möchte doch das gleiche Gerechtigkeitsgefühl, das mich für die Arbeiter beseele, auch gegenüber den Arbeitgebern beweisen, welche gegenüber dem Kontraktbruch der Arbeiter völlig hülflos seien. Herr Rentzsch hat aber be=reits aus meinem Referate erkannt, daß ich gegenüber diesem von den Ar=beitgebern empfundenen Mißstande keineswegs blind bin; nur hat er ge=meint, daß das Heilmittel, das ich anführe, daß man nämlich das Ver=mögen der Organisationen für die Erfüllung des Arbeitsvertrages seitens ihrer einzelnen Mitglieder haftbar machen solle, keinen ausreichenden Schutz gewähre. Ich muß bekennen, daß mir das ziffermäßige Beispiel, welches er vorgebracht hat, nicht ausreichend klar geworden ist, um mich zu über=zeugen, daß mein Vorschlag nicht zureicht. Ich bin daher im Augenblick noch der Meinung, daß ein ausreichender Schutz darin liegen würde, daß in der That, wenn ein Korporationsvermögen vorhanden wäre, — ein Korporationsvermögen, in einer den Bestimmungen des Korporationsstatuts entsprechenden Weise angelegt, also der öffentlichen Kontrolle zugänglich, pfändbar, haftbar, — daß da in der That ein Pfand gegeben wäre, welches den Arbeitern so wertvoll sein würde, daß sie, bevor sie den Rückhalt aufgeben, den ihnen ihre Organisationen vermöge ihres Vermögens verleihen, allerdings bereit wären, gegenüber ihren Mitgliedern auf der sorgfältigsten Beachtung des Arbeitsvertrags zu bestehen.

Und nun komme ich zu einem der allerenergischsten Gegner, zu Herrn Professor Schmoller. Herr Kollege Schmoller hat mich angegriffen wegen meiner Abneigung, die Regelung der Arbeitsbedingungen statt den beteiligten Interessenten einfach Beamten zu übertragen, und wegen meiner Abneigung dagegen, daß Arbeiterorganisationen ähnlich den englischen Gewerkvereinen und eine Ordnung des Arbeitsvertrags ähnlich der in den englischen Schieds- und Einigungskammern von oben herab eingeführt würden. Das war die eine Auffassung, die er mir zum Vorwurf gemacht hat, und er hat eine Stelle aus einer meiner früheren Schriften citiert, die zeigt, daß ich mich einmal einer der seinen ähnlichen Auffassung zugeneigt, dieselbe aber wieder aufgegeben habe. Allein, obwohl er mich so angegriffen hat, weil ich dafür eintrete, der Entwicklung der Organisationen vorerst freien Spielraum zu gewähren, statt sie von vornherein bureaukratisch zu reglementieren, sind die weiteren Argumente, die er gegen die von mir befürwortete Ordnung des Arbeitsvertrags vorgebracht hat, der Art, daß man nach ihnen schließen möchte, ich sei für eine Einführung desselben sei es von oben herab, sei es von Seiten außerhalb der Interessentenkreise selbst stehender Parteien. Denn alle Argumente, die er geltend gemacht hat, um das Unzweckmäßige, ja das Unmögliche der von mir befürworteten Organisationen darzuthun, würde ich ohne weiteres unterschreiben, sobald es sich darum handelte, dieselben von oben herab einzuführen oder von außen her schablonenmäßig, etwa nach Art der Hirsch-Dunckerschen Gewerkvereine, in die Arbeiterkreise hineinzutragen.

Herr Kollege Schmoller hat nämlich geltend gemacht, es bestehe eine große Mannigfaltigkeit unter den verschiedenen Gewerben, und diese Mannigfaltigkeit müsse berücksichtigt werden. Gewiß ist dies ein sehr starkes Argument eben gegen eine bureaukratische oder eine schablonenmäßige Regelung des Arbeitsverhältnisses. Es besagt aber gar nichts gegen die Forderung, der freien Gestaltung der Interessentenorganisationen in den verschiedenen Gewerben je nach den besonderen Verhältnissen derselben den nötigen Spielraum zu gestatten.

Nun hat Herr Kollege Schmoller allerdings gemeint, es gebe Gewerbe, in denen eine Gewerkvereinsorganisation überhaupt unmöglich sei, und es ist mir in Erinnerung geblieben, daß er dabei besonders an das Kleingewerbe gedacht hat. Aber ich weiß nicht, warum er die Gewerkvereine in dem Kleingewerbe für unmöglich hält. Gerade in den Kleingewerben haben sich Gewerkvereinsorganisationen aus alter Zeit her erhalten; da dürften sich, falls nur freier Spielraum gewährt wird, am leichtesten wieder neue entwickeln, allerdings mit der Wirkung, daß durch sie der Tod einer großen Anzahl sogenannter selbständiger kleiner Gewerbtreibender und der unausbleibliche Übergang des betreffenden Gewerbes zu einer technisch und ökonomisch zweckmäßigeren Betriebsform beschleunigt wird. Da aber eine jede Verbesserung in der Lage der in diesen Gewerben beschäftigten Arbeiter, einerlei durch welche Mittel sie herbeigeführt wird, dieselbe Wirkung hat, kann ich darin kein besonderes Argument gegen die Gewerkvereinsorganisation erkennen, und da jener Übergang an die Stelle von Hunderten von Betrieben, die trotz aller Herabdrückung der Arbeitsbedingungen nie zu einem gesunden wirtschaftlichen Dasein gelangen, eine wenn auch geringere Anzahl wirtschaftlich gesunder Betriebe mit gesunden Arbeiterverhältnissen setzt, erachte ich denselben auch als im Interesse des Ganzen gelegen.

Dann hat Herr Kollege Schmoller als Argument gegen die von mir geforderte Ordnung des Arbeitsvertrags auf die Verschiedenartigkeit hingewiesen, welche in den Lebensverhältnissen an verschiedenen Orten in verschiedenen Industrien bestehe. Auch von anderer Seite wurde gegen mich geltend gemacht, bei uns sei an Gewerkvereinsorganisationen, Festsetzung des Arbeitsvertrags durch die Organisationen beider Interessenten und Lohnskalen deshalb nicht zu denken, weil bei uns die Industrien nicht ähnlich konzentriert wie in England seien; so sei z. B. die Baumwollindustrie in England wesentlich in Lancashire konzentriert, bei uns sei sie zerstreut im Elsaß, in Sachsen, in der Rheinprovinz, in Hannover u. s. w. und überall seien verschiedene wirtschaftliche Bedingungen, welche eine gemeinsame Regelung der Arbeitsbedingungen ausschlössen. In ähnlicher Weise kam in dem Referate des Herrn Bueck die Anschauung zum Durchbruch, als ob die Lohnskala gleiche Löhne für alle Arbeiter und alle Betriebe eines Industriezweiges bedeutete. Dem gegenüber sei auf das energischste betont, daß weder Gewerkvereine, noch Festsetzung des Arbeitsvertrags durch Organisationen beider Interessenten, noch Lohnskalen Gleichheit der Arbeitsbedingungen für sämtliche Industrieorte, Industriebetriebe oder Arbeiter bedeuten. Bei den Lohnskalen besteht die größte Mannigfaltigkeit in den Lohnsätzen der einzelnen Orte, Betriebe und Arbeiter und sie bedeuten nichts

anderes als ein gleichmäßiges prozentuales Auf= und Abschwanken der be=
stehenden Löhne mit allen ihren Differenzen je nach den Schwankungen der
Konjunktur. Da also diese Differenzen, wie sie durch die Besonderheit des
Orts, des Betriebs oder des einzelnen Arbeiters bedingt werden, nicht be=
rührt werden, die Schwankungen in der Konjunktur dagegen für ein ganzes
Gewerbe gleichmäßig sind, kann ich in der Verschiedenartigkeit der Bedin=
gungen der einzelnen Betriebe kein Argument gegen die Lohnskalen erblicken.
Ebensowenig aber bedeutet die Vereinbarung der Arbeitsbedingungen durch
Interessentenorganisationen oder die Existenz von Gewerkvereinen diese
Gleichheit. Ganz im Gegenteil beruht gerade darin der Unterschied zwischen
der Regelung der Arbeitsbedingungen durch Gewerkvereine und auf dem
Wege des Schieds= und Einigungsverfahrens von ihrer gesetzlichen oder
bureaukratischen Regelung, daß bei jener jedwede Besonderheit Berücksich=
tigung zu finden vermag, während diese für alle Verhältnisse starre gleich=
mäßige Normen festsetzt. Wäre ich nun für solche gesetzliche Regelung ein=
getreten, oder hätte ich auch nur verlangt, daß die von mir befürwortete
Ordnung des Arbeitsvertrags sei es durch Gesetz sei es durch Parteiorgani=
sationen den einzelnen Industrien aufgezwungen würde, so würde ich die
aus der Mannigfaltigkeit der wirtschaftlichen Bedingungen der einzelnen
Betriebe gegen mich geschöpften Einwendungen begreifen. Aber gerade das
Gegenteil habe ich verlangt! Ich habe gesagt, die Interessenorganisationen
können nicht künstlich erzeugt werden, sondern müssen natürlich wachsen,
und nur die Beseitigung der Hindernisse ihres Wachstums und eine Er=
leichterung desselben habe ich gefordert. Wird dies gewährt, so ist die
Möglichkeit gegeben, daß an jedem Orte zunächst lokale Organisationen
entstehen, die sich des weiteren mit anderen lokalen Organisationen ver=
binden, so daß daraus eine Organisation der gesamten Industrie im ge=
samten Lande erwächst, mit der eine Berücksichtigung aller der Verschieden=
heiten, welche der Gewerbebetrieb an den verschiedenen Orten des Landes
aufweist, sehr wohl vereinbar ist. Daß dies der Fall ist, beweisen Ver=
gangenheit und Gegenwart der englischen Gewerkvereine wie auch des
deutschen Buchdruckerverbandes.

Und nun komme ich zu der Frage, wie es gekommen ist, daß ich die
Anschauung, daß sich eine Ordnung des Arbeitsvertrags, wie die von mir
befürwortete, von oben herab einführen lasse, und daß die Berufsgenossen=
schaften sich zu geeigneten Trägern derselben entwickeln könnten, wieder auf=
gegeben habe. Nachdem Herr Professor Schmoller die betreffende Stelle
aus einer meiner früheren Schriften hier citiert hat, bin ich es Ihnen wie
mir schuldig, darüber Rechenschaft zu geben. Der Grund meiner Meinungs=

änderung war ein zweifacher. Der eine Grund war eine Studienreise nach England, die ich in diesem Frühjahr gemacht habe. Ich habe einen Begleiter gehabt, der hier im Saale anwesend ist; derselbe wird mir bezeugen können, daß ich, als ich aus Deutschland abreiste, noch die Anschauung hegte, die in dem Citate des Herrn Kollegen Schmoller zum Ausdrucke gelangt ist, daß wir unterwegs fortwährend darüber diskutiert und bei der Kenntnisnahme jeder neuen Organisation und jedes weiteren Schieds- und Einigungsverfahrens die Frage erörtert haben, inwiefern sich eine Organisation ähnlich der englischen, unter Vermeidung der Entwickelungskrankheiten, welche England durchgemacht hat und noch durchmacht, von oben herab einführen lasse. Allein je mehr ich in das Studium des Wirkens und der Bedingungen des Erfolgs dieser Organisationen eingedrungen bin, desto mehr habe ich mich davon überzeugt, daß die Annahme einer solchen Möglichkeit auf Irrtum beruhe, daß es ganz unmöglich sei, daß eine Organisation, die nicht selbständig aus dem Bedürfnisse herausgewachsen ist, die großen Funktionen erfüllen könne, die von ihr erwartet werden, und zwar ist der Grund der, den ich bereits heute morgen betont habe, weil bei allen von oben herab geschaffenen Organisationen das erziehliche Moment fehlt. Ich weiß nicht, woher die Beamten genommen werden sollen, die nach der Auffassung des büreaukratischen Socialismus die Aufgabe haben sollen, die Bedingungen des Arbeitsvertrages befriedigend festzustellen; mir sind keine Beamten bekannt, welche zu dieser Leistung befähigt wären; aber selbst angenommen, sie fänden sich, so wäre die vortrefflichste Festsetzung der Bedingungen eines Arbeitsvertrages durch einen Beamten nicht von gleichem socialpolitischen Werte wie durch die Parteien selbst. Denn es kommt nicht bloß darauf an, daß die Arbeitsbedingungen genau entsprechend der Marktlage festgesetzt werden, sondern nicht minder darauf, daß auch die Parteien davon überzeugt sind, daß sie richtig festgesetzt worden seien. Ein solches Verständnis läßt sich aber nicht anders erziehen, als indem die Parteien es durch bittere Erfahrungen und durch Teilnahme an der Festsetzung erwerben. Der zweite Grund meiner Meinungsänderung war der folgende: Ich habe seit diesem Frühjahre die Verhältnisse des deutschen Buchdruckgewerbes und die Entwicklung seiner Organisation mit einem meiner Schüler aufs genaueste durchstudiert, und da sah ich ein doppeltes. Einerseits fand ich, daß der Gedanke, eine neue Organisation des Arbeitsverhältnisses an die Berufsgenossenschaft anzuknüpfen in diesem Gewerbe gescheitert ist und bei jedem neuen Versuche wahrscheinlich scheitern dürfte; andererseits sah ich, daß es denn doch auch in Deutschland möglich ist, daß sich in Deutschland auf Grundlage der Freiwilligkeit völlig lebenskräftige Organisationen der Arbeiter wie der Arbeitgeber und eine gemeinsame Ordnung des Arbeitsvertrags durch die Vertreter beider Organisationen entwickele. Da haben wir eine Fachorganisation der Arbeiter, die trotz der größten Schwierigkeiten, die ihr bereitet worden sind, zu einer großartigen Entwicklung gelangt ist, und ich habe bei ihrem Studium gesehen, daß diese Entwicklung in der That unserer gesamten gesellschaftlichen und staatlichen Entwicklung nicht die geringsten Gefahren bereitet hat. Im deutschen Buchdruckgewerbe sind wir auf dem Wege der natürlichen Entwicklung zu genau derselben Ordnung des Arbeitsvertrags gelangt, die .ich hier für alle Gewerbe befürwortet habe. Wenn dies in dem einen Gewerbe möglich war, in dem die Verhältnisse noch dazu besonders schwierig lagen, warum sollte es in den übrigen Gewerben nicht möglich sein, oder warum sollte dieselbe Entwicklung in anderen Gewerben die politische Sicherheit der Nation bedrohen?

Herr Professor Schmoller hat mir sodann den weiteren Vorwurf gemacht, die Organisation der Arbeiter, die ich befürworte, komme nicht der Gesamtheit der Arbeiterklasse, sondern immer nur einem Teile zugute. Es bleibe stets eine Anzahl Arbeiter ausgeschlossen und deren Los verschlechtere sich sogar genau in dem Maße, in dem diejenigen, die der Organisation angehörten, ihre Lage verbesserten. Er hat zur Veranschaulichung seiner Bemerkung auf die tollen Mißbräuche der alten Zünfte exemplifiziert, — offen gestanden, bei einem so alten Verteidiger und Lobredner des Zunftwesens hat mich dieses plötzliche Verlassen seiner Jugendliebe etwas in Erstaunen gesetzt. Aber sehen wir hiervon ab: der Einwand ist derselbe Einwand, der von zwei Seiten, — zu denen beiden Herr Professor Schmoller ja absolut nicht gehört, — fortwährend erhoben wird. Es wird einerseits fortwährend von denjenigen geltend gemacht, die auf den Umsturz der bestehenden Gesellschaftsordnung hinarbeiten, die da sagen: Ihr Gewerkvereine, Ihr taugt nichts, denn Ihr kommt immer bloß einem Teile derer, die da leiden, zugute, wir aber wollen die Gesamtheit aller Notleidenden auf einmal heben; alles andere ist nichts, was nicht diesem Postulat entspricht. Die anderen, welche jenen Einwand geltend machen, sind diejenigen, die absolut keine Besserung herbeiführen wollen, und die lediglich, weil sie sehen, daß mittelst der Gewerkvereinsorganisationen eine Besserung herbeigeführt werden kann, die ihnen unbequem ist, jenen Einwand als Kampfargument in den Vordergrund stellen. Herr Kollege Schmoller gehört, wie gesagt, zu keiner dieser beiden Parteien, und es hat mich um so mehr gewundert, daß er zu diesem Argumente gegriffen hat, als die Beschränkung der Lehrlingszahl im deutschen Buchdruckgewerbe durch Gesetz, die er in Aussicht stellt, doch dieselbe Wirkung für die Ausgeschlossenen hat, wie wenn sie durch ge-

meinsame Vereinbarung zwischen den Organisationen der Prinzipale und der
Gehilfen zustande kommt. Allein der ganze Einwand ist mir ein alter Bekannter, und trotzdem, warum hat er auf mich nie einen Eindruck gemacht?
Vielleicht hat Herr Kollege Schmoller eine gewisse Sympathie mit dem
Grunde, den ich dafür anführen kann. Dieser Grund ist nämlich der, daß
das Studium der Geschichte mich gelehrt hat, daß ein Vorrücken der Gesamtheit aller zu den unteren Klassen Gehörigen auf einmal niemals in der
Weltgeschichte stattgefunden hat, sondern daß unser gesamtes Fortschreiten
zu einer besseren Lage immer nur in der Weise vor sich geht, daß eine
schichtweise Hebung der Gesellschaft stattfindet. Zunächst ist es immer nur
eine Schicht unter den Untersten, welche die höhere Stufe erreicht; aber sobald diese die höhere Stufe erreicht hat, entstehen dieselben Fragen wiederum
für die draußen Gebliebenen; eine neue Hebung auf Grund einer neuen
Differenzierung tritt ein und so geht das weiter. Gerade die englischen
Gewerkvereine sind der neueste Beleg dafür, daß dies der Weg ist, wie sich
die Entwicklung zum Besseren vollzieht. Zunächst hatte die Gewerkvereins-
bewegung nur die Höhergestellten ergriffen, die gelernten Arbeiter, — jetzt
ist sie zu den ungelernten hinuntergestiegen. Auch diese haben sich wieder
zur Schließung genötigt gesehen. Schon daß diese Schließung stattfindet
und daß die Führer der ungelernten Arbeiter ihre Notwendigkeit eingesehen
haben, zeigt, wie wenig sie trotz einiger socialdemokratischer Redensarten in
Wahrheit von socialdemokratischem Geiste durchdrungen sind; denn diese
Schließung ist gewiß keine socialdemokratische Maßregel. Allein so unangenehm sie Jedweden berührt, so mußte sie ergriffen werden, wenn irgend
welche Besserung in der Lage der Ungelernten stattfinden sollte. Ein Jeder
wird das begreifen, der z. B. sich einmal die Verhältnisse angesehen hat,
wie sie in den Londoner Docks ehedem waren und wie sie heute sind. Da
war die Themse, rechts und links hohe Mauern, dazwischen die Docks und
draußen standen die Leute zu Tausenden, die nach Arbeit verlangten. Kam
dann ein Schiff an, so hieß es: wir brauchen fünfzig, wir brauchen hundert,
um das Schiff zu entladen. Das Thor wurde geöffnet, und nun begann
die Konkurrenz in des Wortes verwegenster Bedeutung. Da drängten sich
die draußen stehenden Hungernden mit den Ellbogen, um zu den wenigen
Glücklichen zu gehören, die da Beschäftigung finden würden. Nun wurden
so Viele abgezählt, wie da gebraucht wurden; die Thore wurden geschlossen,
und, die da draußen geblieben waren, hungerten weiter. Die Folge war,
daß sowohl die da beschäftigt waren als auch die da unbeschäftigt blieben
in einer gleichmäßig schlechten Lage waren. Infolge des Dockstreiks hat
sich die Lage der Dockarbeiter gebessert. Sie haben nun einen ihrer Arbeit

entsprechenden Lohn, einen regelmäßigen Arbeitstag und regelmäßige Arbeits-
pausen für Mahlzeiten, die Vergebung der Arbeit an Mittelspersonen ist
beseitigt und der Unregelmäßigkeit in der Beschäftigung Einhalt gethan.
Allein all' dies war nur zu erreichen, indem man das Angebot der
Dockarbeiter beschränkt hat. Daburch ist allerdings die Lage der sogenannten gelegentlichen Dockarbeiter, die gelegentlich einmal Dockarbeit
fanden, eine schlechtere geworden, indem ihnen diese Gelegenheit nunmehr
versagt ist. Aber während früher kein einziger Dockarbeiter in der Lage
war, ein menschenwürdiges Dasein zu führen, ist dies den ständigen
Dockarbeitern ermöglicht. Alles Erreichte würde aber wieder verloren
gehen, sobald die Dockers' Union aus einer geschlossenen zu einer offenen
würde, und davon würden nicht etwa diejenigen, die heute ausgeschlossen
sind, einen Vorteil haben, sondern diejenigen, die heute in der Union sind,
würden auf dasselbe Niveau wie die Ausgeschlossenen zurücksinken.

Meine Herren, wenn ich die Frage der Fortbildung des Arbeits=
vertrages unter dem Eindruck aller dieser Thatsachen und Verhältnisse beurteilt habe, so werden Sie nunmehr das Ergebnis, zu dem ich gelangt
bin, vielleicht begreifen. Es ist möglich, daß dasselbe den Idealen des
Einen oder Anderen unter Ihnen nicht ganz genügt, daß der Eine oder
Andere von Ihnen Vollkommeneres fordert. Ich bitte diese Herren, mir
zu verzeihen, wenn ich mich an die thatsächlich gegebenen Verhältnisse gehalten habe. Ich glaubte mich in meinen Vorschlägen an das gebunden,
was die Dinge hergeben. Mehr, als diese nach meinem Dafürhalten zu-
lassen, kann ich nicht bieten, und das Sprichwort sagt: Ein Schuft gibt
mehr als er hat.

(Beifall.)

Stellvertretender Vorsitzender Prof. Dr. G i e r k e : Zu einer persönlichen
Bemerkung gebe ich Herrn Bueck das Wort.

Berichterstatter B u e c k (Berlin): Es könnte den Anschein haben, als wenn
ich gegen besseres Wissen von den stenographischen Berichten gesprochen hätte.
Ich habe den Bericht einer sehr großen Liverpooler Zeitung bekommen — den
Namen habe ich augenblicklich vergessen —[1]; der Bericht war so ausführ-
lich, daß ich annehmen mußte, es sei ein stenographischer Bericht gewesen.
Ein Herr hatte die Güte, ihn mir zu schicken, den auch Herr Brentano als
einen der wärmsten Anhänger der trade unions kennt, Mr. James Samuelson,
ich durfte also annehmen, daß diese Berichte auch richtig waren. Herr
Professor Brentano muß ja gewiß Recht haben, daß der in Rede stehende
eine Beschluß nicht gefaßt ist; wenn er aber daraus folgert, daß deshalb

---

[1] Der Name lautet: The Liverpool Daily Post.

alle meine anderen Schlüsse ins Wasser gefallen sind, so liegt kein Grund
für eine solche Auffassung vor.

Stellvertretender Vorsitzender Prof. Dr. Gierke: Zu einer persönlichen
Bemerkung hat Herr Professor Schmoller das Wort.

Professor Dr. Schmoller (Berlin): Meine Herren, ich verzichte auf
das Resumé und habe Herrn Kollegen Gierke gebeten, es zu übernehmen,
damit ich nicht der Gefahr unterliege, meine Stellung als Präsident zu
mißbrauchen und nachträglich noch gegen Herrn Kollegen Brentano zu
polemisieren. Ich erlaube mir nur die persönliche Bemerkung, daß ich in
der Entgegnung des Herrn Brentano das Eine ganz vermißt habe, was
den Kern meiner Ansichten gebildet hat.

Stellvertretender Vorsitzender Professor Dr. Gierke: Herr Redakteur
Stötzel hat das Wort zu einer persönlichen Bemerkung.

Reichstagsabgeordneter Redakteur Stötzel (Essen): Herr Bueck hat
mich in meinem Vortrage mißverstanden. Er hat erklärt, ich habe den
Socialdemokraten gegenüber ein großes Entgegenkommen bewiesen. Das
ist durchaus nicht der Fall gewesen; es kann ja auch nach meiner Vergangenheit nicht der Fall sein. Seit mehr als 23 Jahren stehe ich im
Kampfe gegen die Socialdemokraten. Ich habe nur das Eine diesen Morgen
erklärt, daß man einem Arbeiter um deswillen, weil er Socialdemokrat sei,
sein Recht nicht verkümmern solle.

Stellvertretender Vorsitzender Prof. Dr. Gierke: Herr Redakteur
Lensing hat das Wort zu einer persönlichen Bemerkung.

Redakteur Lensing (Dortmund): Es sind einige persönliche Bemerkungen gegen mich gemacht, die mich zu einer Entgegnung nötigen.

Zunächst hat Herr Reismann mich gefragt, wie oft ich bereits Freiheitsstrafen erduldet hätte. Ich habe ihm schon zugerufen: „Einmal", will
ihm aber bemerken, daß ich es für einen deutschen Mann, der in der
Journalistik steht, nicht für unehrenhaft halte, wenn er eine Freiheitsstrafe
verbüßt. Es gibt andere Leute unter uns — auch unter den Professoren —,
die Freiheitsstrafen erduldet haben, und es ist nicht ausgeschlossen, daß der,
gegen den ich gesündigt habe, auch noch mal ins Loch kommt.

Was nun die zweite Bemerkung des Herrn Bueck anbetrifft, die in
dem Schluß gipfelt, daß ich, der ich die Streikbewegung acht Jahre vorausgesehen hätte und die „Tremonia" so fleißig lese, auch den Streik an-
gezettelt hätte — das war der indirekte Vorwurf — so weise ich eine solche
Insinuation mit Entrüstung zurück. Wer meine Thätigkeit in der Öffent-

lichkeit beobachtet hat auf Grund dessen, was ich geschrieben habe — ich habe Artikel allerdings für die „Tremonia" geschrieben —, wer ferner meine Broschüre gelesen hat über den Streik, wird nicht zu der Ansicht kommen können, daß ich Anzettler gewesen bin. Im übrigen habe ich bei der Anführung dessen, was ich in dem Streik gethan habe, mich kurz fassen müssen, weil mir nur zehn Minuten zur Verfügung standen. Ich hebe bloß das Eine hier heraus, daß man einen Prügelknaben für gewisse Dinge haben muß, und daß die ultramontane Presse bezüglich der Streikbewegung der Prügelknabe sein muß für verschiedene Sünden anderer Leute.

Stellvertretender Vorsitzender Professor Dr. Gierke: Ich will also versuchen, die Hauptpunkte unserer heutigen überaus umfangreichen Debatte zu resümieren, in der ja Meinungsverschiedenheiten in hohem Maße hervorgetreten sind. Aber in Vielem hat Einigkeit geherrscht, und sie zeigte sich zunächst in einem gewissen warmen Gefühl für die arbeitenden Klassen, in der Ansicht ferner, daß die Arbeiter herangezogen werden sollen zu allen Gütern der Kultur, in der Negation der hartherzigen manchesterlichen Gesinnung, welche in dem Arbeiter nicht den Menschen mehr sieht, sondern nur das Mittel der Produktion. Vor allem die Herren Arbeitgeber selbst und ihre Vertreter waren in dieser Auffassung einig. Auch darin trat volle Einigkeit hervor, daß man die hohe Bedeutung der sittlichen und der religiösen Kräfte für die Lösung der socialen Fragen allseitig würdigte.

Diese allgemeine Übereinstimmung hatte aber auch ihre Einwirkung auf die Beantwortung der speciellen Fragen, mit denen wir uns heute beschäftigt haben, der Fragen des Arbeitsvertrages und seines Rechtes! Denn man war wiederum darüber einig, daß dieser Arbeitsvertrag nicht behandelt werden darf wie der Verkauf einer beliebigen Ware, sondern daß stets Rücksicht darauf zu nehmen ist, daß er die Persönlichkeit des Arbeiters selbst ergreift, daß er ihn in eine bestimmte Berufsstellung einweist, daß er so die Lebensstellung eines großen Teils der Nation dauernd bestimmt und darum tief in das öffentliche Interesse eingreift und Beachtung auch von Seiten des öffentlichen Rechts fordert.

Dagegen wurde nun freilich die eigentliche Hauptfrage, die Frage nach der Fortbildung unseres Arbeitsvertrags und nach den zur Sicherung einer solchen Fortbildung etwa erforderlichen neuen Einrichtungen, bereits von den Herren Referenten in einem völlig entgegengesetzten Sinne beantwortet. Es trat uns von einer Seite her die Auffassung entgegen, daß nichts von Seiten des Staates oder der Gesetzgebung in dieser Richtung zu geschehen habe, sondern daß die freie Kulturentwicklung hier auf der Basis des jetzt Bestehenden allein die nötige Hülfe bringen werde. Von den beiden anderen Herren Referenten dagegen wurde eine Fortbildung gewünscht durch eine tief eingreifende und wo möglich sofortige Maßregel der Gesetzgebung, nämlich durch die Gewährung vollster Vereinsfreiheit und durch die Erteilung von Korporationsrechten an die Arbeitgeberverbände wie an die Berufsverbände der Arbeiter unter der doppelten Bedingung, daß sie zu übernehmen hätten die Verpflichtung, sich vor Arbeitseinstellungen oder Ausständen an eine Einigungsbehörde zu wenden, und daß sie ferner zu übernehmen hätten eine Art von Garantie mit ihrem Korporationsvermögen, indem dieses für die Ersatzverbindlichkeiten aus dem Bruch beiderseitig festgestellter Arbeitsbedingungen durch einzelne Mitglieder haftbar zu machen sei. In der Debatte traten dann zwischen diesen beiden Richtungen mittlere hervor, von denen ich noch sprechen werde.

Die beiden Einrichtungen aber, um die hauptsächlich sich dieser Streit drehte, — denn nur nebenbei war von Arbeiterkammern u. s. w. die Rede, — waren Arbeiterausschüsse und Gewerkvereine.

Verhältnismäßig die größte Einigkeit herrschte noch über die Arbeiterausschüsse; denn ziemlich allgemein wurde ihnen Sympathie entgegengebracht und jedenfalls anerkannt, daß sie wohlthätig wirken können vor allem durch die Beteiligung an der Feststellung und Handhabung der Arbeitsordnungen, aber auch unter Umständen bei der Regulierung der Arbeitsbedingungen. Doch schien die Mehrheit der Ansicht zu sein, daß an eine gesetzgeberische Erzwingung von Arbeiterausschüssen, wenigstens vorläufig, nicht zu denken sei, sondern daß dieselben nur zu fördern seien, wo sie sich aus den besonderen Verhältnissen herausbildeten. Allerdings aber fand sich auch eine Minderheit, die den Arbeiterausschüssen wenig freundlich gesinnt war und sie zum Teil sogar verwarf und als gefährlich bezeichnete. Von anderer Seite, von Arbeitgebern sogar, wurde umgekehrt ein Gesetz verlangt, das ein gewisses Minimum hier obligatorisch mache.

Aber den Schwerpunkt der Debatte bildete doch die Kritik jener anderen Institution, der Gewerkvereine. Hier waren schon die Meinungen in Bezug auf die Beurteilung der Wirksamkeit der gegenwärtigen englischen Gewerkvereine verschieden; doch neigte sich hier wohl die Ansicht der Mehrheit, insbesondere nach dem Eingreifen unseres verehrten Gastes, des Herrn Professor Munro aus Manchester, dahin, daß zur Zeit die Wirksamkeit der englischen Gewerkvereine, nachdem große Opfer in früherer Zeit hätten gebracht werden müssen, eine überwiegend wohlthätige sei, und selbst die Gegner der englischen Gewerkvereine stellten doch immer nur für die Zukunft eine gefährliche Entwicklung in Aussicht, falls es der Socialdemokratie gelänge, stärkeren Einfluß in denselben zu gewinnen; wie denn überhaupt in

Bezug auf die zukünftige Entwicklung der Gewerkvereine sehr verschiedene
Bilder entworfen und sehr verschiedene Ideale vorgetragen wurden.

Aber auch die für uns wichtigste Frage: wie soll nun etwa in Anlehnung an das englische Vorbild in Deutschland in Bezug auf Gewerkvereine verfahren werden? fand eine verschiedene Beantwortung. Es wurde
zum Teil vielleicht zeitweise verkannt, dann aber auch wieder unter all-
seitigem Beifall hervorgehoben, daß die Frage für uns nicht sein konnte und
auch nicht gestellt war: sollen wir Gewerkvereine schaffen? sondern daß
die Frage nur war: wie soll sich der Staat, wie sollen sich die Arbeitgeber
verhalten zu Gewerkvereinen, zu Arbeitervereinigungen, welche mit elementarer Gewalt aus der jetzigen Bewegung hervorbrechen müssen und hervorbrechen werden, solange dasjenige Maß von Koalitionsfreiheit besteht, welches
wir zur Zeit haben, und welches sich nach der Aufhebung des Socialistengesetzes nun in seinem ganzen Umfange entfalten wird.

Hier konstatiere ich nun wieder, daß von keiner Seite gewünscht wurde
eine einfache Repression derartiger Vereine durch eine Aufhebung desjenigen
Maßes von Koalitionsfreiheit, welches heute besteht; dagegen traten hier
jene drei bezeichneten Richtungen hervor. Von der einen Seite wurde eine
möglichst entgegenkommende Haltung gegen alle sich bildenden Gewerkvereine
und eine direkte Förderung ihrer Bildung durch die Gesetzgebung gewünscht;
es wurden eben in Bezug auf sie jene vorhin schon gekennzeichneten Vorschläge gemacht, die im wesentlichen auf die Anerkennung der Gewerkvereine als öffentlicher Korporationen berufsgenossenschaftlicher Art hinauslaufen. Es wurde von dieser Seite, indem vor allem die Lichtseiten der
Gewerkvereine in ihrer jetzigen Wirksamkeit in England betont wurden,
hervorgehoben, daß nur durch eine solche Zusammenfassung der Arbeiter zu
Korporationen, welche mit den Arbeitgebern über den Arbeitsvertrag verhandeln, ein Arbeitsrecht voll verwirklicht werden könne, wie es der Idee
des jetzt schon geltenden Rechts entspreche. — Ich möchte auf den bei
diesem Punkte geführten Streit, inwiefern es sich hier wirklich um geltendes
Recht handelt oder vielmehr eine Verwechselung desselben mit gewünschtem
Rechte vorliegt, nicht näher eingehen, da ich glaube, daß dies doch nur
ein leises Mißverständnis war, wie es so leicht zwischen nationalökonomischer
und juristischer Betrachtungsweise entsteht. Nur darauf möchte ich hinweisen, daß der von den nationalökonomischen Vertretern dieser Richtung
entwickelte Gedanke eben doch nur war: es entspreche allein der vollen
Verwirklichung der unserem jetzigen Recht zu Grunde liegenden Idee,
wenn ein solches Arbeitsrecht hergestellt werde, welches die beiden formalen
Principien der Freiheit des Arbeitsvertrages und der Gleichberechtigung

18*

der Vertragschließenden auch thatsächlich durch eine freie und gleichmäßige Einwirkung beider Teile auf die Festitellung der Arbeitsbedingungen realifiere. Es wurde dann weiter von den Gewerkvereinen erwartet die Verminderung der Arbeitseinstellungen, die Ersetzung der Kämpfe in der überwiegenden Mehrzahl der Fälledurch Einigung und so also eine bedeutende Förderung des socialen Friedens. Endlich wurde die erzieherische Wirkung solcher Associationen hervorgehoben und im Anschluß daran in Aussicht gestellt, daß so eine große Schicht der Gesellschaft emporgehoben, ein neuer Mittelstand geschaffen und dadurch unter allen Umständen eine Minderung der socialen Gefahr bewirkt werden würde.

Von anderer Seite wurde nun ein ganz direkt entgegengesetzter Standpunkt vertreten: es wurde eine möglichst ablehnende Haltung gegen alle Gewerkvereinsbestrebungen als das einzig Richtige dargestellt. Von dieser Seite wurden natürlich die Schattenseiten der Gewerkvereine vorzüglich in den Vordergrund gestellt; sie wurden aber auch stark betont von Vertretern der gleich zu erwähnenden mittleren Richtung. Es wurde vor Allem mit dem meisten Eindruck wohl darauf hingewiesen, daß dieses Mittel, durch welches das Individuum als Glied einer Genossenschaft sich bessere Bedingungen zu erkämpfen sucht, schließlich der Freiheit des Individuums selbst auf das Höchste gefährlich werden kann, daß eine Gebundenheit entstehen könne, bei welcher dann die Freiheit des Einzelnen bloß noch als Ausnahme erscheine. Es wurde auf die Möglichkeit hingewiesen eines Mißbrauchs der außerordentlichen Macht, die eine so organisierte Gesamtheit naturgemäß nicht bloß über ihre Mitglieder, sondern auch über alle, die sie als Mitglieder wünscht, die sich aber der Mitgliedschaft entziehen, zu üben im stande ist. Es wurde weiter betont, daß, wenn nun von der anderen Seite auch eine ähnliche Organisation der Arbeitgeber gewünscht werde, zuletzt sich zwei große gewerbliche Heerlager gegenüberstehen würden, die, auch wenn sie sich unter einander bekämpften, doch einig sein würden in der wechselseitigen Ausbeutung von Monopolen, welche sie gegenüber der übrigen Gesellschaft besitzen würden. Es wurde geltend gemacht, daß durch diese Bildungen das kleine Handwerk, die kleine Industrie, die kleine, selbständige Unternehmerschaft bedroht werde, daß die Interessen der Gesamtheit, insbesondere der Konsumenten, hier keine Beachtung fänden, und endlich, daß das Streben solcher Verbände nach Abschließung, sobald die Umstände zu einer solchen drängen, uns mit einem Proletariat der ungelernten Arbeiter bedrohe.

Endlich nun die mittleren Meinungen dazwischen bewegten sich in mancherlei verschiedenen Nuancen. Ich darf wohl als die genaueste Mitte die Ansicht unseres verehrten Herrn Vorsitzenden bezeichnen, um die sich bann die anderen Ansichten, teils rechts, teils links, gruppierten. Diese Ansicht sagt, daß man aus den englischen Verhältnissen auf die deutschen nicht einen unbedingten Rückschluß machen könne, daß insbesondere die Gefahren der Uebergangszeit, die in England groß gewesen sind, von uns bei andern Verhältnissen der Industrie und des Staats vielleicht nicht ertragen werden können. Im Resultat will daher diese Ansicht feste Rechtsschranken errichten, die den Strom der Associationsbewegung von vornherein in ein engeres Bett drängen. Sie will die volle Associationsfreiheit und insbesondere die Korporationsrechte nur verleihen gegen sehr strenge Garantien und die letzteren am liebsten nicht generell verleihen, sondern sie verleihen lassen durch ein von Fall zu Fall prüfendes staatliches Amt, welches in einzelnen dazu reifen Industrien solche hier vorhandene Verbände als öffentlich anzuerkennende Organe privilegiert. Beispielsweise wurde von dieser Seite als ein dazu geeigneter Fall der Verband der vereinigten Buchdrucker hervorgehoben, dessen Vorsitzender uns heute im Laufe der Debatte so außerordentlich wertvolle Mitteilungen über diese Organisation gemacht hat.

Der Gesamteindruck, den die verschiedenen Darlegungen auf die Versammlung machten, ist wohl schwer zu fixieren. Eine Einstimmigkeit ist ja zweifellos nicht erzielt und wird sobald in dieser Frage nicht erzielt werden; aber selbst wohin sich das Übergewicht der Meinungen neigte, habe ich wenigstens nicht deutlich herauserkannt. Doch möchte ich, nicht als die Meinung der gesamten Versammlung, aber als die Meinung einer großen Majorität, zu der auch Vertreter der mittleren Anschauung gehören, und somit als Ergebnis unserer heutigen Debatte Folgendes bezeichnen: daß in Bezug auf die Fortbildung unseres Arbeitsrechtes dem Staate und den Arbeitgebern sehr ernste Aufgaben obliegen, deren Lösung nicht versäumt werden kann, ohne unsere gesamte Kultur zu gefährden; daß es vor allem für den socialen Frieden, den wir nicht entbehren können, schlechthin unentbehrlich ist, anerkannte, öffentlich autorisierte genossenschaftliche Verbände der Arbeiter zu gewinnen, die selbstthätig und sich selbst bestimmend an der Ordnung des wirtschaftlichen Lebens teilnehmen; daß bei Allem, was der Staat und die Arbeitgeber für die Arbeiter thun, doch erst dann einige Sicherung unserer gegenwärtigen Kultur erreicht ist, wenn wir für die Aufgaben des socialen Lebens in dieser Beziehung mit genossenschaftlich geeinten Arbeitern als gleichberechtigten Faktoren zusammenwirken, also nicht bloß für die Arbeiter, sondern mit den Arbeitern thätig handeln, wenn so die Arbeiter sich selbst als eingegliedert in unseren wirtschaftlichen

Organismus empfinden und wenn auf diese Weise das unabweisliche Bedürfnis der Arbeiter nach selbstthätiger Mitbestimmung ihrer Lebensbedingungen in einer mit dem Wohl und dem Frieden der Gesamtheit vereinbarten Weise befriedigt ist. Denn das trat allgemein hervor: die sociale
Frage ist in erster Linie eine Organisationsfrage, und darum führte uns
unsere heutige Debatte so tief in den innersten Brennpunkt derselben hinein.

(Lebhafter Beifall.)

(Der Vorsitzende Professor Dr. Schmoller übernimmt den Vorsitz.)

Vorsitzender: Meine Herren, erlauben Sie mir nur noch ein kurzes
Schlußwort.

Wir sind nach einer Sitzung von heute Morgen 9 Uhr bis jetzt 10 Uhr
mit den Geschäften unserer Generalversammlung fertig geworden. — Ich
darf nun in Erinnerung bringen, daß diejenigen Herren, deren Nervenkraft
damit noch nicht erschöpft ist, sich jetzt im Frankenbräu am Goetheplatz zusammenfinden.

Es bleibt mir dann noch übrig, allen den Herren, die erschienen sind,
die bei der Debatte sich beteiligt oder mit Schriften mitgewirkt haben,
nochmals den wärmsten Dank des Vereins auszusprechen. Und, meine
Herren, wenn ich den Eindruck kurz wiederholen darf, den diese beiden Tage
auf uns gemacht haben, so glaube ich, es war eine der bedeutungsvollsten
Generalversammlungen des Vereins für Socialpolitik, die wir hinter uns
haben. Daß wir uns in allen Fragen einigen würden, meine Herren, das
war gar nicht zu erwarten, und die Wirkung, die die gehörten Reden auf
den einen und den anderen geübt haben, erschöpft entfernt nicht den Gesamteindruck, der durch unseren stenographischen Bericht in viel weitere Kreise
bringen wird. Lassen Sie mich meine große Freude aussprechen, daß es in
der Hauptsache gelungen ist, die verschiedensten Parteistandpunkte möglichst
hier zum Ausdruck zu bringen; — ich bedauere ausdrücklich, daß Herr
Grillenberger verhindert war zu erscheinen. Auch das möchte ich bedauern,
daß es noch nicht in weiteren Kreisen gelungen ist, die Arbeiter zu bewegen,
daß sie regelmäßig hier erscheinen, um in Rede und Gegenrede diese Frage
mit uns zu diskutieren. Im übrigen aber, glaube ich, können wir in jeder
Beziehung zufrieden sein mit den Resultaten und die Hoffnung aussprechen,
daß wir auch weitere erfolgreiche Generalversammlungen und eine weitere
glückliche Thätigkeit vor uns haben.

Zur Geschäftsordnung hat Herr Geheimrat Dr. Blenck das Wort.

Geheimer Ober-Regierungsrat Dr. Blenck (Berlin): Meine Herren, Sie alle, die Sie den so heißen Kämpfen und hochwichtigen Verhandlungen dieser beiden Tage beigewohnt haben, werden wohl mit mir das Bedürfnis fühlen, daß wir den Herren hier noch besonders unseren Dank aussprechen, die in so aufopfernder Weise sich der Leitung der Debatten unterzogen haben, und ich möchte insbesondere in dieser Beziehung unseren ersten Herrn Vorsitzenden nennen, der unseren Verein noch weiter seinem Zwecke entgegenführen möge. Ich möchte Sie bitten, zum Ausdruck dessen, daß Sie sich meinem Dank an diese Herren voll anschließen, sich von Ihren Plätzen zu erheben.

(Die Versammlung erhebt sich.)

Vorsitzender: Meine Herren, ich danke Ihnen im Namen des Bureaus bestens und schließe damit unsere Generalversammlung.

(Schluß der Sitzung nach 10 Uhr.)

Verzeichnis der Redner.

Mitglieder-Verzeichnis

des

Vereins für Socialpolitik.

Ein Stern (*) vor dem Namen bedeutet Anwesenheit in der Versammlung in Frankfurt a. M., 26. und 27. September 1890, hinter dem Namen die Mitgliedschaft des Ausschusses des Vereins.

— · —◦—⊰⊱—◦— · —

Abices, Ober-Bürgermeister in Altona.
*Annecke, Generalsekretär in Berlin C.
*Arendt, Dr. Otto, Mitglied des Landtags in Berlin W.
Arnsberg. — Kgl. Regierung in Arnsberg in Westfalen.
*Aschrott, Dr., Amtsrichter in Berlin.
Auspitz, R., Mitglied des Reichsrats in Wien I.
Baare, G., Geh. Kommerzienrat in Bochum.
Backofen, Fabrikant in Mittweida.
Baden. — Großherz. Minist. des Innern in Karlsruhe in Baden.
*Baer, S. L., Buchhändler in Frankfurt am Main.
Barre, Ernst, Landgerichtsdirektor in Trier.
Baumgarten, Lic. theol., Professor in Jena.
Bayerdörffer, A., in Magdeburg.
von Below, Rittergutsbesitzer und Landtagsabgeordneter in Saleske in Hinterpommern.
*Berghoff-Ising, Dr. Fr., Privatdozent in Bern.
*von Bergmann, Dr. E., Privatdozent in Tübingen.
Bernard, Dr., Apothekenbesitzer in Berlin C.
von Bernus, Baron, Stift Neuburg bei Heidelberg.
· *Beumer, Dr., Generalsekretär in Düsseldorf, für den Verein zur Wahrung gemeinsamer wirtschaftlicher Interessen in Rheinland-Westfalen.
*Bienemann, E., Stud. cam. in Göttingen.
*Biermer, Dr. jur. Magnus, in Bonn.
Binding, Dr., Professor, Geh. Hofrat in Leipzig.
*Bleicher, Dr., Vorsteher des Statist. Amtes in Frankfurt a./M.
*Blenck, E., Geh. Ober-Regierungsrat und Direktor des Königl. Preuß. Statist. Bureaus in Berlin S.W.

Blum, Dr. W., in Heidelberg.

von Bodmann, Freiherr, Kgl. Preuß. Major a. D. in Freiburg i./Baden.

Böhmert, Geh. Regierungsrat, Direktor des Kgl. Statist. Bureaus in Dresden-Neustadt, Glacisstraße 14.

von Bojanowski, Präsident des Patentamtes in Berlin W.

von Bojanowski, Dr., Redakteur in Weimar.

Bokelmann*, W., Ökonomierat in Kiel.

v. d. Borght, Dr., in Köln a. Rh.

*Bötzow, Dr., Mitglied des Statist. Bureaus in Hamburg.

*Brandts, Landesrat in Düsseldorf.

Braun, Kreisamtmann in Mainz.

Brentano, Dr. Lujo, Professor, Geh. Hofrat in Leipzig.

von Broich, Freiherr, Geh. Regierungs- und vortragender Rat im Staats-ministerium in Berlin W.

*Brückner, Dr. N., Referendar in Frankfurt a./M.

Buchenberger*, Adolf, Ministerialrat in Karlsruhe.

Bücher*, Dr. K., Professor in Karlsruhe i. Baden.

Bueck, H. A., Geschäftsführer des Centralverbandes deutscher Industrieller in Berlin W., Charlottenstraße 48.

von Canstein, Dr. Freiherr, Ökonomierat in Berlin N., für den land-wirtschaftlichen Centralverein für den Regierungs-Bezirk Potsdam.

*Caron, Walther, Fabrikbesitzer in Rauenthal b./Rittershausen.

von Cetto*, Karl, Freiherr in Reichertshausen a. Ilm (Oberbayern).

Cohen, Fr., Buchhändler in Bonn.

Cohn, Dr. G., Professor in Göttingen.

Conrad*, Dr., Geh. Regierungsrat und Professor in Halle a./S.

Crüger, Dr., Gerichtsassessor in Berlin W.

*Dasbach, G. F., Kaplan, Mitglied des Landtags in Trier.

Degenkolb, Heinrich, Professor in Tübingen.

Delbrück, Dr. H, Kommerzienrat in Stettin.

*Diehl, Dr. Karl, Privatdozent in Halle a. S.

Diery, Karl, Rechtsanwalt in Gießen.

Dittmar, Gustav, Sekretär in Mainz, für den Verein „Concordia" und für den mittelrheinischen Fabrikantenverein.

*Döblin, Emil, in Berlin S.W., Solmsstraße 31, III.

Eheberg, Dr. Carl, Professor in Erlangen.

Eichler, Carl, in Karlsbad i./B.

*Elkan, Dr. Eugen, Privatgelehrter in Frankfurt a. M.

Elster*, Dr. Ludwig, Professor in Breslau.

Embden, Dr., Rechtsanwalt in Hamburg.

Epstein, J. H., in Frankfurt a./M.

von Ernsthausen, Oberpräsident a. D. in Berlin W.

*von Ernsthausen, O., in London.

*Evert, G., Regierungsrat in Berlin S.W.

Essen. — Redaktion der Rheinisch-Westfälischen Zeitung in Essen.

*Flesch, Dr. jur., Stadtrat in Frankfurt a./M.

Fond, Kaiserl. Oberförster in Bonn.

Fränkel, Dr., in Weimar.

*Friedberg, Dr. Rob., Prof., Mitglied des Abgeordnetenhauses in Halle a. S.

*Friedberg, Siegmund, Kaufmann in Mainz.

*Friedemann, Heinrich, in Frankfurt a. M.

*Frommel, Albert, Fabrikdirektor in Augsburg.

*Fuchs, Dr., Privatdozent in Straßburg i. E.

Fues, Alfred, i. F. Berg & Co. in Stuttgart.

Fuhr, Dr. Karl, Gerichtsassessor in Bingen a. Rh.

*Fuld, Dr. L., Rechtsanwalt in Mainz.

Funck, Carl Ludwig, in Frankfurt a. M.

*Furber, H. J., Privatgelehrter in Mainz.

Ganse, Carl, Kaplan in Walbenburg i. Schl.

Geibel, Carl, Schriftführer des Vereins, Verlagsbuchhändler in Leipzig.

Geibel, Paul, in Eisenach.

Generalverein, Landwirtschaftl. Schleswig-Holstein. Vertreter Boysen, Ökonomierat in Kiel.

Gensel, Dr., Handelskammer-Sekretär in Leipzig.

Georgi, Dr., Oberbürgermeister in Leipzig.

Georgi, A., Banquier, Handelskammerpräsident in Mylau i. V.

*Gerlach, Dr. Otto, in Breslau.

*Germershausen, Landrat in Krotoschin.

Gesellschaft, Statistisch-volkswirtschaftliche, Vertreter: W. Speiser in Basel.

Gierke, Dr. O., Geh. Justizrat und Professor in Berlin W.

Giesecke, Alfred, Cand. phil. in Plagwitz.

von Gneist, Dr., wirkl. Geh. Ober-Justizrat und Professor in Berlin W.

Goecke, Rudolf, in Bochum b. Crefeld.

Göckel, Direktor in Frankfurt a. M.

Goldschmidt, Dr., Geh. Justizrat und Professor in Berlin W.

Goldschmidt, Fr., Direktor in Berlin N.O., Brauerei Friedrichshöhe.

Goldschmidt, S. B., Kaufmann in Frankfurt a. M.

Goldschmidt, Dr., Rechtsanwalt beim Kammergericht in Berlin W.

Goldschmidt, Dr. Oskar, Gerichtsassessor a. D. in Leipzig.

v. b. Goltz, Dr., Professor in Jena.

Gorban, Erster Staatsanwalt in Duisburg.

Grillenberger, Mitglied des Reichstags in Nürnberg.

*Grimm, Otto, Stadtrat in Frankfurt a. M.

Groß, Dr. jur. G., Privatdozent in Wien VIII.

Großmann, Dr. Friedrich, in Berlin N.

*Gutschkoff, Alexander, Friedensrichter in Berlin N.

*Halbey, Geh. Ober-Regierungsrat in Berlin.

Hammacher, Dr., Landtags- und Reichstags-Abgeordneter in Berlin W.

Handelskammer in Breslau.

Handelskammer in Leipzig.

Handelskammer in Mannheim, Handelskammer für den Kreis Mannheim.

Handelskammer in Plauen i. V.

Handelskammer in Posen.

Harnack (Fa.: Ed. Brösel), Fabrikant in Greiz.

Hasse, Prof. Dr. E., Direktor d. Statist. Bureaus Leipzig, Leipzig-Gohlis.

Haßler, Ph., Kommerzienrat in Augsburg.

*Hecht, Dr. Felix, Bankdirektor in Mannheim.

*Heiß, Dr. E., Professor in Hohenheim b. Stuttgart.

Henrich, E. F., Brauereibesitzer in Frankfurt a./M.

*Henrich, L., Notar in Völklingen a. b. Saar.

*von Hergenhahn, August, Polizeipräsident a. D. in Frankfurt a./M.

*Herkner, Dr. Heinrich, Professor in Freiburg (Breisgau).

von Hermann, Baron, in Wain b. Laubheim.

*Herstadt, W., Gutsbesitzer in Marsdorf b. Frechen.

Herz, Dr. G., Senator in Hamburg.

*Hesse jun., Theodor Kaufmann in Frankfurt a./M.

Heydenreich, G. L., Kaufmann in Suhl.

Heyl von Herrnsheim, Cornelius, Freiherr, Kammermitglied, Geh. Kommerzienrat und Fabrikbesitzer in Worms.

Hiltrop, Ober-Bergrat in Breslau.

Hirsch, Dr. Max, Anwalt der Gewerk-Vereine in Berlin W.

*Hirsch, Wilh., Sekretär d. Centralverbandes deut. Industrieller in Berlin.

Hirschberg, Dr. E., in Berlin.

Hohenemser, Wilhelm, Kaufmann in Frankfurt a./M.

*Hoeniger, Dr. R., Privatdozent in Berlin.

Horn, Hermann, Redakteur in Berlin W.

von Hövel, Freiherr, in Herbeck b. Hagen.

Huber, Dr., in Stuttgart.

*Hugenberg, Dr. Alfred, Referendar in Hannover.

Jansen, Dr. E., Kommerzienrat in Dülken.

Ichenhäuser, Dr. Justus, in Berlin W.

von Jhering, Dr. R., Geh. Rat und Professor in Göttingen.

*Johannes, Landrat in Diez a. d. L.

*Jollos, Dr., Schriftsteller in Moskau, jetzt in Berlin.

Jolly, Professor in Tübingen.

Kalle, Fritz, Fabrikbesitzer in Wiesbaden.

*Kanner, Dr. Heinrich, in Frankfurt a./M.

Kauffmann, Meyer, in Breslau.

von Kaufmann, Dr. Rich, Professor in Berlin W.

*Kayser, Dr. jur., Großherz. Amtmann in Groß-Gerau b. Darmstadt.

*Keil, Dr., Staatsanwalt in Bochum.

Kießelbach, W., stud. jur. et cam. in Hamburg.

Knapp*, Dr., Professor in Straßburg.

Knebel*, Geh. Regierungsrat in Köln a. Rh.

Knies, Dr., Geh. Rat und Professor in Heidelberg.

Koch, Dr., Vorst. des Statist. Bureaus der Str.-Deput. in Hamburg.

Köchlin-Geigy, Direktor der Handelskammer in Basel.

Kohn, Carl, Redakteur in Berlin S.W.

Kollmann, Dr., Regierungsrat, in Oldenburg.

Königs, Geh. Regierungsrat im Handelsministerium in Berlin W.

Königs= und Laurahütte, vereinigte. Vertreter Richter, Generaldirektor in Berlin.

von Koumanin, A., in Berlin N.W.

Kraß, J., Kgl. Ober=Bergrat in Breslau.

*Kulemann, W., Amtsrichter in Braunschweig.

Lammers, A., Redakteur in Bremen.

Landes=Gewerbehalle, Großherzogl. Badische, in Karlsruhe.

Laves, Dr. Th., Professor in Aachen.

Lehr, Dr. Adolf, Unfall=Versicherungsdirektor in Leipzig.

Lehr, Dr., Professor in München.

von Leitenberger, Dr. Friedr. Freiherr, in Lissa a. E.

*Lensing, L., Chef=Redakteur der Zeitung Tremonia in Dortmund.

Leo, Dr., Syndikus in Hamburg.

*Leser, Dr. Emanuel, Professor in Heidelberg.

Lexis*, Dr. William, Professor in Göttingen.

de Liagre, Gustav, Kaufmann in Leipzig.

Liebermann, Dr. F., in Berlin.

*Lohmann, Geh. Ober=Regierungsrat in Berlin.

Lohse, Dr., Hofrat und Rechtsanwalt in Leipzig.

*Losch, Dr. Hermann, Privatsekretär in Stuttgart.

Lotz, Dr. Walther, Privatdozent in Leipzig.

Lucius, Dr. Eugen, Fabrikbesitzer in Frankfurt a./M.

Ludwig=Wolf, Schatzmeister des Vereins, Stadtrat in Leipzig.

Lütjens, Otto, Stud. jur. et cam. in Berlin.

*Maaß, Dr. jur. Max, Banquier in Frankfurt a./M.

Marburg, Franz, Rentier in Wiesbaden.

*von Martitz, Dr. F., Professor in Tübingen.

Mataja, Dr. Viktor, Professor in Innsbruck.

Matuschka, Dr., Graf in Breslau.

May, Max, in Heidelberg.

*von Mayr, Dr. Georg, Kaiserl. Unterstaatssekretär z. D. in München.

von Meier, Dr. Ernst, Professor, Geh. Regierungsrat und Kurator der Universität Göttingen.

Meister, Wilhelm, Fabrikbesitzer in Frankfurt a./M.

Meitzen*, Dr. A., Professor und Geh. Regierungsrat in Berlin W.

*Merbot, Dr., Privatgelehrter in Frankfurt a./M.

*Merkel, Dr., Professor in Straßburg i./E.

*Merton, William, in Frankfurt a./M.

Meyer, Jürgen Bona, Professor in Bonn.

Meyer, Th., II. Königl. Staatsanwalt in Frankenthal.

von Miaskowski*, Dr., Professor in Wien.

Mietbewohner=Verein, Allgemeiner, in Dresden.

von Milewski, Dr. J., Prof. in Krakau.

Miquel*, Dr., Finanz-Minister, Exzellenz in Berlin.

Mithoff*, Dr. Th., Professor u. Kgl. Russ. Staatsrat a. D. in Göttingen.

Morgenstern, Friedrich, Dr. phil. in Fürth.

Mühlbrecht, O., Buchhändler in Berlin.

Müller, Dr. Traugott, Gen.-Sekr. d. deut. Landwirtschaftsrats, Berlin W.

*Munro, J. E. C., Professor in Manchester.

*Münsterberg, Dr., Bürgermeister in Iserlohn.

Prinz Nikolaus von Nassau, Durchlaucht in Wiesbaden.

Nasse, Königl. Landrat auf Schloß vor Husum.

von Rathusius, Polizeipräsident in Posen.

*Neuburg, Dr. Cl., Privatdozent in München.

Neumann, Dr., Professor in Tübingen.

Neuwirth, Josef, in Meran i./Tirol.

von Nostiz, Referendar in Leipzig.

Oechelhäuser, W., Geh. Kommerzienrat, Mitgl. d. Reichstags in Dessau.

Ohly, Dr., Oberbürgermeister in Darmstadt.

*Okubo, T., in Halle a./S.

*Oldenberg, Dr. K., in Berlin W.

Oldenburg, F., Kgl. Oberamtmann in Wilhelmshof b. Hersfeld (Hessen).

Ölsner, Ludwig, Professor Dr. in Frankfurt a./M.

Oncken, Dr. August, Professor in Bern.

*Örtel, Dr. jur., Referendar in Limburg a. L.

von der Osten, Dr., Bezirkskommissar in Dermbach.

Ottermann, Moritz, Hüttendirektor in Dortmund.

Paasche, Professor in Marburg i./Hessen.

von Saint Paul, in Mauraunen b./Zinten.

Perthes, Emil, Buchhändler in Gotha.

Petersen, Reichsgerichtsrat in Leipzig.

Pfeiffer, Valentin, in Cöln-Ossendorf b. Ehrenfeld.

von Philippovich, Dr. Eugen, Professor in Freiburg b. Breisgau.

Pierstorff, Professor in Jena.

„Pionier", Aktien-Gesellschaft in Berlin.

*Plehn, C. P., Student d. Nat.-Oek. in Göttingen.

von Plener, E., Legationsrat und Reichstagsabgeordneter in Wien I.

Pommer, Regierungsrat in Brilon i./Westfalen.

Post, Dr. Julius, Professor in Hannover.

*Quarck, Dr. Max, Redakteur der Frankfurter Zeitung in Frankfurt a./M.

Raffalovich, A., Redakteur in Paris.

Rathkowsky, Dr., Bibliothekar in Wien.

Rechnitzer, L., Direktor der Böhmischen Unionbank in Prag.

von Reden, Oberlandesgerichtsrat in Celle.

Reich, Siegm., in Karlsbad, Böhmen

*Reis, N. Ph., Kaufmann und Stadtverordneter in Mainz.

*Reismann, Dr., Vorst. des Statist. Bureaus in Düsseldorf.

von Reitzenstein, Freiherr, Bezirkspräsident z. D. in Freiburg (Breisgau).

Reitzes, Dr. J., in Wien I.

*Rentzsch, Dr. Herm., Generalsekretär in Berlin.
*von Rheinbaben, Polizeipräsident in Wiesbaden.
*Rimpler, Dr., in Pöpelwitz b. Breslau.
von Roggenbach, Freiherr, stellvertr. Vorsitzender des Vereins, Staats-
   minister a. D. in Schopfheim i. Baden.
Roscher, Dr., Professor, Geh. Rat in Leipzig.
Roscher*, Dr. Carl, Regierungsrat in Dresden.
Rösicke, Richard, in Berlin W.
Rößler, Dr., Geh. Regierungsrat, Professor in Berlin S.W.
Röstel, H., Stadtrat in Berlin S.W.
Rothe, Regierungspräsident in Cassel.
Schaffer, Dr. Adolf, in Laibach i./Krain (Österreich).
Schall, Dr. Richard, Rechtsanwalt in Stuttgart.
Schanz, G., Professor in Würzburg.
von Scheel*, Geh. Regierungsrat in Berlin W.
Scherenberg, Ernst, Handelskammersekretär in Elberfeld.
Schimmelpfennig, Hauptmann a. D. in Stadt Königshütte O. Schlesien.
Schlotter, Dr., Rechtsanwalt in Gera.
Schlumberger, Theodor, in Mühlhausen i./Els.
Schmidt-Scharff, W., stud. jur. et cam. in Berlin W.
*Schmoele, Dr. phil. in Straßburg i. E.
Schmoller, Vorsitzender des Vereins, Dr., Professor in Berlin W.
*Schnapper-Arndt, Dr., in Frankfurt a. M.
Schneider, K., Amtsrichter in Nienburg a. b./Weser.
Schönberg*, Dr., Professor in Tübingen.
Schönlank, Dr. Bruno, in Berlin N.W.
*von Schulze-Gaevernitz, Dr., in Kolmar i./Els.
Schürmann, Königl. Bauinspektor in Dirschau i. Westpreußen.
von Schwerin, Graf, Kgl. Landrat in Schwerinsburg b./Löwitz (Pommern).
Schwiebland, Dr. E., Konzipist der Handels- u. Gewerbekammer in Wien.
Sering, Dr. M., Professor in Berlin W.
Sewigh, Hugo, Privatier in Frankfurt a. M.
Seyffardt, L. F., Fabrikbesitzer, Mitglied des Landtags in Crefeld.
Siegel, Ministerialrat in Freiburg i. Br.
Siegle, Gustav, Geh. Kommerzienrat und Reichstagsmitglied in Stuttgart.
Simons, Louis, Fabrikbesitzer in Elberfeld.
*Singer, Dr. Isidor, Privatdozent in Wien.
Sombart, Rittergutsbesitzer und Abgeordneter in Berlin.
Sommer, Dr., Gerichtsassessor in Frankfurt a. M.
*Sonnemann, Leopold, Banquier in Frankfurt a. M.
*Soetbeer, Heinrich, Dr. phil., Sekretär der Handelskammer in Münster i./W.
*Speiser, W., (Schweizerische Eisenbahnbank) in Basel.
Speiser, Dr. P., Regierungsrat in Basel.
*Spier, Dr. S., in Frankfurt a. M.
Stanley, Wm. M., in Chicago, Illinois.
*Stein, Gustav, Stud. cam. in Göttingen.

Stieda*, Dr. W., Professor in Rostock.

Stockmayer, Eugen, Rechtsanwalt in Stuttgart.

von Stolberg-Wernigerode, Durchlaucht, reg. Fürst in Wernigerode.

*Stötzel, G., Redakteur, Mitglied des Reichstags in Essen.

Stralsund. — Königl. Regierung in Stralsund.

Strauß, Dr., Direktor und Vertreter des Centralverbandes der Haus- und städtischen Grundbesitzer-Vereine Deutschlands in M. Gladbach.

Ströll, Dr. Moriz, Direktor der bayerischen Notenbank in München.

Stroß, Ludwig, in Wien I.

Struck, Dr. Emil, Professor der Staatswissenschaften in Greifswald.

Swiersen, Kreisdirektor in Molsheim, Unter-Elsaß.

Thiel, Dr., Geh. Ober-Regierungsrat in Berlin W.

Thon, F., Generalsekretär d. landwirtschaftl. Centralvereines in Kassel.

Thorade, Bankdirektor in Oldenburg.

von Tiedemann, Regierungspräsident in Bromberg.

von Treitschke, Dr. H., Professor in Berlin W.

Triebs, Dr. theol. Franz, Kaplan in Walbenburg i./Schl.

Türk, Dr. Eduard, in Bielitz (Östr.-Schlesien).

*Uhles, erster Staatsanwalt in Frankfurt a./M.

Ulrich, Geh. Regierungsrat in Berlin W.

Varrentrapp, Dr. Adolf, Stadtrat in Frankfurt a./M.

Varrentrapp, Dr., Professor in Straßburg i./E.

Verein, volkswirtschaftl., in Halle a./S.

Vörster, Alfred, Buchhändler in Leipzig..

Wagner, Dr. Adolf, Geh. Regierungsrat, Professor in Berlin W.

Warburg, P., in Altona.

Websky, Dr., Fabrikbesitzer in Wüstewaltersdorf (Schlesien).

Wehberg, Dr., in Düsseldorf.

Weill, Dr. Friedrich, Rechtsanwalt in Karlsruhe i./B.

*Weismüller, E., Maschinenfabrikant in Bockenheim.

Winkler, Dr. Arthur, Redakteur des Hannöv. Kuriers in Hannover.

von Winzingerode, Graf, Landesdirektor der Prov. Sachsen in Merseburg.

Wippermann, Regierungsassessor in Stadthagen.

*Wisser, F., Mitgl. d. Reichstags, Gutsbesitzer in Windischholzhausen.

von Wittenburg, Geh. Regierungsrat in Posen.

*Wolf, Dr. Julius, Professor in Zürich (Hottingen).

*Zunz, Dr. Julius, Dr. der Staatswissenschaften in Frankfurt a./M.

Pierer'sche Hofbuchdruckerei. Stephan Geibel & Co. in Altenburg.